TRICOLORE Total 4

Teacher's Book

Heather Mascie-Taylor
Sylvia Honnor
Michael Spencer

Nelson Thornes

Tricolore Total 4

Contents

Section 1
General information

Introduction	**3**
Components	**3**
Student's Book	3
Teacher's Book	3
Audio CDs	4
Copymasters and Assessment Book	6
Examination Grammar in Action	7
Tricolore Total 4 Online, delivered via kerboodle!	7
Planning the course	**7**
Plan of *Tricolore Total 4*	7
General teaching approach	**11**
Developing language skills	11
Developing language-learning skills	11
Developing cultural awareness	11
The wider curriculum and cross-curricular links	11
Assessment	**12**
Controlled Assessment:	12
Contrôle oral	12
Contrôle écrit	12
Épreuves:	12
Écouter	12
Lire	12
Grammaire	12
On your marks	12
Using ICT	**13**
Tricolore Total 4 online resource	13
ICT and the National Curriculum	13
Copyright issues	13
Useful websites	13

Section 2
Teaching notes

General language-learning skills (CM G/1–G/14)		15
Unité 1	Jeunes sans frontières	19
Unité 2	En ville et à la campagne	41
Unité 3	Bon séjour!	65
Unité 4	Une semaine typique	92
Unité 5	Bon appétit!	119
Unité 6	Ça m'intéresse	146
Unité 7	Nouveaux horizons	170
Unité 8	À votre santé	200
Unité 9	Projets d'avenir	227
Unité 10	Notre planète	251

Tricolore Total 4
Section 1 General information

Introduction

Tricolore Total builds on the proven strengths and approach of **Tricolore** and **Encore Tricolore** and incorporates new features to bring it into line with current teaching requirements.

Stage 4 of **Tricolore Total** is a self-contained and comprehensive two-year course which prepares students for GCSE and Standard Grade examinations. The course provides a wealth of lively, interesting and motivating materials designed to produce successful students, who make good progress and enjoy language learning.

The course features:

- differentiation through flexible use of activities, including items to stretch the most able learners, but with a common core of material for all students
- a systematic and comprehensive approach to grammar progression, with clear explanations and extensive practice
- material to develop cultural awareness through authentic contexts and activities from France and other French-speaking countries
- integrated assessment at the end of each unit, based on the types of tasks which students are likely to meet in public examinations
- user-friendly reference sections to encourage independent learning
- opportunities for differentiation through flexible use of activities, but a common core of material for all students.

Key features of the new edition are:

- new material for assessment, including tasks for speaking and writing towards the end of each unit in the Student's Book to prepare students for controlled assessment
- a new Student's Book design with each spread covering specific learning objectives
- increased emphasis on language-learning strategies, drawing out similarities between French and English, patterns in French, etc.
- one completely new unit, *Notre planète*, covering global issues and concerns
- an English–French glossary in addition to a French–English glossary to facilitate independent learning
- an integrated, contemporary ICT resource, providing presentations, interactive tasks, and record and playback facilities for pronunciation and speaking.

Components

Student's Book
Teacher's Book
Audio CDs
Copymasters and Assessment Book
Examination Grammar in Action
Tricolore Total 4 Online, delivered via *kerboodle!*

Student's Book

The Student's Book is the main teaching tool of the course and contains the essential core material and reference sections. It comprises:

Table of Contents
This gives a clear overview of the coverage of grammar, vocabulary, strategies, etc.

Ten units
Each unit is organised in spreads and each spread is a self-contained entity with explicit learning objectives and a full range of activities to practise all language skills.

The final teaching spread of each unit is a new feature, comprising assessment material for speaking and writing with clear examples and advice. Every unit finishes with a *Sommaire*, setting out the vocabulary and grammar covered in the unit.

Au choix
This section contains further practice and extension tasks for each unit.

Some teachers may wish to use the *Au choix* tasks at a later point for consolidation or revision or for use in cover lessons. To help with this, there is a summary of the *Au choix* tasks at the beginning of the teaching notes for each unit.

Focus on the exam
This short section gives tips and advice for preparing for assessment in all four language skills, based on current examination requirements.

Grammaire
A grammar reference section sets out the main grammatical points of the course and is closely linked to the principal syllabuses and examination specifications. The present, perfect, imperfect, future and pluperfect tenses are taught and practised in **Tricolore Total 4** and also the conditional. The *Grammaire* section also includes a short section on the subjunctive for optional reference.

Les verbes
This table of regular and irregular verbs covers the present, perfect, imperfect and future tenses and the imperative.

Vocabulaire et expressions utiles
This contains lists of general words and expressions which are used across different topics.

Glossaires
English–French and French–English glossaries are included at the end of the Student's Book. These are based on the language taught or used in the **Tricolore Total 4** materials and also any additional vocabulary listed for Foundation and Higher tiers at GCSE and Standard Grade.

Teacher's Book
The Teacher's Book provides detailed guidance on using the materials. It has two sections:

Section 1
This outlines the principal features and contents of **Tricolore Total 4** and includes a reference list of the recorded items.

There is also a short section on ICT (with a comprehensive list of useful websites).

General information

Section 2
This gives detailed unit by unit suggestions for teaching with the materials. Each unit begins with a table, setting out clearly the language and topics included in the unit. This is followed by the teaching suggestions; solutions are provided for almost all activities and there is a complete transcript of all the recorded items.

At the beginning of Section 2, there is a short section on general language-learning skills. This covers pronunciation, understanding rubrics and instructions, ICT and general vocabulary, spelling patterns in French and English, using cognates, prefixes and suffixes to help understanding, and general tips for learning vocabulary, skimming and scanning and writing French.

56 Student's Book page number

1 Task number

[1] *Au choix* task number

2/4 Copymaster number (unit/number)

TB 30 Teacher's Book page number

1, tr 18 Transcript recorded item (CD number/track)

Examination Grammar in Action

SCD1, tr 18 Transcript recorded item (Student CD number/track)

ICT activity

Microsoft PowerPoint (referred to as 'PowerPoint' from here) presentation

Audio CDs
The class CDs provide a wide variety of lively material, recorded by French native speakers and at a speed and level which the students can understand.

There are also two separate Student CD duplicating masters with accompanying copymasters designed for students to use for individual practice in listening and pronunciation.

The pronunciation material (*Comment ça se dit?*) is described at the beginning of Section 2 (see TB 15) and this can be used by students working individually or for class use at any appropriate point in the course.

The independent listening material (*Tu comprends?*) is linked to each unit and is described in the final section of each unit.

Class CD 1
Tracks 2–25: *Unité 1*
Tracks 26–38: *Unité 2*

Class CD 2
Tracks 2–15: *Unité 2*
Tracks 16–37: *Unité 3*

Class CD 3
Tracks 2–11: *Unité 3*
Tracks 12–38: *Unité 4*

Class CD 4
Tracks 2–7: *Unité 4*
Tracks 8–37: *Unité 5*

Class CD 5
Tracks 2–25: *Unité 6*
Tracks 26–34: *Unité 7*

Class CD 6
Tracks 2–27: *Unité 7*
Tracks 28–36: *Unité 8*

Class CD 7
Tracks 2–22: *Unité 8*
Tracks 23–36: *Unité 9*

Class CD 8
Tracks 2–13: *Unité 9*
Tracks 14–37: *Unité 10*

Student CD 1 (for independent study)
Tracks 2–11: *Comment ça se dit?*
Tracks 12–31: Contrôles oraux, *Tu comprends?* (Unités 1–4)

Student CD 2 (for independent study)
Tracks 2–30: Contrôles oraux, *Tu comprends?* (Unités 5–10)

List of recorded items

Class CD 1
Unité 1
SB 6 (1)	On fait connaissance
SB 7 (5)	Comment ça s'écrit?
SB 7 (6)	Encore des questions
SB 9 (2)	Deux interviews
SB 210 (1)	Deux jeunes Québécoises
SB 10 (1)	Des amis
SB 12 (3)	L'avis des jeunes
SB 15 (2)	Mon jour favori
SB 15 (4)	Depuis quand?
SB 16 (1)	Les jours fériés
SB 16 (3)	On parle des fêtes
SB 17 (5)	On se déguise
SB 18 (1)	L'internet – un débat
SB 20	Contrôle oral: Thomas parle de sa famille
CM 1/9	Tu comprends 1–4
CM 1/10	Épreuve (A) 1–3
CM 1/11	Épreuve (B) 1–3

Unité 2
SB 25 (1)	Le savez-vous?
SB 26 (1)	Calais
SB 27 (4)	Tu aimes ta ville?
SB 28 (1)	Des touristes en ville
SB 29 (4)	Des conversations
SB 212 (3)	À l'office de tourisme
SB 30 (1)	Trop de voitures
SB 31 (6)	Le métro
SB 31 (9)	Les touristes à Paris
SB 33 (3)	Au téléphone
SB 35 (4)	Pour ou contre la vie à la campagne?
CM 2/4 (3)	On parle de la campagne
SB 36 (2)	Une visite à Disneyland Paris

Class CD 2
Unité 2 (suite)
CM 2/7	Vol à la banque
SB 39 (4)	Un bon week-end
SB 213 (6)	On parle du week-end dernier
SB 40	Contrôle oral: J'habite en Martinique
CM 2/9	Tu comprends? 1–4
CM 2/10	Épreuve (A) 1–3
CM 2/11	Épreuve (B) 1–3

Unité 3
SB 44 (1)	On parle des projets
CM 3/1 (2)	On parle des projets d'avenir
SB 46 (1)	Le week-end prochain
SB 47 (4)	J'espère que tout se passera bien
SB 48 (1)	Arrivée en France
SB 49 (5)	Je vous présente …
SB 49 (6)	Au cours du séjour
SB 50 (1)	Le voyage de David
SB 50 (4)	Des conversations
SB 51 (6)	Départ en avion

Tricolore Total 4 Teacher's Book

General information

CM 3/5 (2)	À l'aéroport
CM 3/5 (3)	La vie d'une hôtesse de l'air ou d'un steward
CM 3/6 (1)	Avez-vous fait bon voyage?
CM 3/7 (1)	Loco-service
SB 52 (2)	Une maison idéale
SB 53 (4)	On fait l'inventaire
SB 53 (6)	Ma chambre
SB 55 (5)	Qui fait le ménage?
SB 56 (1)	Le week-end dernier
SB 58 (3)	On dit 'merci'
SB 59 (6)	Mon séjour en Angleterre
SB 60	Contrôle oral: Florence parle de son appartement

Class CD 3

Unité 3 (suite)

CM 3/11	Tu comprends? 1–4
CM 3/12	Épreuve (A) 1–3
CM 3/13	Épreuve (B) 1–3

Unité 4

SB 65 (3)	Notre collège
SB 66 (1)	Mathieu: Montréal, Québec
SB 66 (2)	Charlotte: Paris, France
SB 67 (3)	Giliane: Fort de France, Martinique
SB 68 (1)	Un emploi du temps
CM 4/2 (1)	Voici votre emploi du temps
SB 216 (2)	Pourquoi pas?
SB 70 (1)	On compare les systèmes scolaires
SB 217 (4)	L'année prochaine ou l'année dernière?
SB 72 (1)	À l'école en Asie
SB 73 (3)	Qu'est-ce qui a changé?
SB 73 (5)	Ma vie a changé
SB 74 (2)	On va en ville
SB 74 (3)	Dans un grand magasin
CM 4/6 (3)	On parle du shopping
SB 74 (4)	On fait des achats
SB 217 (6)	Au magasin de sport
SB 76 (1)	On achète des vêtements
SB 77 (6)	Il y a un problème?
SB 78 (1)	On parle de la mode
SB 79 (4)	On a fait des achats
SB 81 (4)	Un célèbre professeur
SB 82	Contrôle oral: On parle du shopping
CM 4/9	Tu comprends? 1–4

Class CD 4

Unité 4 (suite)

| CM 4/10 | Épreuve (A) 1–3 |
| CM 4/11 | Épreuve (B) 1–3 |

Unité 5

SB 86 (1)	Des repas typiques
SB 87 (5)	Des plats britanniques
CM 5/2 (1)	La fête de Jamilla
SB 89 (4)	Oui ou non au végétarisme?
SB 90 (2)	Je ne mange pas de ça
SB 93 (3)	On fait les courses
SB 93 (4)	Des phrases utiles
CM 5/7	Chez le charcutier
SB 94 (2)	Qu'est-ce qu'ils ont commandé?
SB 94 (4)	On prend un verre
SB 96 (2)	C'est qui?
SB 97 (6)	L'incroyable pique-nique
SB 98 (1)	Six conseils pour les étrangers!
SB 98 (3)	Quatre restaurants
SB 99 (4)	Pour réserver une table
SB 99 (5)	Vous avez choisi?
SB 100 (1)	Il y a un problème
SB 100 (5)	Passé ou futur?
SB 102	Contrôle oral: On parle des repas
CM 5/14	Tu comprends? 1–4
CM 5/15	Épreuve (A) 1–3
CM 5/16	Épreuve (B) 1–4

Class CD 5

Unité 6

SB 106 (1)	Les jeunes et les loisirs
SB 107 (3)	Ma vie numérique
SB 109 (5)	Vous écoutez?
SB 109 (6)	J'écoute ...
SB 111 (4)	Interview d'une championne
SB 220 (6)	On parle du sport
SB 112 (1)	La télévision en France
SB 115 (3)	Des livres de tous les genres
SB 221 (8)	Un livre que j'ai lu
SB 116 (2)	C'est pour un renseignement
SB 117 (4)	Que faire?
SB 118 (3)	On décrit des films
SB 121 (5)	Le week-end dernier
SB 122	Contrôle oral: La musique et moi
CM 6/10	Tu comprends? 1–4

| CM 6/11 | Épreuve (A) 1–3 |
| CM 6/12 | Épreuve (B) 1–3 |

Unité 7

SB 126 (1)	Pourquoi partir en vacances?
SB 126 (4)	On parle des vacances
SB 128 (1)	Vous partez en vacances?
SB 129 (5)	Tu aimes les vacances à l'étranger?
SB 130 (1)	Des vacances de rêve
SB 132 (2)	On téléphone à l'hôtel
SB 132 (3)	Pour trouver l'hôtel
SB 133 (6)	À la réception d'un hôtel: a) Des questions b) Des problèmes

Class CD 6

Unité 7 (suite)

SB 134 (1)	À l'office de tourisme
SB 134 (4)	Des idées loisirs
SB 134 (5)	Aimez-vous faire du camping?
SB 135 (8)	On arrive au camping
SB 137 (3)	À l'auberge de jeunesse
SB 137 (4)	On loue des vélos
SB 137 (5)	Vacances à vélo
SB 138 (1)	La météo
SB 138 (2)	On parle du temps
SB 223 (12)	Des prévisions météorologiques
SB 141 (2)	De quand parle-t-on?
SB 142 (1)	Des vacances récentes
CM 7/7 (1)	Avez-vous passé de bonnes vacances?
SB 143 (3)	C'était comment les vacances?
SB 144	Contrôle oral: Cécile parle de ses vacances
CM 7/9	Tu comprends? 1–4
CM 7/10	Épreuve (A) 1–4
CM 7/11	Épreuve (B) 1–3

Unité 8

SB 149 (2)	Les problèmes de l'été
SB 150 (3)	Chez le pharmacien
SB 152 (2)	Une machine magnifique!
SB 153 (4)	J'ai mal partout!
SB 153 (5)	Sur l'ordinateur
SB 154 (1)	Ça s'est passé comment?
SB 156 (1)	En ville
SB 157 (5)	Allô, les secours
SB 157 (6)	Vous êtes journaliste

Tricolore Total 4 Teacher's Book

General information

Class CD 7

Unité 8 (suite)

SB 158 (2)	C'est quand votre rendez-vous?
SB 158 (4)	Mal aux dents
SB 158 (5)	Dans le cabinet du médecin
SB 160 (2)	Ça va ou ça va pas?
SB 161 (6)	Le stress
SB 162 (1)	On parle du tabac
CM 8/5	Comment cesser de fumer?
SB 163 (6)	Il n'y a pas de drogués heureux
SB 225 (7)	Le sida
SB 164 (1)	Pour avoir la forme
SB 166	Contrôle oral: Lucas parle de la forme et du sport
CM 8/6	Tu comprends? 1–3
CM 8/7	Épreuve (A) 1–4
CM 8/8	Épreuve (B) 1–3

Unité 9

SB 170 (4)	Une interview avec Pierre
TB 229	On parle des examens et après
SB 226 (3)	Comment se préparer
SB 173 (4)	Les examens et moi
SB 175 (3)	Mon stage en entreprise
SB 176 (1)	Comment choisir un métier
SB 176 (3)	Je voudrais faire ça
SB 179 (3)	C'est comme ça, le travail
SB 179 (4)	Mon ami fait ça
SB 180 (2)	Sondage: des petits emplois
SB 181 (4)	Pour gagner de l'argent
SB 182 (2)	Des petits emplois
SB 183 (4)	Un entretien
SB 184 (1)	Si c'était possible …

Class CD 8

Unité 9 (suite)

SB 186	Contrôle oral: Alex parle des examens
CM 9/8	Tu comprends? 1–4
CM 9/9	Épreuve (A) 1–4
CM 9/10	Épreuve (B) 1–3

Unité 10

SB 190 (1)	Foire aux questions (FAQ)
SB 191 (3)	Les habitants du monde
SB 193 (4)	L'avis des jeunes
SB 193 (5)	Médecins Sans Frontières
SB 195 (3)	Des catastrophes naturelles
SB 228 (3)	Infos routières
SB 199 (4)	L'avis des jeunes
CM 10/6 (1)	La crise de la circulation
CM 10/6 (2)	On change de sens à Strasbourg
SB 200 (2)	Le recyclage dans ma ville
SB 202 (1)	Des problèmes dans les villes
SB 203 (3)	Dans mon quartier
SB 204 (2)	La parole aux jeunes
SB 206	Contrôle oral: Un sondage sur l'environnement
CM 10/8	Tu comprends? 1–4
CM 10/9	Épreuve (A) 1–4
CM 10/10	Épreuve (B) 1–2

Student CD 1

CM G/1	L'alphabet, les accents et la prononciation 1–7
CM G/2	Les voyelles
CM G/3	Les consonnes
SB 20	Contrôle: Thomas parle de sa famille
CM 1/9	Tu comprends 1–4
SB 40	Contrôle oral: J'habite en Martinique
CM 2/9	Tu comprends? 1–4
SB 60	Contrôle oral: Florence parle de son appartement
CM 3/11	Tu comprends? 1–4
SB 82	Contrôle oral: On parle du shopping
CM 4/9	Tu comprends? 1–4

Student CD 2

SB 102	Contrôle oral: On parle des repas
CM 5/14	Tu comprends? 1–4
SB 122	Contrôle oral: La musique et moi
CM 6/10	Tu comprends? 1–4
SB 144	Contrôle oral: Cécile parle de ses vacances
CM 7/9	Tu comprends? 1–4
SB 166	Contrôle oral: Lucas parle de la forme et du sport
CM 8/6	Tu comprends? 1–3
SB 186	Contrôle oral: Alex parle des examens
CM 9/8	Tu comprends? 1–4
SB 206	Contrôle oral: Un sondage sur l'environnement
CM 10/8	Tu comprends? 1–4

Copymasters and Assessment Book

The copymasters provide a wide range of material for practice in all four skills. Many are self-contained and suitable for independent work by students in cover lessons or for homework. Some worksheets are designed to be expendable, e.g. those containing crosswords or listening grids for completion by students. See the introduction to each unit for a list of copymasters.

- **Comment ça se dit?**

These worksheets (G1–G3) provide practice in pronunciation and linking sounds with the written word and are linked to the Student CD. Teacher's Book are included at the beginning of Section 2 (TB 15).

- **General language-learning skills**

These worksheets (G4–G14) cover understanding general vocabulary, spelling patterns in French and English, using cognates, prefixes and suffixes and general tips for revision and tests. They can be used at any appropriate point in the course. Teacher's Book are included at the beginning of Section 2 (TB 16).

- **Word games and crosswords**

Each unit contains one or more worksheets which provide practice of core vocabulary, often in the form of a crossword or word games.

- ***Tu comprends?***

Self-instructional listening tasks, with accompanying Student CD, provide useful material for homework or for students working independently in class.

- **Assessment**

The students' sheets for the end of unit assessment tests (*Épreuves*) in Listening, Reading and Grammar (Grammar *Épreuve* for Units 1–5 only) are provided on copymasters. These are designed for assessment, but could also be used for extra practice, if preferred.

Tricolore Total 4 Teacher's Book

General information

Examination Grammar in Action
Grammar in Action is a series of workbooks designed to accompany each stage of **Tricolore Total**. At Stage 4, students use *Examination Grammar in Action*, which includes all the grammar required for public examination and provides extensive practice.

The workbook is designed for independent use by students and includes clear explanations and reference material and exercises at a range of levels. It provides a useful reference and revision resource for students to retain for personal use. Solutions for the *Grammar in Action* activities are provided on a separate, photocopiable leaflet for teachers.

The book can be used both independently and with *Tricolore Total 4*.

Tricolore Total 4 Online Resource
This resource plays an integral role in **Tricolore Total 4**, with ICT activities such as interactive tasks, quizzes and presentations to support the teaching sequence in each unit. Teachers can also access audio transcripts from the core material, grammar and glossary. Whenever ICT is advocated, care has been taken to design activities which genuinely add something to the learning process.

On your marks
A new feature for **Tricolore Total 4** is a bank of practice assessment material specifically linked to each of the main awarding bodies in England and Wales (AQA, Edexcel, OCR and WJEC). See TB 12.

Planning the course
Stage 4 Overview

Unité 1 Jeunes sans frontières

Spread title	Spread objectives	Grammar	SB Page
1A Je me présente	• talk about yourself • ask questions • revise the alphabet and numbers	asking questions	6
1B Un stage international	• give more personal information • revise countries and nationalities • revise the present tense	the present tense	8
1C Copains, copines	• describe people • talk about friends • revise adjectives	adjectives	10
1D La vie de famille	• talk about your family • discuss relationships • revise reflexive verbs	reflexive verbs	12
1E La vie de tous les jours	• talk about your (least) favourite day • use verbs in the present tense	using *depuis*	14
1F Ça se fête!	• talk about special occasions • use *mon, ma, mes*, etc.	possessive adjectives answering questions (in *Au choix* section)	16
1G On se connecte	• talk about new technology		18

Unité 2 En ville et à la campagne

2A La France – destination touristique	• find out more about France		24
2B En ville	• understand descriptions of towns • talk about a town		26
2C Allez-y!	• ask for, understand and give directions to places • revise the pronoun *y*	the pronoun *y*	28
2D Les transports en ville	• talk about transport in cities • discuss public transport in Paris		30
2E Ça ne me dit rien	• use negative expressions	negative expressions: *ne … pas/plus/jamais/rien/personne; ne … aucun/que/ni … ni*	32
2F Ville ou campagne?	• talk about the countryside • compare life in town and country		34
2G Au parc d'attractions	• talk about a visit to a theme park • revise the perfect tense with *avoir*	the perfect tense with *avoir*, the perfect tense of *aller*, the perfect tense with *être*	36
2H Qu'est-ce qu'on a fait?	• talk about recent events • revise the perfect tense with *être*	the perfect tense (verbs with *être*) questions in the perfect tense	38

Tricolore Total 4 Teacher's Book

General information

Unité 3 Bon séjour!

Spread title	Spread objectives	Grammar	SB Page
3A Des projets	• talk about future plans • use expressions of future time	*aller* + infinitive the future tense	44
3B Si on a le temps …	• talk about weekend plans • use more complex sentences with 'if' • use the future tense of reflexive verbs	*si* + present tense + future tense reflexive verbs (future tense)	46
3C Bienvenue chez nous	• find out about staying with a French family • ask for help and make requests		48
3D Tu as fait bon voyage?	• talk about travel by train and by air • describe a journey • use different tenses		50
3E Chez moi	• talk about your home • describe your room • revise *ne … que*	some phrases in the conditional tense: … *serait, il y aurait* *ne … que*	52
3F Aider à la maison	• talk about household tasks • use emphatic pronouns (*moi, toi*, etc.) • use à *moi*, etc. to show possession	'emphatic' pronouns	54
3G Je me suis bien amusé(e)	• use reflexive verbs	reflexive verbs (perfect tense)	56
3H Tout s'est bien passée	• thank someone for their hospitality • compare life in different countries		58

Unité 4 Une semaine typique

Spread title	Spread objectives	Grammar	SB Page
4A La vie scolaire	• talk about school life • describe your school		64
4B Une journée scolaire	• describe the school day		66
4C Au collège	• talk about school subjects • discuss school rules • say what you have to do	saying what should be done: *devoir; il faut; être obligé de …* saying what should not be done: *il est interdit de …* *on n'a pas le droit de …*	68
4D On parle du collège	• compare school systems • discuss life at school • suggest improvements		70
4E Avant, c'était différent	• talk about how things used to be • use the imperfect tense	the imperfect tense	72
4F Aux magasins	• talk about shopping • find out about prices • say which item you prefer	*ce, celui*, etc. the imperfect tense	74
4G Vous faites quelle taille?	• shop for clothes • explain a problem • ask for a refund or exchange	*quel* and *lequel*	76
4H La mode, c'est important?	• discuss clothing and fashion		78
4I Qui étaient-ils?	• find out about some famous French people • read a French poem		80

Unité 5 Bon appétit!

Spread title	Spread objectives	Grammar	SB Page
5A Des repas	• discuss typical meals and specialities • express preferences in food and drink • ask and answer questions at a family meal		86
5B Vous mangez bien?	• discuss healthy foods • talk about vegetarianism • use the pronoun *en*	the pronoun *en*	88
5C Il faut manger pour vivre …	• discuss healthy eating		90
5D On fait des achats	• talk about shops and services • shop for food and other items • discuss what you want		92
5E Au café	• order drinks and snacks in a café • point out mistakes and deal with payment • use pronouns (*me, te, lui, nous, vous, leur*)	indirect and direct object pronouns: *me, te, lui, nous, vous, leur*	94
5F On mange vite	• discuss fast-food restaurants • talk about picnics • practise using past tenses	the perfect and imperfect tenses	96

Tricolore Total 4 Teacher's Book

General information

Spread title	Spread objectives	Grammar	SB Page
5G Au restaurant	• choose a French restaurant and book a table • discuss the menu • order and pay for a meal		98
5H Je viens de …	• point out problems or mistakes • say what has just happened or is about to happen	*venir de/aller* + infinitive	100

Unité 6 Ça m'intéresse

Spread title	Spread objectives	Grammar	SB Page
6A Enquête-loisirs	• exchange information and preferences about leisure activities • talk about using computers		106
6B Bien entendu!	• talk about music • use the verb *jouer* (music/games)	*jouer à ou jouer de?*	108
6C Vive le sport!	• talk about sport and sporting events • use some common adverbs	*faire + du/de la/de l'* adverbs	110
6D On regarde la télé	• discuss television programmes • make comparisons	making comparisons	112
6E Vous aimez la lecture?	• talk about books and reading • use direct object pronouns	direct object pronouns (*le, la, l', les*)	114
6F Qu'est-ce qu'on fait?	• understand information about events • discuss going out • practise pronouns		116
6G Si on allait au cinéma?	• talk about the cinema and films • describe a film • use the superlative	the superlative	118
6H Qu'as-tu fait?	• talk about an event in the past • make excuses and apologise • use the pluperfect tense	the pluperfect tense	120

Unité 7 Nouveaux horizons

Spread title	Spread objectives	Grammar	SB Page
7A À propos des vacances	• talk about different types of holidays • say what you prefer in terms of location, activities, etc.		126
7B Des vacances à l'étranger	• use prepositions with towns, countries, continents • talk about holidays abroad	the future tense using prepositions with towns and countries	128
7C Ce que je voudrais faire	• talk about an ideal holiday • use the conditional	the conditional	130
7D A l'hôtel	• find out about hotels • explain problems		132
7E En vacances	• ask for tourist information • discuss camping	using *avoir lieu*	134
7F Des vacances actives	• find out about activity holidays • talk about youth hostelling • use the perfect infinitive	*après avoir/être* + past participle	136
7G Et maintenant … la météo	• discuss weather conditions • use different tenses		138
7H On s'amuse … ou pas?	• use different tenses and expressions of time	talking about the future, the present and the past	140
7I Souvenirs de vacances	• talk about previous holidays • express opinions		142

Unité 8 À votre santé!

Spread title	Spread objectives	Grammar	SB Page
8A Votre santé en vacances	• talk about holiday health • use expressions with *avoir*	expressions with *avoir*	148
8B À la pharmacie	• find out about a chemist's shop • describe minor symptoms • use *qui* and *que*	relative pronouns: *qui* and *que*	150
8C Le corps humain	• revise parts of the body • describe pain or injury	reflexive verbs with parts of the body	152
8D En faisant du sport	• describe two things that happened at once • use the present participle • find out about emergency services	*en* + present participle	154
8E Il y a eu un accident	• understand descriptions of an accident • give details and location of an accident		156

Tricolore Total 4 Teacher's Book

General information

Spread title	Spread objectives	Grammar	SB Page
8F Ça fait mal	• make an appointment for the doctor or dentist • describe symptoms		158
8G C'est dur d'être ado	• talk about personal feelings and problems		160
8H Le tabac, l'alcool, la drogue	• discuss smoking, drugs, alcohol and addiction		162
8I Forme et santé	• discuss and compare lifestyles		164

Unité 9 Projets d'avenir

Spread title	Spread objectives	Grammar	SB Page
9A Que ferez-vous?	• talk about exams • discuss plans for the future	saying what you plan to do	170
9B Spécial examens	• discuss exam preparation and revision	using two verbs together	172
9C Un stage en entreprise	• exchange information and opinions about work experience		174
9D Mon métier	• discuss your choice of further education and career • tips for finding a job and avoiding unemployment	using verb + à + person + de + infinitive	176
9E Au travail	• understand job advertisements • discuss different aspects of a job	using the future tense after *quand*	178
9F Pour gagner de l'argent	• discuss pocket money • discuss part-time jobs		180
9G Un job pour l'été	• find out about holiday work • prepare a CV • apply for jobs and prepare for interviews		182
9H On peut rêver	• discuss what you would do • discuss marriage and the future	the conditional	

Unité 10 Notre planète

Spread title	Spread objectives	Grammar	SB Page
10A Un monde divers	• find out some general facts about the world • revise names of countries		190
10B Les problèmes du monde	• discuss some world problems		192
10C Le changement climatique	• discuss climate change and natural disasters • understand news reports	the passive	194
10D La circulation et la pollution	• discuss car travel and traffic problems • talk about pollution in towns and cities		196
10E Le transport	• discuss transport and its environmental impact • describe public transport in your area	*il (ne) faut (pas)* + infinitive revise adjectives which end in ...l	198
10F Consommez mieux, jetez moins	• discuss everyday behaviour and the environment • revise some irregular present tenses	verbs like *produire* and *éteindre*	200
10G Le défi pour les villes	• discuss local problems and solutions • describe what has changed		202
10H À nous d'agir	• discuss what can be done about global problems • find out about the Red Cross and the Red Crescent • talk about charitable organisations		204

N.B. The last two spreads of each unit are:
- Contrôle (Practice Assessment tasks in Speaking and Writing)
- Sommaire (Summary of the main language introduced in the unit)

Au choix

Extra activities to practise the language learnt in each unit.	210

Focus on the exam

Advice about listening, reading, speaking and writing in French in exams.	230

Grammaire

A reference section about grammar points.	234

Les verbes

A list of regular and irregular verbs.	253

Vocabulaire et expressions utiles

This covers general language such as numbers, question words, expressing opinions, describing events in the past, present and future, linking words etc.	258

Glossaire – Anglais–français/Français–anglais

A full word list with meanings, spellings and genders.	262

General information

General teaching approach

Developing language skills

- **Listening**

Training in careful listening for detail and for gist is a key feature of the course.

The class CDs provide a great variety of recorded material, including interviews, news items, radio quiz games, scripted and unscripted conversations and discussions on a range of topics, etc. There are no 'paused' recordings, as it is left to the teacher's discretion to decide the number of times the recording is played and when there should be pauses.

The full text of all recorded items appears in Section 2 of the Teacher's Book.

In addition there are two Student CDs, which contain further material which can be used by students working independently. These contain:

- *Comment ça se dit?* – a short section, with accompanying copymasters (CM G/1–G/3), which covers the main features of French pronunciation and the interrelationship between sounds and writing.
- *Tu comprends?* – for each unit, there is a sequence of three or four listening tasks with an accompanying copymaster.

The *Épreuve: Écouter* (on copymaster) at the end of each unit uses a range of different testing techniques.

- **Speaking**

The emphasis throughout the course is on correct pronunciation and intonation, asking and answering questions, initiating and developing conversations, giving and seeking opinions and reasons, varying language to reflect different views for different contexts and to cope with unprepared situations. There is a range of speaking tasks in each unit, such as *Inventez des conversations*, where students use the framework of a basic conversation and introduce variations, and *À vous!*, where students adapt language to reflect their personal views and circumstances. In addition, there is a *Contrôle oral* at the end of each unit to practise and assess speaking skills.

- **Reading**

There is a wide range of reading material in the Student's Book, such as general interest articles, letters, leaflets, interviews, TV and film reviews, quizzes, a series of *Forums* adapted from internet discussion groups, etc. Some of the material is original and some consists of extracts from authentic sources, such as French teenage magazines, newspapers and websites.

There is a variety of reading tasks, including cloze tests, multiple-choice, summarising, completing sentences, matching questions and answers, *vrai/faux* statements and questions in English.

Reading strategies and tips for skimming and scanning and dealing with unfamiliar language are given in the 'Focus on the exam' section and in the section on general language-learning skills (see SB 230–33 and CM G1–14).

The *Épreuve: Lire* (on copymaster) at the end of each unit uses a range of different testing techniques.

- **Writing**

Writing is covered through a variety of activities, ranging from basic structured tasks such as writing lists, completing forms and texts, to more open-ended activities, such as writing messages, emails, postcards, letters and short articles.

Students are encouraged to consult reference materials to check and improve their work. In addition, there is a *Contrôle écrit* at the end of each unit to assess writing skills.

- **Understanding and application of grammar**

Grammar is a central feature of **Tricolore Total**. Throughout the course, new grammatical structures are introduced through listening and reading activities. In the *Dossier-langue* sections, students are encouraged to work out rules for themselves before referring to the English explanation. When new grammar points have been introduced and explained, they are systematically practised through a range of receptive and productive tasks. Students can then apply their knowledge of grammar to vary and adapt language to new situations. There is a full grammar reference section at the back of the Student's Book.

The *Épreuve: Grammaire* (on copymaster) at the end of each of Units 1–5 tests the application of grammar.

The workbook, *Examination Grammar in Action*, provides additional practice of all the grammar required for public examination and is suitable for independent use by students.

Developing language-learning skills

A set of copymasters, with accompanying Teacher's Book (G/1–G/14, TB 15), cover general language-learning skills including pronunciation, ICT and general vocabulary, spelling patterns in French and English, using cognates, prefixes and suffixes to help understanding, and general tips for learning vocabulary, skimming and scanning and writing French, and preparing for tests.

The Student's Book includes a detailed grammar section, reference lists of general vocabulary and English–French and French–English glossaries. Students are encouraged to make effective use of these and other reference materials throughout the course.

Many tasks, especially those in *Au choix* and on copymaster, are designed so that they can be used by students working alone, thereby encouraging independence and autonomous learning.

Developing cultural awareness

The cultural background of French-speaking countries is reflected in the authentic materials presented in the Student's Book. Some of these have been based on internet sources and there are references to relevant internet sites in the Teacher's Book for each unit.

Comparisons are made between French and British culture, notably in Unit 4, where some teenagers give their impressions of each country.

The wider curriculum and cross-curricular links

Every attempt has been made to select material which is imaginative, informative and likely to appeal to students. This includes articles about current issues such as the environment, health, smoking, alcohol, AIDS, the work of charities such as *Médecins Sans Frontières*, life in different countries, articles and discussion about everyday life such as sport, music, art, life in town and country, taking a driving test, TV, fashion, career plans, etc. The new Unit 10, *Notre planète*, provides up-to-date coverage of global issues and concerns. It is hoped that the diversity of the material presented will stimulate interest and contribute to the broader education of the student.

General information

Tricolore Total provides cross-curricular links with other subjects such as English (comparisons between grammar and vocabulary); ICT (standard terminology, use of internet sites, software applications, the ***Tricolore Total*** online resource, etc.); maths (using numbers, simple statistics, prices); PSHE (healthy eating); geography (towns, areas and climate of France, French-speaking countries).

Assessment

Assessment materials are an integral part of ***Tricolore Total 4*** and at the end of each unit, there are *Contrôles* for speaking and writing in the Student's Book and *Épreuves* for listening and reading on copymasters. In addition there are *Épreuves* for grammar for Units 1–5. Teacher's Book, transcripts and a suggested marking scheme are given at the end of each unit.

The unit tests have several functions:

- they provide consolidation, bringing together the language taught throughout the unit
- they are diagnostic, highlighting strengths and weaknesses, so that teachers can see what has been well learnt and where extra practice or explanation is needed
- they familiarise students with the types of task used in public examinations
- they act as motivation, giving students a sense of achievement and progress
- they are intended as a flexible resource for the teacher to use either selectively or in their entirety, and they can serve, if preferred, as revision or practice items rather than as testing material
- they provide a bank of testing material, from which teachers can pick and mix in order to prepare cumulative tests of several units.

Controlled assessment

Controlled assessment has been introduced by the awarding bodies at GCSE in England and Wales to assess students' progress. This approach enables teachers to control when assessment is done, where and under what conditions. Teachers can choose between tasks provided by the awarding body or their own.

By creating their own tasks, centres can give students greater opportunity to talk/write about topics of interest to them. The tasks are designed to be open-ended and can encompass a wide range of topics, including students' own learning experience in, and out, of the French classroom. This approach aims to make assessment more individualised and more motivating for students.

The ***Tricolore Total*** *Contrôles* (on the final teaching spread of each unit) are based on this approach to controlled assessment and include detailed examples and tips to help students to complete the tasks. They are not directly linked to any specific board (see below for board-specific assessment material).

Contrôle oral

This provides one or two task outlines and a detailed recorded example with linked activities to help students prepare the task.

Contrôle écrit

There is usually one task, with a detailed example and linked activities, to help students prepare their work.

Épreuve: Écouter

In each listening test there are two parts:

- part A consists of tasks at Foundation level and Foundation/Higher level [20 marks]
- part B consists of tasks at Foundation/Higher and Higher level [20 marks].

Teachers choose which part is more appropriate for their students, but the questions are different for each part, including the Foundation/Higher sections, so teachers can, if they wish, use both parts.

Each test consists of a range of recorded items such as instructions, announcements, telephone messages, short news items, advertisements, descriptions and dialogues of varying length, interviews and discussions. At Foundation level most items use only familiar language, whilst at Higher level, some unfamiliar language is used.

In most cases, the recordings are not paused and the items are not repeated. The teacher will be required to stop the recording at appropriate points to allow students time to write their answers.

Students are required to listen for main points and to extract details and points of view. At Higher level, they also need to recognise opinions, attitudes and personal feelings, and draw conclusions.

Comprehension is tested by a range of question types such as multiple-choice, matching words and visuals, grid completion, completing a summary and answering questions in English.

Épreuve: Lire

In each reading test there are two parts:

- part A consists of tasks at Foundation level and Foundation/Higher level [20 marks]
- part B consists of tasks at Foundation/Higher and Higher level [20 marks].

Teachers choose which part is more appropriate for their students, but the questions are different for each part, including the Foundation/Higher sections, so teachers can, if they wish, use both parts.

Each test consists of a range of items, e.g. signs, public notices, instructions, advertisements, extracts from brochures and guides, letters, emails, postcards, short newspaper and magazine articles and extracts from websites and includes, for most units, reference to past, present and future events and some unfamiliar language.

Students are required to read and note main points and some details and opinions. At Higher level, they also need to identify points of view, show some understanding of unfamiliar language, recognise attitudes and personal feelings, and draw conclusions.

Comprehension is tested by a range of question types such as multiple-choice, matching words and visuals, grid completion, summarising, cloze tests, and questions in English.

Épreuve: Grammaire

For Units 1–5, there is a grammar test of the main grammatical points covered in the unit. [20 marks]

On your marks

The ***Tricolore Total*** online resource includes an assessment section, 'On your marks', which offers a bank of practice material for each of the main awarding bodies in England and Wales (AQA, Edexcel, OCR and WJEC). This includes examination-style questions for Reading and Listening, and interactive analysis tasks for Speaking and Writing controlled assessment.

General information

Using ICT

Tricolore Total 4 online resource
ICT has been fully integrated into Tricolore Total 4 through the online resource **Kerboodle**. There are specific activities for each unit, with brief details given in the teaching notes in Section 2. More detailed teaching notes for each activity are provided with the online resource.

ICT and the National Curriculum
The integrated approach to ICT, adopted throughout *Tricolore Total*, is fully in line with the National Curriculum for Modern Foreign Languages in England and Wales, and with similar requirements elsewhere. Through this integrated approach students will benefit to the full from frequent opportunities to use technology, as prescribed by the National Curriculum. The table below sets out some of the key skills, as listed in the Programme of Study, that can be developed through using ICT.

Acquiring knowledge of language • the grammar of the target language and how to apply it	• using interactive exercises to study language patterns • using text manipulation to encourage thinking about language patterns
Developing language skills • listening skills • adapting language for use in different contexts • skimming and scanning written texts for information	• using multimedia software for listening practice • using word processing to present language in a revised format • reading webpages on the internet
Developing language-learning skills • using dictionaries and other reference materials	• using electronic dictionaries and glossaries, and using the internet as a language corpus
Developing cultural awareness • having contact with native speakers • working with authentic materials to develop cultural awareness	• sending and receiving email • reading webpages on the internet • reading email
Learning activities • using language for real purposes	• sending and receiving email • taking part in an online discussion forum

Copyright issues
The issue of copyright in dealing with electronic materials should be regarded in the same way as for any other published materials. Legally obtained clip-art images can be used for making teaching and learning materials. Webpages are often copyright free but it is important to consider the source of the webpage – does the webpage developer own the copyright of the material on the page? Some images on the Web may be copyrighted but many are not. However, the images may have been placed on the Web without the copyright holder's permission. It is hard to give clear advice. For those who wish to make absolutely certain of this issue, there is usually a contact email address on webpages which could be used to seek permission. Having said all of this, much on the Web is freely copiable and this is often stated. It will sometimes be a question of judgement. If the image is to be used solely in your own school for educational purposes, then it is unlikely to infringe copyright. This area is a difficult one and teachers must follow their own judgement or be advised by head teachers or ICT managers.

Useful websites

French search engines (*Des moteurs de recherche*)
There are many search engines, so it is best to choose one that students are familiar with. There are French versions of the common ones, e.g.

www.yahoo.fr
www.altavista.fr
www.google.fr

There are also French search engines, e.g.

www.voila.fr
www.lycos.fr

General interest sites for young people and discussion groups
Okapi (11–15) – The teenage magazine, *Okapi*, has a discussion section on various topics:

http://blog.okapi-jebouquine.com/

Phosphore (15–25) – This excellent website has sections on leisure and culture, everyday life, education and work, current affairs, as well as a range of *forums* on different topics:

www.phosphore.com

Premiers pas sur internet (designed for a younger age group) has discussions and contributions from young people from French-speaking countries:

www.momes.net

General information about France
French government information, statistics, etc:
www.diplomatie.gouv.fr/en/

France @ la carte – general information about aspects of French life from French Embassy, UK:
www.francealacarte.org.uk/

Ministry of Culture and Communication: www.culture.fr/
Ministry of Education: www.education.gouv.fr/
Ministry of Youth and Sports: www.jeunesse-sports.gouv.fr
La France Outre-mer (les DOM TOM):
www.outre-mer.gouv.fr

French tourist information
Maison de la France: www.franceguide.com

Tourist offices
General tourist information: www.tourisme.gouv.fr

Theme parks
Disneyland, Paris: www.disneylandparis.fr
Parc Astérix: www.parcasterix.fr/
Futuroscope: www.futuroscope.fr/

Tricolore Total 4 Teacher's Book

General information

Paris
Hôtel de ville: www.paris-france.org
Office de tourisme et des congrès, Paris:
http://www.parisinfo.com/]
Pariscope – the weekly entertainment guide:
http://spectacles.premiere.fr/pariscope/theatre
Information and links to other sites: www.paris.org/
La tour Eiffel: www.tour-eiffel.fr
Le Stade de France – information and statistics:
www.stadefrance.com
Aquaboulevard – a large aquatic park in Paris:
www.aquaboulevard.com/
Paris transport: www.ratp.fr

Some museums
Le Louvre: www.louvre.fr
La Cité des Sciences, La Villette, Paris: www.cite-sciences.fr/
La Cité de l'espace, Toulouse: www.cite-espace.com

Other national tourist offices
Belgium: www.tourismebelgique.com/view/Accueil
Switzerland: www.swisstourisminfo.com
Quebec: www.bonjourquebec.com/
Morocco: www.visitmorocco.com/index.php/fre
Senegal: www.primature.sn
              www.tourisme.gouv.sn/

French press
- National newspapers:

Le Monde   www.lemonde.fr
Libération   www.liberation.fr
Le Figaro   www.lefigaro.fr

- Regional newspapers:

Ouest-France   www.france-ouest.tm.fr
Les dernières nouvelles d'Alsace
                    www.dna.fr/dna/
Le Progrès   www.leprogres.fr/
La Voix du Nord   www.lavoixdunord.fr/
Sud Ouest   www.sudouest.com/
La Dépêche   www.ladepeche.com/depeche.asp
Le Parisien   www.manchette.com/parisien/
Nice Matin   www.nicematin.fr
Sections for young people:
www.leprogres.fr/Enfant/index.html

- Magazines and weeklies:

L'Équipe
www.madmedia.fr/manchette-sports/index1.html
Paris Match   www.parismatch.com
Le Point   www.lepoint.fr
Le Nouvel Observateur
                    http://quotidien.nouvelobs.com/

French TV and radio
TF1   www.tf1.fr
France 2   www.france2.fr/
France 3   www.france3.fr/
Section for younger viewers:
http://jeunesse.francetv.fr
Canal plus   www.canalplus.fr/
La cinquième www.lacinquieme.fr/
Arte   www.arte.fr/
Ina   www.ina.fr/
M6   www.m6.fr/
TV5   www.tv5.org
Radio France (France Inter, France Culture, etc.)
     www.radio-france.fr
RTL   www.rtl.fr
Europe 1   www.europe1.fr
TV magazines:
Télé 7 jours www.tele7jours.com/index.phtml
Télérama   www.telerama.fr

Educational press
Times Educational Supplement:
                    www.tes.co.uk
The Guardian Education Weekly:
http://education.guardian.co.uk/egweekly

Language teaching
Association for Language Learning (ALL):
www.languagelearn.co.uk
Centre for Information on Language Teaching (CILT):
www.cilt.org.uk
Lingu@net: www.linguanet.org.uk
Online dictionary: http://wordreference.com/

Exchanges
Central Bureau for International Education and Training:
www.centralbureau.org.uk
www.wotw.org.uk

ICT organisations
BECTA: www.becta.org.uk
Scottish Council for Educational Technology (SCET):
www.scet.com

Education in England
Department for Children, Schools and Families:
www.dcsf.gov.uk
National Curriculum:
www.nc.uk.net
Qualifications and Curriculum Authority (QCA):
www.qca.org.uk

Education in Wales
Curriculum and Assessment Authority for Wales:
www.accac.org.uk

Education in Scotland
Scottish Qualifications Authority:
www.sqa.org.uk
Scottish virtual teacher's centre:
www.svtc.org.uk
Learning and Teaching Scotland:
www.itscotland.com

Education in Northern Ireland
Northern Ireland Council for the Curriculum, Examinations and Assessment:
www.ccea.org.uk

Tricolore Total 4
Section 2 Teaching notes

General language-learning skills

Copymasters

G/1–G/3 *Comment ça se dit?* [listening, pronunciation] (TB 15)
G/4 Rubrics and instructions [reference] (TB 18)
G/5 *Lexique informatique* [reference] (TB 18)
G/6 Prefixes and suffixes, [information, practice] (TB 18)
G/7–G/8 English and French spelling patterns [reference, vocabulary practice] (TB 18)
G/9 *C'est masculin ou féminin?* [recognising gender] (TB 18)
G/10 On écrit des messages et des lettres (TB 18)
G/11 Tips for tests (1) General notes (TB 18)
G/12 Tips for tests (2) Listening and Reading (TB 18)
G/13 Tips for tests (3) Speaking (TB 18)
G/14 Tips for tests (4) Writing (TB 18)

G/1–G/3   SCD 1, tr 2–11

Comment ça se dit?

There are three copymasters and accompanying recordings to provide practice in French pronunciation and in understanding the relationship between sounds and writing. The three sections can be used on different occasions and at any appropriate point in the course. The material is designed for use by students working individually, but could also be used in a multimedia or language laboratory. The recording should be paused by the teacher or student, as required.

G/1,   SCD 1, tr 2–8

L'alphabet, les accents et la prononciation

This provides practice in pronouncing and recognising the French alphabet and accents. There are also short notes about stress, liaison and intonation with recorded examples.

1 L'alphabet

transcript

L'alphabet
– Écoutez.
A B C D
E F G H
I J K L M
N O P Q
R S T U
V W X Y Z

2 Les accents

transcript

Les accents
– Écoutez.
a accent grave
e accent aigu
e accent grave
e accent circonflexe
i accent circonflexe
o accent circonflexe
u accent grave
c cédille

3 Et après?

Solution: **1** *b*, **2** *e*, **3** *h*, **4** *k*, **5** *s*, **6** *i*, **7** *x*, **8** *z*

transcript

Et après?
– Écrivez 1–8. Écoutez la lettre, puis dites et écrivez la lettre qui suit dans l'alphabet.
1 a
2 d
3 g
4 j
5 r
6 h
7 w
8 y

4 Les sites Internet

Students complete the details of the websites.

transcript

Les sites Internet
– Écoutez et complétez les détails.
1 www.edf.fr
2 www.tf1.fr
3 www.rtl.fr
4 www.sncf.fr
5 www.fnac.fr
6 www.ugc.fr
7 www.ratp.fr

5 Un peu de géographie

Students write down the spellings of each place then categorise each one accordingly.

Solution: **1** *p*, **2** *m*, **3** *p*, **4** *f*, **5** *v*, **6** *v*

transcript

Un peu de géographie
– Écoutez et écrivez les six noms. Décidez si c'est une ville (v), un fleuve (f), des montagnes (m) ou un pays (p).
1 L'ALLEMAGNE
2 LES PYRÉNÉES
3 LA GRÈCE
4 LE RHÔNE
5 ÉDIMBOURG
6 LONDRES

6 La liaison

This explains the use of liaison in spoken French.

Solution: **1** a ✓ b ✗, **2** a ✗ b ✓, **3** a ✓ b ✗, **4** a ✓ b ✗, **5** a ✓ b ✗, **6** a ✗ b ✓

Tricolore Total 4 Teacher's Book

General language-learning skills

transcript

La liaison
- You rarely hear a consonant if it is the last letter of a French word, for example:
- petit, très, grand, deux.
- But if the following word begins with a vowel or a silent h, the consonant is often pronounced with the vowel of the next word, for example:
- un petit accident, très important, un grand événement, deux oranges.
- This is called a liaison. The two words are pronounced together without a break, like a single word.
- Écoutez les paires de phrases. Cochez la case si on fait la liaison, faites une croix si on ne la fait pas.

1 a trois heures
  b trois livres
2 a deux pommes
  b deux oranges
3 a un petit éléphant
  b un petit chien
4 a un grand immeuble
  b un grand bâtiment
5 a très intéressant
  b très sympa
6 a les profs
  b les élèves

7 Stress

This explains the way in which different syllables of a word are stressed in English and in French.

Solution: 1 a *(F)*, 1 b *(A)*, 2 a *(A)*, 2 b *(F)*, 3 a *(F)*, 3 b *(A)*, 4 a *(A)*, 4 b *(F)*, 5 a *(A)*, 5 b *(F)* 6 a *(F)*, 6 b *(A)*

transcript

Stress
- There are many words which look the same (or almost the same) in English and in French and have the same meaning:
- accident, impossible, gymnastique.
- However, in French, each syllable of a word is normally stressed equally, whereas in English, there is often a stronger emphasis on one syllable.
- Écoutez les paires de mots. Décidez si le mot est prononcé en anglais (A) ou en français (F).

1 a animal
  b *animal*
2 a catastrophe
  b *catastrophe*
3 a direction
  b *direction*
4 a important
  b *important*
5 a destination
  b *destination*
6 a illustration
  b *illustration*

G/2 SCD1 tr 9–10

Les voyelles (vowel sounds)

This gives practice in understanding and pronouncing the different vowel sounds in French, including semi-vowels and nasal vowels.

In each case, students first listen and repeat the sound and the examples. Then they listen to a phrase ridicule, repeat it and write down the missing words.

Solution: 1 *chat*, 2 *gâteau*, 3 *clef*, 4 *secret*, 5 *frère*, 6 *dîner*, 7 *yeux*, 8 *dos*, 9 *objet*, 10 *boules*, 11 *trois*, 12 *rue*, 13 *jeu*, 14 *sœur*, 15 *nuit*

transcript

Les voyelles
- Écoutez et répétez les exemples. Puis écoutez, répétez et complétez les phrases.

1 *The sound 'a'* ami, avoir, femme, cheval
   Ma femme, son chat et son lapin adorent la salade au jardin.
2 *The sound 'ɑ'*
   âge, gâteau, pâté, château
   On vend des pâtes, du pâté et du gâteau au château.
3 *The sound 'e'*
   été, employée, allez, jouer, pied, clef, les, et
   Mémé a fermé le café à clef et est allée à pied chez le boulanger.
4 *The sound 'ə'*
   je, me, le, premier
   Si je te le dis, ce ne sera pas un secret.
5 *The sound 'ɛ'*
   frère, être, chaîne, palais
   La reine et son frère préfèrent les desserts de mon père.
6 *The sound 'ɨ'*
   image, riche, île, il y a
   Qui dit qu'ici il y a un cybercafé où il est possible de dîner?
7 *The sound 'j'*
   piano, yeux, lieu, fille
   La gentille fille aux yeux qui brillent travaille avec Gilles au piano.
8 *The sound 'o'*
   euro, chose, côté, au, eau
   Le héros avec beaucoup d'émotion tourne le dos et regarde l'océan.
9 *The sound 'ɔ'*
   porte, robe, comme, poste
   En octobre, un octopus a porté un objet orange dans le dortoir.
10 *The sound 'u'*
   vous, rouge, touriste, toujours
   En août, tout le groupe joue aux boules sur la pelouse à Toulouse.
11 *The sound 'w'*
   oui, oiseau, Louis, voilà
   Oui, les trois oiseaux boivent de l'eau.

General language-learning skills

12 *The sound* 'y'

nature, bureau, rue, sur

Dans la rue, Hercule a vu la statue d'une tortue.

13 *The sound* 'ø'

feu, peu, curieux, généreux

Mathieu, très heureux, a fait la queue pour le jeu des œufs.

14 *The sound* 'œ'

leur, cœur, neuf, pleurer

Leur sœur pleure pendant des heures.

15 *The sound* 'ɥ'

lui, huit, cuisine, huile

Une nuit, huit cuisiniers comptent les cuillères.

Solution: Nasal vowels: 1 *enfants,* **2** *melon,* **3** *vin,* **4** *brun*

transcript

Nasal vowels

– When a vowel (a, e, i, o, u) is followed by 'm' or 'n', the vowel is often pronounced slightly differently. These are called 'nasal vowels' and there are four of them.

– Écoutez et répétez les exemples. Puis écoutez, répétez et complétez les phrases.

1 *The sound* 'ã'

camping, blanc, emploi, enfant

Cent enfants chantent en même temps.

2 *The sound* 'ɔ̃'

melon, montre, long, cochon

Le cochon de mon oncle Léon adore le melon.

3 *The sound* 'ɛ̃'

imper, ingénieur, faim, main

Cinq trains américains apportent du vin au magasin.

4 *The sound* 'œ̃'

un, brun, parfum, lundi

J'adore le parfum brun de Verdun.

G/3 SCD1, tr 11

Les consonnes (consonants)

This gives practice in understanding and pronouncing different consonants in French. In each case, students first listen and repeat the sound and the examples. Then they listen to a phrase *ridicule*, repeat it and write down the missing words.

Solution: 1 *cartes,* **2** *chien,* **3** *gare,* **4** *jour,* **5** *oignons,* **6** *hôpital,* **7** *rose,* **8** *poissons,* **9** *thé,* **10** *examen,* **11** *zone*

transcript

Les consonnes

– You rarely hear a consonant if it is the last letter of a French word:
  – l'art, un camp, content, le riz, le sport.

– If you do hear a consonant, then it's probably followed by the letter e:
– la classe, une liste, la salade, la tente.
– You rarely hear the final 's' in a plural word:
– des melons, des sandwichs, des tables, des trains.
– But if the following word begins with a vowel, there may be a 'z' sound. This is called a liaison.
– mes amis, les enfants, des oiseaux, ses insectes.

Écoutez et répétez les exemples. Puis écoutez, répétez et complétez les phrases.

1 *The sound* 'k'

école, car, quatorze, kilo

Quinze curés quittent le quartier et comptent les cartes dans un coin.

2 *The sound* 'ʃ'

château, chocolat, cheval, chat

Charles cherche le chien dans la chambre du château.

3 *The sound* 'g'

garage, gorge, guichet, vague

Le garçon du guichet gagne un gâteau à la gare pour le goûter.

4 *The sound* 'ʒ'

genou, girafe, jambe, page

Un jour génial, le général a fait de la gymnastique dans le gîte.

5 *The sound* 'ɲ'

baigner, oignon, montagne, agneau

Un espagnol gagne cinquante oignons et un agneau en Espagne.

6 *Silent* 'h'

homme, hockey, heureux, hôtel

Henri, le héros heureux, arrive à l'hôpital à huit heures.

7 *The sound* 'r'

raisin, règle, route, ouvrir

Roland le rat refuse de rendre la rose rouge.

8 *The sound* 's'

souris, boisson, citron, ça, sciences, solution

Sous un ciel sensationnel, cent poissons dansent dans l'océan.

9 *The sound* 't'

tante, théâtre, tourner, télé

Thierry prend du thé et parle au théâtre de ses théories.

10 *The sounds* 'gz' *and* 'ks'

examen, exemple

excuser, expliquer

Il écrit des exercices dans l'examen, puis s'excuse et s'en va en excursion.

11 *The sound* 'z'

gaz, chaise, chose, raison

Il y a zéro choses dans la zone piétonne.

Tricolore Total 4 Teacher's Book   17

General language-learning skills

G/4

Rubrics and instructions
This gives a list of instructions for classroom use.

G/5

Lexique informatique
This lists vocabulary linked with using a computer.

G/6

Prefixes and suffixes
This gives suggestions for working out the meaning of unfamiliar vocabulary and is followed by some practice tasks.

Solutions:

1 Beginnings

to redo, impolite, useful, *inutile, inoubliable,* disagreement, to see, *prévoir*

2 Endings

twenty, about fifty, to play, player, grocer, to eat, unbreakable, goodness, *continuation*

G/7

English and French spelling patterns (1) – Reference
This refers to cognates, false friends and common patterns that occur when comparing English and French spelling.

G/8

English and French spelling patterns (2) – Practice tasks
Students should refer to the reference list to complete the lists.

Solutions:

1 C'est pareil en français

a **1** *une rose,* **2** *un lion,* **3** *une omelette,* **4** *le champagne,* **5** *un piano,* **6** *un crocodile*

b Any two in each category:

1 Des sports: *le ski, le football, le rugby, le golf, le tennis,* etc.

2 Des moyens de transports: *le bus, le train, le taxi*

3 Des fruits: *une orange, un kiwi, le melon*

2 False friends

1 *b,* **2** *f,* **3** *e,* **4** *g,* **5** *h,* **6** *i,* **7** *d,* **8** *c,* **9** *j,* **10** *a*

3 Comment ça s'écrit, en français?

un drame, l'orchestre, officiel, décorer, hésiter, l'anniversaire, un documentaire, la musique, fantastique, une aventure, dégoûtant

4 Complétez les listes

blonde, chocolat, uniforme, dentist*, liste, ordre, amusant, travaillant*

5 C'est quoi en anglais?

he announces, error, actor, precious, movement, forest, sponge, strange, pronunciation

6 Complétez les listes

actif, exactly, *rapidement,* army, *qualité,* economy, *géographie, Italie,* reserve, *inviter*

G/9

C'est masculin ou féminin?
This lists the main endings and other criteria which indicate whether a noun is likely to be masculine or feminine. This is useful, although there are some exceptions.

Solutions:

1 À vous de décider

1 *un,* **2** *la,* **3** *prochaine,* **4** *du,* **5** *dernier,* **6** *bonnes,* **7** *ma,* **8** *le,* **9** *du,* **10** *sa,* **11** *le,* **12** *de la*

2 Trouvez le mot féminin

1 *chaussure,* **2** *circulation,* **3** *tomate,* **4** *oreille,* **5** *raison,* **6** *nourriture*

3 Trouvez le mot masculin

1 *bureau,* **2** *château,* **3** *trottoir,* **4** *stylo,* **5** *chauffage,* **6** *raisin*

G/10

On écrit des messages et des lettres
This lists useful phrases with examples and can be used for reference at any suitable point.

G/11

Tips for tests (1) General notes
This gives some suggestions for revising vocabulary and verbs and some strategies for understanding spoken and written French.

G/12

Tips for tests (2) Listening and Reading
This gives some hints about listening for gist and for detail, skimming and scanning written texts, etc.

G/13

Tips for tests (3) Speaking
This gives some suggestions for improving oral work, mentioning communication, quality of language, grammatical accuracy and good pronunciation.

G/14

Tips for tests (4) Writing
This gives some advice about writing French in tests and exams and emphasises the importance of checking work.

Tricolore Total 4
Unité 1 Jeunes sans frontières pages 6–23

Aims and objectives	Grammar and skills	Vocabulary
1A Je me présente pages 6-7		
• talk about yourself (name, age, nationality, likes and dislikes, etc.) • ask questions • revise the alphabet and numbers	Question words, including *quel* Verb inversion *pour* + infinitive	Asking questions Numbers The alphabet
1B Un stage international pages 8–9		
• give more personal information • revise countries and nationalities • revise the present tense	The present tense	Countries, continents, nationalities
1C Copains, copines pages 10–11		
• describe people • talk about friends • revise adjectives	Cognates Adjectives	Colours Appearance, Personal characteristics Friends
1D La vie de famille pages 12–13		
• talk about your family • discuss relationships • revise reflexive verbs	Reflexive verbs Expressions with *tout*	Family Describing people Friends Pets
1E La vie de tous les jours pages 14–15		
• talk about your (least) favourite day • use verbs in the present tense	The present tense *depuis/ça fait … que* + present tense	General verbs
1F Ça se fête! pages 16–17		
• talk about special occasions • use *mon, ma, mes*, etc.	Masculine and feminine forms of noun Possessive adjectives Expressions with *tout*	French public holidays Festivals and special occasions Greetings
1G On se connecte pages 18–19		
• talk about new technology		Technology
1H Consolidation and assessment pages 20–21		
• practise exam assessment techniques • find out what you have learnt		
Sommaire pages 22–23		

Resources:

Student's Book 6–23

CD 1, Student CD 1

Copymasters
1/1 On fait des interviews
1/2 Les pays et les continents
1/3 Jeux de mots
1/4 Quatre profils
1/5 L'avis des jeunes
1/6 La vie quotidienne
1/7 Les événements de famille
1/8 Nos vacances
1/9 Tu comprends?
1/10 Épreuve 1: Écouter – Partie A
1/11 Épreuve 1: Écouter – Partie B
1/12 Épreuve 1: Lire – Partie A
1/13 Épreuve 1: Lire – Partie B (1)
1/14 Épreuve 1: Lire – Partie B (2)
1/15 Épreuve 1: Grammaire

Au choix SB 210–211
1 Deux jeunes Québécoises
2 Le courrier des lecteurs
3 Les animaux et vous
4 Un animal à la maison?
5 Xavier parle de son jour favori
6 Ça fait longtemps
Dossier-langue: Answering questions
7 Qu'est-ce qu'on répond?

Examination Grammar in Action 4–16
Asking questions
Answering questions
Using the present tense – regular verbs
Using the present tense – irregular verbs
Using reflexive verbs in the present tense
Using the imperative
The present tense with *depuis* and *ça fait … que*
Using nouns – masculine and feminine
Using nouns – singular and plural
Using the definite article – *le, la, l', les*
Using adjectives (1)
Using adjectives (2)
Using possessive adjectives: *mon, ma, mes*

Kerboodle!
On fait connaissance (Activité – P)
L'Europe (Présentation)
L'euro (Activité – L)
L'importance des couleurs (Activité – L)
Chez mes grands-parents (Activité – G)
On parle de la famille (Activité – P)
Mon jour favori (Activité – É)
L'année en France (Présentation)
Questions et réponses (Activité – G)
Pourquoi utilisez-vous Internet? (Activité – É)
Vocabulaire – Unité 1 (Activité)
Quiz – Unité 1 (Activité)

É = Écouter, L = Lire, P = Parler, G = Grammaire

1A Je me présente

1A Je me présente   pages 6–7

Aims and objectives	Grammar and skills	Resources
• talk about yourself (name, age, nationality, likes and dislikes, etc.) • ask questions • revise the alphabet and numbers	Question words, including *quel* Verb inversion *pour* + infinitive	**Key language:** see SB 22 **Online resource:** *Activité (parler)* **Copymasters:** G1–G3 **CD:** 1/2–4 **GiA:** 4–5

sb 6

Jeunes sans frontières

Begin with some oral revision of personal details – name, age, birthday dates, etc. – perhaps as a chain question sequence. Explain the French word *stage* (course). Then, look briefly at the details about the course and ask:

Qu'est-ce qu'on va faire au stage?

C'est quand, le stage?

sb 6   1, tr 2

1 On fait connaissance

The two conversations (**A** and **B**) revise language for personal details and questions. Conversation **A** is followed by questions in French.

> **Solution:**
> 1 *Elle est canadienne.*
> 2 *Son anniversaire est le 9 juillet.*
> 3 *Thomas est plus âgé.*
> 4 *Oui, il est enfant unique.*
> 5 *Non, sa sœur est l'aînée.*

transcript

On fait connaissance – Conversation A
- Salut. Je suis Sarah Dubois. Et toi, comment t'appelles-tu?
- Salut Sarah. Moi, je m'appelle Thomas Lenoir.
- Où habites-tu, Thomas?
- J'habite à Genève en Suisse.
- Alors tu es suisse. Quelles langues parles-tu?
- Je parle français et allemand, mais en Suisse on parle aussi italien. Et toi, tu es de quelle nationalité?
- Je suis canadienne. J'habite à Montréal. Quel âge as-tu?
- J'ai dix-sept ans. Et toi?
- Moi, j'ai seize ans. Mon anniversaire est le 16 janvier. C'est quand, ton anniversaire?
- C'est le 9 juillet.
- Est-ce que tu as des frères et sœurs?
- Non, je suis enfant unique. Et toi?
- Moi, j'ai une sœur aînée et un demi-frère qui est plus jeune.

Conversation **B** is followed by two short tasks, as below.

a Students find in the transcript the French equivalent of the English phrases listed.

> **Solution:**
> 1 *Qu'est-ce que tu fais de ton temps libre?*
> 2 *Qu'est-ce que tu aimes comme sports?*
> 3 *Je joue de la batterie depuis cinq ans.*
> 4 *Il y a combien de personnes au stage?*
> 5 *se faire de nouveaux amis*

b They then answer comprehension questions in French.

> **Solution:**
> 1 *Il joue de la batterie depuis cinq ans.*
> 2 *Elle fait du ski et elle joue au hockey sur glace.*
> 3 *Il y va pour rencontrer des jeunes de toutes les nationalités et pour les activités culturelles.*

transcript

On fait connaissance – Conversation B
- Qu'est-ce que tu fais de ton temps libre?
- J'adore le sport. Je fais du ski et je joue au hockey sur glace. Qu'est-ce que tu aimes comme sports?
- Moi, je ne suis pas sportif. Je préfère la musique, surtout la musique du monde. Je joue de la batterie depuis cinq ans.
- Il y a combien de personnes au stage?
- Environ trente je crois.
- Pourquoi vas-tu au stage?
- Moi, j'y vais pour rencontrer des jeunes de toutes les nationalités et pour les activités culturelles. Et toi?
- Je vais au stage parce que je m'intéresse beaucoup à l'environnement et que je veux participer aux débats. On va s'amuser aussi et se faire de nouveaux amis.

c After working on both conversations, students look for at least six questions from the two conversations.

sb 6 Stratégies

The phrase *Qu'est-ce que tu aimes comme …?* is a useful one that could be built into regular oral practice. More able students could also be taught that this standard question form can be used with different verbs, e.g. *avoir*, *faire* (+ sports or lessons), *jouer* (instruments), *mettre* (+ clothes), *acheter* (+ provisions), and they could make up and ask questions to illustrate this.

20 Tricolore Total 4 Teacher's Book

1A Je me présente

2 Faites des questions
Students make up questions using the phrase *Qu'est-ce que tu aimes comme ... ?* with each of the visual cues.

3 Pour poser une question
When students have completed the list (referring to conversations A and B above) and these have been checked, ask them to invent a question with each word.

> **Solution: 1** *Combien?* (How much? How many?), **3** *Où* (Where?), **5** *Pourquoi?* (Why?), **6** *(Quand?)* (When?), **8** *Qui?* (Who?)

7 Dossier-langue
This covers different ways of asking questions and the four forms of *quel*. Ask students to find or invent more examples of each type of question. Refer students as necessary to the *Grammaire* (SB 244).

4 Le jeu des nombres
First revise numbers, using a number game, or by dictating some numbers to be written down and read back. Students choose the correct form of *quel* to complete the question and then choose the correct answer.

> **Solution: 1** *Quel, 33;* **2** *Quelle, 221;* **3** *combien, 12;* **4** *Quel, 112;* **5** *quel, 75;* **6** *combien, 2000*

Comment ça se dit (1)
This could be used to revise the alphabet and pronunciation (see TB 16).

5 Comment ça s'écrit?
Revise the French alphabet and ask students to spell names of their family and home town or village. They then listen and write down each word and select the correct category.

> **Solution: 1** b *une couleur,* **2** a *un pays,* **3** d *un instrument de musique,* **4** f *une saison,* **5** g *une fête,* **6** e *une langue,* **7** c *un sport*

transcript

Comment ça s'écrit?
1 j a u n e
2 A l l e m a g n e
3 g u i t a r e
4 h i v e r
5 P â q u e s
6 e s p a g n o l
7 b a s k e t

6 Encore des questions
a Students complete the 10 questions with the correct word and then listen to check their answers.

> **Solution:**
> 1 **Comment** *t'appelles-tu?*
> 2 **Quel** *âge as-tu?*
> 3 **Où** *habites-tu?*
> 4 *Tu es de* **quelle** *nationalité?*
> 5 **Est-ce que** *tu parles anglais?*
> 6 **Combien** *de frères et sœurs as-tu?*
> 7 **Comment** *s'appellent-ils?*
> 8 **Pourquoi** *es-tu à Paris?*
> 9 *Tu restes ici jusqu'à* **quand**?
> 10 **Quel** *est ton sport préféré?*

b They then note down Alexandre's replies to each of the questions.

> **Solution: 1** *Alexandre Michelin,* **2** *16 ans et demi,* **3** *Trouville,* **4** *français,* **5** *oui,* **6** *un frère et une sœur,* **7** *Jean-Luc et Lucie,* **8** *pour participer à un stage international,* **9** *samedi prochain,* **10** *la natation*

transcript

Encore des questions
– Comment t'appelles-tu?
– Alexandre, Alexandre Michelin.
– Ça s'écrit comment?
– A–L–E–X–A–N–D–R–E, M–I–C–H–E–L–I–N.
– Quel âge as-tu?
– J'ai seize ans ... euh ... seize ans et demi.
– Où habites-tu ?
– J'habite à Trouville. Trouville, c'est au bord de la mer, au nord de la France.
– Tu es de quelle nationalité?
– Ben, je suis français!
– Est-ce que tu parles anglais?
– Alors, l'anglais ... euh ... c'est très difficile. Oui oui, un peu, en effet!
– Combien de frères et sœurs as-tu?
– Deux, j'en ai deux, un frère et une sœur.
– Comment s'appellent-ils?
– Alors mon frère, mon frère s'appelle Jean-Luc ... euh ... Jean-Luc, puis ma sœur s'appelle Lucie. Ça s'écrit L-U-C-I-E.
– Pourquoi es-tu à Paris?
– Je participe à un stage international pour les jeunes.
– Tu restes ici jusqu'à quand?
– Jusqu'à samedi prochain.
– Quel est ton sport préféré?
– J'aime bien la natation.
– Merci, Alexandre.

1B Un stage international

7 Stratégies

This covers the infinitive and the use of *pour* + the infinitive to say 'in order to do something'. The sentences can be translated as follows:

I'm going to the course in order to meet some young people.
What are you doing to celebrate your birthday?

7 À vous!

Students work in pairs to produce as long as conversation as they can using the language presented on the spread.

Activité (parler)

On fait connaissance

This online audio activity provides further speaking practice of asking and answering questions.

Examination grammar in action 4

Asking questions

This provides further practice in asking questions, as required.

Examination grammar in action 5

Answering questions

This provides practice in answering questions and could also be used at this point, although task 4 refers to the use of different tenses and so it might be better to use it later in the unit.

G1–G3

Comment ça se dit? (1), (2), (3)

This would be an appropriate point to cover pronunciation, using the copymasters and recording. (TB 16)

1B Un stage international pages 8–9

Aims and objectives	Grammar and skills	Resources
• give more personal information • revise countries and nationalities • revise the present tense	The present tense	**Key language:** see SB 22 **Online resource:** *Présentation, Activité (lire)* **Copymasters:** 1/1, 1/2 **CD:** 1/5–6 **GiA:** 6–7, 11–13

8

1 Des témoignages

Before reading the texts, ask questions about the photos, bringing in family and personal vocabulary, e.g.
- *Cette fille s'appelle comment?*
- *Elle a des frères et sœurs?*
- *Est-ce qu'elle est l'aînée de la famille?*
- *Elle est de quelle nationalité?*

Use questions to highlight some of the key vocabulary and to revise ways of asking for meaning, e.g. *Comment dit-on 'eldest' en français?*

a Students find in the texts the French for the English phrases listed. This focuses on some useful expressions and helps with comprehension.

> **Solution:**
> 1 *pendant mon temps libre*
> 2 *on se fait très vite de nouveaux amis*
> 3 *j'ai fait la connaissance*
> 4 *nous sommes souvent en contact par e-mail*
> 5 *mon rêve est …*
> 6 *ça me donne de nouvelles idées*
> 7 *voyager à l'étranger*
> 8 *nous avons reçu une bourse*

b Students read the texts and identify which character is being described in each of the sentences.

> **Solution:** 1 *Leila,* 2 *Pedro,* 3 *Damien,* 4 *Damien,* 5 *Sophie,* 6 *Pedro,* 7 *Sophie,* 8 *Leila*

c In the 5-4-3-2-1 activity students find in the texts adjectives, countries, present- and perfect-tense verbs, and one infinitive.

> **Solution:**
> 5 *adjectifs:* various possible answers, e.g. *petit, libre, unique, international, nouveaux/ nouvelles, dernière, danoises, espagnol, limité, belge, jeunes, différents, néerlandaise, irlandais*
> 4 *pays: le Luxembourg, la Belgique, la France, le Maroc*
> 3 *verbes au présent:* various
> 2 *verbes au passé composé:* various, e.g. *j'ai fait, Nous avons quitté, je suis allée, nous avons reçu*
> 1 *verbe à l'infinitif:* various, e.g. *travailler, voyager, revenir*

d Students choose the five sentences which describe the advantages of the course.

> **Solution:**
> 1 *On rencontre beaucoup de jeunes d'autres pays.*
> 2 *Ça vous donne de nouvelles idées.*

Tricolore Total 4 Teacher's Book

1B Un stage international

4 *On discute beaucoup ensemble.*
6 *On s'amuse bien.*
8 *On se fait souvent de nouveaux amis.*

9 Dossier-langue

This summarises the three regular forms of the present tense and gives a reminder about irregular verbs. Refer students as necessary to the *Grammaire* (SB 245).

For extra practice in using the verb + infinitive structure, students could make up and ask each other questions using *aimer*, *adorer*, *détester*, and *préférer* + infinitive.

Examination grammar in action 6–7

Using the present tense – regular/irregular verbs

This provides more practice in using the present tense of a range of regular and irregular verbs.

9 1, tr 5

2 Deux interviews

a Students look at the *Fiches d'identité* to see what information is required, then listen and write down the required details.

Solution:

Fiche 1

1 *Weinitz*, **2** *Jacob*, **3** *16 ans*, **4** *1er mai*, **5** *français*, **6** *Manchester*, **7** *2 frères, 19 et 14 ans*, **8** *musique, théâtre, sport*, **9** *violence*, **10** *roller, football*, **11** *rouge*, **12** *visiter l'Israël, faire partie d'un orchestre célèbre et international*

Fiche 2

1 *Johannessen*, **2** *Elsa*, **3** *17 ans*, **4** *30 juillet*, **5** *norvégienne*, **6** *Bergen*, **7** *2 frères, Johann 19 ans et Erik 15 ans*, **8** *cuisiner, écouter des CD*, **9** *la pluie*, **10** *basket, ski*, **11** *bleu*, **12** *parler plusieurs langues, avoir des amis dans beaucoup de pays*

b Students then use the information to write a description of Elsa or Jacob.

transcript

Deux interviews

1 – Salut! Est-ce que tu t'appelles Jacob?
  – Oui, c'est ça, Jacob Weinitz.
  – Jacob … euh … Weinitz, ça s'écrit comment?
  – W-E-I-N-I-T-Z.
  – Merci. Et tu as quel âge?
  – Seize ans, et ma date de naissance est le premier mai.
  – Seize ans … le premier mai. Et ta nationalité?
  – Je suis français.
  – Alors, tu habites en France?
  – Non, parce que ma mère est professeur à l'université de Manchester en Angleterre, donc nous habitons à Manchester.
  – Alors, domicile: Manchester. Es-tu enfant unique?
  – Non, j'ai deux frères, dix-neuf ans et quatorze ans, mais mon père est décédé.
  – Et tes loisirs, Jacob, quels sont tes loisirs préférés?
  – J'adore la musique et je joue de la flûte et du piano. Puis j'aime le théâtre aussi. En plus, j'aime le sport – je fais du roller et je joue au football avec un de mes frères.
  – Et est-ce qu'il y a des choses que tu n'aimes pas?
  – Oui. Je déteste la violence. Je n'aime pas les films et les émissions où il y a beaucoup de violence. Il y en a trop!
  – Dis-moi, Jacob, quelle est ta couleur favorite?
  – Je ne sais pas, vraiment – le rouge, peut-être. Oui, le rouge.
  – Tu as un rêve? C'est quoi, ton rêve?
  – Mon premier rêve est de visiter l'Israël, parce que je suis juif. Mon autre rêve est de faire partie d'un orchestre célèbre et international.

2 – Salut. Tu t'appelles Elsa Johannessen, non? Johannessen, comment ça s'écrit?
  – J-O-H-A-N-N-E-S-S-E-N.
  – Et quel âge as-tu, Elsa?
  – J'ai dix-sept ans. Mon anniversaire est le trente juillet.
  – Dix-sept ans … le trente juillet. Et tu es norvégienne, non?
  – Oui oui, je suis norvégienne, je viens de la Norvège, mais ma mère est française.
  – Et tu habites à Bergen?
  – C'est ça.
  – Alors, domicile: B–E–R–G–E–N – Bergen. Puis, la famille … combien de frères et sœurs as-tu?
  – J'ai deux frères, Johann qui a dix-neuf ans et Erik, quinze ans. Je n'ai pas de sœurs.
  – Johann, c'est J–O–H–A–N–N, non?
  – Bien sûr.
  – Et qu'est-ce que tu aimes comme loisirs?
  – J'adore cuisiner, puis … euh … écouter des CD, ça aussi.
  – Il y a des choses que tu détestes?
  – Euh, oui, je déteste la pluie. Quand il pleut, je ne sors pas, si possible.
  – Tu aimes le sport?
  – Oui, un peu. Je joue au basket et j'aime aussi le ski, en hiver.
  – Quelle est ta couleur favorite?
  – Ma couleur favorite – c'est le bleu.
  – Et quels sont tes rêves, Elsa?
  – Alors, mon rêve, c'est de parler plusieurs langues et puis d'avoir des amis dans beaucoup de pays.
  – C'est un beau rêve!

9

3 Faites des interviews

Students work in pairs, one acting as interviewer and the other answering for Valérie or Yves.

Tricolore Total 4 Teacher's Book

1B Un stage international

1/1

On fait des interviews

In this information-gap activity, each person asks their partner questions in order to complete their chart. The task could include practice in spelling out proper names, especially those with accented letters or cedillas. Students could also make up details of two more people and ask each other questions to fill in the descriptions.

sb 9

4 À vous!

Students complete their own *fiche* as fully as possible and/or expand this into a description of themselves.

22–23 Sommaire

For further work on countries, nationalities and languages, students could refer to the vocabulary list in the *Sommaire*. Remind students about the use of capital letters for the country and the inhabitant, but small letters for nationality and language. Ask questions to elicit appropriate answers, e.g.

– *De quelle nationalité est Elsa/Yves/Valérie? Et toi, de quelle nationalité es-tu?*
– *Imagine que tu es français/australien/écossais/allemand/ gallois/québécois. Quelle langue parles-tu? Est-ce que tu parles allemand/français/anglais?*

For further practice, students could set each other words to spell, e.g. *L'Angleterre, ça s'écrit comment?*

Présentation

L'Europe

Use this online PowerPoint presentation to revise and practise the names of countries.

1/2

Les pays et les continents

This could be used initially for oral question and answer.
– *Numéro 1, c'est quel pays? L'Irlande, c'est quel numéro?*

1 Les pays et les continents

Students then complete the key either from their own general knowledge or by consulting an atlas. There is a list of countries and continents in the *Sommaire* (SB 22).

> **Solution:** *l'Afrique* – 18, *l'Allemagne* – 12, *l'Angleterre* – 4, *l'Asie* – 23, *la Belgique* – 9, *le Canada* – 20, *le Danemark* – 7, *l'Écosse* – 2, *l'Espagne* – 15, *les États-Unis* – 22, *la France* – 11, *l'Inde* – 24, *l'Irlande* – 1, *l'Italie* – 17, *le Luxembourg* – 10, *le Maroc* – 19, *la Norvège* – 6, *le Portugal* – 16, *le Pakistan* – 25, *les Pays-Bas* – 8, *le pays de Galles* – 3, *la Republique tchèque* – 13, *le Québec* – 21, *la Suède* – 5, *la Suisse* – 14

2 De quelle nationalité sont-ils ?

Students work out the nationality according to the city where each person was born. They could look at the agreement of *né(e)(s)* for guidance on whether to use *il/elle/ils/elles*.

> **Solution:**
> 1 *Il est grec.*
> 2 *Il est allemand.*
> 3 *Il est italien.*
> 4 *Elle est suisse.*
> 5 *Ils sont belges.*
> 6 *Elles sont espagnoles.*

3 Les plaques de nationalité

Students use adjectives of nationality to describe each car.

> **Solution:**
> 1 *C'est une voiture allemande.*
> 2 *C'est une voiture irlandaise.*
> 3 *C'est une voiture française.*
> 4 *C'est une voiture britannique.*
> 5 *C'est une voiture américaine.*
> 6 *C'est une voiture espagnole.*

Activité (lire)

L'euro

This online reading activity provides further information about the euro currency.

Examination grammar in action 56

Using prepositions with countries and towns

This point is revised in Unit 7, but you may wish to cover it here and could use this for practice.

sb 210 Au choix 1, tr 6

[1] Deux jeunes Québécoises

Able students could listen to this extract. It is from an unscripted recording by Tuyen Vo and Emilie Saulmier-Talbot, two 19-year-old students from the Petit Séminaire in Quebec. They could note down as much information as possible about the two girls, or could be asked to answer specific questions about their nationality, the languages they speak, where they have lived previously, how long they have lived in Quebec, etc. They could then do the *vrai ou faux?* activity.

> **Solution: 1** V, **2** V, **3** V, **4** F, **5** F, **6** V, **7** V, **8** F, **9** F, **10** F

As an alternative, the following *vrai ou faux, ou pas mentionné?* activity could be set:

Écrivez V(rai) ou F(aux) ou P(as mentionné).

1 *Les deux filles sont nées au Canada.*
2 *Tuyen Vo a appris l'anglais en Australie.*
3 *Elle habite à Québec depuis l'âge de treize ans, seulement.*
4 *Elle parle trois langues.*
5 *Son père est professeur.*
6 *Il y a beaucoup de touristes à Québec.*
7 *Émilie a le même âge que Tuyen.*
8 *Elle ne parle pas anglais à la maison.*
9 *Elle parle trois langues.*
10 *Elle n'a pas aimé son année en Allemagne.*

> **Solution: 1** F, **2** V, **3** F, **4** V, **5** P, **6** V, **7** V, **8** F, **9** V, **10** PM

Tricolore Total 4 Teacher's Book

1C Copains, copines

transcript

Deux jeunes Québecoises

– Bonjour, mon nom est Tuyen Vo et je suis vietnamienne d'origine. Euh … je suis née au Vietnam et j'ai vécu trois années dans ce pays-là, après … euh, on est parti de, de Vietnam et ma mère et moi, nous avons habité trois années en Australie, et puis c'est là que j'ai commencé à connaître la langue anglaise. Après ça, à l'âge de six ans, je suis venue à Québec au Canada et … euh … jusqu'à présent, j'ai vécu treize années à Québec, donc j'ai dix-neuf ans présentement. Dans la maison … euh … chez moi, vu que je suis vietnamienne, on parle seulement … que le vietnamien à la maison. Par contre, lorsque je sors de la maison, mais on le … j'ai pas le choix, je parle le français avec mes amis, mais comme je connais un peu l'anglais, je peux me débrouiller avec des visiteurs … euh … parce qu'à Québec c'est, vu que c'est une ville touristique, on a plein, plein de visiteurs à longueur d'année qui viennent pour toutes les activités qu'on, qu'on leur offre, qu'on offre à la population, puis qu'on offre aux visiteurs également.

– Je m'appelle Émilie Saulmier-Talbot et puis … euh … j'ai dix-neuf ans. Je suis née à Ottawa, la capitale … euh … du Canada, mon pays, mais j'habite à Québec depuis que j'ai deux ans. Chez moi, on parle anglais et français. J'ai fait mon primaire à l'école anglaise … euh … près de Québec et puis … euh … j'ai fait mon secondaire en français et puis je continue mes études en français. Euh … j'ai aussi passé une année en Allemagne, dans un échange étudiant, donc je parle aussi allemand.

Examination grammar in action 11–12

Using nouns – masculine and feminine, singular and plural

These pages provide further practice in using masculine and feminine forms and plurals of nouns, if required.

Examination grammar in action 13

Using the definite article – *le, la, l', les*

Though not specifically covered in Unit 1, the activities on the definite article could be used at any appropriate point.

1C Copains, copines pages 10–11

Aims and objectives	Grammar and skills	Resources
• describe people • talk about friends • revise adjectives	Cognates Adjectives	**Key language:** see SB 22 **Online resource:** *Activité (lire)* **Copymasters:** G1–G3 **CD:** 1/7 **GiA:** 14–15

Introduction

First, revise how to describe hair colour and style, and eye colour by describing visuals of familiar people or current celebrities.

SB 10 1, tr 7

1 Des amis

a Students listen and find the missing words in the texts (A–D). This revises personal descriptions and introduces adjectives describing personality.

> **Solution:**
> **A** 1 *habite*, 2 *blonds*, 3 *sportif*
> **B** 1 *même*, 2 *marron*, 3 *cinéma*, 4 *beaucoup*
> **C** 1 *noirs*, 2 *maths*, 3 *calme*
> **D** 1 *verts*, 2 *sérieux*

b Students identify the photos from the descriptions.

> **Solution:** 1 *Amélie*, 2 *Philippe*, 3 *Shashi*, 4 *Yannick*

transcript

Des amis

A Mon copain Philippe habite dans la même rue que moi. Je le connais depuis l'école primaire. Il est grand, il a les cheveux blonds et frisés. Il est très sportif mais un peu impatient et il s'énerve facilement. On joue souvent au foot ensemble et on s'amuse bien.

B J'ai une nouvelle copine, Shashi, qui est dans la même classe que moi au collège. Elle a de longs cheveux châtains, souvent en queue de cheval, et les yeux marron. Elle est assez petite et mince. Nous avons beaucoup de choses en commun; nous aimons toutes les deux le cinéma et la musique. Elle est optimiste et rigolote. Nous avons le même sens de l'humour et nous rions beaucoup.

C Ma meilleure amie, qui s'appelle Amélie, a les cheveux noirs et courts et les yeux bleus. Elle porte des lunettes. Nous sommes différentes: elle est musicienne (pas moi) et forte en maths. Moi, je suis plus forte en langues. Elle est très sympa et toujours calme et de bonne humeur. On ne se dispute jamais.

1C Copains, copines

D Mon ami Yannick a les cheveux roux et les yeux verts. Il est de taille moyenne. Il est travailleur, responsable et assez sérieux mais il aime s'amuser aussi. On s'entend très bien.

sb 10

2 Lexique

Students complete the list selecting from the descriptions. Students often use *grand* for big, when *gros* would be more appropriate, especially when describing animals.

> **Solution:** petit *small,* de taille moyenne *medium build,* mince *slim,* blancs *white,* noirs *black,* en queue de cheval *in a pony tail,* frisés *curly*

sb 10

3 Le garçon dans le train

Students read the letter and summarise in English the description Corinne gives of the boy she met on the train.

> **Solution:** (possible) *He has brown hair, light brown eyes, is about 1.70m tall and was wearing green trousers and a white shirt.*

sb 11 Stratégies

This refers to cognates and mentions the *faux ami: sensible* (sensitive). There could be a brainstorming session to find as many adjectives as possible (particularly cognates) to describe personality, such as: *organisé, responsable, impulsive,* etc.

G1–3

Prononciation

This might be a useful point to cover some of the material on pronunciation TB 15–17.

sb 11

4 Les adjectifs

Students copy and complete the table. Discuss some of the patterns, e.g. *-eux (-euse)* and ask students to find other examples.

> **Solution:** aimable *friendly,* bavarde *chatty,* drôle *funny,* égoïste *selfish,* équilibrée *balanced,* forte *strong,* généreuse *generous,* gentille *nice, kind,* heureuse *happy,* inquiète *anxious,* méchante *naughty,* organisée *organised,* paresseuse *lazy,* sensible *sensitive,* sérieuse *serious,* sympa *nice,* timide *shy,* travailleuse *hard-working*

A fuller list of adjectives and expressions for descriptions is given in the *Sommaire* (SB 22). Encourage students to refer to this as they work through the activities.

sb 11 Dossier-langue

This covers adjectives with regular endings, alternative masculine forms before a vowel (*bel, nouvel, vieil*) and the position of adjectives.

The point about adjectives with a different meaning according to position (*cher, propre, ancien*) is explained in the *Grammaire* (SB 236). For practice, students could translate phrases such as:
- *my dear friend*
- *an expensive car*
- *a clean T-shirt*
- *my own T-shirt*
- *This ancient town is the former capital of the region.*

For more practice in recognising adjectives, students could look at some of the texts in *Au choix* (SB 210), which describe people and animals, in which many adjectives are used.

Activité (lire)

L'importance des couleurs

This online reading activity provides further practice of adjectives.

Examination grammar in action 14–15

Using adjectives (1) and (2)

This provides further practice of colours and adjectives.

sb 11

5 Ajoutez des adjectifs!

Students complete the sentences with adjectives from the box. Their choice will often be governed by the position of the blank to be filled.

> **Solution:**
> 1 *allemande, anglaise/française*
> 2 four of the following: *amusant(e), généreux(euse), gentil(le), honnête, intéressant(e), loyal(e), sensible, sympathique*
> 3 *petite...* several solutions possible
> 4 *fantastique, bon, vieux, célèbre, français*
> 5 *nouveau, aînée*

sb 210 Au choix

[2] Le courrier des lecteurs

Students read the two letters and answer the questions in English.

> **Solution:** (possible)
> A 1 *Her supposedly best friend is going out with her ex-boyfriend and she's not sure what to do.*
> 2 *Her friends say they could all three remain friends.*
> B 3 *Swimming and walking in the country.*
> 4 *She has sent him emails.*
> 5 *She doesn't have his number.*
> 6 *Keep sending him emails or forget him.*

Tricolore Total 4 Teacher's Book

1D La vie de famille

6 Une personne importante pour moi

To complete work on this area, students write a description of someone they admire or someone they know. Able students could be encouraged to give more details about a famous person, e.g. what makes them successful, significant achievements/events in the past, etc. Using the past tense here is a prelude to the more detailed revision in Unit 2.

1D La vie de famille   pages 12–13

Aims and objectives	Grammar and skills	Resources
• talk about your family • discuss relationships • revise reflexive verbs	Reflexive verbs Expressions with *tout*	**Key language:** see SB 22 **Online resource:** *Activités (grammaire, parler)* **Copymasters:** 1/3, 1/4, 1/5 **CD:** 1/8 **GiA:** 8–9

Refer students to the vocabulary list in the *Sommaire* (SB 22) for help when working on the activities in this spread.

1 Ma famille

This text introduces many of the themes for this spread.

a Students find in the text the French for the English phrases listed.

> **Solution:**
> 1 *elle est un peu gâtée*
> 2 *nous nous disputons souvent*
> 3 *je m'entends bien avec*
> 4 *mon père s'est remarié*
> 5 *je suis très proche de*
> 6 *de bonne humeur*
> 7 *je m'entends très bien avec eux*
> 8 *on ne se voit pas souvent*

b Students read the statements and decide whether they are true, false or not mentioned.

> **Solution:** **1** V, **2** V, **3** F, **4** PM, **5** PM, **6** V, **7** F, **8** V

Jeux de mots

This provides practice of the vocabulary relating to family and pets.

> **Solution:**
> **1 Ma famille**
>   **1** *tante*, **2** *oncle*, **3** *mère*, **4** *grand-père*, **5** *grand-mère*, **6** *neveu*, **7** *jumelles*, **8** *moi*
> **2 Chasse à l'intrus**
>   **1** *ami*, **2** *enfant*, **3** *tante*, **4** *l'Europe*, **5** *perroquet*, **6** *pays*, **7** *beau-frère*, **8** *la Belgique*

3 Les animaux domestiques

4 Trouvez les voyelles

1 *une femme* – woman/wife, **2** *un frère* – brother, **3** *une nièce* – niece, **4** *une cousine* – cousin (female), **5** *une mère* – mother, **6** *une belle-fille* – daughter-in-law, **7** *les beaux-parents* – parents-in-law, **8** *une demi-sœur* – half-sister, **9** *un neveu* – nephew, **10** *un fiancé* – fiancé

210 Au choix

[3] Les animaux et vous

This is a harder reading item based on three short texts.

a Students identify the person who corresponds to the details given.

> **Solution:** **1** *Rachid (R)*, **2** *Magali (M)*, **3** *Alex (A)*, **4** *Magali (M)*, **5** *Alex (A)*, **6** *Rachid (R)*, **7** *Alex (A)*, **8** *Alex (A)*

b For further work on adjectives, students could make a list of adjectives used in the texts.

Tricolore Total 4 Teacher's Book

1D La vie de famille

211 Au choix

[4] Un animal à la maison?

Students match the correct answer to each question. They could also use the questions for pair work.

Solution: 1 f, 2 d, 3 a, 4 c, 5 e, 6 b

12

2 À vous!

Students work in pairs to talk about their own families and pets.

1/4

Quatre profils

Students read the four profiles and answer the questions. The content can be used for oral practice, with students each choosing one of the people and responding about them using the 3rd person. Profiles 3 and 4 are harder, giving scope for questions using *Depuis quand?* and *Pourquoi?*

Solution:

1 C'est qui?

1 FS, 2 AF, 3 JG, 4 FS, 5 AF, 6 FS, 7 AF, 8 JG, 9 AF, 10 RB

2 Quatre personnes différentes

1 *Il a 19 ans.*
2 *Il est né en avril.*
3 *Elle a 18 ans.*
4 *Elle est fille unique.*
5 *Ils sont français.*
6 *Ils habitent en France.*
7 *(La couleur la plus populaire est) le vert.*
8 *Depuis cinq ans.*
9 *Il joue aux échecs et il fait la cuisine.*
10 *Parce qu'elle est vétérinaire (et elle a deux enfants).*

12 1/5 1, tr 8

L'avis des jeunes

1 La famille

a Students copy the table (or use CM 1/5) and complete the table after listening to each speaker. For an easier task, the table could be partially completed beforehand.

Solution:

	Qui	On se ressemble?	On s'entend bien?	Autres details (de la personne décrite)
1	père	–	✓	aide avec les devoirs, patient, ne s'énerve pas
2	sœur aînée	✗	✓	elle est relax, s'intéresse aux arts plastiques, veut être dessinatrice
3	demi-frère	– (12 ans de différence)	✓	mignon, adorable, commence à bavarder
4	mère	✓ physiquement ✓ de caractère	✗	difficile, aime la solitude
5	tante	–	✓	sympa, généreuse, aime discuter

transcript

L'avis des jeunes

1 Je suis très proche de mon père. Il m'aide avec mes devoirs quand j'ai des difficultés. Il est très patient et il ne s'énerve jamais.

2 Ma sœur aînée a seize ans. Nous nous entendons bien, mais nous sommes très différentes. Je suis assez studieuse et je m'inquiète si je n'ai pas de bonnes notes au collège. Ma sœur est plus relax et elle ne s'intéresse pas beaucoup au travail scolaire; elle s'intéresse beaucoup aux arts plastiques et elle veut être dessinatrice.

3 J'ai un demi-frère qui a trois ans. Il est très mignon et adorable. Moi, j'ai quinze ans, alors il y a une différence d'âge de douze ans. Je l'adore et il m'aime beaucoup et me cherche quand je ne suis pas là. Il commence à bavarder et je lui lis des histoires.

4 Ma mère est assez sévère et on ne s'entend pas bien. Je la trouve souvent très difficile. On dit que nous nous ressemblons physiquement, mais nous sommes très différentes de caractère. Moi, je suis assez extravertie et j'aime être avec des gens, tandis que ma mère préfère la solitude.

5 Je m'entends bien avec ma tante. Elle habite tout près et je vais souvent chez elle le mercredi après le collège. Elle est très sympa et généreuse et j'aime bien discuter avec elle.

b This provides further practice of reflexive verbs, based on information given in the recording.

Solution: 1 *il ne s'énerve jamais*, 2 *nous nous entendons bien*, 3 *je m'inquiète*, 4 *ma sœur s'intéresse*, 5 *je ne m'entends pas*, 6 *nous nous ressemblons*

12 Dossier-langue

This covers the present tense of reflexive verbs. Students can then look for examples and think of other reflexive verbs they have used. Refer them to the *Grammaire* (SB 249) for a detailed list.

12

4 Phrases utiles

Students match the French phrases with their English equivalents to provide useful vocabulary that they can reuse.

Solution: 1 d, 2 b, 3 e, 4 g, 5 a, 6 f, 7 c

Tricolore Total 4 Teacher's Book

1E La vie de tous les jours

5 Des questions et des réponses
This gives practice in forming the present tense of reflexive verbs, in questions and answers.

a Students complete the questions.

Solution: **1** *tu t'entends,* **2** *vous vous disputez,* **3** *tu ne t'ennuies pas,* **4** *elle se sent,* **5** *ton père s'énerve*

b Students now complete answers to the questions.

Solution: **1** *elle se sent,* **2** *je m'entends,* **3** *on ne se dispute pas,* **4** *il ne s'énerve pas,* **5** *je ne m'ennuie pas*

c Then they match the correct answer to each question.

Solution: **1** *b,* **2** *c,* **3** *e,* **4** *a,* **5** *d*

Examination grammar in action 8

Using reflexive verbs in the present tense
This provides further practice in using reflexive verbs.

Examination grammar in action 9

Using the imperative
This could be used at any convenient point for practice of the imperative form.

Activité (grammaire)

Chez mes grands-parents
This online activity provides further practice of reflexive verbs.

6 Forum des jeunes

a Students read the contributions to a discussion forum about family relationships and identify the person who corresponds to the details given.

Solution: **1** *Yannick,* **2** *Pascal,* **3** *Aurélie,* **4** *Maxime,* **5** *Laurent,* **6** *Karima*

b Students find in the forum text the French for the English phrases listed.

Solution: **1** *l'avenir,* **2** *au fond,* **3** *moins souvent,* **4** *les mêmes goûts,* **5** *sauf,* **6** *la plupart,* **7** *ils se baladent,* **8** *trop de temps,* **9** *c'est interdit,* **10** *même si*

13 Stratégies

This covers the use of *tout* in different expressions.

Solution: **1** everything that's going on, **2** it's completely different, **3** it's not exactly like that, **4** everywhere, **5** always, **6** nearby

7 À vous!
Students describe their family and give a more detailed description of one person, using language covered in spreads 1C and 1D.

Activité (parler)

On parle de la famille
This online audio activity provides further practice of personal conversation.

1E La vie de tous les jours pages 14–15

Aims and objectives	Grammar and skills	Resources
• talk about your (least) favourite day • use verbs in the present tense	The present tense *depuis/ça fait… que* + present tense	**Key language:** see SB 22 **Online resource:** *Activité (écouter)* **Copymasters:** 1/6 **CD:** 1/9–10 **GiA:** 10

1 Le jour que je préfère
Students read through the story of Tristan's day, getting the gist of the article, then read it again for more detail. Check they understand the meaning of *banlieue* and explain about the student area of Paris, *le quartier Latin*, if necessary. The article is mainly written in the present tense and there are some examples of *depuis* and *ça fait… que* + present tense. Ask students which tense is used mainly and why, and ask them to find examples.

a Students first select the two statements that are not based on the text (2 and 8) and then put the others into chronological order.

Solution: 1, 10, 6, 4, 9, 7, 3, 5

b Activities b and c give some help with consolidation and gradual extension of vocabulary. Here they find in the text the words and phrases which mean the opposite of the phrases listed. For less able students, give the first letter of the answer, e.g. **1** *le j…,* **2** *la b…*

Solution: **1** *le jour,* **2** *la banlieue,* **3** *difficile,* **4** *vieille,* **5** *en hiver,* **6** *en automne,* **7** *tôt,* **8** *souvent,* **9** *près de,* **10** *vite,* **11** *s'il fait beau,* **12** *s'il fait froid,* **13** *on achète,* **14** *j'adore ça,* **15** *je me lève,* **16** *ils s'entendent bien*

c Students now find the words and phrases which have the same meaning as those listed.

1E La vie de tous les jours

Solution: **1** *le jour que je préfère,* **2** *d'habitude,* **3** *tout près de,* **4** *nous avons congé,* **5** *une bande de copains,* **6** *tôt,* **7** *pour rentrer chez nous*

15   1, tr 9

2 Mon jour favori

Students first look at the verbs in the box and then listen to the recording to fill in the gaps. Alternatively, they could guess first and then use the recorded interview to check their ideas and fill in any remaining answers.

Solution: **1** *c,* **2** *f,* **3** *a,* **4** *d,* **5** *e,* **6** *b,* **7** *g,* **8** *h*

transcript

Mon jour favori

– Alors Élodie, tu as écrit ton article?
– Oui oui, c'est fini.
– Et quel est le jour que tu préfères?
– Ben, le jour que je préfère est le dimanche, d'abord parce que je ne vais pas au collège, et aussi parce que j'adore le déjeuner du dimanche, surtout lorsque mes grands-parents viennent, alors on mange bien!
– Et qu'est-ce que tu fais le dimanche?
– Le dimanche matin, je me lève assez tard, j'aime regarder la télé au lit, si je n'ai pas trop de devoirs, et puis le soir, ça dépend ... quelquefois, je sors ou quelquefois, j'écoute de la musique.
– Je vois! Le dimanche est une bonne journée pour toi, Élodie!

211 Au choix

[5] Xavier parle de son jour favori

For further practice, students complete this summary by putting the verbs into the correct form of the present tense.

Solution: **1** *est,* **2** *va,* **3** *travaillent,* **4** *reste,* **5** *écoute,* **6** *suis,* **7** *veux,* **8** *ai,* **9** *apprends,* **10** *dors*

Activité (écouter)

Mon jour favori

This online listening activity provides more practice of descriptions of everyday activities.

15

3 Un jour que je n'aime pas

For a change, this item describes a day that the writer does <u>not</u> like. Students supply the correct forms of the verbs to complete the article.

Solution: **1** *je me réveille,* **2** *je vais,* **3** *je suis,* **4** *je me lève,* **5** *ma sœur est,* **6** *je dois,* **7** *je frappe,* **8** *je me lave,* **9** *je m'habille,* **10** *j'ai,* **11** *je finis,* **12** *j'arrive,* **13** *le professeur se fâche,* **14** *(un lundi typique qui) commence*

1/6

La vie quotidienne

This gives practice of verbs and other vocabulary linked with daily life.

Solution:

1 Des conversations

  A **1** *habitez,* **2** *habitons,* **3** *passons,* **4** *trouves,* **5** *aime,* **6** *parles,* **7** *apprends,* **8** *travaille,* **9** *gagne*

  B **1** *attends,* **2** *attend,* **3** *prend,* **4** *descendons,* **5** *rends*

  C **1** *choisis,* **2** *finis,* **3** *finit,* **4** *finissent,* **5** *choisissons*

2 Mots croisés

	¹t	r	²a	v	³a	i	l	l	⁴o	n	⁵s
	r		i		i				n		u
	o		⁶r	e	n	d	s		t		i
	u		n		e						s
	⁷v	o	n	t					⁸c		
	e					⁹t	u		h		
¹⁰s	a	¹¹v	e	z					o		
		e		¹²e		¹³d	i	t			
	¹⁴f	i	n	i	s	s	e	z			
		e					¹⁵i	l			
		z		¹⁶j	o	u	e	n	t		

15 Dossier-langue

This explains the use of the present tense with *depuis* and *Ça fait ... que.* Refer students as necessary to *la Grammaire* (SB 245).

15   1, tr 10

4 Depuis quand?

Students listen to the recording and complete the summary by noting down the length of time mentioned in each case.

Solution: **1** *sept ans,* **2** *quatre ans,* **3** *trois ans et demi,* **4** *deux ans et demi,* **5** *deux ans,* **6** *un an*

transcript

Depuis quand?

– Salut, Jérémie. Je peux te poser des questions pour mon reportage?
– Bien sûr. Vas-y!
– Merci.

1 – D'abord, ça fait longtemps que tu habites cette ville?
– Oui, assez longtemps ... euh ... voyons, oui, ça fait sept ans que j'habite Bruxelles.

2 – Et depuis quand vas-tu à ce collège?
– Je vais à ce collège depuis quatre ans.

1F Ça se fête!

3 – Ah bon, et depuis combien de temps apprends-tu une langue étrangère?
– Ben, j'apprends l'anglais depuis trois ans et demi et l'allemand depuis deux ans et demi.
– Ah oui, comme moi, en effet!

4 – Et comme sport, qu'est-ce que tu fais à ton collège, et depuis quand fais-tu ce sport? Moi, je joue au foot, et depuis l'âge de treize ans, je joue au basket.
– Moi aussi, je joue au foot, et depuis deux ans, je joue au hockey aussi.

5 – As-tu un correspondant dans un autre pays?
– Bien sûr, mais c'est une correspondante, en effet, une correspondante anglaise.
– Ah bon! Ça fait longtemps que tu lui écris?
– Ça fait un an. Je lui écris depuis l'échange scolaire de l'année dernière.

211 Au choix

[6] Ça fait longtemps

Students reply to similar questions about their own circumstances, using *depuis* and *Ça fait ... que*.

Examination grammar in action 10

The present tense with *depuis* and *ça fait que ...*

This provides further practice in using these structures.

15

5 À vous!

Students write an article about their favourite or least favourite day, using expressions from the articles to help them.

1F Ça se fête! pages 16–17

Aims and objectives	Grammar and skills	Resources
• talk about special occasions • use *mon, ma, mes*, etc.	Masculine and feminine forms of nouns Possessive adjectives	**Key language:** see SB 22 **Online resource:** *Présentation, Activité (grammaire)* **Copymasters:** 1/7, 1/8, G10 **CD:** 1/11–13 **GiA:** 16

Introduction

First, dictate some dates for students to write down and then read back, or ask students for the date of their birthday.

Présentation

L'année en France

This online PowerPoint presentation could be used to revise or present information about different festivals.

16   1, tr 11

1 Les jours fériés

Students listen and complete the dates in the table.

Solution: *le 1er janvier – le jour de l'an, le 1er mai – la fête du travail, le 8 mai – la fête de la Victoire 1945, le 14 juillet – la fête nationale, le 15 août – l'Assomption, le 1er novembre – la Toussaint, le 11 novembre – l'Armistice 1918, le 25 décembre – Noël*

transcript

Les jours fériés

– On dit qu'il y a beaucoup de jours fériés en France.
– Oui, c'est vrai – il y en a douze en tout. Ça commence le premier janvier avec le jour de l'an.
– Oui, je crois que le jour de l'an est un jour férié dans beaucoup de pays. C'est pareil ici au Canada, par exemple.
– Puis il y a Pâques. La date exacte change tous les ans, mais c'est toujours en mars ou en avril et on a deux jours de congé, le dimanche de Pâques et le lundi de Pâques. Mais le vendredi saint n'est pas un jour férié, sauf dans une région, l'Alsace.
– Puis en mai il y a beaucoup de fêtes, non?
– Oui, c'est vrai. Ça commence le premier mai avec la fête du travail.
– Une fête de travail quand on ne travaille pas – c'est bien ça!
– Puis le 8 mai, il y a la fête de la Victoire. Ça commémore la fin de la deuxième guerre mondiale en Europe en 1945. Et après il y a l'Ascension – la date n'est pas la même chaque année, mais c'est toujours en mai. Et vers la fin du mois ou en juin, il y a la Pentecôte.
– En juillet, il y a la fête nationale, non?
– Oui, le 14 juillet, c'est la fête nationale. Il y a un grand défilé à Paris et le soir il y a des feux d'artifice dans beaucoup de villes. Pendant les grandes vacances il y a le 15 août, ça c'est la fête de l'Assomption.
– Et en novembre il y a la Toussaint?
– Oui le premier novembre, c'est la Toussaint. Et le 11 novembre, c'est l'Armistice. Ça commémore la fin de la première guerre mondiale en 1918.

1F Ça se fête!

– Oui, c'était à la onzième heure du onzième jour du onzième mois.
– Et la dernière fête de l'année, c'est Noël. Tout le monde sait que la date de Noël est le 25 décembre.

Additional festivals The following could also be mentioned, although they are not public holidays: *la veille de Noël, la Saint-Sylvestre, la fête des Rois (6 janvier), le Mardi Gras*.

2 Des textos

First, check that students are familiar with the greetings for different occasions, listed in the *Sommaire* (SB 23). Students then write a short text or message using an appropriate greeting for each occasion.

Les événements de famille

This gives more practice of dates, family events, messages and greetings.

> **Solution:**
>
> **1 Comprenez-vous le carnet du jour?**
> **1** V, **2** V, **3** PM, **4** F (*Isabelle est la mère de Mélanie.*), **5** F (*Sophie est l'aînée.*), **6** V, **7** F (*Il est mort le 20 août.*), **8** PM, **9** V, **10** F (*Non, c'est sa femme qui a écrit l'annonce.*)
>
> **2 Cartes de vœux**
> **a** *M. et Mme Masson*, **b** *le Docteur et Mme Debreu*, **c** *Isabelle Michelin*, **d** *Mme Gérard Vincent*, **e** *Mme Robert Michelin*, **f** *Agnès Legrand*

3 On parle des fêtes

a Students read and listen to the gapped text. In this instance, the missing words are not listed in the Student's Book, but could be written on the board in jumbled order, if needed.

The item can be used in various ways. Students could listen while following the text. The recording could be paused before each gap so students predict the next word and then listen to check their answers. Another approach would be for students to listen and note down the missing words as they are given in the recording.

The text includes examples of the possessive adjectives *mon, ma, mes*, etc.

When students have completed the task, ask some questions orally, e.g.

– *C'est quand Diwali?*
– *Comment s'appelle la veille du jour de l'an?*
– *Qu'est-ce que Cécile a fait l'année dernière?* (*Elle est allée …*)

> **Solution:**
>
> **A 1** *fête*, **2** *vêtements*, **3** *repas*, **4** *tantes*, **5** *un dessert*
>
> **B 1** *octobre*, **2** *les amis*, **3** *danse*, **C 1** *minuit*, **2** *soir*, **3** *délicieux*
>
> **D 1** *cadeaux*, **2** *chantons*, **3** *mangeons*

transcript

On parle des fêtes

A – Karima

Pour les musulmans, l'Aïd est une fête très importante. Elle marque la fin du Ramadan. Pendant le mois de Ramadan nous ne mangeons pas pendant la journée. Pour la fête, nous mettons de nouveaux vêtements, nous offrons des cadeaux aux amis et nous mangeons un repas magnifique. Toute la famille se réunit. Normalement nous allons chez mes grands-parents. Mes oncles, mes tantes et mes cousins y vont aussi. Les femmes préparent des plats – c'est très traditionnel. Nous mangeons un riz spécial, du curry d'agneau, des légumes et un dessert spécial qui s'appelle le 'halva'.

B – Amir

Ma fête favorite est Diwali. C'est une fête hindoue qui a lieu en octobre ou en novembre. C'est la fête des lumières et on allume des lampes à la maison. On invite la famille et les amis pour un repas spécial. On mange bien, on danse, on bavarde et on s'amuse.

C – Cécile

La Saint-Sylvestre (la veille du jour de l'an) on aime faire le réveillon. C'est-à-dire, qu'on ne se couche pas avant minuit. L'année dernière mon oncle nous a invités chez lui à Paris. Le soir nous avons dîné dans un bon restaurant. On nous a servi un grand repas délicieux. À minuit on s'est dit 'Bonne Année' et on s'est embrassés et, dans la rue, tous les taxis ont klaxonné pour accueillir le nouvel an.

D – Luc

Normalement on fête Noël en famille. Tout le monde aide à faire des préparations.

La veille de Noël, nous nous offrons des cadeaux de Noël et le soir, nous allons à l'église pour la messe de minuit. Nous chantons des chants de Noël. Le jour de Noël nous mangeons un repas traditionnel avec des huîtres, de la dinde et une bûche de Noël.

b Students then choose one festival and answer the three questions about it.

16 Dossier-langue

Students find three different forms for 'my' from the previous text and copy and complete the table of possessive adjectives. They can check their answers with the table in the *Grammaire* (SB 239).

4 Un message

Students choose the correct possessive adjective to complete Alex's message.

> **Solution: 1** *ton*, **2** *tes*, **3** *ton*, **4** *ta*, **5** *mes*, **6** *nos*, **7** *Leur*, **8** *ma*, **9** *leur*, **10** *mes*

Nos vacances

This gives further practice of possessive adjectives.

Tricolore Total 4 Teacher's Book

1F Ça se fête!

Solution:
1 **On fait sa valise**
a **1** *ma*, **2** *mes*, **3** *mon*, **4** *mon*, **5** *ma*, **6** *mon*
b **7** *ta*, **8** *tes*, **9** *ton*, **10** *ton*, **11** *ton*, **12** *ton*
c **13** *sa*, **14** *ses*, **15** *son*, **16** *son*, **17** *sa*, **18** *son*

2 **Un message** **1** *nos*, **2** *notre*, **3** *nos*, **4** *notre*, **5** *notre*, **6** *nos*, **7** *votre*, **8** *vos*, **9** *vos*, **10** *vos*

3 On fait des photos

a Students complete the captions using *leur* or *leurs*.

Solution: **1** *leur*, **2** *leur*, **3** *leurs*, **4** *leurs*

b They then write a suitable caption for each picture.

Solution: **1** *leur chien*, **2** *leurs chats*, **3** *leur maison*, **4** *leurs enfants*

Examination grammar in action 16

Using possessive adjectives – *mon, ma, mes*

This provides further practice in using possessive adjectives.

sb 17 1, tr 13

5 On se déguise

This provides practice of *son/sa, leur*, etc. and examples of the noun + *de* + name structure, used to express possession.

The following vocabulary may need to be revised beforehand, perhaps by referring to the visuals in the Student's Book: *un collant, un pull, un tapis de bain, une chemise, un pantalon, des chaussures, un chapeau melon, les faux ongles*. The text is mainly in the future tense as the speakers describe their plans for a forthcoming event. This provides an opportunity to revise different tenses if you wish to cover more than the present tense in this unit.

Students listen to the conversations and then complete the notes about each costume, giving the name of the garment and the owner.

Solution: **1 a** *le pull de son frère*, **b** *le collant de sa sœur*, **c** *le tapis de bain de leur (son) appartement*; **2 a** *le chapeau melon de son grand-père*, **b** *la chemise de son frère aîné*, **c** *le pantalon de son père*, **d** *les chaussures de son père*; **3 a** *la cape noire de son oncle*, **b** *le collant de sa sœur*, **c** *les faux ongles de sa mère*

transcript

On se déguise

– Qu'est-ce que tu vas mettre pour le bal masqué, Manon?
– Moi, je serai le Roi Lion. Je mettrai le collant brun de ma sœur et un pull jaune qui appartient à mon frère. Je vais me faire une queue en tissu et sur la tête, je me mettrai le tapis de bain de notre appartement, heureusement qu'il est jaune! Et … je vais me maquiller le visage. Et toi, Sophie, comment y vas-tu?
– Moi, je vais y aller en clown. Je mettrai une chemise de mon grand frère, un pantalon et des chaussures de mon père et j'emprunterai le chapeau melon de mon grand-père. Et toi, Sébastien. Qu'est-ce que tu vas mettre, toi?
– Bon, moi, je crois que je serai Dracula.
– Pas besoin de te déguiser alors!
– Oh! Quand même, je vais me déguiser un peu!
– Avec quoi, alors?
– Ben, j'emprunterai la cape noire très longue de mon oncle – il est curé, vous savez! Puis je mettrai le collant noir de ma sœur, les faux ongles de ma mère (il ne faut pas lui dire!) et je me maquillerai, évidemment!

Activité (grammaire)

Questions et réponses

This online activity provides further practice of possessive adjectives.

sb 211 Au choix

Dossier-langue

This summarises the main points to remember when answering questions and covers the possible need to use different tenses, as well as a different person of the verb.

sb 211 Au choix

[7] Qu'est-ce qu'on répond?

Students match up the questions and answers. They could refer to the *Dossier-langue*, noticing how the points are illustrated in the activity.

Solution: **1** *b, d*, **2** *a, c*, **3** *g, h*, **4** *f, i*, **5** *j, l*, **6** *e, k*

Examination Grammar in action 5

Answering questions

This provides further practice in answering questions and could be used at this point, if not used earlier.

sb 17

6 Mon anniversaire

a Students read the text about Malik, in which he describes how he will celebrate his birthday this year, and then answer the *vrai ou faux?* questions.

Solution: **1** *faux (il invite deux ou trois copains à fêter son anniversaire)*, **2** *faux (il a 15 ans)*, **3** *vrai*, **4** *faux (il va aller à un concert)*, **5** *vrai*, **6** *vrai*, **7** *vrai*

b In the second text, Florence describes a past birthday (using the perfect tense and *c'était*). Students then complete the sentences using nouns from the text. If you prefer not to cover the perfect tense until it is fully revised in Unit 2, this text could be omitted.

Solution: **1** *l'anniversaire*, **2** *portable*, **3** *nuit*, **4** *gâteau*, **5** *musique*, **6** *minuit*, **7** *actrice*

c Students find the French for some useful expressions from the two texts. If students omit the second text, they could just do items 1 to 5.

Solution: **1** *pour fêter mon anniversaire*, **2** *l'année dernière*, **3** *ça va être différent*, **4** *le célèbre chanteur africain*, **5** *ça va être génial*, **6** *un des derniers modèles*, **7** *bien sûr*, **8** *il y avait*, **9** *nous avons bavardé*, **10** *nous nous sommes couchées à minuit*

Tricolore Total 4 Teacher's Book

1G On se connecte

As a follow-up task, students could choose either Youssou N'dour or Audrey Tautou, or a celebrity of their own choice, find out more information about them and prepare a short presentation: *Une personne célèbre*.

> **sb** 211 Au choix

Stratégies

This mentions similarities of English and French words as a clue to meaning, and masculine and feminine forms of nouns.

> **g1a** Examination grammar in action 11

Using nouns – masculine and feminine, singular and plural

If not used earlier, this could be used here for further practice of masculine, feminine and plural forms of nouns.

> **sb** 17

7 À vous!

Students talk about special occasions and then write replies to the questions listed. The questions can be selected depending on whether practice of several tenses is appropriate.

> **cm** G/10

On écrit des messages et des lettres

This would be a suitable point to use this general worksheet, which gives tips for writing messages and letters to friends (see TB 18).

1G On se connecte   pages 18–19

Aims and objectives	Grammar and skills	Resources
• talk about new technology		**Key language:** see SB 22 **Online resource:** *Activité (écouter)* **CD:** 1/14

> **sb** 18   1, tr 14

1 L'internet – un débat

a Students read the questions and then find in the comments two replies for each of them.

> **Solution: 1** *Catherine, Guillaume,* **2** *Émilie, Isabelle,* **3** *André, Frank,* **4** *Danièle, Jean,* **5** *Béatrice, Hugo*

b They now listen to the recording match each speaker to the right answer (A–J).

> **Solution: 1** *Guillaume,* **2** *Émilie,* **3** *André,* **4** *Danièle,* **5** *Hugo*

transcript

L'internet – un débat

1 – Est-ce que tu utilises l'internet pour rester en contact avec tes copains et ta famille?
  – C'est très utile pour moi, parce que mon père voyage souvent pour son travail, et je peux facilement rester en contact avec lui, grâce à l'internet. Notre ordinateur a une webcam, donc on peut se voir quand on bavarde en ligne.

2 – À ton avis, est-ce que c'est utile pour le travail scolaire?
  – D'après moi, c'est utile parce qu'on peut consulter des sites qui nous aident avec le travail scolaire et les devoirs. Si on n'a pas bien compris quelque chose, on peut poser des questions aux profs en ligne.

3 – Quels sont tes sites préférés?
  – J'aime bien le site Wikipédia. C'est comme une encyclopédie faite par le public. On y trouve des informations sur tout.

4 – Est-ce que votre famille fait des achats en ligne?
  – Ma grand-mère achète souvent des provisions en ligne et on les livre à sa maison. C'est très pratique pour elle parce qu'elle déteste aller au supermarché.

5 – Est-ce que tu télécharges de la musique?
  – Personnellement je ne télécharge pas de musique, parce que ça coûte assez cher et que je préfère acheter des CD.

c Students identify who said each phrase and how it was said in French.

> **Solution:**
> **1** *Béatrice – Je télécharge les chansons.*
> **2** *Catherine – C'est le meilleur moyen de rester en contact avec eux.*
> **3** *Frank – Un de mes sites préférés est le site d'Okapi.*
> **4** *Guillaume – On peut se voir quand on bavarde en ligne.*
> **5** *Hugo – parce que ça coûte assez cher*

> **sb** 19

2 Pour continuer le débat

Students complete questions using the correct verb in the present tense. These can be used later for a class or group discussion.

Unité 1 Consolidation and assessment

Solution: 1 *tu aimes*, 2 *penses-tu*, 3 *tu regardes*, 4 *sont (les dangers)*, 5 *tu as*, 6 *tu mets*, 7 *tu lis*, 8 *les gens passent*

sb 19

3 Forum des jeunes

This provides more discussion about internet use, including bad experiences and some precautions.

a Students find in the text the French for the English phrases listed.

Solution:
1 *de mauvaises expériences*
2 *tout de suite*
3 *je l'ai bloqué*
4 *je ne donne pas mon adresse mail aux gens que je ne connais pas*
5 *depuis on n'a pas eu de problèmes*
6 *je sais qu'il faut faire attention*
7 *sur les sites que tout le monde peur voir*
8 *Ne pas parler avec des inconnus sur les forums ou autres sites.*

b They make a list of other useful expressions.

c They then summarise the advice in English.

Activité (écouter)

Pourquoi utilisez-vous Internet?

This online listening activity could be used here to support work on the topic of technology.

sb 19

4 À vous!

Students prepare questions for a survey (in class, amongst a group of friends or more widely), carry out the survey and then summarise their findings.

1H Consolidation and assessment   pages 20–21

Aims and objectives	Grammar and skills	Resources
• practise exam assessment techniques • find out what you have learnt		**Key language:** see SB 22 **Online resource:** *Activités (Vocabulaire, Quiz)* **Copymasters:** 1/9; *Epreuves:* 1/9–1/15 **CD:** 1/15–25, SCD1/12–16

This spread provides assessment tasks that follow the style of assessment for speaking and writing offered by some awarding bodies. However, as the main emphasis in Unit 1 is on the present tense, the tasks do not emphasise the use of different tenses, despite this being a requirement for GCSE grade C and above. Teachers should adapt the tasks as necessary to suit the needs of their students. Board-specific examination practice, written by experienced examiners, is provided online.

sb 20 Contrôle oral

A Une conversation

This provides an outline for an assessed conversation about students' family and friends. First, work through the requirements and build up some suggestions on the board for each point.

Préparation

Students could first think about the questions that might be asked, perhaps looking back through the unit for ideas.

sb 20   1, tr 15   SCD1, tr 12

Thomas parle de sa famille

The example (in three parts) and related activities should provide ideas and support for the conversation task.

A Students listen to Part A and write down the missing words. These should all be familiar and are not listed in the Student's Book, but could be written on the board in jumbled order, if necessary.

Solution: 1 *combien*, 2 *enfant*, 3 *chien*, 4 *vie*, 5 *souvent*, 6 *semaine*, 7 *grands-parents*, 8 *viennent*, 9 *m'entends*, 10 *ensemble*, 11 *surtout*, 12 *s'intéresse*

transcript

Thomas parle de sa famille: Partie A

– Thomas, il y a combien de personnes dans ta famille?
– Dans ma famille, il y a trois personnes: mes parents et moi. Je suis enfant unique. Je n'ai pas de frères et sœurs mais j'ai un chien qui s'appelle César.
– Tes parents, qu'est-ce qu'ils font dans la vie?
– Mon père est ingénieur. Il travaille souvent à l'étranger, par exemple en Inde. En ce moment il passe une semaine à Mumbai pour son travail. Ma mère est prof de chimie au lycée.
– Tu vois tes grands-parents de temps en temps?
– Oui, je vois mes grands-parents chaque semaine. Ils habitent dans la même ville et ils viennent déjeuner à la maison, le dimanche.
– Tu t'entends bien avec qui dans ta famille?
– Je m'entends assez bien avec mon père. Quand il a le temps, nous allons au match de football

Tricolore Total 4 Teacher's Book

Unité 1 Consolidation and assessment

ensemble. Avec ma mère c'est plus difficile: je trouve qu'elle s'intéresse trop à mon travail scolaire. Mes grands-parents sont très sympas. Je m'entends très bien avec eux, surtout avec ma grand-mère. Elle est photographe et elle s'intéresse beaucoup à la technologie, surtout à la photo numérique. Moi aussi, j'aime faire des photos.

B1 Students listen to Part B and answer questions in English.

Solution:

1 short, light brown hair, not very tall but well-built/strong
2 intelligent, fun, never gets wound up
3 10 years
4 like football, play in school team
5 large family, 4 children, 2 cats
6 someone who is loyal, trustworthy, understanding and not too selfish

B2 Students listen again to Part B and match the French phrases with their English equivalents to provide useful vocabulary that they can reuse.

Solution: **1** c, **2** d, **3** a, **4** e, **5** b

transcript

Partie B

– À ton avis, les amis sont-ils importants?
– Oui, bien sûr. Pour moi, mes amis sont vraiment importants.
– Tu peux décrire un de tes amis?
– Oui, alors mon meilleur ami s'appelle Alex. Il a les cheveux courts et châtains. Il n'est pas très grand mais il est costaud. Il est intelligent et amusant et il ne s'énerve jamais. On se connaît depuis dix ans et on est dans la même classe au collège. Comme moi, il aime jouer au football, et nous jouons, tous les deux, dans l'équipe du collège. Alex n'est pas enfant unique comme moi; il a deux sœurs et un frère. Il a aussi deux chats.
– Quelles sont les qualités d'un bon ami, selon toi?
– À mon avis, un bon ami est quelqu'un qui est loyal, en qui on peut avoir confiance, quelqu'un qui est compréhensif et qui n'est pas trop égoïste.

C1 In the third part, students have to note which questions are asked.

Solution: a, b, d, e

C2 They then listen to Part C and note down as many details as they can from each reply to the questions.

Solution:

a 4 Dec.
b invites 2 or 3 friends to go to cinema or concert and they eat in a fast food place, like a pizzeria.
d thrillers, like James Bond films and films where there are special effects
e New Year's Eve. Sometimes he goes to cousins' in Paris. Everyone helps prepare the meal, they eat well, play games and have fun.

transcript

Partie C

– C'est quand ton anniversaire?
– Mon anniversaire est le 4 décembre.
– Qu'est-ce que tu fais pour fêter ton anniversaire?
– Normalement, pour fêter mon anniversaire, j'invite deux ou trois copains à aller au cinéma ou à un concert et on mange ensemble dans un fast-food, comme une pizzeria. J'adore les pizzas.
– Qu'est-ce que tu aimes comme films?
– J'aime bien les films à suspense, comme des films de James Bond et j'aime aussi des films où il y a des effets spéciaux.
– Quelle est ta fête préférée?
– J'aime Noël, mais je crois que ma fête préférée est la Saint-Sylvestre. Quelquefois, nous allons à Paris, chez mes cousins. Tout le monde aide à préparer le repas pour le réveillon. On mange très bien, on fait des jeux et on s'amuse beaucoup. À minuit, c'est vraiment magique.

Students then prepare their own answers and have a conversation with a partner or with you. This could be recorded and used for self- or peer assessment.

sb 20

B Une présentation

An alternative (or additional) task would be to prepare a presentation about a famous person, using similar language and content.

sb 21 Contrôle écrit

La technologie et les jeunes

This provides an outline for a written assessment of 200–300 words based on material in the unit.

Students read the sample article and do the tasks, which help extract key vocabulary for their own work. Emphasise that this is just one example and should not dictate what students may choose to write.

Solution:

1 son propre portable
2 de garder le contact avec
3 quand on ne se voit pas souvent
4 en même temps
5 sur n'importe quoi
6 beaucoup de mes copains téléchargent de la musique
7 moins chers
8 trop de temps
9 je ne suis pas tout à fait d'accord avec elle
10 je comprends son point de vue
11 qui se renouvelle régulièrement
12 sinon

They then make a list of reflexive verbs used in the article and other useful words like connectives.

Students then write their own article about technology and young people.

Tricolore Total 4 Teacher's Book

Unité 1 Consolidation and assessment

21 Top Tips
This points out the need to use different time frames and tenses in a GCSE assessment, and also suggests how students might adapt their own speaking and writing assessments on this topic to include these.

22–23 Sommaire
This is a summary of the main grammar and vocabulary of the unit.

Activité

Vocabulaire – Unité 1
This game provides practice of the vocabulary of the unit.

Activité

Quiz – Unité 1
An online quiz which tests the language and content of Unit 1.

1/9   1, tr 16–19   SCD1, tr 13–16

Tu comprends?
Students could do any or all of the four items on the worksheet at this point, or later as revision.

1 Comment ça s'écrit?

Students listen and write down the details.

> **Solution:** **1** *Marchadier,* **2** *Adeline,*
> **3** *Ulysse,* **4** *Saint-Lucien; France,*
> **5** *04 49 63 81 27*

transcript

Comment ça s'écrit?

Ex: Ma correspondante s'appelle Vanessa. Ça s'écrit V–A–N–E–S–S–A.

1 Son nom de famille est Marchadier. Ça s'écrit M–A–R–C–H–A–D–I–E–R.

2 Sa sœur s'appelle Adeline – c'est A–D–E–L–I–N–E.

3 Son frère s'appelle Ulysse. Ça s'écrit U–L–Y–deux S–E.

4 Ils habitent à Saint-Lucien. C'est un village dans le sud de la France. Ça s'écrit S–A–I–N–T - L–U–C–I–E–N.

5 Son numéro de téléphone est le 04–49–63–81–27.

2 C'est quelle image?

Students listen to the conversations and write the correct letter for each picture.

> **Solution: 1** *D,* **2** *A,* **3** *F,* **4** *E,* **5** *C*

transcript

C'est quelle image?

Ex. J'ai les cheveux noirs, longs et raides et je porte des lunettes.

1 J'ai les cheveux courts. Ils sont blonds et frisés et je n'ai pas de lunettes.

2 Mon frère est assez mince et il n'est pas grand. Il a les cheveux blonds.

3 J'ai les cheveux en queue de cheval et je suis grand. Aujourd'hui, je porte mes lunettes de soleil.

4 Voici ma correspondante, Jamilla. Elle a les cheveux noirs et bouclés et je trouve qu'elle est très jolie. Pourtant, elle dit qu'elle doit faire plus d'exercice parce qu'elle croit qu'elle est trop grosse.

5 Voici mon ami, Nicolas. Il a les yeux marron et les cheveux châtains. Il aime mettre son t-shirt bleu clair avec le logo de son club de rugby. Il adore le rugby!

3 Mes préférences

Students listen to the interviews and complete the table with the correct letters. This item includes practice of some basic clothing vocabulary including, *un jean, un short, un sweat, un short, une jupe, une veste, des baskets, un pantalon.*

> **Solution:**
>
> | | Vêtement | Couleur | Activité |
> |---|---|---|---|
> | **Exemple:** Christelle | A | bleu | I |
> | **1** Djamel | B | vert | F |
> | **2** Jasmine | D A C | noir et blanc | G L |
> | **3** Jean-Marc | E | noir, violet | H M |

transcript

Mes préférences

– Ce soir, je suis au club des jeunes à Saint-Lucien et on discute des préférences des jeunes d'aujourd'hui. Christelle d'abord. Quels sont tes vêtements favoris?

– Comme vêtements, j'aime surtout être en jean.

– Et ta couleur préférée?

– C'est le bleu. J'ai les yeux bleus et j'aime les vêtements bleus aussi.

– Et qu'est-ce que tu fais comme loisirs?

– Je fais toutes sortes de choses, mais j'aime surtout aller au cinéma.

– Merci. Maintenant, je vais parler à Djamel. Quels sont tes vêtements et ta couleur préférés?

– Alors moi, j'aime mettre un short et un t-shirt, s'il fait assez chaud, et comme couleur, j'aime le vert.

– Et ton passe-temps favori, c'est quoi?

– J'adore le sport, je joue au rugby et au basket – je suis très sportif.

– Je vais poser des questions maintenant à Jasmine. Qu'est-ce que tu aimes comme vêtements, Jasmine?

– Dans la semaine, je mets mon jean et mon sweat avec le logo de mon groupe préféré. Pour sortir le vendredi soir, je m'habille un peu. Je mets ma jupe longue et ma veste.

– Et comme couleurs, qu'est-ce que tu aimes?

– Comme couleurs, j'aime le noir et le blanc. Je n'aime pas tellement les couleurs vives.

– Quels sont tes loisirs favoris, Jasmine?

Tricolore Total 4 Teacher's Book

Unité 1 Consolidation and assessment

– Comme loisirs, j'aime surtout la musique et la lecture. Ma mère dit que j'achète trop de livres et de magazines! …
– Pour terminer, je vais parler à Jean-Marc. Dis-moi tes préférences, Jean-Marc.
– Comme vêtements, j'aime être en baskets et porter un pantalon décontracté – mais je n'aime pas beaucoup mettre un jean. C'est démodé, à mon avis!
– Et comme couleur, tu aimes …?
– Le noir, surtout le noir, et quelquefois, le violet. J'ai un t-shirt violet que j'aime bien.
– Et comme activités, tu fais quoi?
– Un peu de tout, mais j'aime surtout les jeux-vidéo et je fais aussi la cuisine. J'adore cuisiner et je prépare toutes sortes de plats pour ma famille.
– Un grand merci à tout le monde et bon appétit à la famille de Jean-Marc!

4 Des conversations

The questions and answers in these two conversations provide good practice for the *Épreuve: Écouter* for this unit. Students listen and tick the correct answers. They could use the corrected versions later as scripts to practise conversations in pairs.

Solution:

Toi et ta famille: 1 *A*, 2 *C*, 3 *A, C;* 4 *B*, 5 *A*
Tes passe-temps: 1 *B*, 2 *C*, 3 *A*, 4 *A, A;* 5 *C*, 6 *B*

transcript

1 Toi et ta famille

– Quel âge as-tu, Thomas?
– J'ai seize ans.
– C'est quand, ton anniversaire?
– C'est le dix-neuf janvier.
– Tu as des frères et sœurs?
– J'ai une sœur et un frère.
– Tu t'entends bien avec ta famille?
– Je m'entends bien avec mes parents, mais pas tellement avec mon frère. On se dispute assez souvent.
– Est-ce que tu as un animal à la maison?
– Oui, j'ai un lapin qui s'appelle Dodu.
– Tes animaux préférés sont quoi?
– Mes animaux préférés sont les chats.

2 Tes passe-temps

– Salut, Sophie. Je peux te poser des questions?
– Bien sûr!
– Qu'est-ce que tu fais comme sports?
– Je fais de la natation – j'aime bien ça.
– Quels sont tes loisirs favoris?
– J'aime faire du dessin et de la peinture et je joue du violon dans un orchestre.
– Quel est ton jour préféré?
– C'est le samedi.
– Le week-end, qu'est-ce que tu fais, normalement?

– Le samedi, je vais en ville avec mes amis. Le dimanche je me repose.
– Le week-end dernier, qu'est-ce que tu as fait avec tes amis ou ta famille?
– Le samedi, je suis allée en ville avec ma meilleure amie. Le dimanche, je suis allée chez mes grands-parents.

Épreuves: Unité 1

These worksheets can be used for an informal test of listening or for extra practice, as required. For general notes on administering the *Épreuves*, see TB 12.

1/10   1, tr 20–22

Épreuve 1: Écouter – Partie A

1 Les animaux F

Students listen to each speaker and write the correct letter by the animal mentioned.

Solution: 1 *B*, 2 *H*, 3 *E*, 4 *C*   [4 marks]

transcript

Les animaux

Exemple: Moi, j'adore les chiens surtout mon petit chien brun. Il s'appelle Saucisse et il est adorable.

1 – Je m'appelle Luc et j'adore les chats. À la maison, j'ai un grand chat noir et blanc.
2 – Nous habitons un appartement et nous avons deux poissons rouges. Les poissons sont dans un grand aquarium dans la salle de séjour.
3 – Moi, j'ai une petite souris blanche. Ma souris s'appelle Neige.
4 – Nous habitons une ferme à la campagne et nous avons beaucoup d'animaux. Mon animal préféré est mon cheval, Noisette. J'adore faire du cheval.

2 On parle des photos F

Students listen to Lucas talking about some photos of a recent family party and complete the statements in English or in figures.

Solution: 1 *30*, 2 *curly*, 3 *yellow*, 4 *green*, 5 *brother*, 6 *sister*   [6 marks]

transcript

On parle des photos

– Salut, Lucas. Tu as des photos de la fête, chez vous, le dimanche de Pâques?
– Oui, mais il y en a beaucoup: trente photos en tout.
– Le garçon aux cheveux blonds et frisés, c'est qui?
– C'est mon frère aîné.
– J'aime bien son pull jaune et noir.
– Voici ma sœur. Elle est assez grande avec les yeux verts.
– Tu t'entends bien avec ton frère et ta sœur?

Tricolore Total 4 Teacher's Book

Unité 1 Consolidation and assessment

- Je m'entends bien avec mon frère. Il est amusant et sympa.
- Avec ma sœur, c'est plus difficile. Elle s'énerve facilement.

3 Des interviews F/H

Students listen to the interviews and complete the grid.

Solution:

prénom	nom	âge	anniversaire	frères et sœurs	passe-temps
Patrick	Ex. Fardeau	18	31 janvier	2F, 1S	sport
Angèle	Malladon	15	5 mai	0F, 0S	cinéma

[10 marks]
[Total for Part A: 20 marks]

transcript

Des interviews

1 – Bonjour!
- Bonjour!
- Comment t'appelles-tu?
- Je m'appelle Patrick Fardeau.
- Fardeau, ça s'écrit comment?
- F–A–R–D–E–A–U.
- Et quel âge as-tu?
- J'ai dix-huit ans.
- Ton anniversaire, c'est quand?
- C'est le trente et un janvier.
- As-tu des frères ou des sœurs?
- Oui, j'ai deux frères et une sœur. Elle s'appelle Isabelle.
- Et quel est ton passe-temps préféré?
- Le sport – je suis très sportif.

2 – Bonjour!
- Bonjour!
- Comment t'appelles-tu?
- Je m'appelle Angèle Malladon.
- Malladon, ça s'écrit comment?
- M–A–L–L–A–D–O–N.
- Et tu as quel âge, Angèle?
- Quinze ans, presque seize ans.
- Quinze ans, alors, et ton anniversaire, c'est quand?
- Le cinq mai.
- Ah, oui – c'est bientôt, en effet. Dis-moi Angèle, as-tu des frères ou des sœurs?
- Non, non. Je suis fille unique.
- Et ton passe-temps préféré, qu'est-ce que c'est?
- Le cinéma – j'adore le cinéma. C'est mon passetemps favori.

1/11 1, tr 23–25

Épreuve 1: Écouter – Partie B

1 Que fait-on sur Internet? F/H

Students listen to some French teenagers talking about how they use the Internet and complete the grid.

Solution:

	email	shopping	music	school-work	blogs	discussion forums	films	games	phone calls
Charlotte				Ex. ✓					
Rémi								✓	
Fatima						✓			
Hugo			✓						
Amélie	✓								
Mathieu									✓

[5 marks]

transcript

Que fait-on sur Internet?

1 – Charlotte, est-ce que tu utilises Internet?
- Oui, je me sers d'internet pour mon travail scolaire. Je fais souvent des recherches pour mes devoirs.

2 – Rémi, qu'est ce que tu fais sur Internet?
- J'aime beaucoup les jeux vidéo et quelquefois, je fais un jeu avec un copain sur internet.

3 – Et toi, Fatima?
- Moi, j'aime bien participer aux forums sur Internet. Je lis les réflexions et quelquefois j'écris quelque chose, moi-même, pour participer à la discussion. C'est toujours intéressant.

4 – Et toi, Hugo, qu'est-ce qui t'intéresse sur Internet? Qu'est-ce que tu regardes comme sites?
- Je m'intéresse surtout aux sites qui s'occupent de la musique et de temps en temps je me connecte pour écouter les concerts de mes groupes préférés.

5 – Amélie, est-ce que tu utilises beaucoup Internet?
- Non pas beaucoup, mais je vais en ligne de temps en temps, surtout pour l'email. J'écris des emails à mes cousins en Australie et quelquefois je leur envoie aussi des photos.

6 – Et toi, Mathieu, qu'est-ce que tu fais sur Internet?
- J'aime bien utiliser l'internet. Mes grands-parents habitent au Canada et quelquefois nous avons une conversation en ligne. C'est très bien parce que nous avons une webcam, alors on peut se voir en même temps. Et pour les coups de téléphone gratuits ou pas chers c'est excellent.

2 Mon anniversaire H

Students listen to Frédéric talking about his birthday and answer questions in English.

Solution:

1 *friends are on holiday*
2 *goes to cinema with friends, goes bowling* (2 marks)
3 *a German friend* (2 marks)
4 *go to an (outdoor) rock concert, have a picnic* (2 marks)
[7 marks]

Tricolore Total 4 Teacher's Book   39

Unité 1 Consolidation and assessment

transcript

Mon anniversaire
- C'est quand, ton anniversaire?
- Mon anniversaire est le vingt-trois août.
- C'est en été, alors, et pendant les vacances?
- Oui, c'est ça. C'est bien d'avoir son anniversaire en août, mais l'inconvénient est que beaucoup de mes amis sont en vacances.
- Qu'est-ce que tu fais normalement?
- Normalement, pour fêter mon anniversaire, j'invite deux ou trois copains à aller au cinéma ou au bowling et après on mange dans un fast-food. L'année dernière, nous sommes allés voir un film de science-fiction. Cette année ça va être différent parce qu'un copain allemand vient chez nous cet été au mois d'août.
- Alors ton copain allemand sera là pour ton anniversaire?
- Oui, c'est ça – il sera là pour mon anniversaire. Je voudrais aller à un concert de musique rock et je pense qu'il aimera ça aussi. En été, on organise des concerts en plein air et on peut faire un pique-nique en même temps. Ça va être sympa.

3 La famille et les amis H

Students listen to the discussion between Alain, Sandrine and Magali about friends and family and answer the questions in English.

Solution: **1** very well, **2** his two brothers, **3** b, d, **4** her family lives abroad/in Guadeloupe, **5** Alain: b, Sandrine: e, Magali: d   [8 marks]

[Total for Part B: 20 marks]

transcript

La famille et les amis
- Alain, est-ce que les amis sont très importants pour toi?
- Ben oui, assez importants. Mais comme je m'entends très bien avec ma famille – et que je sors souvent avec mes deux frères, ben, je suis rarement seul.
- Et pour vous, les filles, c'est la même chose? La famille est plus importante que les copains? Qu'en penses-tu Sandrine?
- Pour moi, non – pas du tout. La famille, je l'apprécie quoi! Mais sans mes copains je ne saurais pas quoi faire, surtout le week-end. Et puis le soir, je téléphone à mes amis, on bavarde, on discute de nos problèmes, on se raconte les petits incidents au lycée – je ne pourrais pas parler de tout ça avec ma famille!
- Et toi, Magali, tu es d'accord?
- Alors pour moi, l'essentiel, c'est d'avoir au moins une bonne amie qui est sûre de rester loyale. Comme ma famille habite toujours en Guadeloupe, je serais seule sans Marie-Claire – c'est mon amie que je connais depuis mon arrivée en France. En effet, une vraie amie, c'est comme un membre de la famille.

1/12

Épreuve 1: Lire – Partie A

1 J'ai de bons amis F

Students read the text and the list of words and then write the correct letter in each gap.

Solution: **1** d, **2** i, **3** g, **4** b, **5** f, **6** h   [6 marks]

2 La technologie et moi F

Students read what Alex has written about using technology and write the correct letter in each gap.

Solution: **1** b, **2** e, **3** j, **4** i, **5** g, **6** h   [6 marks]

3 Qui a dit ça? F/H

Students read what Laurent and Émilie have written about themselves, then read the statements and decide whether they apply to Laurent (L), Émilie (E) or both (B).

Solution: **1** L, **2** L, **3** B, **4** B, **5** E, **6** L, **7** E, **8** L   [8 marks]

Épreuve 1: Lire – Partie B (1)

1/13

1 Profil d'un jeune chanteur F/H

Students read the article about a young pop star and choose the correct ending for each of the sentences that follow.

Solution: **1** b, **2** a, **3** c, **4** c, **5** b, **6** b, **7** c, **8** a, **9** a, **10** b   [10 marks]

1/14

Épreuve 1: Lire – Partie B (2)

2 Christophe apprend à conduire H

Students read the article and reply to the questions in English.

Solution: **1** May, **2** 18, **3** not enthusiastic, **4** impatient, **5** anxious, **6** lazy/arrogant (2 marks), **7** patient, **8** she works in Paris/gets home late, **9** wash the car   [10 marks]

[Total for Part B: 20 marks]

1/15

Épreuve 1: Grammaire

This provides assessment material for the following grammar points: question words, adjectives, possessive adjectives, the present tense.

1 Question words

Solution: **1** quand, **2** qui, **3** combien, **4** où, **5** quel   [5 marks]

2 Adjectives

Solution:
a **1** courts, **2** Joyeux, **3** religieuse, **4** nouveau, **5** mauvaise
b **1** ma, **2** mes, **3** sa, **4** leurs, **5** son

[5 marks (½ mark for each)]

3 Verbs

Solution: **1** est, **2** fait, **3** jouons, **4** m'entends, **5** adore, **6** va, **7** me lève, **8** mets, **9** avons, **10** écris

[10 marks]
[Total: 20 marks]

40 Tricolore Total 4 Teacher's Book

Tricolore Total 4
Unité 2 En ville et à la campagne   pages 24–43

Aims and objectives	Grammar and skills	Vocabulary
2A La France – destination touristique pages 24–25		
• find out more about France	Useful phrases to describe the location of a place	The country, the region
2B En ville pages 26–27		
• understand descriptions of towns • talk about a town	*Ce que j'aime/je n'aime pas, c'est …*	Location, What's the town like? In town and nearby
2C Allez-y! pages 28–29		
• ask for, understand and give directions to places • revise the pronoun *y*	The pronoun *y*	Directions
2D Les transports en ville pages 30–31		
• talk about transport in cities • discuss public transport in Paris		Means of transport, Road travel, City transport, Getting around
2E Ça ne me dit rien pages 32–33		
• use negative expressions	The negative: *ne … pas (encore), ne plus, ne… jamais, ne … rien, ne … personne, ne … aucun/aucune, ne … ni … ni, ne … que* (also covered in Unit 3) *si* instead of *oui* when contradicting a negative question	Negative phrases
2F Ville ou campagne? pages 34–35		
• talk about the countryside • compare life in town and country		In the country Farm animals
2G Au parc d'attractions pages 36–37		
• talk about a visit to a theme park • revise the perfect tense with *avoir*	Some parts of *aller* in the perfect tense *c'était* + adjective	Opinions Travel problems
2H Qu'est-ce qu'on a fait? pages 38–39		
• talk about recent events • revise the perfect tense with *avoir* and *être*	Ask questions in the perfect tense	
2I Consolidation and assessment pages 40–41		
• practise exam assessment techniques • find out what you have learnt		
Sommaire pages 42–43		

Resources:

Student's Book 24–43
CD 1–2, Student CD 1

Copymasters
2/1 Mots croisés – en ville
2/2 Le jeu des bâtiments
2/3 L'esprit négatif
2/4 La vie à la campagne
2/5 Un emploi pour les vacances
2/6 Des touristes à Paris
2/7 Vol à la banque
2/8 Accident de rivière
2/9 Tu comprends?
2/10 Épreuve 2: Écouter – Partie A

2/11 Épreuve 2: Écouter – Partie B
2/12 Épreuve 2: Lire – Partie A
2/13 Épreuve 2: Lire – Partie B (1)
2/14 Épreuve 2: Lire – Partie B (2)
2/15 Épreuve 2: Grammaire

Au choix SB 212–213
1 Grenoble
2 Des définitions
3 À l'office de tourisme
4 La ville est belle à vélo
5 C'est impossible!
6 On parle du week-end dernier
7 Les noms des rues – un cours d'histoire

Examination Grammar in Action 17–26
Using prepositions
The pronoun *y*
Using the negative
Using the perfect tense (1) – regular verbs with *avoir*
Using the perfect tense (2) – irregular verbs with *avoir*
Using the perfect tense (3) – verbs with *être*
Using the perfect tense (4) – verbs with *avoir* and *être*
Using the perfect tense (5) – asking questions
Using the negative with the perfect tense
Using the present and perfect tenses

2A La France – destination touristique

Kerboodle!
La France (Présentation)
Une ville que j'aime bien (Activité – P)
En ville (Activité – É)
J'ai besoin de directions (Activité – G)

Le métro à Paris (Activité – L)
Les transports (Activité – P)
Je ne trouve pas de travail (Activité – L)
La vie d'un vétérinaire (Activité – É)
Les parcs à thème (Présentation)

Deux messages de la montagne (Activité – G)
Vocabulaire – Unité 2 (Activité)
Quiz – Unité 2 (Activité)

É = Écouter, L = Lire, P = Parler, G = Grammaire

2A La France – destination touristique pages 24–25

Aims and objectives	Grammar and skills	Resources
• find out more about France	Useful phrases to describe the location of a place	**Key language:** see SB 42 **Online resource:** *Présentation* **CD:** 1/26

Introduction

Use the map of France (SB 24) to talk briefly about France and to revise points of the compass, rivers, mountains, bordering countries, seas, etc. The figures after each town indicate the distance from Paris and can be used to revise asking about distance. All distances in France are measured from *le point zéro*, in front of Notre Dame cathedral in Paris. A plaque indicates the exact spot. Talk about different aspects of the country and ask some questions, e.g.

– *La France est un pays très varié. Beaucoup de touristes la visitent chaque année. Et beaucoup de Français préfèrent passer leurs vacances dans une autre région de France que d'aller à l'étranger.*
– *En France on trouve de tout: des villes importantes, comme Paris, Lyon, Marseille, Strasbourg, Nice. Nice, c'est à quelle distance de Paris?*
– *Il y a de grands fleuves, comme la Loire, la Garonne, la Seine et le Rhône.*
– *Il y a des montagnes, comme les Alpes, les Pyrénées et les Vosges où l'on peut pratiquer des sports d'hiver.*
– *La France a six côtés. Voilà pourquoi on l'appelle quelquefois 'L'Hexagone'. Trois côtés de la France sont bordés par la mer. Comment s'appellent les trois mers?*
– *Les trois autres côtés forment des frontières avec d'autres pays. Comment s'appellent les pays qui ont une frontière commune avec la France?*

Donnez-moi un exemple d'une ville dans le nord/le sud de la France/d'un fleuve, des montagnes, d'une mer.

The river Loire is considered to be the dividing point between north and south.

Présentation

La France

Use this online PowerPoint presentation to present and revise information about France.

SB 25   1, tr 26

1 Le savez-vous?

In part a, students choose the correct answer to each question and then listen to check their answers.

Solution: **1** *c*, **2** *b*, **3** *a*, **4** *b*, **5** *c*

transcript

Le savez-vous?

– Bonjour et bienvenue à notre jeu sur la France. Aujourd'hui, il y a cinq questions et il faut choisir la bonne réponse à chaque fois.
– Première question: la France est la première destination touristique du monde. Chaque année, il y a environ combien de visiteurs? a) 10 millions, b) 30 millions, c) 60 millions.
– La réponse correcte est c. Il y a soixante millions de touristes qui visitent la France chaque année. Oui, le tourisme est très important pour la France.
– Deuxième question: en raison de sa forme, on appelle la France a) le pentagone, b) l'hexagone, c) l'ovale.
– Ça, c'est plus facile. La bonne réponse est b – l'hexagone.
– Maintenant, la question numéro trois: Le fleuve qui divise le nord du sud de la France s'appelle a) la Loire, b) le Rhin, c) le Rhône.
– Et la réponse correcte, c'est a. C'est la Loire qui sépare le nord du sud de la France.
– Question quatre: Les plus hautes montagnes de France (et d'Europe) sont a) les Pyrénées, b) les Alpes, c) les Vosges.
– La bonne réponse est b – les Alpes.
– Et maintenant, la dernière question: la France a presque la même population que le Royaume-Uni, mais c'est un pays a) plus petit, b) aussi grand, c) presque deux fois plus grand.
– Et la réponse correcte, c'est c. Oui, la France, c'est un grand pays – c'est comme ça qu'on a de la place pour tous ces touristes.
– Et voilà, c'est la fin de notre émission. Merci et au revoir.

b Students consult the map to find the answers.

Solution: **1** *La Corse*, **2** *la Belgique, le Luxembourg, l'Allemagne, la Suisse, l'Italie, l'Espagne* ; **3** *les Pyrénées*, **4** *le Rhin*, **5** *la Manche*, **6** *la Belgique*, **7** *l'Italie*, **8** *33*

Tricolore Total 4 Teacher's Book

2B En ville

2 Lexique
[SB 25]

Students copy and complete the list, referring to items on the page and the *Sommaire* (SB 42).

3 Les départements de France
[SB 25]

Introduce this item by saying: *La France est divisée en 22 régions et 95 départements*. An understanding of the system of *départements* and *régions* is useful for visitors to France as local tourist information (hotels, campsites, etc.) is often grouped in this way. Students read the information and select the correct word for each gap.

Solution: 1 *département*, 2 *fleuve*, 3 *montagnes*, 4 *mer*, 5 *code postal*

4 Les villes de France
[SB 25]

a Students refer to the map to find the town that matches each description.

Solution: 1 *Strasbourg*, 2 *Calais*, 3 *Annecy*, 4 *Bordeaux*, 5 *Marseille*

b They make up their own definitions to give each other.

25 Stratégies

This covers useful phrases for describing location.

2B En ville   pages 26–27

Aims and objectives	Grammar and skills	Resources
• understand descriptions of towns • talk about a town	*ce que j'aime/je n'aime pas, c'est …*	**Key language:** see SB 42 **Online resource:** *Activité (parler)* **Copymasters:** 2/1 **CD:** 1/27–28

1 Calais
[SB 26, 1, tr 27]

Students listen to the conversation and complete the text.

Solution: 1 *Calais*, 2 *moyenne*, 3 *habitants*, 4 *nord*, 5 *mer*, 6 *trois*, 7 *En ville*, 8 *le port*, 9 *un musée*, 10 *magasins*

transcript

Calais
- Où habitez-vous?
- J'habite Calais.
- C'est une grande ville?
- Non, c'est une ville moyenne avec environ soixante mille habitants.
- C'est où exactement?
- C'est dans le nord de la France. C'est au bord de la mer.
- Ça fait longtemps que vous habitez là?
- Mmm – depuis trois ans.
- Vous habitez en ville ou dans la banlieue?
- En ville, dans un appartement.
- Qu'est-ce qu'il y a comme distractions?
- Il y a le port, il y a un musée et des cinémas.
- Et dans la région?
- Il y a le tunnel sous la Manche. Il y a un grand centre commercial avec beaucoup de magasins qui s'appelle La Cité d'Europe.

2 Un dépliant sur Lyon
[SB 26]

First, ask whether anyone has visited Lyon or knows anything about the city. Talk about the photos to make sure that students understand what they show, e.g.

- *Voici des photos de Lyon. Sur la photo A, on voit un concert dans une église. Lyon est un grand centre culturel avec des théâtres, un opéra, une maison de la danse et des musées.*
- *Sur la photo B, on voit un restaurant. On trouve beaucoup de petits restaurants à Lyon, surtout dans le vieux quartier.*
- *La photo C montre une rue piétonne. À Lyon, comme dans beaucoup de villes, il y a des rues piétonnes. Qu'est-ce que c'est, une rue piétonne? C'est une rue réservée aux personnes à pied, où il n'y a pas de voitures.*
- *La photo D montre des ruines romaines.*
- *Sur la photo E, on voit le centre commercial de La Part-Dieu. Qu'est-ce qu'on trouve dans un centre commercial? Des magasins surtout, et quelquefois des banques, des salles de cinéma, etc.*
- *Et la photo F montre un moyen de transport à Lyon. Qu'est-ce que c'est? C'est le tramway.*

a Students identify the correct photo for each text.

Solution: 1 *D*, 2 *C*, 3 *A*, 4 *F*, 5 *E*, 6 *B*

b Students complete the sentences about Lyon.

Solution: 1 *grande, importante*, 2 *ruines*, 3 *rues*, 4 *musées, théâtres, cinémas*, 5 *complexe sportif, patinoire, piscine*, 6 *métro*, 7 *centre commercial*, 8 *bibliothèque*, 9 *restaurants*

2B En ville

c Students find in the texts the French for the English phrases listed.

> **Solution:** **1** *située sur deux fleuves,* **2** *une très longue rue piétonne,* **3** *on y trouve des librairies,* **4** *pour les sportifs,* **5** *plusieurs piscines,* **6** *pas cher,* **7** *un centre commercial,* **8** *surtout*

2/1

Mots croisés - en ville

This crossword can be used at any appropriate point.

	1c	2o	m	m	3i	s	s	a	r	i	4a	t
	ô	a			i						ô	
	t	g		5b	â	6t	i	7m	e	n	t	
	e	a			u			8a	u			
		9e	s	t		é			i		10p	
	11n	i		12p		e			r		i	
13c		n		14a	u		15i	l			é	
y		s		t		16î	l	e		17e	t	
18c		e		i					19j		o	
l			20b	a	n	l	i	e	u	e	n	
a				o							n	
21b	i	b	l	i	o	t	h	22è	q	u	e	
l				r				s				
e	23f	24l	e	25u	v	26e	s	27s	28i			
		a				i		29u	n	e		
30p	i	s	c	i	n	e		31r	u	e		

27

3 Une ville anglaise

a Students read the message about Cheltenham and answer questions.

> **Solution:**
> 1 *Il habite dans la banlieue de Cheltenham.*
> 2 *On organise un grand festival avec des concerts.*
> 3 *Ils peuvent visiter les villages et les Cotswolds.*
> 4 *Il y va pour voir des matchs de rugby et pour faire du ski sur la piste artificielle.*

b They then choose the correct statements for a tourist leaflet.

> **Solution:** **1**, **3** *and* **5**

27 1, tr 28

4 Tu aimes ta ville?

First, ask students to locate the two towns on the map and describe their location. Before listening, they should read through the comments and think about which might apply to each town. Then they listen to the recording and note who made each comment.

> **Solution:** **1** *Rémi,* **2** *Amélie,* **3** *Amélie,* **4** *Rémi,* **5** *Amélie,* **6** *Amélie,* **7** *Rémi,* **8** *Rémi*

transcript

Tu aimes ta ville?

Rémi

Moi, j'habite à Rennes, et à mon avis c'est la meilleure ville au monde! Je ne la quitterai jamais. Ce que j'aime à Rennes, c'est le métro et les vélos – c'est très pratique pour se déplacer. J'aime aussi les espaces verts dans les différents quartiers de la ville. C'est la capitale de la Bretagne, et j'aime la culture bretonne, avec les crêpes et le cidre. C'est une ville universitaire, avec beaucoup d'étudiants – ça crée de l'ambiance. On n'est pas loin de la côte et Paris n'est qu'à deux heures de Rennes en TGV. Ce que je n'aime pas? Bon alors, comme dans toutes les grandes villes il y a la pollution et le bruit.

Amélie

J'aime habiter à Annecy parce qu'on est près des montagnes et que j'adore faire du ski. C'est une ville moyenne, pas trop grande ni trop petite. Nous habitons dans le vieux quartier, à deux minutes des magasins. Je l'aime bien parce que c'est un quartier très joli avec des petites rues étroites. Le soir en été, il y a de l'ambiance et j'aime sortir avec mes amis. Par contre, ce que je n'aime pas c'est qu'il y a trop de circulation et trop de touristes, surtout en été.

27 Stratégies

This covers the phrases: *Ce que j'aime, c'est …; Ce que je n'aime pas, c'est …*

212 Au choix

[1] Grenoble

This task provides additional reading practice and preparation for a description of the student's own town.

a Students complete the *carte d'identité* of the town.

> **Solution:** **1** *le sud-est,* **2** *Alpes,* **3** *touristique,* **4** *piscines,* **5** *stations,* **6** *montagne,* **7** *habiter,* **8** *froid*

b They write some sentences giving their impressions of the town and region, using *Ce que j'aime/je n'aime pas*, etc.

Activité (parler)

Une ville que j'aime bien

This online audio activity provides further speaking practice for talking about towns.

27

5 À vous!

a Students work in pairs to talk about their town.
b They write notes in the form of an ID card for their town.

27

6 Un dépliant touristique

Students prepare a tourist leaflet for their own town or a town of their choice. This could be developed as an ICT project.

Tricolore Total 4 Teacher's Book

2C Allez-y! pages 28–29

Aims and objectives	Grammar and skills	Resources
• ask for, understand and give directions to places • revise the pronoun y		**Key language:** see SB 42 **Online resource:** Activités (écouter, grammaire) **Copymasters:** 2/2 **CD:** 1/29–31 **GiA:** 17–18

sb 28 1, tr 29

1 Des touristes en ville

First, revise *tout droit, à gauche* and *à droite* by drawing lines or arrows on the board to illustrate the meanings. Check that students recognise the symbols used on the page (A = la gare, B = un parking, C = une église, D = un hôpital, E = une piscine, F = un supermarché, G = le camping, H = l'auberge de jeunesse).

Students then listen to the recording and find out the destination, the direction and the distance given. This can be varied according to ability level: some students could find out all three items, others only one or two.

Solution:
1 a E, b ↑, c à 5 minutes
2 a C, b ↑, c 100m
3 a F, b ←, c à 5 minutes
4 a D, b ↑→, c 500m
5 a A, b ↑, c à 10 minutes
6 a H, b ←, c à 15 minutes
7 a G, b →, c 2km
8 a B, b →, c 500m

transcript

Des touristes en ville

1 – Pour aller à la piscine, s'il vous plaît?
   – Continuez tout droit jusqu'au carrefour et vous la verrez. C'est au coin de la rue.
   – Merci. C'est loin?
   – Non, c'est à cinq minutes d'ici.

2 – Pour aller à l'église Saint-Jean, s'il vous plaît?
   – Continuez tout droit jusqu'aux feux. C'est au bout de la rue.
   – Merci. C'est loin?
   – Non, c'est tout près, à cent mètres.

3 – Pardon, madame, est-ce qu'il y a un supermarché près d'ici?
   – Oui, il y a un supermarché rue Levert. Prenez la première rue à gauche et c'est au bout.
   – Très bien. Alors la première rue à gauche. C'est loin?
   – Non, à cinq minutes environ.

4 – Pardon monsieur, est-ce que l'hôpital est près d'ici?
   – Euh … l'hôpital, voyons … ah oui, ce n'est pas loin. Continuez tout droit, traversez le pont et vous verrez l'hôpital sur votre droite. C'est à cinq cents mètres environ.

5 – Pour aller à la gare, s'il vous plaît?
   – Continuez tout droit, tout droit jusqu'au rond-point et vous verrez la gare.
   – Je continue tout droit jusqu'au rond-point. Merci. C'est loin?
   – Non, c'est à dix minutes d'ici.

6 – Pour aller à l'auberge de jeunesse, s'il vous plaît?
   – Prenez la rue à gauche au coin de la rue.
   – Bon, je prends la rue à gauche. Et puis, c'est loin?
   – C'est à quinze minutes environ.

7 – Pardon, madame, est-ce que le camping est près d'ici?
   – Non, c'est assez loin. C'est à deux kilomètres environ. Vous êtes à pied?
   – Oui.
   – Bon, il faut descendre la rue à droite jusqu'au bout. Puis là, c'est un peu compliqué. Il faut demander à quelqu'un d'autre. Mais d'ici, vous prenez la rue à droite.
   – Alors, pour commencer, nous prenons la rue à droite.

8 – Pardon, madame, est-ce qu'il y a un parking près d'ici?
   – Oui, il y a un parking, place de l'Hôtel de ville. Prenez la deuxième rue à droite et c'est au bout de la rue.
   – Très bien. Alors la deuxième rue à droite. C'est loin?
   – C'est à cinq cents mètres environ.

sb 28

C'est quelle direction?

This table sets out phrases for asking directions. Encourage students to practise some of the expressions orally. This could be done in pairs or as a chain question game: one student asks for directions and the next gives any sensible direction, and then asks someone else for directions, e.g.

– *Pour aller au commissariat, s'il vous plaît?*
– *Continuez tout droit, jusqu'au carrefour.*
– *Est-ce qu'il y a un parking près d'ici, s'il vous plaît?*

Students should continue as long as possible without repeating identical directions.

Tricolore Total 4 Teacher's Book

2C Allez-y!

sb 28

2 Inventez des conversations

Remind students of the correct form of *au/à la*, etc. Then, working in pairs and referring to the phrases listed, students make up simple dialogues based on the cues given. Able students could make up a longer dialogue without cues.

cm 2/2

Le jeu des bâtiments

Revise the prepositions *à côté de*, *entre* and *en face de*. The copymaster should be cut in half and used in pairs, with each student having either part A or part B. Student A has a partially completed plan, showing only four buildings; student B has a complete plan and has to describe the location of the missing buildings on the other plan.

Activité (écouter)

En ville

This listening activity supports work on the topic of places in a town and directions.

sb 28 and 29

3 Un plan de la ville

First, use the plan for revision of places and directions, e.g.
- *Qu'est-ce qu'il y a dans la ville?*
- *(Il y a un château, une piscine, un marché, etc.)*
- *Où est-ce qu'on peut loger? (Il y a l'hôtel du Lac, un camping et une auberge de jeunesse.)*
- *La gare routière, c'est où exactement?*
- *(C'est près de la rivière.)*
- *Est-ce qu'il y a une banque dans la ville?*
- *(Oui, sur la rue principale, après le rond-point)*

Then students read the written directions and find out where they lead. All directions start from the railway station. For support, the destinations could be written in jumbled order on the board.

Solution: **1** *le musée*, **2** *le commissariat*, **3** *le marché*, **4** *le château*, **5** *la gare routière*, **6** *la banque*

For extra practice, students could work in pairs to give and follow directions to places on the town plan.

Examination grammar in action 17

Using prepositions

This provides further practice in using prepositions and the different forms of *à* and *de*.

Activité (grammaire)

J'ai besoin de directions

This online activity provides further practice of prepositions and directions.

sb 29 1, tr 30

4 Des conversations

Students match up the correct response to each question and then listen to the recording to check their answers.

Solution: **1** *b*, **2** *g*, **3** *e*, **4** *a*, **5** *f*, **6** *c*, **7** *d*

transcript

Des conversations

1 – Comment allez-vous à la piscine?
  – Comme il fait beau, nous y allons à vélo.
2 – Vous avez déjà visité Paris?
  – Oui, nous y sommes allés l'été dernier.
3 – Est-ce que tu as visité le Parc Astérix?
  – Non, je n'y suis pas encore allé, mais j'aime bien les parcs d'attractions.
4 – Qui va à la Cité des Sciences?
  – Toute la classe y va avec le prof de sciences.
5 – Il pleut, alors vous allez au musée en bus?
  – Non, on y va en métro: c'est plus rapide.
6 – On peut aller au Stade de France en bus?
  – Oui, on peut y aller en bus et en métro.
7 – Quand va-t-on aller à l'exposition?
  – On va y aller samedi prochain.

sb 29 Dossier-langue

Go through the explanation and ask students to work out which words have been replaced by *y* in the examples. Students could write down the rule for using *y* in their own words.

The position of *y* is probably best learnt by using specific examples, which are practised in the subsequent tasks, e.g. *on va y aller, on peut y aller, on peut y voir, j'y vais, on y va*.

Refer students as necessary to the *Grammaire* (SB 241).

sb 212 Au choix

[2] Des définitions

a Students identify the correct place, from the list of 10 options.

Solution: **1** *le stade*, **2** *la piscine*, **3** *la boulangerie*, **4** *la bibliothèque*, **5** *l'aéroport*

b They make up similar definitions for the five remaining places. For pronunciation practice, students could read out the definitions.

sb 29

5 Quand?

This can be done as a written or oral task. Students read the questions and consult the programme to answer them.

Solution: **1** *On y va mercredi.* **2** *On y va vendredi.* **3** *On y va samedi.* **4** *On y va lundi.* **5** *On y va jeudi.* **6** *On y va mardi.*

Tricolore Total 4 Teacher's Book

2D Les transports en ville

sb 212 Au choix • **1, tr 31**

[3] À l'office de tourisme

Students, especially those who know Paris quite well, could match up the questions and answers first and then listen to the recording to check their answers. Alternatively, they could listen first and then do the task.

Solution: 1 *b*, 2 *e*, 3 *a*, 4 *d*, 5 *f*, 6 *c*

transcript

À l'office de tourisme

1 – Comment peut-on aller à l'aéroport Charles de Gaulle?
 – On peut y aller en RER.
2 – Comment peut-on aller au Parc Astérix?
 – On peut y aller en RER et en bus. Prenez le RER à Roissy-Charles de Gaulle, puis prenez le bus-navette jusqu'au parc.
3 – Qu'est-ce qu'on peut voir au Palais de la Découverte?
 – On peut y voir des expositions sur la science et la technologie.
4 – Qu'est-ce qu'on peut voir au Musée d'Orsay?
 – On peut y voir des tableaux et des sculptures.
5 – Où peut-on trouver des souvenirs de Paris?
 – Allez dans un grand magasin, comme les Galeries Lafayette. On y trouve de tout.
6 – Où peut-on acheter des livres en anglais?
 – Allez à la librairie 'Shakespeare et Company'. On y trouve un grand choix de livres en anglais.

sb 29

6 À vous!

Students work in pairs to complete conversations using expressions with *y*.

Examination grammar in action 18

Using the pronoun *y*

This provides further practice of the pronoun *y*.

2D Les transports en ville   pages 30–31

Aims and objectives	Grammar and skills	Resources
• talk about transport in cities • discuss public transport in Paris		**Key language:** see SB 42 **Online resource:** *Activités (parler)* **CD:** 1/32–34

sb 30 • **1, tr 32**

1 Trop de voitures

Students listen to the opinions and choose the sentence (a or b) which best represents the speaker's opinion. The sentences could also be used as a basis for a class discussion about why the car is so often used for journeys in town.

Solution: 1 *a*, 2 *b*, 3 *a*, 4 *b*, 5 *b*, 6 *a*

transcript

Trop de voitures

1 Je connais des gens qui prennent la voiture même pour aller chercher une baguette à deux cents mètres de la maison, alors qu'ils peuvent très bien y aller à pied. Les gens deviennent trop dépendants de leur voiture.
2 Le soir, si je sors pour aller au cinéma ou pour aller chez des amis, ma mère m'emmène et vient me chercher en voiture. Le bus, ça va pendant la journée, mais le soir, on n'a pas envie d'attendre à l'arrêt d'autobus et les bus ne sont pas assez fréquents.
3 Autrefois, beaucoup d'enfants allaient à l'école à pied. Maintenant, la plupart des enfants y vont en voiture. On pense que les rues sont trop dangereuses avec toutes les voitures qui circulent.
4 Quand je vais en ville je préfère prendre le bus. Les voitures contribuent au bruit et à la pollution des villes.
5 En Suisse, les villes, comme Berne et Zurich, sont bien équipées en transports en commun. Les gens ont l'habitude de les utiliser pour faire les courses ou pour aller au travail. Ils utilisent la voiture pour de grands voyages, pour partir le week-end, par exemple.
6 Autrefois, on vivait dans un appartement au centre-ville et on était plus près de son travail. Maintenant, on a tendance à habiter plus loin et on a besoin de sa voiture pour se rendre au travail.

sb 30

2 Lexique

Students copy and complete the list of vocabulary for talking about traffic in towns.

Solution: la circulation – *traffic*, un camion – *lorry*, un embouteillage – *traffic jam*, les heures de pointe – *rush hour*, un parking (souterrain) – *(underground) car park*, une piste cyclable –

2D Les transports en ville

cycle track, un poids lourd – *heavy goods vehicle/lorry*, stationner – *to park*, le tramway – *tram*, un véhicule – *vehicle*, une zone piétonne – *pedestrian area*

3 Pour ou contre la voiture

Students sort the statements into advantages and disadvantages of travelling by car.

Solution: pour: 1, 4, 6; **contre:** 2, 3, 5, 8, 9

4 À vous!

Students in turn give arguments in favour of or against car travel.

5 Quelques solutions

Students match up the initiatives taken by some towns to overcome traffic problems. This could be done orally to practise pronunciation and then students could pick out useful vocabulary, e.g. *un parc relais*.

Solution: 1 *b*, 2 *c*, 3 *e*, 4 *d*, 5 *f*, 6 *g*, 7 *a*

6 Le métro

Students listen to the recording and complete the extracts, which are taken from the transcript. Explain that the printed version comprises short extracts and not a complete transcript of the recording.

Solution: 1 *près de*, 2 *lignes*, 3 **a** *chaud* **b** *respirer*, 4 *rapide*, 5 **a** *pointe* **b** *affreux*

transcript

Le métro

– Bonjour, je suis dans le métro et je vais parler aux passagers. Bonjour madame, que pensez-vous du métro?
– Moi, je trouve ça très pratique parce qu'il y a une station de métro près de chez moi.
– Et vous?
– Bof, ça va, mais de temps en temps il y a des grèves ou bien des travaux et les lignes sont fermées.
– Ah oui, les grèves, ça arrive. Et vous, est-ce que vous prenez souvent le métro?
– Oui, ici, le métro c'est très bien, mais à Londres il n'est pas climatisé, alors quand il fait très chaud en été on ne peut pas respirer.
– Et vous?
– Moi, je prends très souvent le métro parce que c'est plus rapide que le bus.
– Et vous? Vous aimez prendre le métro?
– Oui, en principe, c'est pratique, mais aux heures de pointe, il y a du monde. On est tous très serrés – c'est affreux. Quelquefois on n'arrive même pas à entrer dans les voitures.

7 Les transports en commun

This short reading task about transport in Paris provides further practice of vocabulary linked to city transport.

Solution: 1 *voiture*, 2 *transports*, 3 *métro*, 4 *bus*, 5 *prennent*, 6 *rapide*, 7 *cher*, 8 *carnet*, 9 *valables*

Activité (lire)

Le métro à Paris

A reading activity to provide information about the Paris métro.

8 Les transports à Paris

Go through the quiz to check what students already know about Paris transport.

Solution: 1 *a*, 2 *b*, 3 *b*, 4 *b*, 5 *b*, 6 *a*, 7 *b*, 8 *a*

9 Les touristes à Paris

Ask students to describe what is shown on one of the photos and get others to identify the correct photo, e.g.

C'est un panneau dans le métro. Ça montre la direction/la sortie/la correspondance.

C'est une station de RER, etc.

The photos are then used for an easy listening task where students match the correct photo to each conversation.

Solution: 1 *G*, 2 *B*, 3 *C*, 4 *A*, 5 *J*, 6 *D*, 7 *I*, 8 *F*, 9 *E*, 10 *H*

The prices used are based on information for July 2009. Some students might like to find out current prices for *un carnet* and *un ticket d'enfant* by consulting the RATP website: www.ratp.com

transcript

Les touristes à Paris

1 – Est-ce qu'il y a une station de métro près d'ici?
  – Oui, il y a une station de métro au bout de la rue.
2 – Un carnet, s'il vous plaît.
  – Voilà. Ça fait onze euros soixante.
3 – Un ticket pour un enfant de huit ans, s'il vous plaît.
  – Bon alors, c'est tarif réduit quatre-vingts centimes.
4 – Un plan du métro, s'il vous plaît.
  – Voilà.
5 – Pour aller à l'aéroport Charles de Gaulle, s'il vous plaît?
  – Descendez à Gare du Nord et prenez le RER.
  – Où est le RER, s'il vous plaît?
  – C'est tout droit. Suivez les panneaux.
6 – Pour aller à l'Arc de Triomphe, s'il vous plaît?
  – Prenez la direction La Défense et descendez à Charles de Gaulle-Étoile.

Tricolore Total 4 Teacher's Book

2E Ça ne me dit rien

7
- Le prochain autobus est à quelle heure?
- Le dernier autobus est déjà parti. Il n'y a plus d'autobus ce soir.
- Bon alors, où est-ce que je peux prendre un taxi?
- Il y a une station de taxis devant la gare.

8
- Pardon monsieur, la direction Château de Vincennes, c'est par où?
- C'est tout droit. Suivez les panneaux marqués Correspondance.
- Bon, merci.

9
- On peut vous aider?
- Je cherche la sortie.
- C'est par là, monsieur. Vous voyez le panneau avec le mot Sortie?
- Ah oui. Merci.

10
- Pour aller à la gare, s'il vous plaît?
- C'est à trois kilomètres.
- Est-ce qu'il y a un autobus?
- Oui, prenez le numéro dix-neuf.
- Où est l'arrêt de bus?
- Il est en face du cinéma.
- Le prochain bus est à quelle heure?
- Je ne sais pas, mais normalement il y en a toutes les dix minutes.

212 Au choix

[4] La ville est belle à vélo
Students complete a short text about cycling initiatives in cities.

> **Solution:** **1** villes, **2** vélos, **3** célèbre, **4** peuvent, **5** circuler, **6** heures, **7** fatigant, **8** peut, **9** métro, **10** éviter

The topic of transport and the environment is covered more fully in Unit 10 (SB 196–99). Some items from that unit could be covered here, if wished, e.g. Une journée sans voiture, le Vélib

Activité (parler)

Les transports
This online audio activity provides further speaking practice of questions and answers relating to transport.

31

10 À vous!
a Students discuss transport in pairs using the questions given.
b They write their replies to the questions.

2E Ça ne me dit rien   pages 32–33

Aims and objectives	Grammar and skills	Resources
• use negative expressions	Ne … pas (encore), ne … plus ne … jamais, ne … rien ne … personne, ne … aucun/aucune ne … ni … ni, ne … que (also covered in Unit 3) si instead of oui when contradicting a negative question	**Key language:** see SB 42 **Online resource:** Activité (lire) **Copymasters:** 2/3 **CD:** 1/35 **GiA:** 19

32

1 Habiter ici, c'est nul!
When students have read through the speech bubbles, ask a few questions and encourage replies in the negative, e.g.

- Est-ce que ces personnes sont contentes?
- Pourquoi pas?
- Comment sont les transports?
- Est-ce qu'il y a du monde en ville le soir?
- Qu'est-ce qu'il y a pour les jeunes?
- Et vous, inventez d'autres réflexions comme ça.

32 Dossier-langue
Students refer to the sentences (and to the Grammaire, SB 243) to complete the table of negatives with examples. You could then ask them to deduce from the examples the unusual position of personne in the perfect tense.

32

2 Claudine n'est pas contente
Students complete the dialogue with the appropriate negative expressions.

> **Solution:**
> **1** Non, ça ne va pas.
> **2** Parce qu'il ne fait pas beau.
> **3** Parce que ça ne m'intéresse pas!
> **4** Non, on ne me téléphone jamais.
> **5** Non, je n'ai rien fait.
> **6** Non, je n'ai vu personne.
> **7** Non, parce qu'il n'y a plus de provisions.

2E Ça ne me dit rien

3 Au téléphone

Students listen to the telephone conversation and then correct the sentences.

Solution:
1 *Claudine ne s'amuse pas pendant les vacances.*
2 *Hier elle n'a pas joué au tennis.*
3 *Elle n'aime plus le tennis.*
4 *Elle ne va jamais à la piscine.*
5 *Elle n'a vu personne./Elle n'a pas vu ses amis.*
6 *Elle n'aime pas aller en ville quand il fait mauvais.*
7 *Elle s'ennuie.*
8 *Elle va aller à la campagne.*

transcript

Au téléphone
- Allô.
- Bonjour Claudine, c'est tante Marie à l'appareil. Comment ça va?
- Bonjour. Ça va, merci.
- Tu passes de bonnes vacances?
- Bof! On ne fait pas grand-chose.
- Non? Tu ne t'amuses pas bien?
- Non, franchement non.
- Qu'est-ce que tu as fait hier?
- Bof! Rien de spécial.
- Tu n'as pas joué au tennis?
- Non, je n'aime plus le tennis.
- Alors, tu es allée à la piscine, peut-être?
- Non, je ne vais jamais à la piscine pendant les vacances. Il y a trop de monde.
- Tu n'as pas vu tes amis?
- Non, je n'ai vu personne: tout le monde est parti en vacances, sauf moi.
- Pourquoi n'es-tu pas allée en ville, alors?
- Je ne voulais pas. Il ne faisait pas beau.
- Alors, ma pauvre, si tu t'ennuies à la maison, pourquoi pas venir chez moi et passer quelques jours à la campagne? Ça t'intéresse?
- Oui, pourquoi pas?

4 Français–anglais

Students match the French phrases with their English equivalents to provide useful vocabulary that they can reuse.

Solution: 1 c, 2 a, 3 b, 4 d, 5 f, 6 h, 7 j, 8 g, 9 i, 10 e

[5] C'est impossible!

Students read a pair of negative sentences and decide which are contradictory.

Solution: 1, 3, 5, 6 and 8 are impossible.

5 Un message

This presents the negative expressions, *ne … aucun(e)*, *ne … que* and *ne … ni … ni*. *Ne … que* is covered more fully in Unit 3. Students read the text and answer the questions in full sentences (avoiding *oui/non*).

Solution:
1 *Claudine ne passe pas un bon week-end.*
2 *Elle ne connait personne au village.*
3 *Il n'y a rien à faire, selon elle.*
4 *Il n'y a qu'un bus par jour.*
5 *Elle n'aime ni marcher ni faire du vélo.*
6 *Elle n'aime pas la vie à la campagne.*

Dossier-langue

This covers the additional negative expressions: *ne … aucun(e)*, *ne … que* and *ne … ni … ni*. Students copy and complete the examples of each expression. Refer students as necessary to the *Grammaire* (SB 244).

Solution:
Il n'y a aucun cinéma, aucune piscine.
Il n'y a qu'un bus par jour.
Je n'aime ni marcher ni faire du vélo.

6 Des réponses négatives

Students complete the sentences with the appropriate negative expression. You could also ask them to translate some of the replies.

Solution:
1 *Non, il n'y a aucun magasin dans ce quartier.*
2 *Non, il n'y a aucune patinoire ici.*
3 *Non, il n'y a ni café ni restaurant.*
4 *Non, je ne connais ni l'un ni l'autre.*
5 *Non, il n'y a qu'un train par jour.*
6 *Non, je n'ai que cinq euros et ce n'est pas assez.*

7 Des phrases négatives

Students complete sentences using a negative. Various answers are possible.

2F Ville ou campagne?

2/3

L'esprit négatif

This worksheet provides further practice of negative expressions.

1 Un acrostiche

Solution:

			1 Ex.		
		2 p	l	u	s
	3 n	e			
		4 r	i	e	n
5 j	a	m	a	i	s
		6 n	o	n	
			7 n	i	
8 a	u	c	u	n	
		9 q	u	e	

2 Les vacances de Claudine

Students read the short letter and decide whether the sentences that follow are true or false and then correct the false statements.

Solution:

1 F – Claudine n'est pas contente.

2 F – Elle passe des vacances à la campagne/ Elle ne passe pas des vacances à la montagne.
3 F – Elle ne connaît personne.
4 F – Il n'y a rien à faire.
5 V, 6 V, 7 V, 8 V
9 F – Elle n'a pas de vélo.
10 F – Elle n'aime pas (du tout) la tranquillité de la campagne.

3 Français–anglais

Students match the French expressions with their English equivalents to provide useful vocabulary that they can reuse.

Solution: 1 b, 2 f, 3 e, 4 c, 5 g, 6 j, 7 a, 8 d, 9 h, 10 i

Examination grammar in action 19

Using the negative

This provides further practice in using the negative, if required.

Activité (lire)

Je ne trouve pas de travail

This online reading activity, based on a problem page letter and the reply, includes examples of different negative forms.

2F Ville ou campagne?   pages 34–35

Aims and objectives	Grammar and skills	Resources
• talk about the countryside • compare life in town and country		**Key language:** see SB 42 **Online resource:** Activité (écouter) **Copymasters:** 2/4 **CD:** 1/36–37

34

1 La ville et la campagne

These letters to a fictitious teenage magazine provide the starting point for a discussion about the pros and cons of living in the country and present some useful language for expressing opinions. Students can do one or all of the tasks depending on ability.

a Students find in the texts the French for the English phrases listed.

Solution:

1 Je suis assez content de vivre ici.
2 Ils n'ont jamais le temps de vous parler.
3 On connaît tout le monde.
4 Il n'y a rien à part quelques magasins.
5 Il n'est pas facile d'aller en ville.
6 J'aimerais mieux vivre en ville.
7 Il n'y a pas grand-chose à faire.
8 Ce que je n'aime pas en ville c'est la circulation et le bruit.
9 C'est un peu trop calme pour moi.
10 On n'a jamais le temps de s'ennuyer.

b They then correct the factual errors in sentences about two of the letters (those de François and Nicole).

Solution:

François

1 Il habite dans une ferme près de Poitiers.
2 Il est assez content de vivre à la campagne.
3 Dans sa ferme, il y a des chèvres, des lapins, des poules, des canards et des cochons.
4 Il trouve que les gens sont plus pressés en ville.
5 La vie est plus détendue à la campagne.

2F Ville ou campagne?

Nicole
1 *On peut se baigner dans la rivière.*
2 *On peut aller à la pêche, faire des randonnées et faire un pique-nique dans les champs.*
3 *En été, Nicole aide à cueillir des fruits.*
4 *Elle aime circuler en mobylette./Elle n'aime pas circuler en métro.*
5 *Elle se sent plus libre à la campagne.*

c They read the opinions and decide which person has expressed each one.

Solution: 1 *Marie-Claire,* 2 *Marie-Claire,* 3 *Luc,* 4 *Nicole,* 5 *François,* 6 *Luc,* 7 *Luc,* 8 *Luc,* 9 *Luc,* 10 *Nicole*

For further practice, students could choose a phrase from each letter to serve as a title, or could suggest a title, e.g.
– *C'est plus détendu à la campagne*
– *La vie est sympa à la campagne*
– *Je m'ennuie à la campagne*
– *Moi, je suis pour la ville*
– *En ville, trop de pollution*
– *Rien à faire à la campagne*

Some oral work could be based on the content of all the letters, e.g.
– *Qui est pour la vie à la campagne?*
– *Qui préfère la vie en ville?*
– *Quels sont les avantages de la vie à la campagne?*
– *Quels sont les inconvénients?*

2 En France

First, give a description of each photo and ask students to note down the photo being described. Students then complete the captions for each one.

Solution: 1 *vin,* 2 *blanc,* 3 *beaucoup,* 4 *cerises,* 5 *champs,* 6 *parfum,* 7 *cultive,* 8 *olives*

3 Jeu de définitions

This short task provides further practice of vocabulary linked to the countryside.

Solution: 1 *une vache,* 2 *un champ,* 3 *l'herbe,* 4 *une poule,* 5 *un canard,* 6 *les arbres*

4 Pour ou contre la vie à la campagne?

Students first look at the list of arguments and sort them into positive and negative views about the countryside.

Solution: positive views 2, 4, 5, 6, 8; **negative views** 1, 3, 7, 9, 10

They then listen to the discussion and look at the arguments given, noting which are used in the recording.

Solution: 2, 3, 4, 6, 8

transcript

Pour ou contre la vie à la campagne?
– Aujourd'hui, nous allons discuter un peu de la vie à la campagne et de la vie en ville. Dans le studio, j'ai trois invités qui habitent à la campagne, mais qui viennent de passer quelques jours à Paris. Je vais leur demander de se présenter.
– Moi, je m'appelle Marc André et j'habite dans une ferme, pas loin de Poitiers.
– Eh bien, moi, je suis Lucie Perrec. J'habite en Bretagne, dans un village.
– Et moi, je suis Louis Granel. J'habite à Hermeville, c'est un petit village, près du Havre, en Normandie.
– Alors vous habitez tous à la campagne, mais vous venez de passer quelques jours à Paris. Alors qu'est-ce que vous préférez, la vie en ville ou la vie à la campagne? À toi, Louis.
– Moi, j'aime bien le style de vie à la campagne. La vie est plus calme et on se relaxe. Ici, à Paris, les gens sont toujours pressés. La vie est plus frénétique, plus stressée. Mais à la campagne, les gens ont le temps de se connaître. Et quand quelqu'un a un problème, on vient l'aider. Il y a une certaine solidarité et pour moi, ça c'est important.
– Et toi, Lucie?
– Moi aussi, je suis mieux adaptée à la vie à la campagne. Il n'y a pas beaucoup de distractions, ça, c'est vrai. Dans mon village, il n'y a que quelques magasins, un café et une église. Mais on s'amuse quand même. On peut faire du sport. Moi, j'aime sortir avec mes copains. On va au café. On discute. Quelquefois, on organise des sorties ensemble. C'est sympa. À Paris, c'est très fatigant. Ce que je n'aime pas, c'est la circulation et la foule. Et malgré tous les gens, on peut se sentir un peu isolé en ville. À la campagne aussi, il y a moins de danger: on n'a pas peur d'être attaqué, par exemple.
– Et pour finir, à toi, Marc. Toi aussi, tu préfères la vie à la campagne?
– Oui et non. La campagne, c'est vrai, ça a des avantages. Il y a moins de bruit, moins de pollution, mais c'est un peu trop calme pour moi. À Paris, il y a toujours quelque chose d'intéressant à faire: des films au cinéma, des expositions, des concerts, des magasins, on n'a jamais le temps de s'ennuyer.
– Bon, merci à tous, et maintenant, à vous de continuer la discussion.

La vie à la campagne

This consists of vocabulary practice and listening tasks linked to *On parle de la campagne.*

Solutions:

1 **Jeu des définitions: les animaux de la ferme**

1 D *un mouton,* 2 C *une vache,* 3 F *une chèvre,* 4 E *un cheval,* 5 B *un cochon,* 6 H *une poule,* 7 A *un canard*

2F Ville ou campagne?

2 Un acrostiche

1. champ
2. rivière
3. colline
4. fleurs
5. herbe
6. forêt

(7 down: agriculture)

3 On parle de la campagne

This can be used in two sections. Students first listen to Thomas and Céline and complete the sentences.

Solution: A 1 *grands-parents,* 2 *calme, forêt,* 3 *beau,* 4 *cheval*

They then listen to Hélène and Damien and answer the questions in English.

Solution: B 1 *because her mother works,* 2 *in the fields/on the farm,* 3 *She stays at home.* 4 *He picks vegetables and fruit and sometimes goes hunting.* 5 *in the town,* 6 **a** *there are shops, cinema, lots of young people,* **b** *there are animals,* 7 *to live in a small village, near a town*

transcript

On parle de la campagne

– Euh … je voulais savoir, est-ce que tu aimerais aller à la campagne?
– Ben, en fait j'y suis déjà allée. J'ai passé une grande partie de mon enfance là-bas,' car mes grands-parents y habitent.
– Et tu aimerais y vivre?
– Oh, ça me dérangerait pas. J'aime bien le calme, faire des grandes promenades en forêt, et puis, 'y a pas toujours les voisins pour regarder ce que tu fais … euh …
– Tu préfères pas les endroits où il y a de l'animation?
– Oh, j'aime bien, mais modérément. En plus … euh … je trouve ça beau, c'est naturel.
– Tu aimes marcher?
– Oui, j'aime bien marcher, ou même faire des randonnées à cheval, en VTT.
– Hélène, es-tu déjà allée à la campagne?

– Oui, j'y vais toutes les vacances parce que ma mère travaille. Je vais chez mes grands-parents. Mes grands-parents, ils tenaient un magasin, mais par contre mon oncle, il travaillait dans les champs, alors on l'aide dans les tracteurs, on les nettoie, on va chercher les pierres dans les champs. C'est bien, quoi, mais comme il y a trois gars et puis moi, je suis la seule fille, les trois gars y vont et puis moi, je reste à la maison. C'est pas génial. Et toi?
– Oui, ben moi, c'est pareil, mes grands-parents vivent à la campagne, alors je ramasse les légumes, les fruits, de temps en temps, je vais même chasser.
– Damien, tu préfères vivre à la ville ou à la campagne, toi?
– Je préfère vivre à la ville, car à la ville, il y a des magasins, le cinéma, et il y a beaucoup de jeunes aussi. Mais d'un autre côté, la campagne, c'est mieux, car il y a le grand air, il y a des animaux et tout ça. Et toi, aimerais-tu y vivre?
– Moi, je préfère quand même vivre à la ville, même si vivre à la campagne a des avantages. Les petits peuvent mieux jouer sans risquer de se faire écraser, mais la ville, c'est quand même plus animée. En fait, le mieux, ce serait de vivre tout près d'une ville, en étant dans un petit village quand même, ce serait bien.

Activité (écouter)

La vie d'un vétérinaire

This online listening activity provides practice of listening to a longer interview and is particularly suitable for able students.

sb 35

5 La vie en ville

Students complete sentences about the pros and cons of living in a city, in preparation for a discussion on this topic.

Solution: 1 *beaucoup,* 2 *dangereux,* 3 *différents,* 4 *trop,* 5 *bruit,* 6 *assez*

sb 35

6 La ville et la campagne

Students work in pairs or small groups to make positive or negative statements about life in the town or country, using the language presented in the spread.

sb 35

7 À vous!

Students write a few sentences about their experience (if any) and/or views of life in the country.

Tricolore Total 4 Teacher's Book 53

2G Au parc d'attractions

2G Au parc d'attractions   pages 36–37

Aims and objectives	Grammar and skills	Resources
• talk about a visit to a theme park • revise the perfect tense with *avoir*	Some parts of *aller* in the perfect tense *c'était* + adjective	**Key language:** see SB 42 **Online resource:** *Présentation* **Copymasters:** 2/5 **CD:** 1/38 **GiA:** 20–21

Begin with a general discussion about theme parks, asking who has visited one in this country or in France. It might be interesting to see which has been visited by the most students, e.g.

– *Un parc d'attractions, qu'est-ce que c'est? Qui peut me donner un exemple d'un parc d'attractions en Grande-Bretagne/en France/aux États-Unis?*
– *(En Grande-Bretagne il y a Alton Towers, Thorpe Park, Chessington World of Adventures, etc.)*
– *(Et en France, il y a Disneyland Paris, le Parc Astérix, le Futuroscope, etc.)*
– *Qui a visité un parc d'attractions? Lequel? Combien de personnes ont visité …? C'était bien?*
– *(Moi aussi, j'ai visité … et j'ai trouvé que c'était …)*
– *(Moi, je n'ai jamais visité de parc d'attractions!)*

Présentation

Les parcs à thème

This online PowerPoint presentation introduces different theme parks in France.

1 Disneyland Paris

Talk briefly about the photos. Students then read the captions to find the correct one for each photo. The photos are also linked to the following listening activity.

■ **Solution:** 1 *F*, 2 *C*, 3 *G*, 4 *A*, 5 *D*, 6 *B*, 7 *E*

2 Une visite à Disneyland Paris

a Students listen to the recording and list the number for each photo as it is mentioned.

■ **Solution:** 4, 2, 7, 5, 6, 1, 3

b Students read the sentences and decide which correspond to the recording.

■ **Solution:** 1, 4, 6, 8, 9, 10, 11

transcript

Une visite à Disneyland Paris
– Alors, vous êtes allés à Disneyland Paris. Comment avez-vous trouvé ça?
– C'était génial.
– Oui, c'était vraiment très bien.
– Vous y êtes allés en voiture?
– Non, on a pris le RER. C'est direct jusqu'à Marne-la-Vallée et c'est très rapide.
– Et alors, qu'est-ce que vous avez fait au parc?
– Un peu de tout. On a commencé à Discoveryland. On a fait un voyage dans l'espace avec Star Tours.
– C'était bien, mais j'avais mal au cœur après.
– Et ensuite?
– Alors, on a visité le labyrinthe d'Alice.
– Ah oui, ça, c'était super. Il y avait plein de fausses pistes.
– Et puis, après, nous avons pris le train fou à Big Thunder Mountain.
– Et on a visité le Manoir Hanté. Ça, c'était bien.
– Oui.
– Vous avez déjeuné au parc?
– Oui, on a mangé un burger et des frites.
– Et l'après-midi, qu'est-ce que vous avez fait?
– On a regardé la parade Disney. C'était vraiment bien, avec des chars énormes et tous les personnages de Disney.
– Et après, nous avons visité les autres attractions, par exemple les pirates des Caraïbes …
– Et la cabane des Robinson aussi.
– Qu'est-ce que c'est?
– C'est une cabane construite dans un arbre, un arbre artificiel, bien sûr. Il faut grimper dans l'arbre pour arriver à la cabane.
– Oui … enfin, moi, je n'ai pas beaucoup aimé ça. C'était bien fait, d'accord, mais il n'y avait rien à faire. On a visité la cabane, on l'a regardée, puis on est redescendu.
– Vous avez acheté quelque chose en souvenir?
– Moi, je n'ai rien acheté.
– Moi, j'ai acheté des oreilles de Mickey!
– Et enfin, qu'est-ce que vous avez pensé du parc? Qu'est-ce que vous avez surtout aimé?
– Moi, j'ai tout aimé, surtout Star Tours.
– Moi aussi, j'ai trouvé que tout était très bien fait. Mais je n'avais pas beaucoup d'argent et les souvenirs et tout, c'était un peu cher pour moi. En tout cas, je n'ai pas trop aimé les magasins: j'ai préféré les attractions. Les attractions étaient fantastiques!

2G Au parc d'attractions

36 Dossier-langue

Check what students remember about the formation of the perfect tense of verbs with *avoir*. They can then refer to the sentences on the page and the *Grammaire* (SB 245) to complete the notes.

37

3 Une carte postale

Students choose the correct verb and write the past participle to complete the postcard. Using this as a model, some students could write a similar message or postcard from a different theme park.

> Solution: **1** passé, **2** fait, **3** visité, **4** pris, **5** mangé, **6** regardé, **7** acheté

As follow-up, students could look at an appropriate website and write an e-card to send to another student.

37

4 Une visite au Parc Astérix

a Students complete the message with the correct past participle of regular and irregular verbs with *avoir*.

> Solution: **1** nous avons visité, **2** j'ai lu, **3** nous avons pris, **4** on a commencé, **5** on a visité, **6** nous avons regardé, **7** nous avons mangé, **8** j'ai pris, **9** nous avons passé, **10** j'ai acheté

b They then find in the message the French for the English phrases listed.

> Solution: **1** hier, **2** près d'ici, **3** pour y aller, **4** ça m'a donné mal au cœur **5** toute la journée, **6** c'était très amusant, **7** avant de partir

37 Stratégies

This revises the use of *c'était* + adjective. Students work out the French for the English phrases listed.

> Solution: **1** c'était intéressant, **2** c'était assez bien, **3** c'était amusant, **4** c'était cher, **5** c'était affreux

37 Dossier-langue

This is a reminder of some key phrases with *aller* in the perfect tense, in case students wish to use this verb in their own descriptions. Remind them that the past participle should agree with the subject. Verbs which form the perfect tense with *être* are covered in spread 2H.

37

5 Au parc d'attractions

Students match up the correct response to each question.

> Solution: **1** d, **2** a, **3** f, **4** b, **5** g, **6** e, **7** c

37

6 À vous!

Students work in pairs to make up a conversation about a visit to a theme park, referring to the questions in task 5.

2/5

Un emploi pour les vacances

This provides further practice in using the perfect tense with *avoir*, and regular and irregular past participles.

> Solutions:
> 1 **Vendeur de glaces**
>   **1** décidé, **2** répondu, **3** trouvé, **4** commencé, **5** vendu, **6** choisi, **7** préféré, **8** goûté, **9** gagné, **10** aimé
> 2 **Qu'est-ce qu'ils ont fait?**
>   1 Marie a fait du baby-sitting.
>   2 Claude et Pierre ont travaillé dans un fast-food.
>   3 Sophie et Anne ont vendu des glaces.
>   4 Paul a cueilli des fruits.
>   5 Laurence et Sébastien ont fait du jardinage.
>   6 Luc a livré des pizzas.
>   7 Nicole a travaillé comme caissière.
>   8 Claire et Mathieu ont vendu des plantes.
> 3 **Conversations au téléphone**
>   1 tu as fait, j'ai regardé, j'ai écouté, j'ai lu, tu as vu, je ne l'ai pas vu
>   2 vous avez dîné, j'ai pris, mon mari a choisi, vous avez bu, on a choisi
>   3 les Duval ont réussi, ils ont eu, ils ont écrit, ils n'ont rien reçu
>   4 j'ai essayé, j'ai dû, j'ai vu, il m'a dit

Examination grammar in action 20–21

Using the perfect tense (1) and (2)

This provides further practice of the perfect tense with *avoir*, using regular and irregular verbs.

2H Qu'est-ce qu'on a fait?

2H Qu'est-ce qu'on a fait? pages 38–39		
Aims and objectives	**Grammar and skills**	**Resources**
• talk about recent events • revise the perfect tense with *avoir* and *être*		**Key language:** see SB 42 **Online resource:** *Activité (grammaire)* **Copymasters:** 2/6, 2/7, 2/8 **CD:** 2/2–4 **GiA:** 22–26

Note: the perfect tense of reflexive verbs is covered in Unit 4 and not in this unit.

sb 38

1 Cartes postales de Paris

This presents examples of the perfect tense with *être*. Students should read the postcards and then do one or both of the activities.

a Students read the statements and decide whether they are true or false and then correct the false statements.

> **Solution: 1** F – *Mardi, Guillaume est allé à la tour Eiffel.* **2** V, **3** F – *Il est monté au 3ème étage.* **4** V, **5** F – *Ils y sont restés tout l'après-midi.* **6** F – *Jeudi soir, ils sont allés à un concert.* **7** F – *Vendredi, Sophie est allée au musée Picasso.* **8** V

b The questions present different forms of the perfect tense with *être*. Short answers could be given, e.g. either *oui/non*, or a phrase taken from one of the postcards.

sb 38 Dossier-langue

Check what students remember about the perfect tense of verbs with *être* and note the key points on the board. Remind students of the mnemonic, 'Mrs van de Tramp', and ask them to work out the verb indicated by each letter. Refer them as necessary to the *Grammaire* (SB 246).

sb 38

2 Voyage de retour

This task provides practice in using the correct form of the perfect tense with *être*.

> **Solution: 1** *Nous sommes partis,* **2** *Nous sommes allés,* **3** *Nous sommes arrivés,* **4** *Nous sommes montés,* **5** *Le train est parti,* **6** *Le train est tombé,* **7** *Nous sommes restés,* **8** *le train est reparti,* **9** *Il est arrivé,* **10** *nous sommes descendus*

Activité (grammaire)

Deux messages de la montagne

This online activity provides further practice of the perfect tense with *avoir* and *être*.

2/6

Des touristes à Paris

This provides more practice in using the perfect tense with *être*.

Solutions:

1 Karl Beckbauer

> **1** *Karl est allé,* **2** *Il est parti, il est allé,* **3** *le bus est arrivé, Karl est monté,* **4** *le bus est arrivé, Karl est descendu,* **5** *Il est entré,* **6** *Il est resté,* **7** *Il est sorti, il est rentré*

2 Christine Ford

> **1** *Christine est allée,* **2** *Elle est partie,* **3** *Elle est allée,* **4** *Elle est montée, elle est descendue,* **5** *elle est montée,* **6** *Elle est restée,* **7** *elle est redescendue, elle est entrée,* **8** *elle est allée,* **9** *Elle est rentrée*

3 M. et Mme Murray

> **1** *M. et Mme Murray sont allés,* **2** *Ils sont partis,* **3** *Ils sont allés,* **4** *Ils sont montés, ils sont descendus,* **5** *Ils sont sortis, ils sont allés,* **6** *le bus est arrivé, M. et Mme Murray sont montés,* **7** *Ils sont descendus,* **8** *Ils y sont restés,* **9** *ils sont sortis, ils sont rentrés Christine Ford est rentrée à seize heures. M et Mme Murray sont rentrés à dix-sept heures. Karl Beckbauer est rentré à dix-huit heures trente.*

4 Et vous?

> This is an open-ended task.

2/7 2, tr 2

Vol à la banque

This is an optional task involving different skills. Students first read the account of an attempted bank robbery and answer the questions in English. Next they listen to the recorded interviews and complete the details for each suspect. Students then consider the details and decide who the two main suspects are, and finally listen to the conclusion to find out who has been accused (Luc Dupont and Monique Laroche).

transcript

Au commissariat

1 – Bon, votre nom, s'il vous plaît?
 – Luc Dupont.
 – Est-ce que vous êtes sorti, samedi soir?
 – Oui, je suis allé au restaurant.

Tricolore Total 4 Teacher's Book

2H Qu'est-ce qu'on a fait?

- Alors, vous êtes sorti vers quelle heure?
- Vers sept heures, je crois.
- Et vous êtes allé dans quel restaurant?
- Euh … 'Le Lapin Vert'.
- Et vous êtes resté là jusqu'à quand?
- Euh … environ dix heures et demie. Oui, on a très bien mangé.
- Et ensuite, qu'est-ce que vous avez fait?
- Eh bien, ensuite, je suis rentré … oui, vers onze heures.
- Alors, vous êtes sorti vers sept heures, vous êtes allé au restaurant 'Le Lapin Vert', vous êtes resté là jusqu'à dix heures et demie. Ensuite, vous êtes rentré vers onze heures. C'est bien ça?
- Oui, c'est ça.
- Merci, Monsieur Dupont.

2
- Bon, votre nom, s'il vous plaît?
- Monique Laroche.
- Est-ce que vous êtes sortie, samedi soir?
- Oui, je suis allée au cinéma.
- Alors, vous êtes sortie vers quelle heure?
- C'était juste avant huit heures.
- Et vous êtes allée dans quel cinéma?
- Au cinéma Gaumont, aux Champs-Elysées.
- Et qu'est-ce que vous avez vu comme film?
- 'Le monde des robots'.
- Alors ensuite?
- Eh bien, ensuite, je suis rentrée … oui, vers onze heures et demie.
- Alors, vous êtes sortie vers huit heures, vous êtes allée au cinéma et vous êtes rentrée à onze heures et demie. C'est bien ça?
- Oui, c'est ça.
- Merci, Madame Laroche.

3
- Bon, votre nom, s'il vous plaît?
- Pierre Roland.
- Est-ce que vous êtes sorti, samedi soir?
- Oui, je suis allé au restaurant.
- Alors, vous êtes sorti vers quelle heure?
- Vers sept heures et demie, je crois.
- Et vous êtes allé dans quel restaurant?
- Euh … 'Le Perroquet Rouge'.
- Et vous êtes resté là jusqu'à quand?
- Euh … environ dix heures. Oui, on a très bien mangé.
- Et ensuite, qu'est-ce que vous avez fait?
- Je suis allé au cinéma.
- Où exactement?
- Au cinéma Gaumont, aux Champs-Elysées.
- Et qu'est-ce que vous avez vu comme film?
- 'Le monde des robots' … oui, c'est très intéressant. Je m'intéresse beaucoup à ça.
- Et ensuite?
- Eh bien, ensuite, je suis rentré … oui, vers une heure du matin.
- Alors, vous êtes sorti vers sept heures et demie, vous êtes allé au restaurant 'Le Perroquet Rouge', vous êtes resté là jusqu'à dix heures. Ensuite, vous êtes allé au cinéma et vous êtes rentré à une heure du matin. C'est bien ça?
- Oui, c'est ça.
- Merci, Monsieur Roland.

Vol à la banque: la conclusion

Dans la camionnette, on a trouvé deux indices importants: le reçu du restaurant 'Le Lapin Vert' et aussi le billet du cinéma Gaumont. Personne n'est allé au restaurant et au cinéma ce soir-là, donc il est probable qu'il y a eu deux voleurs. Le détective a téléphoné au cinéma Gaumont pour demander l'heure des séances du film 'Le monde des robots'. Il a découvert que la séance de 20h05 finissait à 22h05. Quand on a posé des questions au garçon de café au Lapin Vert, il a dit qu'en sortant du restaurant, Luc Dupont est monté dans une camionnette, conduite par une jeune femme. Selon la description, c'était Monique Laroche. C'est pourquoi Luc Dupont et Monique Laroche ont été accusés du délit.

3 La tour Eiffel

Students complete the text using the correct perfect tense. Check beforehand that students know which three verbs use *avoir*. When completed, check that students have understood the main points by asking them to give one fact in turn, in English (perhaps as a pair-work activity).

Solution: **1** *il est né,* **2** *il est mort,* **3** *il a commencé,* **4** *la tour a été,* **5** *(ils) ont visité,* **6** *(il) est monté,* **7** *(ils) sont montés,* **8** *(il) est allé,* **9** *(ils) sont allés*

4 Un bon week-end

a Students should read the list of questions, then listen to the recorded conversation and note down which questions are asked. The recording also gives a model for the pair-work activity, *Le week-end dernier*.

Solution: **1**, **3**, **6**, **7**, **8**, **10**

transcript

Un bon week-end
- Tu as passé un bon week-end?
- Oui. Je suis allé à Lyon.
- Ah bon. Et comment as-tu voyagé?
- En voiture.
- Et où as-tu logé?
- À l'auberge de jeunesse.
- Qu'est-ce que tu as fait à Lyon?
- J'ai joué au tennis dans un tournoi. J'ai joué dans quatre matchs et j'en ai gagné deux.
- Oui, c'est pas mal, ça. Est-ce que tu es sorti le soir?
- Oui, je suis allé en discothèque.
- Tu es rentré à quelle heure, dimanche?
- Je suis rentré à la maison dans l'après-midi, vers seize heures.

2H Qu'est-ce qu'on a fait?

b Students should complete the résumé of Mathieu's weekend and listen again to check their answers.

> **Solution:** 1 *Lyon*, 2 *tennis*, 3 *en voiture*, 4 *à l'auberge de jeunesse*, 5 *quatre*, 6 *deux*, 7 *en discothèque*, 8 *seize*

39 Dossier-langue

This summarises the different ways in which questions can be asked in the perfect tense. Refer students as necessary to the *Grammaire* (SB 244).

Examination grammar in action 22–24

Using the perfect tense (3), (4) and (5)

This provides further practice of the perfect tense, if required.

5 Le week-end dernier

Students make notes about a day in town and a day in the country, and then work in pairs to practise talking about the weekend.

6 À vous!

Students write a brief description (real or imaginary) of an interesting day or weekend.

Accident de rivière

This short story provides graded practice in using a mixture of verbs that take *avoir* and *être*. Task A provides practice in choosing the correct auxiliary verb; task B in using the correct past participle, and task C in using the correct form of the perfect tense.

> **Solution:**
>
> **1** 1 *est*, 2 *sommes*, 3 *a*, 4 *a*, 5 *ai*, 6 *ai*, 7 *ai*, 8 *sommes*
>
> **2** 1 *arrivés*, 2 *pris*, 3 *crié*, 4 *pensé*, 5 *joué*, 6 *mangé*, 7 *mangé*, 8 *eu*, 9 *commencé*, 10 *pu*
>
> **3** 1 *j'ai entendu*, 2 *Il est tombé*, 3 *Je n'ai pas fait, j'ai continué*, 4 *Deux pêcheurs sont arrivés*, 5 *Ils ont sauté*, 6 *Claude est sorti*, 7 *Les deux pêcheurs sont repartis*, 8 *Claude est revenu, il a dit*, 9 *nous sommes rentrés*, 10 *Claude est parti*

Examination grammar in action 25

Using the negative with the perfect tense

This provides further practice of negatives used in the perfect tense.

Examination grammar in action 26

Using the present and perfect tenses

At a suitable point it would be useful to review key differences in using the present and perfect tenses.

---

213 Au choix 2, tr 4

[6] On parle du week-end dernier

In this unscripted recording, two teenagers, Céline and Juliette, talk about what they did last weekend. When they have listened to it, students should match up the two halves of the sentences to give a short account of each girl's weekend.

> **Solution:** 1 *f*, 2 *d*, 3 *a*, 4 *g*, 5 *b*, 6 *e*, 7 *c*

transcript

On parle du week-end dernier

– Alors moi, mon week-end dernier, ben, il s'est passé de cette façon. Le samedi matin, j'ai fait mes devoirs, comme d'habitude. À midi, on est allé manger dans un petit self, pas loin de chez moi. L'après-midi, je suis allée en ville, je suis allée voir un film avec des amis et le soir, ben, je me suis préparée pour aller en boîte. Euh … à onze heures, on y est allé, on a dansé, on a rencontré des nouvelles personnes jusqu'à quatre heures du matin. Puis là, je suis revenue chez moi, exténuée. Je me suis mise au lit et me suis endormie tout de suite. Le lendemain matin, je me suis réveillée à une heure et demie, enfin c'était plutôt l'après-midi, et puis, ben, j'ai traîné toute la journée sans rien faire.

– Euh … samedi, j'ai dû me lever pour … euh … pour faire mes devoirs, parce que j'étais obligée et puis … euh … l'après-midi, avec ma sœur, nous sommes allées au cinéma … euh … où on a vu comme film *Highlander 3*. Euh … c'était pas mal, mais par rapport au premier *Highlander*, c'était moins bien. Euh … par contre, le dimanche, j'ai passé l'après-midi chez, chez une amie pour … euh … pour prendre des nouvelles d'une copine qui … euh … qui s'est fait opérer récemment, mais qui est peut-être gravement malade.

213 Au choix

[7] Les noms des rues – un cours d'histoire

Discuss the use of street names for commemorating famous people and ask for suggestions of examples in France or elsewhere. This provides information about some famous French people. Students first complete the texts and then match each of them with the correct photo.

A Students supply the correct past participle.

> **Solution:** 1 *né*, 2 *devenu*, 3 *gagné*, 4 *perdu*, 5 *été*, 6 *mort* (=photo 2)

B Students supply the correct auxiliary verb.

> **Solution:** 1 *est*, 2 *a*, 3 *est*, 4 *ont*, 5 *est*, 6 *a*, 7 *a* (= photo 3)

C Students supply the full perfect tense forms, adding agreements as necessary.

> **Solution:** 1 *est née*, 2 *a entendu*, 3 *est devenue*, 4 *a attaqué*, 5 *a libéré*, 6 *a été*, 7 *est devenue* (= photo 4)

D Students supply the full perfect tense forms.

> **Solution:** 1 *est parti*, 2 *a fait*, 3 *a donné*, 4 *a organisé*, 5 *est devenu*, 6 *a rendu* (= photo 1)

58 Tricolore Total 4 Teacher's Book

Unité 2 Consolidation and assessment

21 Consolidation and assessment pages 40–41

Aims and objectives	Grammar and skills	Resources
• practise exam assessment techniques • find out what you have learnt		**Key language:** see SB 42 **Online resource:** *Activités (Vocabulaire, Quiz)* **Copymasters:** 2/9; *Épreuves:* 2/10–2/15 **CD:** 2/5–15, SCD1/17–21

This spread provides assessment tasks that follow the style of assessment for speaking and writing offered by some awarding bodies. Teachers should adapt the tasks as necessary to suit the needs of their students. Board-specific examination practice, written by experienced examiners, is provided online.

The material uses examples from the French overseas *département* of Martinique. Introduce this by talking briefly about the island and referring to the map and photos on the spread.

40 Contrôle oral

A Une conversation

This provides an outline for an assessed conversation about students' town, village or region. First, work through the requirements and build up some suggestions on the board for each point.

Préparation

Students could first think about the questions that might be asked, perhaps looking back through the unit for ideas.

40, 2, tr 5   SCD1, tr 17

J'habite en Martinique

The example (in three parts) and related activities should provide ideas and support for the conversation task. It also provides information about the island of Martinique.

A Students listen to Part A and answer questions in English.

> **Solution:**
> 1 *in the Caribbean Sea*
> 2 *yes, about 6000 km from France*
> 3 *Fort-de France is the capital of the island, with 100,000 inhabitants (¼ of the island's population).*
> 4 *The Martiniquais are French nationals but of varied origin (African, Asian, European, Caribbean) or of mixed race.*

transcript

J'habite en Martinique: Partie A
– Michel, tu habites où?
– J'habite en Martinique, à Fort-de-France.
– La Martinique, c'est où?
– C'est une île tropicale dans la mer des Caraïbes, à 6000 km de la France, donc très loin.
– Et Fort-de-France, c'est comment?
– Fort-de-France est la ville capitale avec environ 100 000 habitants, ça fait un quart de la population de l'île. C'est une jolie ville, assez grande, située au centre de l'île et sur la côte.
– Et les habitants de l'île, les Martiniquais, sont-ils français?
– Oui, la Martinique est un département français, donc les habitants sont français, mais ils sont d'origines diverses. Il y a des personnes d'origine africaine, asiatique, européenne et caraïbe, par exemple. Beaucoup de gens sont noirs ou métis, comme moi. Mon père est blanc, d'origine européenne et ma mère est noire, d'origine africaine.

B Students listen to Part B and write down the missing words. These should all be familiar and are not listed in the Student's Book, but could be written on the board in jumbled order, if necessary.

> **Solution:** 1 *Français*, 2 *quelquefois*, 3 *plages*, 4 *campagne*, 5 *fleurs*, 6 *visiter*, 7 *beau*, 8 *la mer*, 9 *loin*, 10 *basket*, 11 *magasins*, 12 *danse*

transcript

Partie B
– Est-ce qu'il y a beaucoup de touristes?
– Oui, il y a beaucoup de touristes, surtout des Français et des habitants des îles Caraïbes. Quelquefois les touristes viennent en croisière, donc ils ne passent qu'une ou deux nuits en Martinique.
– Qu'est-ce que les touristes peuvent faire?
– D'abord il y a des plages magnifiques avec toutes les possibilités de sports nautiques. Ils peuvent faire des randonnées à la campagne: l'île est très jolie avec beaucoup de fleurs. Il y a aussi des musées comme le musée volcanologique. On peut visiter une distillerie pour voir la production du rhum. Et il y a souvent des fêtes en ville. C'est très animé et il y a de l'ambiance.
– Quels sont les avantages et les inconvénients?
– Comme avantages, il fait souvent beau, on peut passer beaucoup de temps en plein air. Il y a la mer et la campagne et on peut faire beaucoup de sports. Par contre, les transports en commun sont limités, le coût de la vie est assez élevé et on est loin des autres pays!
– Et qu'est-ce qu'il y a pour les jeunes?
– Pour les jeunes, il y a le sport: on peut jouer au football et au basket. On peut aller à la plage et faire beaucoup de sports nautiques, comme de la

Unité 2 Consolidation and assessment

   natation, du surf et de la plongée sous-marine. Moi, j'adore ça.
 - Et pour les gens qui n'aiment pas le sport?
 - Bon, il y a des cinémas, des musées et des magasins. Il y a aussi des maisons de quartier où on organise des activités, comme des cours de danse et de musique.

C1 Students listen to Part C and note questions asked.

   Solution: a, c, f, g

C2 They listen again to Part C and note in English as many details as possible from Michel's replies to the four questions asked (a, c, f, g).

   Solution:

   a He went on a walk/hike in the country with a group of young people and camped.

   c It was good/nice. He likes being close to nature (and sleeping in a tent in summer, when it's not raining).

   f He would like a better bus service and he finds the cost of living expensive.

   g He would like to travel to France, especially Paris, to see what it's like and because there are more work opportunities there, but he's not sure that he'd want to live there long term.

transcript

Partie C
- Qu'est-ce que tu as fait le week-end dernier?
- Moi, j'ai fait une randonnée à la campagne avec un groupe de jeunes. Nous avons fait du camping.
- C'était bien?
- Oui, c'était très sympa. J'aime être près de la nature et c'est bien de dormir sous la tente en été, quand il ne pleut pas.
- Est-ce qu'en Martinique il y a des choses que tu voudrais changer?
- Ce que je n'aime pas, c'est que les transports en commun ne sont pas très fréquents, alors c'est difficile si on veut sortir le soir et qu'on n'a pas de voiture. Ce serait bien d'avoir un meilleur service de bus. En plus la vie est chère ici parce qu'on doit transporter beaucoup de choses à l'île en avion ou en bateau.
- Est-ce que tu voudrais quitter la Martinique un jour et vivre dans une autre ville?
- Je ne sais pas. J'aimerais bien aller en France, surtout à Paris pour voir comment c'est et parce qu'il y a plus de possibilités d'emploi là-bas. Mon oncle y habite et il m'a invité chez lui. Mais je ne sais pas si j'aimerais y vivre à long terme.

40

B Une présentation

An alternative (or additional) task would be to prepare a presentation about students' home town or region, using similar language and content.

Students then prepare their own answers for a conversation with a partner or with you. This could be recorded and used for self- or peer assessment.

40 Top Tips

This gives some useful phrases in the conditional, which could be used by able students. The conditional is taught in full in Unit 7.

41 Contrôle écrit

There are two suggestions for written assessments based on the unit:

1 A webpage or brochure; 2 A travel article

Bienvenue en Martinique

Students read the sample webpage and then do the task, which helps extract key vocabulary for their own work. Stress that this is just one example and should not dictate what they themselves write.

   Solutions:

   A C'est la même chose 1 *Elle se trouve,* 2 *montagneux,* 3 *de nombreuses,* 4 *tous les jours,* 5 *loger,*

   B Trouvez les contraires 1 *le plus haut,* 2 *sec,* 3 *plus*

   C En français 1 *se déplacer,* 2 *jours fériés,* 3 *plusieurs*

   D Trouvez des exemples

   1 Any of following: *le canoë-kayak, l'équitation, le golf, la pêche en mer, la planche à voile, la randonnée (à pied, en quad ou en stegway), le surf, le ski nautique, la voile et le VTT*

   2 *hôtels, gîtes, chambres d'hôtes, gîtes de montagne, campings, auberges de jeunesse*

   3 *le bus, le taxi*

   E Vrai ou faux? 1 V, 2 F, 3 V, 4 V

For further ideas, students could look at the webpage for Martinique (which at the time of printing included a song: *Mon île s'appelle la Martinique*). www.martiniquetourisme.com

Students then prepare their own webpage or write a travel article.

41 Top Tips

This suggests making headings to use in their writing and using a variety of language.

42–43 Sommaire

This is a summary of the main grammar and vocabulary of the unit.

Activité

Vocabulaire – Unité 2

This game provides practice of the vocabulary of the unit.

Activité (int10)

Quiz – Unité 2

An online quiz which tests the language and content of Unit 2.

Unité 2 Consolidation and assessment

2/9   2, tr 6–9   SCD1, tr 18–21

Tu comprends?

1 En ville

Students listen to the conversations to identify the correct location for each building and write the correct letter alongside the symbol.

Solution: **1** A, **2** F, **3** C, **4** D, **5** B

transcript

En ville

Ex: – Est-ce qu'il y a un supermarché près d'ici?
– Oui, prenez la première rue à gauche et c'est sur votre droite, à côté du collège.

1 – Excusez-moi, pour aller à la piscine?
– C'est très facile. Vous tournez à droite au coin de la rue et c'est à cent mètres, en face du jardin public.

2 – Pour aller au cinéma, s'il vous plaît?
– C'est tout près. Vous tournez à gauche au coin de la rue et c'est en face du collège.

3 – Est-ce qu'il y a un parking près d'ici?
– Attendez … ah, oui, continuez tout droit, puis vous prenez la deuxième rue à droite. C'est à côté de la bibliothèque.

4 – Pour aller à la patinoire, s'il vous plaît?
– Oui, prenez la deuxième rue à gauche et c'est sur votre droite.
– Bon, continuez tout droit, puis prenez la deuxième rue à gauche.

5 – Pour aller au musée, s'il vous plaît?
– Voyons … continuez tout droit, tout droit jusqu'au carrefour et vous le verrez sur votre droite.

2 Comment voyager ?

Students listen and reply to the questions in English.

Solution: **1** Line A, **2 a** metro **b** quicker than the bus at that time, **3** 9.30 and 10.15, **4** by motorbike, **5** a bike

transcript

Comment voyager?

Ex: – Pour aller au centre-ville, s'il vous plaît?
– Au centre-ville? Alors, ce n'est pas loin. Vous pouvez y aller à pied.

1 – Comment peut-on aller à Disneyland?
– Prenez le RER, ligne A. Ça vous amène directement au parc.

2 – Pardon, monsieur, je voudrais aller à l'hôtel Prince Albert. C'est près du Louvre.
– Bon, alors, prenez le métro. À cette heure-ci le métro va être plus rapide que le bus.

3 – Bonjour, madame. Est-ce qu'il y a un car pour Calais?
– Oui, bien sûr. Vous avez un car à neuf heures trente ou à dix heures quinze.

4 – Comment as-tu voyagé, Jean-Pierre?
– En moto, bien sûr. Regardez, j'ai une nouvelle moto. Elle est fantastique.

5 – Tu as un vélo, Kémi?
– Un vélo? Oui, il est là-bas, au garage.

3 Un voyage scolaire

Students listen and choose the correct answers.

Solution: **1** B, **2** B, **3** A, **4** A, **5** B

transcript

Un voyage scolaire

– Est-ce que tu as fait un voyage scolaire?
– Oui, en juillet l'année dernière, je suis allé en Normandie, en France.
– Comment avez-vous voyagé?
– Nous avons voyagé en car et nous avons traversé la Manche en bateau, de Portsmouth à Caen.
– Le voyage a duré combien de temps?
– Ça a duré environ dix heures.
– Et qu'est-ce que vous avez fait?
– Nous avons fait des excursions dans la région. Nous avons visité le musée à Caen. Nous avons vu la tapisserie de Bayeux et nous avons visité une fromagerie où on fait du Camembert.
– Le voyage de retour s'est bien passé?
– Oui, il n'y avait pas de problème, mais c'était long et ennuyeux.
– Comment as-tu trouvé ça, en général?
– C'était intéressant. J'ai bien aimé la visite à la fromagerie, parce que j'adore le fromage français!

4 Un parc d'attractions

Students listen and choose the correct answers.

Solution: **1** C, **2** A, **3** B, **4** C, **5** B, **6** B

transcript

Un parc d'attractions

– Tu as visité un parc d'attractions?
– Oui, l'année dernière, j'ai visité le parc Astérix en juillet, avec mon groupe de théâtre au collège.
– Comment avez-vous voyagé?
– Nous sommes allés au parc en train et en bus. Ce n'est pas loin de Paris.
– Et qu'est-ce que vous avez fait?
– Beaucoup de choses. Il y a de bonnes attractions, par exemple un grand huit avec des loopings. J'ai adoré ça. On a fait presque toutes les attractions.
– Vous avez vu des spectacles?
– Non, on n'a pas vu de spectacle. Mais les décors étaient bien. Comme c'est un parc sur Astérix, le personnage de bande dessinée, tout est comme à l'époque des Gaulois. Tout est antique, ce n'est pas moderne.
– Et à midi, pour manger, qu'est-ce que vous avez fait?
– À midi, pour manger, on a tous ramené un pique-nique et on s'est installé dans une espèce de petit parc. C'est un village gaulois qui est entièrement

Tricolore Total 4 Teacher's Book   61

Unité 2 Consolidation and assessment

reconstitué, avec des maisons comme à l'époque, avec un toit en paille, etc. – très sympa.
- Est-ce que tu as acheté un souvenir?
- Non, je n'ai rien acheté.
- Vous êtes restés longtemps au parc?
- Nous sommes partis vers cinq heures et demie.
- Comment as-tu trouvé ça?
- J'ai bien aimé, c'était amusant.

Épreuves: Unité 2

These worksheets can be used for an informal test of listening and reading or for extra practice, as required. For general notes on administering the *Épreuves*, see TB 12.

2/10   2, tr 10–12

Épreuve 2: Écouter – Partie A

1 Dans la rue F

Students listen to the conversations and write the correct letter for each place.

▪ **Solution:** **1** *G*, **2** *B*, **3** *H*, **4** *I*, **5** *D*, **6** *F* [6 marks]

> **transcript**
>
> **1 Dans la rue**
> **Exemple:**
> – Pardon monsieur, je cherche la bibliothèque.
> – Ah la bibliothèque, c'est par là.
> **1** – Pour aller à l'hôpital, s'il vous plaît?
> – Vous cherchez l'hôpital? Ce n'est pas loin. Continuez tout droit.
> **2** – On va à la piscine?
> – Oui, bonne idée, mais c'est loin, la piscine?
> **3** – Pour aller à l'auberge de jeunesse, s'il vous plaît?
> – L'auberge de jeunesse, c'est loin d'ici. Prenez le bus numéro cinq.
> **4** – Est-ce qu'il y a un marché en ville?
> – Oui, il y a un marché le mardi et le jeudi sur la place de l'église.
> **5** – Est-ce qu'il y a un parking près d'ici?
> – Oui, il y a un grand parking près de la rivière.
> **6** – Excusez-moi. Nous cherchons le camping, s'il vous plaît.
> – Le camping, c'est près du château.

2 Des renseignements F

Students listen to the conversations and choose the correct answer from three alternatives.

▪ **Solution:** **1** *b*, **2** *c*, **3** *b*, **4** *b*, **5** *a*, **6** *c* [6 marks]

> **transcript**
>
> **Des renseignements**
> **Exemple:**
> – Pour aller à l'office de tourisme, s'il vous plaît?
> – Pour l'office de tourisme, continuez tout droit et c'est sur votre droite.
> – Alors, c'est tout droit puis à droite.
> **1** – Pour aller à l'église Saint-Pierre, c'est loin?
> – L'église Saint-Pierre? Non, ce n'est pas loin, c'est à cinq minutes d'ici.
> – À cinq minutes, alors ça va.
> **2** – Pour aller au théâtre, s'il vous plaît?
> – Le théâtre, voyons … ah oui, descendez la rue à gauche jusqu'à la place principale. Le théâtre est là.
> – Bon, on prend la rue à gauche jusqu'à la place principale.
> **3** – Pardon, madame, est-ce qu'il y a une station de métro près d'ici?
> – Oui, vous avez une station de métro au coin de la rue. Continuez tout droit.
> – Alors, c'est au coin de la rue. Merci, madame.
> **4** – Pardon monsieur, est-ce qu'il y a un bus qui va au musée?
> – Oui, prenez le bus numéro 16. L'arrêt d'autobus est sur la place du marché.
> – Alors l'arrêt d'autobus est sur la place du Marché. Merci, monsieur.
> **5** – Est-ce qu'il y a un centre commercial en ville?
> – Le centre commercial est un peu plus loin. Traversez le pont et continuez tout droit.
> **6** – Où est le centre sportif, sil vous plaît?
> – Le centre sportif, c'est près de la rivière.

3 Un parc d'attractions F/H

Students listen to Sarah talking about her visit to Futuroscope and answer the questions in English.

▪ **Solution:** **1** *near Poitiers, in west of France* (accept either), **2** *by train/TGV*, **3** *a TGV station in the park* or *she doesn't like car travel for long journeys*, **4** *car*, **5** *in a restaurant in the park*, **6** *11.00 am*, **7** *the evening show*, **8** *because they were crowded/she didn't go there.*

[8 marks]

[Total for Part A: 20 marks]

> **transcript**
>
> **Un parc d'attractions**
> – Qu'est-ce que tu as fait pour fêter ton anniversaire l'année dernière?
> – Oh, c'était vraiment bien. L'année dernière, je suis allée avec une copine au Futuroscope.
> – Ah bon? C'est un parc d'attractions?
> – Oui, c'est un parc d'attractions sur le thème du cinéma et il y a d'autres attractions aussi.
> – Et c'est où exactement?
> – C'est près de Poitiers, dans l'ouest de la France.

Tricolore Total 4 Teacher's Book

Unité 2 Consolidation and assessment

- On peut y aller facilement de Paris?
- Oui. On peut y aller en train ou en voiture. Nous y sommes allés en TGV parce qu'il y a une gare TGV au parc, alors c'était pratique. Et je n'aime pas beaucoup les voyages en voiture.
- Et la visite au parc, comment avez-vous trouvé ça?
- C'était génial. On a fait un peu de tout.
- Vous avez déjeuné au parc?
- Oui, on a mangé du poulet avec des frites dans un restaurant au parc.
- Vous y êtes restés longtemps?
- Oui – toute la journée. Nous y sommes arrivés à onze heures et nous sommes restés jusqu'à vingt heures.
- Vous avez vu un spectacle?
- Oui on a vu le spectacle de nuit avant de partir. C'était très joli.
- Tu as acheté quelque chose en souvenir?
- Non, je n'ai rien acheté. Il y avait des magasins de souvenirs mais il y avait du monde et je n'y suis pas allée.

2/11   **2, tr 13–15**

Épreuve 2: Écouter – Partie B

1 Une ville en France F/H

Students look at the details about Annecy and the list of words. They then listen to the recording, which can be paused while students find the correct word and write in the corresponding letter.

Solution: 1 c, 2 f, 3 h, 4 g, 5 j   [5 marks]

transcript

Une ville en France
Bonjour, messieurs-dames, et bienvenue à la ville d'Annecy. Annecy se trouve dans le sud-est de la France.
La ville est très bien située au bord d'un grand lac et entourée de montagnes. Ces montagnes sont les Alpes.
Il y a beaucoup à visiter dans la ville et dans la région. La vieille ville est très jolie et très intéressante avec beaucoup de bâtiments historiques, comme la cathédrale et l'hôtel de ville.
Puis il y a le château. Beaucoup de touristes aiment visiter le château.
Dans la région, il y a des stations de ski très populaires. En hiver, beaucoup de personnes aiment faire du ski près d'ici. Vous pouvez aussi faire des promenades sur le lac ou des excursions en car à Grenoble ou à Lyon.

2 La ville ou la campagne F/H

Students listen to some French teenagers talking about town versus country and tick the grid as appropriate.

Solution:

	habite		préfère		pas de préférence
	en ville	à la campagne	la ville	la campagne	
Exemple: Jean-Luc		3		3	
1 Magali	3		3		
2 Vivienne	3				3
3 Fabien	3		3		

[6 marks]

transcript

La ville ou la campagne
Exemple: Jean-Luc
Moi, j'habite dans un petit village et ça me plait beaucoup. J'aime bien la campagne – je suis plus libre, tout le monde est plus calme.

1 Magali
Ah, non. Je ne suis pas d'accord. Moi, j'habite en ville et j'adore ça! À la campagne, je m'ennuie – il n'y a rien à faire!

2 Vivienne
Moi aussi, j'aime la ville – heureusement, comme j'habite en ville. Mais je n'ai absolument rien contre la campagne. Le week-end, j'y vais avec plaisir – ça détend un peu, on est plus tranquille.

3 Fabien
Tout le monde dit que c'est plus tranquille à la campagne. Plus tranquille! Mais pourquoi est-ce qu'on veut être tranquille? Moi, je voudrais une vie plus dynamique – j'habite ici en ville, mais la vie est tout de même beaucoup trop calme. Moi, je voudrais aller vivre à Paris.

3 On parle de la maison H

Two young people are discussing their homes. In part A, students tick the statements (four + example) which are true.

Solution: The following sentences are correct: a (**Ex.**), c, d, f, h.   [4 marks]

In part B, they answer questions in English.

Solution:
1 advantages: *well-situated, not bad*; disadvantages: *too small, has to share his room*
2 *there are 6 people (3 children, 2 parents, 1 grandparent)*
3 *very pretty*
4 *no room to put his things*   [5 marks]

[Total for Part B: 20 marks]

Unité 2 Consolidation and assessment

transcript

On parle de la maison

– Tu aimes ta nouvelle maison, Michel?
– Oui, beaucoup, elle est très bien située, avec un arrêt d'autobus devant la maison et un cinéma dans la même rue. Seulement, elle n'est pas très grande.
– Tu as de la chance! Notre maison est loin de la ville, le bus n'est pas fréquent et il y a un seul magasin, pas très grand.
– D'accord, mais elle est belle, ta maison, et elle est très grande.
– C'est vrai! J'aime bien la maison. Elle est grande, mais c'est essentiel avec trois enfants dans la famille, mes parents et ma grand-mère qui habite avec nous.
– Tandis que notre maison est bien située et pas mal du tout, mais elle est vraiment trop petite.
– Tu as une chambre à toi tout seul?
– Non, je partage avec mon petit frère, donc la chambre est toujours en désordre et je n'ai pas de place pour mes affaires. Ça m'énerve! Et toi?
– Ben moi, j'ai de la chance! J'ai ma propre chambre, parce que les deux garçons partagent, et elle est très jolie.

2/12

Épreuve 2: Lire – Partie A

1 Un village intéressant F

Students match the picture with each item and write the correct letter.

■ Solution: **1** *H,* **2** *A,* **3** *F,* **4** *D,* **5** *C* [5 marks]

2 La France F

Students choose the word from the list to complete each sentence and write in the letter.

■ Solution: **1** *g,* **2** *i,* **3** *e,* **4** *d,* **5** *c* [5 marks]

3 Le transport en ville F/H

Students match the sentences to the signs or pictures and write the correct letter.

■ Solution: **1** *B,* **2** *A,* **3** *H,* **4** *C,* **5** *F* [5 marks]

4 Un jeu de définitions F/H

Students read the definitions about places in a town and write the letter by the correct place.

■ Solution: **1** *f,* **2** *b,* **3** *d,* **4** *e,* **5** *g* [5 marks]

[Total for Part A: 20 marks]

2/13

Épreuve 2: Lire – Partie B (1)

1 Une visite au Futuroscope F/H

Students read Élise's letter about her visit to Futuroscope and do the two tasks. In part A, they choose from alternatives A, B or C. In part B, they answer questions in English.

■ Solution: **A: 1** *c,* **2** *b,* **3** *a,* **4** *a,* **5** *a;*
B: 6 *seats moved/seats followed movement on screen,* **7** *bikes on the water,* **8** *views of Egypt,* **9** *poster,* **10** *amusing/enjoyable*

[10 marks]

2/14

Épreuve 2: Lire – Partie B (2)

2 La Vienne H

Students read the leaflet about local attractions and do the two tasks. In part A, they match the tourists to the correct attractions. In part B, they choose the correct answer.

■ Solution: **A: 1** *B,* **2** *C,* **3** *D,* **4** *C,* **5** *A,* **6** *D;*
B: 1 *a,* **2** *c,* **3** *b,* **4** *c*

[10 marks]
[Total for Part B: 20 marks]

2/15

Épreuve 2: Grammaire

This provides assessment of the following grammar points: negatives, the preposition à, the pronoun *y*, the perfect tense.

1 Using the negative

■ Solution: **1** *n'est pas,* **2** *n'y a plus,*
3 *n'y a aucun/n'y a pas de,* **4** *n'ai jamais visité,*
5 *n'ai rien compris,* **6** *n'ai pas fini*

[6 marks]

2 Places

■ Solution: **A: 1** *à la,* **2** *au,* **3** *aux,* **4** *au;*
B: 1 *y aller,* **2** *y voir,* **3** *y va,* **4** *y vais*

[4 marks (½ mark for each)]

3 Verbs in the perfect tense

■ Solution: **A: 1** *avons visité,* **2** *a mangé,*
3 *ai choisi,* **4** *a passé,* **5** *ai acheté;*
B: 1 *suis allé,* **2** *sommes montés,* **3** *est parti,*
4 *sommes arrivés,* **5** *sommes descendus*

[10 marks]
[Total: 20 marks]

Tricolore Total 4 Teacher's Book

Tricolore Total 4
Unité 3 Bon séjour! pages 44–63

Aims and objectives	Grammar and skills	Vocabulary
3A Des projets pages 44–45		
• talk about future plans • use expressions of future time	The future tense	In the future
3B Si on a le temps … pages 46–47		
• talk about weekend plans • use more complex sentences with 'if' • use the future tense of reflexive verbs	*si* + present tense + future tense Reflexive verbs (future tense)	
3C Bienvenue chez nous pages 48–49		
• find out about staying with a French family • ask for help and make requests	*pouvoir* + the infinitive Use formal and informal language	Meeting people, Social conventions Staying with a family, At a family's home Language problems Things to take
3D Tu as fait bon voyage? pages 50–51		
• talk about travel by train and by air • describe a journey • use different tenses	*il y a (une semaine)* to say ' (a week) ago'	Travel by train Travel by air
3E Chez moi pages 52–53		
• talk about your home • describe your room • revise *ne … que*	*Ce serait …, Il y aurait …* The suffix *-ième* to form ordinal numbers	Furniture and fittings Kitchen utensils
3F Aider à la maison pages 54–55		
• talk about household tasks • use emphatic pronouns (*moi, toi,* etc.) • use *à moi,* etc. to show possession	Emphatic pronouns	Household tasks
3G Je me suis bien amusé(e) pages 56–57		
• use reflexive verbs	Reflexive verbs (future tense)	
3H Tout s'est bien passé pages 58–59		
• thank someone for their hospitality • compare life in different countries	Tense discrimination	Saying goodbye and thank you Acknowledging thanks
3I Consolidation and assessment pages 60–61		
• practise exam assessment techniques • find out what you have learnt		
Sommaire pages 62–63		

Resources:

Student's Book 44–63

CD 2–3, Student CD 1

Copymasters
- 3/1 Des projets d'avenir
- 3/2 Un échange
- 3/3 Infos-langue
- 3/4 À la gare
- 3/5 Voyager en avion
- 3/6 Des voyages récents
- 3/7 À la maison
- 3/8 Au travail
- 3/9 Travailler au pair
- 3/10 Chez une famille
- 3/11 Tu comprends?
- 3/12 Épreuve 3: Écouter – Partie A
- 3/13 Épreuve 3: Écouter – Partie B
- 3/14 Épreuve 3: Lire – Partie A
- 3/15 Épreuve 3: Lire – Partie B (1)
- 3/16 Épreuve 3: Lire – Partie B (2)
- 3/17 Épreuve 3: Grammaire

Au choix SB 214–215
1. En stage
2. L'anniversaire de mon père
3. Si ça se passe
4. Quand?
5. C'est utile, le dictionnaire
6. Que dire?
7. Des questions utiles
8. Ce sera apprécié
9. Un séjour en famille
10. Où vont-ils?
11. Samedi dernier

Examination Grammar in Action 27–32
Talking about the future
Using the future tense (1) – regular verbs
Using the future tense (2) – irregular verbs
Using the future tense (3) – all verbs
Using reflexive verbs in the perfect tense
Using emphatic pronouns – *moi, toi, lui*

Kerboodle!
Une visite à Montpellier (Activité – G)
On parle des projets (Activité – P)
En famille (Activité – P)
Vive le train! (Présentation)
Problèmes de transport (Activité – É)
Tout pour la maison (Activité – É)
On peut faire beaucoup de choses (Activité – G)
Ça, c'est bien passé (Présentation)
Avoir un correspondant, c'est bien (Activité – L)
Si vous partez en famille … (Activité – L)
Vocabulaire – Unité 3 (Activité)
Quiz – Unité 3 (Activité)

É = Écouter, L = Lire, P = Parler,
G = Grammaire

3A Des projets

3A Des projets	pages 44–45	
Aims and objectives	**Grammar and skills**	**Resources**
• talk about future plans • use expressions of future time	The future tense	**Key language:** see SB 62 **Online resource:** *Activité (grammaire)* **Copymasters:** 3/1 **CD:** 2/16–17 **GiA:** 27–30

Introduction

Begin by talking briefly about plans for the year ahead, asking a few questions, e.g.

Qui fait des projets de l'année? Pour quand? Qui va travailler pour gagner de l'argent? Qui a des projets de vacances? etc.

SB 44   2, tr 16

1 On parle des projets

Students read through the plans for the year ahead, checking anything they don't understand and then work through the activities.

a They then listen and note down the names of the six people speaking.

Further oral work can be done when checking answers, e.g.
– *C'est qui?*
– *C'est Laura.*
– *Comment le sais-tu?*
– *Parce qu'elle ira en Angleterre.*
– *Comment va-t-elle voyager?*
– *Elle prendra le train.*

> **Solution:** **1** *Laura*, **2** *Stéphane*, **3** *Karima*, **4** *Clément*, **5** *Olivier*, **6** *Francine*

transcript

On parle des projets

1 – Alors, tu vas prendre l'Eurostar pour Londres?
 – Oui, c'est ça. C'est très pratique et il faut seulement trois heures pour faire Paris–Londres. Puis à Londres, je changerai de gare et je prendrai un autre train jusqu'à Wakefield.

2 – Tu prendras l'avion de Paris?
 – Oui, il y a un vol direct et nos grands-parents viendront nous chercher à l'aéroport.
 – C'est la première fois qu'ils vous voient?
 – Ah non. Ils sont déjà venus nous voir en France, mais ce sera la première fois que nous allons chez eux en Guadeloupe.

3 – Ça va coûter cher de partir pour le Québec, non?
 – Oui, c'est cher, mais on a cherché sur Internet et on a trouvé un tarif assez intéressant. Et je vais travailler pendant les vacances de printemps pour payer mon voyage.
 – Où vas-tu travailler?
 – À l'hypermarché. J'y travaille déjà le samedi après-midi, mais pendant les vacances, je vais y travailler cinq jours par semaine.

4 – Que feras-tu lorsque ton correspondant anglais sera chez toi?
 – On va visiter la région.
 – Vous allez voyager comment?
 – Ben, à bicyclette. Mon copain va prêter son vélo à David.

5 – Tu ne partiras pas?
 – Ah non! Tu sais que moi, je n'ai jamais assez d'argent. Alors, pendant les vacances, je travaillerai, puis je ferai des économies pour acheter les choses dont j'ai envie.
 – Et qu'est-ce que tu achèteras?
 – Cette année, je m'achèterai un portable, puis l'année prochaine ou dans deux ans, je me payerai une moto.

6 – Tu as des projets pour les vacances?
 – Moi, non. J'ai trop de travail scolaire. Ce n'est pas très amusant, mais je ne vais pas travailler tout le temps. Samedi prochain, par exemple, je vais aller au cinéma avec mes amis. Puis pendant les grandes vacances, je vais travailler pour gagner un peu d'argent.

b Using the information from the text, students identify who is described in each of the sentences.

> **Solution:** **1** *Francine*, **2** *Stéphane*, **3** *Karima*, **4** *Olivier*, **5** *Francine*, **6** *Stéphane*, **7** *Clément*, **8** *Laura*, **9** *Karima*, **10** *Clément et Laura*

c The text contains many examples of verbs in the *futur simple* and students should pick out 10 examples or more.

> **Solution:** *j'achèterai, je ferai, je prendrai, nous changerons, Katy viendra, elle aura, ce sera, (il) prêtera, on fera, on s'entendra bien, sera, j'irai, je sortirai, je gagnerai, j'achèterai, ce sera, nous pourrons, je ferai, je ferai, j'essaierai, je participerai, nous logerons, ce sera*

d Students find in the texts on page 44 the French for the English phrases listed, which they may be able to use in later work.

> **Solution:**
> **1** *si je gagne assez d'argent, j'achèterai ...*
> **2** *je ferai des économies pour acheter ...*
> **3** *Espérons qu'on s'entendra bien.*
> **4** *si je m'ennuie trop ...*
> **5** *avec l'argent que je gagnerai, j'achèterai ...*
> **6** *ce sera ma première visite en ...*
> **7** *j'essaierai aussi de ...*
> **8** *ce sera génial*

Tricolore Total 4 Teacher's Book

3A Des projets

For further work on these expressions, students could think of different endings for 1–6, e.g. *Si je m'ennuie, je téléphonerai à un ami.*

sb 44

2 Dans l'avenir

Students match the expressions of future time to their English meaning.

Solution: **1** *h*, **2** *e*, **3** *c*, **4** *d*, **5** *b*, **6** *g*, **7** *a*, **8** *f*

sb 45 Dossier-langue

This covers the *futur proche* and the *futur simple*. Differences in the use of these seem to vary so should not be stressed too strongly. For practice, encourage students to use the *futur simple* as much as possible. Refer students as necessary to the *Grammaire* (SB 247).

sb 214 Au choix

[1] En stage

Students complete the conversation using regular verbs in the future tense (*je* and *tu* forms only).

Solution: **1** *prendras*, **2** *partirai*, **3** *passeras*, **4** *resterai*, **5** *passerai*, **6** *rentreras*, **7** *rentrerai*

sb 45

3 Qu'est-ce qu'on va faire?

The example uses the *futur proche* for this first productive task, but some teachers may prefer their students to use the *futur simple* for this task.

Students work in pairs, changing roles for each person, one acting as interviewer and the other replying, as in the cues.

sb 45

4 Que feront-ils ?

Using the *futur simple* in the 3rd person singular, students answer the questions about all the characters presented on the spread.

This item could also be used for oral practice in pairs, with one person asking the questions and the other answering, swapping roles half-way through; or with both partners taking turns to ask a question.

Solution: (possible)
1. Non, il ne partira pas.
2. Il partira en Guadeloupe.
3. Oui, elle travaillera.
4. Elle travaillera pour gagner de l'argent. (Elle ira à Montréal l'année prochaine.)
5. Oui, elle ira chez sa correspondante en Angleterre.
6. Oui, il ira à Londres.
7. Non, elle travaillera – elle fera du jardinage.
8. Oui, Philippe jouera au rugby en Écosse.
9. Amélie fera du camping.

sb 214 Au choix

[2] L'anniversaire de mon père

Students complete a text by putting verbs in the future tense in the 3rd person.

Solution: **1** *aura*, **2** *irons*, **3** *irons*, **4** *ferons*, **5** *sera*, **6** *décorerons*, **7** *rentrera*, **8** *verra*, **9** *commencera*

sb 45

5 Des projets

Students complete the sentences about their own future plans using a range of time expressions.

cm 3/1 2, tr 17

Des projets d'avenir

This consists of a crossword and a listening task.

1 Des mots croisés

Solution:

	1	2	3	4	5
1	p a r t i r a i		i	d
2	o	u	u	6 e l l e
3	u		r	s	v
7	r e c e v r a	8 v		r
	r		i	i	9 j e
10	o	v o u s	11 f e r e z
	n	e		n	
12	s e r o n t	13 d		14 i
	r		a	15 i r a	r
16	i r a i		17 a u r a
	l	s	18 d a n s	s

2 On parle des projets d'avenir

Students listen to the recording and do the *vrai ou faux?* task. As the names are not all mentioned, the recording could be paused after each speaker and students could be told who is speaking next.

Solution:

a **Audrey:** **1** V, **2** V, **3** V, **4** F (*elle n'a jamais fait du ski*)
 Édouard: **5** V, **6** F (*en Suisse*), **7** V, **8** V
 Florence: **9** V, **10** F (*vers les mathématiques*)
 Juliette: **11** F (*prof de maths*), **12** V

b **1** Audrey, **2** Édouard, **3** Juliette, **4** Florence, **5** Audrey, **6** Juliette

Another task for able students would be to spot and note down the different ways of talking about the future that are used in these conversations and how often they occur.

In fact, the *futur simple* is used in very few instances (Florence: *ça se passera, on verra*, Juliette: *je serai* and *j'aurai*; much more common are *je compte* + infinitive and *j'aimerais* + infinitive.)

Tricolore Total 4 Teacher's Book 67

3B Si on a le temps …

transcript

On parle des projets d'avenir

(Audrey)
- Euh … Audrey, que comptes-tu faire plus tard?
- Je n'en ai aucune idée, franchement, je ne sais pas du tout.
- Tu m'avais dit que tu voulais te lancer dans les langues.
- Ben oui, j'aimerais bien persévérer dans le russe, et puis je prends arabe en troisième langue.
- Et l'anglais?
- Oui, ben, l'anglais, oui, ben, j'aimerais bien parler anglais couramment.
- Euh … Tu comptes aller en vacances cet été?
- Je n'sais pas du tout, j'aimerais bien repartir au même endroit que l'année dernière, mais je, je sais pas.
- Sinon … euh … est-ce que tu es déjà partie au ski?
- Non, je n'ai jamais fait de ski de ma vie. Et toi, qu'est-ce que tu comptes faire l'année prochaine?

(Edouard)
- Passer en seconde, mais … euh … faudra voir cette année déjà.
- Tu veux être dessinateur, je crois?
- Oui, dessinateur, soit BD ou industriel.
- Tu pars au ski … euh … aux vacances de février?
- Je pars en Suisse.
- En Suisse?
- Oui, dans les Alpes suisses … euh … à Saint-Luc.
- Et cet été?
- Cet été, ben, j'espère, j'espère aller à la mer ou je sais pas. Et en septembre … euh … je risque de partir à Berlin avec mes parents.
- Pour quoi faire?
- Euh … mon père fait des marathons, déjà il va faire celui de Londres et après, celui de Berlin, justement.
- Tu reviens de New York?
- Oui, je reviens de New York, oui, là où mon père a aussi fait un marathon.
- Ben, c'est bien. Je te souhaite bonne chance pour l'année prochaine.
- Ben, merci, à toi aussi.
- De rien.

(Florence)
L'année prochaine, je pense aller en, en seconde au lycée Voltaire à côté du collège Montesquieu. Je ne sais pas encore trop … euh … comment ça se passera. J'aimerais bien m'orienter vers les mathématiques, je n'sais pas encore trop pour quoi faire. Mais on verra.

(Juliette)
Plus tard, j'aimerais être prof de maths. M'enfin bon, pour l'instant, ça peut encore changer. Euh … quand je serai plus vieille et puis que j'aurai de l'argent … je … j'essayerai de visiter les autres pays que je n'ai pas encore vus. Et puis, si c'est possible et ben … euh … j'aimerais bien aller vivre aux États-Unis.

> Examination grammar in action 27

Talking about the future
This covers expressions of future time and *aller* + infinitive.

> Examination grammar in action 28–30

Using the future tense (1), (2) and (3)
This covers regular and irregular verbs and can be used at any convenient point for further practice.

> Activité (grammaire)

Une visite à Montpellier
This online activity provides further practice of the future tense.

3B Si on a le temps … pages 46–47

Aims and objectives	Grammar and skills	Resources
• talk about weekend plans • use more complex sentences with 'if' • use the future tense of reflexive verbs	*si* + present tense + future tense	**Key language:** see SB 62 **Online resource:** *Activité (parler)* **Copymasters:** 3/2 **CD:** 2/18–19

SB 46 — 2, tr 18

1 Le week-end prochain
First, use the adverts for oral work about leisure activities, e.g.
- *Voici des idées pour sortir. Qu'est-ce qu'on peut faire?*
- *On peut aller voir une exposition de peinture, et quoi d'autre?*

a Students write the letter by the corresponding advert.

 Solution: 1 *C*, 2 *F*, 3 *D*, 4 *A*, 5 *B*, 6 *G*, 7 *E*, 8 *H*

b They then listen to the conversations and note the appropriate letter.

 Solution: 1 *E*, 2 *D*, 3 *A*, 4 *B*, 5 *G*, 6 *F*, 7 *H*, 8 *C*

Tricolore Total 4 Teacher's Book

3B Si on a le temps …

transcript

Le week-end prochain

1 – Qu'est-ce que tu fais ce week-end, Sandrine?
 – Moi, si je n'ai pas trop de devoirs, je ferai des courses samedi après-midi.
 – Tu iras au centre commercial?
 – Oui, c'est ça. Il y a beaucoup de magasins là-bas.
2 – Et le soir?
 – Le soir … eh bien, si je ne suis pas trop fatiguée, j'irai en boîte avec mes amis.
3 – Et dimanche, tu as des projets?
 – Dimanche matin, je resterai à la maison. L'après-midi, s'il fait beau, je jouerai au tennis.
4 – Et qu'est-ce que tu feras s'il pleut dimanche?
 – S'il pleut, j'irai à l'exposition de Matisse au Centre Pompidou.
5 – Et toi Luc, qu'est-ce que tu vas faire ce week-end?
 – Bon, samedi matin, j'ai cours comme d'habitude. L'après-midi, s'il y a un match de football au stade, j'irai le voir.
6 – Et le soir?
 – Le soir, si j'ai assez d'argent j'irai au cinéma. On passe La reine Margot au cinéma Gaumont: on dit que c'est un très bon film.
7 – Et dimanche?
 – Alors, dimanche matin, si je me lève assez tôt, j'irai à la piscine.
 – Bonne idée! J'irai avec toi, si tu veux.
8 – Et l'après-midi, si j'ai le temps, j'irai au marché aux puces. Et le soir, je ferai mes devoirs.

c They complete sentences with the correct form of *aller* in the future simple.

Solution: **1** *je ferai*, **2** *je ferai*, **3** *nous irons*, **4** *nous irons*, **5** *Luc ira*, **6** *il ira*, **7** *Luc et Sandrine iront*, **8** *Luc ira*

46 Dossier-langue

This covers the construction *si* + present tense + future tense. As it is the same in English, this should not cause too much difficulty. Refer students as necessary to the *Grammaire* (SB 248).

214 Au choix

[3] Si ça se passe

Students complete each sentence with the verb in the correct person and tense.

Solution:
1 *Si on arrive à l'heure, on ira en ville ce soir.*
2 *Si nous avons le temps, nous irons à la piscine.*
3 *Si j'ai assez d'argent, je t'achèterai un cadeau.*
4 *Si vous prenez le train de dix heures, vous arriverez à midi.*

5 *S'il fait beau demain, on fera un pique-nique sur la plage.*
6 *S'il n'y a pas de bus, je prendrai un taxi.*

For extra oral practice, students think of as many different endings as possible within a short time limit to the phrase *Si je vais en France …*, e.g.
… je ne reviendrai jamais.
… je parlerai français tout le temps.
… je comprendrai tout.
… je ferai comme les Français.

47

2 Ça dépend du temps!

This provides further practice of the future tense, using the 3rd person and the 1st person. It can be done orally or in writing.

a Students read the statements and decide whether they are true or false.

Solution: **1** *V*, **2** *F*, **3** *F*, **4** *V*, **5** *F*, **6** *F*

b Students should complete each sentence to describe what each person will do if the weather is bad.

Solution:
1 *Jean-Claude fera ses devoirs.*
2 *Nicole ira au cinéma.*
3 *André rangera sa chambre.*
4 *Marie-Claire regardera un film.*
5 *Marc écoutera de la musique.*
6 *Charlotte écrira des lettres.*

c Students read the weather forecast and decide what each person will be doing.

Solution:
1 *Il fera beau.*
2 *Jean-Claude jouera au football. Nicole ira à la piscine. André fera un tour à vélo. Marie-Claire jouera au tennis. Marc ira au match de rugby. Charlotte fera des achats en ville.*

47

3 Mes projets

Students work in pairs or individually to complete the sentences with their own choices.

47 2, tr 19

4 J'espère que tout se passera bien

This short listening passage gives more examples of reflexive verbs in the future tense for those who want to cover this specifically.

Students find the missing words and then look for the reflexive verbs.

Solution:
a **1** *copine*, **2** *difficile*, **3** *certain*, **4** *parents*, **5** *samedi*
b *on s'entendra bien, on ne se disputera pas, nous nous amuserons bien, mes parents ne se fâcheront pas, je me coucherai, je me lèverai*

Tricolore Total 4 Teacher's Book

3B Si on a le temps …

transcript

J'espère que tout se passera bien

Vendredi soir je vais à une fête avec une nouvelle copine. J'espère qu'on s'entendra bien. Elle est parfois un peu difficile alors j'espère qu'on ne se disputera pas. Beaucoup de mes copains y vont aussi, alors nous nous amuserons bien, j'en suis certain.

Si je rentre tard, j'espère que mes parents ne se fâcheront pas. Après la fête, je me coucherai tard. Le lendemain, samedi, je n'ai pas cours, alors je me lèverai tard.

sb 214 Au choix

[4] Quand?

This task gives practice in the use of the *futur simple* after *quand* when there is a future meaning. You may choose to cover this now, but it is also revised later in the course.

Solution: 1 *aura, apprendra,* 2 *viendras, parlera,* 3 *rentreront, irons,* 4 *écrirai, enverrai,* 5 *serons, viendrons,* 6 *arriverai, enverrai*

sb 47

5 À vous!

Students first discuss their weekend plans and then summarise them in writing, including some *si* clauses.

Activité (parler)

On parle des projets

This online audio activity provides further speaking practice of questions and answers relating to future plans.

cm 3/2

Un échange

This provides activities based on plans for an exchange visit. Students could consider the pros and cons of an exchange, e.g.

Pour
- On habite en famille, donc on a plus l'occasion de parler et d'entendre le français.
- On peut partager le mode de vie d'une famille.
- On peut faire la connaissance de jeunes Français de son âge.

Contre
- On est tout le temps avec la même famille.
- C'est plus fatigant d'être tout le temps avec des Français.
- On ne sait pas si on va s'entendre avec son/sa correspondant(e).

Students could also discuss their preferences for an exchange visit: e.g. town or country, length of visit, big or small family, sharing or not sharing a room with penfriend; the things they fear, e.g. not understanding the language, not liking the food/their partner; the things they look forward to, e.g. seeing new places, trying out their French, seeing if things they have heard are really true, meeting young people, etc.

1 On propose un échange

a Students read the letter and write in the missing words. Remind students that *la Saint-Sylvestre* is 31 December.

Solution: 1 *bonnes,* 2 *prochaines,* 3 *toujours,* 4 *montagne,* 5 *d'accord,* 6 *viendrai,* 7 *montera,* 8 *fera,* 9 *pourras*

b They then do the *vrai ou faux?* task.

Solution: 1 *vrai,* 2 *vrai,* 3 *faux – Si Nathalie veut faire un échange, elle pourra aller à Paris à Pâques.* 4 *vrai,* 5 *vrai,* 6 *faux – Pendant son séjour, Nathalie visitera Paris.*

c They underline at least five examples of verbs in the future tense.

Solution: Any five of: *tu pourras, je viendrai, on visitera Paris, on montera, on ira, on fera, tu pourras*

2 Une réponse

a Students read the letter and then write out the verbs in the future tense.

Solution: 1 *ira,* 2 *serons,* 3 *pourrai,* 4 *arriverai,* 5 *viendra,* 6 *prendrai,* 7 *posera,* 8 *pourras,* 9 *commenceront,* 10 *pourras,* 11 *passerons*

b Students reply to the questions on behalf of Sandrine. The answers form a *résumé* of the letter, and some students could just write this *résumé*.

Solution:

1 *Elle pourra venir le 4 ou le 5 avril.*
2 *Elle veut bien aller en classe avec Sandrine.*
3 *Elle voyagera en Eurostar.*
4 *Elle arrivera à Paris à 17h30.*
5 *Je pourrais aller chez elle à partir du 19 juillet.*
6 *J'irai en classe (au collège) pendant deux jours.*
7 *Je passerai quelques jours à visiter Londres./ J'irai à Londres./Je visiterai Londres.*

3C Bienvenue chez nous

3C Bienvenue chez nous   pages 48–49

Aims and objectives	Grammar and skills	Resources
• find out about staying with a French family • ask for help and make requests	*pouvoir* + infinitive Formal and informal language	**Key language:** see SB 62 **Online resource:** *Activité (parler)* **Copymasters:** 3/3 **CD:** 2/20–22

SB 48   2, tr 20

1 Arrivée en France

This presents the main language needed when arriving and staying with a French family. The recording is in two sections.

First, check that students understand the vocabulary, e.g.

– *'Tutoyer', qu'est-ce que ça veut dire? Ça veut dire, dire 'tu' au lieu de 'vous'.*
– *Les choux de Bruxelles sont des légumes. Qu'est-ce que c'est en anglais?*

a Students should listen to each section first to get the general gist and then to complete the résumé. If necessary, write the missing words on the board.

> **Solution: 1** *jus d'orange,* **2** *sœurs,* **3** *deuxième,* **4** *armoire, commode,* **5** *couloir,* **6** *livre (sur Londres), CD,* **7** *sept heures et demie,* **8** *poulet, riz,* **9** *utiliser*

b Students have to find the three questions asked by David.

> **Solution: b, c** and **f**.

transcript

Arrivée en France

a On s'installe

– Entrez, entrez. Allez vous asseoir, David. Je peux te tutoyer, non? Veux-tu quelque chose à boire? Il y a du jus d'orange, de la limonade, du coca, du thé …
– Un jus d'orange, s'il vous plaît.
– David, je te présente ma sœur, Marion.
– Bonjour David. Tu as fait un bon voyage?
– Oui, très bien, merci.
– Et voici ma petite sœur, Camille.
– Bonjour.
– Je vais te montrer ta chambre. Elle est au deuxième étage.
– Elle est bien, la chambre. Alors, je vais m'installer. Où est-ce que je peux mettre mes vêtements?
– Il y a de la place dans l'armoire et dans la commode. Voilà.
– Bon, et où se trouvent les toilettes et la salle de bains?
– C'est là bas, au bout du couloir.
– Ah oui, je vois.

b Au salon

– J'ai des petits cadeaux pour vous.
– Mais David, il ne fallait pas.

– Voilà madame, pour vous. Et pour toi, Clément.
– Un livre sur Londres, c'est très gentil, David. Merci.
– Un CD. Excellent! J'adore cette musique.
– On mangera vers sept heures et demie, David. Est-ce qu'il y a quelque chose que tu n'aimes pas?
– Euh … je n'aime pas beaucoup le saucisson, ni les choux de Bruxelles.
– D'accord. Alors ce soir, on mangera du poulet avec du riz. Et le soir, tu te couches à quelle heure, normalement?
– Vers dix heures et demie, onze heures.
– Bon. Est-ce que tu as besoin de quelque chose?
– Non, je ne crois pas … mais est-ce que je peux utiliser l'internet plus tard?
– Oui, bien sûr.

SB 48

2 Quelle est la question?

The same questions are used for this task, where students work out the relevant question for each picture.

> **Solution:**
> **A** *Et le soir, tu te couches à quelle heure?*
> **B** *Veux-tu quelque chose à boire?*
> **C** *Où est-ce que je peux mettre mes vêtements?*
> **D** *Est-ce que je peux utiliser l'internet plus tard?*
> **E** *Où se trouvent les toilettes et la salle de bains?*
> **F** *Est-ce qu'il y a quelque chose que tu n'aimes pas (manger)?*

SB 48

3 À la maison

Students work in pairs to practise and invent dialogues, as suggested.

SB 48

4 Des questions utiles

Using language from tasks 1 to 3, students write out a list of useful questions to understand and to ask in the context of staying with a family.

SB 49   2, tr 21

5 Je vous présente …

This includes some examples of formal and informal language used in different situations. First look through

Tricolore Total 4 Teacher's Book   71

3C Bienvenue chez nous

the photos and explain that David is going to be introduced to these people. Students should then listen to the recording and complete the sentences.

Solution: 1 *grand-père,* **2 a** *copain, tu,* **b** *une semaine,* **c** *collège,* **3 a** *prof d'anglais, vous,* **b** *cours,* **c** *villes,* **4 a** *copine,* **b** *cantine,* **c** *nourriture*

transcript

Je vous présente …

1 – Papi, je te présente David, mon correspondant anglais. David, je te présente mon grand-père.
 – Bonjour, David.
 – Bonjour, monsieur.
 – C'est ton premier séjour en France?
 – Oui, monsieur.
 – Et ça te plaît?
 – Ah oui, beaucoup.
 – Et tu viens d'où exactement?
 – Je viens de Londres. Vous connaissez l'Angleterre?
 – Ah non, malheureusement pas, je ne suis jamais allé en Angleterre.

2 – Voici Alain, c'est un copain. Alain, voici David, c'est mon corres anglais.
 – Salut, David. Ça va?
 – Salut Alain. Oui, ça va.
 – Tu viens d'où en Angleterre, David?
 – De Londres.
 – C'est pas vrai! Moi, j'ai passé une semaine à Londres en voyage scolaire. C'était génial. On s'est marré comme tout. Et toi, t'es déjà venu en France?
 – Non, c'est ma première visite.
 – Tu viens au bahut?
 – Euh … comment? Je n'ai pas compris le mot 'bahut'.
 – Ah, excuse-moi … le bahut, c'est du français familier. Ça veut dire le collège. Tu viens en classe avec nous?
 – Oui.
 – Bon, à tout à l'heure.
 – Au revoir.

3 – David, maintenant nous avons anglais. Je vais te présenter à ma prof d'anglais. Madame Legrand, je vous présente David Parry, mon correspondant anglais.
 – Bonjour, David, et bienvenue en France.
 – Bonjour, madame.
 – Vous allez assister aux cours aujourd'hui?
 – Oui, madame, si possible.
 – Bon, aujourd'hui, on va parler un peu des villes britanniques. Et vous venez d'où en Grande-Bretagne?
 – De Londres.
 – Ah, mais c'est parfait! On va vous poser des questions.

4 – Tiens, voilà Sophie. Sophie, voici David, mon corres anglais. David, voici Sophie, une copine.
 – Bonjour, David.
 – Bonjour, Sophie.
 – Tu passes la journée au collège?
 – Oui, c'est ça.
 – On va à la cantine. Et toi, t'as déjà mangé?
 – Non, pas encore. On y mange bien?
 – Ça dépend. Je ne sais pas ce qu'il y a comme bouffe aujourd'hui. Normalement, c'est pas mal.
 – 'Bouffe', qu'est-ce que ça veut dire?
 – La bouffe? C'est du français familier, ça. Ça veut dire la nourriture.

49 Stratégies

This explains some of the features of formal and informal language.

214 Au choix

[5] C'est utile, le dictionnaire

This provides optional practice in understanding *le français familier* for those who are interested. Read out the list of slang words and ask students to guess the equivalent in correct French. They could consult the glossary to check their answers.

Solution: 1 *e,* **2** *a,* **3** *a,* **4** *b,* **5** *f,* **6** *c*

3/3

Infos-langue

This optional copymaster gives some general information about colloquial language and idiomatic expressions.

La langue des jeunes

This explains aspects of informal language used by young people and refers to *l'argot, le français familier* and *le verlan*. Further information could be given about *verlan*, if students are interested. When talking among themselves, young people often use slang or *verlan* (*l'envers*, meaning 'the other way round', said backwards). *Le verlan* is a sort of code, where words or syllables are said backwards, e.g. *chan-mé* (*méchant*) or *zarbi* (*bizarre*). This type of code has existed for centuries, in English as well as French, when people wanted to communicate secretly.

1 Tu as bien compris?

For optional practice of colloquial language, students read these short conversations and guess the meaning of the word in colloquial French.

Solution: 1 *a,* **2** *b,* **3** *a,* **4** *b,* **5** *b,* **6** *b*

2 SMS en français

This gives information about abbreviations and shortened versions of words when texting messages. Students match words in SMS with correct French.

Solution: 1 *e,* **2** *c,* **3** *a,* **4** *b,* **5** *d,* **6** *f*

3 Qu'est-ce que c'est?

Students guess the English for some expressions.

Solution: 1 *a pine cone,* **2** *a sea turtle,* **3** *a bowler hat,* **4** *a seahorse,* **5** *wallpaper,* **6** *custard*

3D Tu as fait bon voyage?

214 Au choix

[6] Que dire?

Students work individually or in pairs to decide what to say in the situations outlined.

> **Solution:**
> 1 *Comment dit-on 'hair dryer' en français?*
> 2 *Ça s'écrit comment?*
> 3 *Excusez-moi, mais je n'ai pas compris le mot 'embouteillage'* or *'L'embouteillage', qu'est-ce que ça veut dire en anglais?*
> 4 *Pouvez-vous parler plus fort?* or *Pouvez-vous répéter ça?*
> 5 *Parle plus lentement, s'il te plaît.*

49 2, tr 22

6 Au cours du séjour

First, go through the visuals to check that these are clearly understood.

a Students listen to the conversations and decide which goes with each picture.

> **Solution:** 1 G, 2 E, 3 C, 4 B, 5 A, 6 F, 7 H, 8 D

transcript

Au cours du séjour

1 – J'ai oublié mon shampooing. Est-ce que je peux en emprunter?
  – Oui, tu en trouveras dans le placard de la salle de bains.
2 – Tu as bien dormi?
  – Oui, mais j'avais un peu froid. Est-ce que je peux avoir une autre couverture, s'il vous plaît?
3 – J'ai un peu faim. Est-ce que je peux me faire une tartine?
  – Mais oui. Il y a du pain et de la confiture dans la cuisine. Ou si tu préfères, il y a des yaourts dans le frigo.
4 – Ça va? Tu as l'air fatigué.
  – Oui, je suis fatiguée et j'ai un peu mal à la tête. Je vais me reposer dans ma chambre.
  – Oui, va te reposer un peu. Tu veux prendre quelque chose: de l'aspirine, peut-être?
  – Non, merci.
5 – Où puis-je mettre mon linge sale?
  – Mets-le dans le panier à linge dans la salle de bains. Je ferai la lessive demain.
6 – Est-ce que je peux sortir samedi soir? Sébastien, un copain de Sandrine, m'a invitée au cinéma.
  – Oui. Sébastien, je le connais. Il est sympa, ce garçon.
7 – Je dois rentrer à quelle heure?
  – Vers onze heures trente, minuit au plus tard.
  – Oui, entendu.
8 – Je voudrais acheter des spécialités pour ramener chez moi. Où est-ce que je trouverai ça?
  – C'est une bonne idée. Il y a un grand choix de spécialités régionales au supermarché. On ira demain pour voir.

b Students read through the questions and decide which goes with each picture.

> **Solution:** 1 E, 2 G, 3 B, 4 D, 5 F, 6 H, 7 A, 8 C

c The replies listed include a shortened version of those given in the recording as well as some additional ones. Any appropriate reply to each question should be accepted.

> **Solution:** 1 f/i, 2 b, 3 d/k, 4 h, 5 c, 6 e, 7 a, 8 g/j

215 Au choix

[7] Des questions utiles

Students find two possible endings for each question.

> **Solution:** 1 c + h, 2 e + f, 3 a + g, 4 b + d

Activité (parler)

En famille

This online audio activity provides further speaking practice linked to staying with a family.

215 Au choix

[8] Ce sera apprécié

Students complete the eight sentences using words from the box.

> **Solution:** 1 *lit*, 2 *rangerai*, 3 *affaires*, 4 *plats*, 5 *autres*, 6 *frigo*, 7 *aide*, 8 *intéresser*

3D Tu as fait bon voyage? pages 50–51

Aims and objectives	Grammar and skills	Resources
• talk about travel by train and by air • describe a journey • use different tenses	*il y a (une semaine)* to say '(a week) ago'	**Key language:** see SB 62 **Online resource:** *Présentation, Activité (écouter)* **Copymasters:** 3/4, 3/5, 3/6 **CD:** 2/23–28

Note: the first part of this unit has focussed on the future tense, but from this spread onwards the past tense is used as well.

Tricolore Total 4 Teacher's Book

3D Tu as fait bon voyage?

sb 50 • 2, tr 23

1 Le voyage de David

Students read or listen to the short conversation about David's journey and answer the questions.

Solution:
1. Il a voyagé en train.
2. Il a pris l'Eurostar./Il a pris le tunnel sous la Manche.
3. Il est arrivé à la gare du Nord.
4. Il est parti de la gare de Lyon.
5. Il a fait bon voyage, mais il a trouvé le voyage long.

transcript

Le voyage de David
- David, ça s'est bien passé ton voyage à Perpignan?
- Oui, c'était bien, mais assez long.
- Comment as-tu voyagé? Tu as pris l'avion?
- Non, j'ai pris le train. J'ai pris l'Eurostar à Paris, puis le TGV de Paris à Perpignan.
- Tu as dû changer de gare à Paris?
- Oui, je suis arrivé à la gare du Nord, alors j'ai pris le métro pour aller à la gare de Lyon, d'où j'ai pris le TGV pour Perpignan.

Présentation

Vive le train!

Use this online PowerPoint presentation to revise information and language connected with rail travel.

sb 50

2 Allez-y avec la SNCF

Start with a short discussion about rail travel in France and find out any interesting experiences. Students then complete the text with the missing words.

Solution: 1 transportent, **2** horaires, **3** internet, **4** billet, **5** l'heure, **6** composter, **7** montez

sb 50

3 Qu'est-ce qu'on cherche?

Students match statements to appropriate signs.

Solution: 1 A, **2** E, **3** B, **4** I, **5** F, **6** G, **7** C, **8** D, **9** H

sb 50 • 2, tr 24

4 Des conversations

Students read the questions asked in these conversations at a station, then listen and note down the answers.

Solution: 1 quai 4, **2 a** oui **b** oui (à Rouen), **3 a** 19h10 **b** 20h45, **4 a** 83 euros **b** oui (12h20) **c** oui, **5 a** le train de 11h20 **b** le coin fenêtre

transcript

Des conversations

1
- Un aller-retour pour Lille, deuxième classe, s'il vous plaît.
- Ça fait soixante-cinq euros.
- Le train pour Lille part de quel quai?
- Du quai numéro quatre.
- Merci.

2
- Le train de douze heures vingt est déjà parti?
- Ah oui, monsieur. Il est parti. Le prochain train pour Dieppe part à quatorze heures cinq.
- Est-ce qu'il faut changer?
- Oui, il faut changer à Rouen.

3
- Le prochain train pour Paris part à quelle heure, s'il vous plaît?
- À dix-neuf heures dix.
- Et il arrive à Paris à quelle heure?
- À vingt heures quarante-cinq.
- Merci.

4
- Un aller simple pour Bordeaux, première classe, c'est combien?
- Quatre-vingt-trois euros.
- Est-ce qu'il y a un train vers midi?
- Pour Bordeaux?
- Oui.
- Voyons, il y a un train à douze heures vingt.
- Est-ce qu'il y a un wagon-restaurant dans le train?
- Oui.

5
- Un aller simple pour Rennes, s'il vous plaît.
- Vous prenez quel train?
- Le train de onze heures vingt.
- C'est un TGV, alors il faut réserver. Vous préférez le côté fenêtre ou le côté couloir?
- Le côté fenêtre.
- Alors, ça fait quarante-huit euros avec la réservation.
- Merci.

sb 50

5 Dialogues au choix

Students work in pairs to practise conversations in which they buy tickets and ask for train information.

cm 3/4

À la gare

This copymaster provides activities to practise the language needed at a railway station.

1 Où doivent-ils aller?

Students match the sentences to the appropriate visual.

Solution: 1 H, **2** D, **3** F, **4** A, **5** B, **6** G, **7** C, **8** E

3D Tu as fait bon voyage?

2 Mots croisés – à la gare

Solution:

	1					2						3	
	r	e	n	s	e	i	g	n	e	m	e	n	t	s
	é					u							n
	s		4 c	o	5 n	s	i	g	n	e	6 p		c
7 e	n				o						a		f
r		8 b		9 h	o	r	a	i	r	e			
10 v	o	i	e		e					11 l			
a		l		12 w	13 t	14 g	v			i			
t		15 l	i	e	n		a		16 t				
i		e			b	17 p	r	o	c	18 h	a	i	n
19 o	n	t				e		ô		r			e
n								t		20 d	21 u		
		22 c	o	m	p	o	s	t	e	r			

Air travel

Introduce the topic of air travel through a general discussion about air travel including personal experiences. (A broader discussion about transport and its environmental impact is covered in Unit 10.) For example:
- Qui a pris l'avion?
- Où êtes-vous allés?
- De quel aéroport êtes-vous partis?
- Quel est l'aéroport le plus proche de chez nous?
- Quel est le plus grand aéroport au Royaume-Uni?

Present and practise the vocabulary and write any new words on the board, e.g.
- Un vol, qu'est-ce que c'est?
- C'est un voyage en avion. Qu'est-ce que c'est en anglais?
- Avant de prendre un vol, il faut se présenter à l'aéroport pour les formalités. Il faut présenter son billet et son passeport au guichet. Puis on donne ses bagages à l'employé et on vous donne une carte d'embarquement pour le vol. Souvent il faut faire ça une ou deux heures avant l'heure du départ.
- Avec une carte d'embarquement on peut passer dans la zone de contrôle douanier. Seulement les passagers peuvent passer dans cette zone et acheter des produits.
- De l'aéroport on voit souvent des avions décoller et atterrir. Décoller, c'est quoi en anglais?

sb 51 ● 2, tr 25

6 Départ en avion

The text accompanying task 6 gives a detailed account of a journey by air from Paris to London.

a Students first listen to the recording and look at the pictures, and then read the captions and put them in the correct order. They listen again to check their answers.

Solution: e, a, h, j, g, i, b, d, f, c

transcript

Départ en avion

Le jour de mon départ, j'ai pris le RER pour la station Charles de Gaulle et puis la navette jusqu'au terminal 2D de l'aéroport. J'ai mis ma grosse valise dans un chariot et je suis monté au niveau Départs.

Je me suis présenté au guichet d'Air France. On a pris ma valise et on m'a donné une carte d'embarquement. Il était onze heures. Puis je suis allé au contrôle des passeports et à celui de la sécurité. Dans la zone de contrôle douanier j'ai regardé les boutiques. Il y avait beaucoup de jolies choses. J'ai acheté une montre.

Enfin mon vol était indiqué sur le tableau de départs: porte numéro douze. Je me suis rendu à la porte. Je suis monté à bord avec les autres passagers et à douze heures vingt-cinq, l'avion a décollé.

Pendant le voyage on m'a servi un petit repas et une boisson. Après environ une heure, nous avons atterri à l'aéroport de Heathrow à Londres. J'ai reculé ma montre d'une heure pour être à l'heure locale.

J'ai récupéré ma valise, je suis passé à la douane et voilà … je suis arrivé en Angleterre.

b Students find in the text the French for the English phrases listed.

Solution: 1 *la navette*, 2 *un chariot* 3 *le niveau Départs*, 4 *mon vol*, 5 *Je me suis rendu à la porte.* 6 *L'avion a décollé.* 7 *nous avons atterri*, 8 *J'ai récupéré ma valise.*

sb 215 Au choix

[9] Un séjour en famille

Students write a short article about an exchange visit in the past tense (3rd person), either real or imaginary, for example David's (SB 50) or Katy's (SB 44).

sb 215 Au choix

[10] Où vont-ils?

Students read the details and work out the destination of each group of travellers. This also provides practice of different tenses.

Solution: a 1 *Los Angeles*, 2 *Bruxelles*, 3 *Delhi*, 4 *Zurich*, 5 *Bordeaux*; b 1 *Francfort*, 2 *Copenhague*, 3 *Hong Kong*, 4 *Belfast*

sb 215 Au choix

Stratégies

This mentions the useful phrase *il y a*, meaning 'ago'. Encourage students to use this where appropriate for the next few lessons.

cm 3/5 ● 2, tr 26–27

Voyager en avion

This copymaster provides activities to practise the language needed at an airport.

3D Tu as fait bon voyage?

1 Français–Anglais
Students match the French words with their English equivalents to provide useful vocabulary that they can reuse.

Solution: 1 *b*, 2 *e*, 3 *d*, 4 *p*, 5 *c*, 6 *l*, 7 *r*, 8 *j*, 9 *m*, 10 *q*, 11 *f*, 12 *a*, 13 *n*, 14 *k*, 15 *i*, 16 *g*, 17 *o*, 18 *h*

2 À l'aéroport
Students listen to the recorded announcements and complete the departure board.

Solution:

Destination	Vol	Départ	Porte	Notes
Amsterdam	KL324	9h30	8	Embarquement
Düsseldorf	LH131	10h00	7	Embarquement à 9h40
Jersey	JY612	10h00	5	Embarquement immédiat
Londres	BA305	10h15	6	Embarquement immédiat
New York	AF001	10h25	2	Embarquement immédiat
Montréal	AC871	11h50		retardé, à cause des difficultés techniques
Dublin	EI515	13h40		Annulé à cause du mauvais temps à Dublin

transcript

À l'aéroport

1 Votre attention, s'il vous plaît. Vol Paris–Amsterdam KL324. Les passagers sont priés de se présenter à la porte numéro huit pour l'embarquement.

2 Les passagers du vol Lufthansa LH131, à destination de Düsseldorf, sont priés de se présenter au contrôle des passeports. Embarquement à 9h40, porte numéro sept.

3 Votre attention, s'il vous plaît. Les voyageurs à destination de Jersey, vol JY612, départ à dix heures, sont priés de se présenter à la porte numéro cinq. Embarquement immédiat.

4 Les passagers du vol British Airways BA305, à destination de Londres, sont priés de se présenter directement au contrôle des passeports. Embarquement immédiat, porte numéro six.

5 Les passagers du vol Air France 001 à destination de New York sont priés de se présenter immédiatement à la porte numéro deux.

6 Attention, s'il vous plaît. La compagnie Air Canada a le regret de vous annoncer que le vol Paris–Montréal, AC871 de 11h50 ne partira pas à l'heure prévue. Nous nous excusons de ce retard dû à des difficultés techniques.

7 Votre attention, s'il vous plaît. La compagnie Aer Lingus a le regret de vous informer que le vol EI515 de 13h40, à destination de Dublin, est annulé à cause du mauvais temps à Dublin. Les voyageurs sont priés de se présenter au guichet d'Aer Lingus.

3 La vie d'une hôtesse de l'air ou d'un steward
Students listen to the recording and choose the correct responses. More than one may apply each time.

Solution: 1 *b*, *d*, 2 *a*, *d*, 3 *c*, 4 *b*, 5 *a*, *c*, *f*, 6 *a*, *e*

transcript

La vie d'une hôtesse de l'air ou d'un steward

– Suzanne Bellec est hôtesse de l'air à la compagnie Air France. Elle nous parle de son métier. En quoi consiste votre métier, Suzanne?

– Bon, d'abord il y a l'accueil des passagers. On leur sert des boissons et des repas et on essaie de rendre leur voyage aussi confortable que possible. Et puis, il y a le côté sécurité. Chaque année, nous avons des séances d'entraînement pour savoir ce qu'il faut faire en cas d'incendie, d'atterrissage forcé, etc.

– Pouvez-vous décrire un vol typique?

– Oui. Eh bien, avant le départ, il y a la réunion de tout l'équipage à bord. Le commandant nous renseigne sur les conditions climatiques ou la présence d'une personnalité importante parmi les passagers. On repartit les tâches: telle personne fera les annonces au micro, telle s'assiéra où, etc. Puis quand les passagers montent dans l'avion, on les aide à trouver leur place, on leur distribue des journaux. On leur demande de mettre leur ceinture de sécurité. Ensuite, quand l'avion a décollé, on fait la démonstration expliquant les consignes de sécurité. Plus tard, on se rend à l'office pour préparer les plateaux-repas ou le chariot de boissons, et on parcourt le couloir pour servir les gens.

– Le contact humain est important évidemment. Est-ce que les passagers sont difficiles, de temps en temps?

– Non, pas souvent. La plupart des passagers sont agréables. Ils sont de bonne humeur parce qu'ils partent en vacances. Mais beaucoup ont peur de prendre l'avion, plus que l'on imagine.

– Est-ce qu'il y a des aspects du métier que vous n'aimez pas?

– Il est fatigant de passer de longues heures dans un avion. Parfois on a des difficultés à respirer et les lumières fatiguent les yeux. Et puis il y a les horaires qui sont un peu exceptionnels. Il faut souvent se lever très tôt, vers quatre ou cinq heures du matin. Et parfois on est de service à Noël ou le jour de l'an.

– Et la dernière question: pourquoi avez-vous choisi ce métier?

– D'abord parce que j'adore voyager et quand je fais les lignes comme Paris–Tokyo ou Paris–Rio de Janeiro, je peux faire du tourisme en même temps. En plus, tous les employés ont droit à une importante réduction sur les billets d'avion pour les voyages personnels. On ne paie que dix pour cent du prix. C'est intéressant!

Tricolore Total 4 Teacher's Book

3D Tu as fait bon voyage?

sb 51

7 Un voyage imaginaire

Students work in pairs to make up and talk about an imaginary journey, adding further detail if possible.

sb 51

8 À vous!

Students write about a journey. Students could refer to the outline in *Des voyages récents* on C/M 3/6 (see below), or similar headings could be written on the board, e.g.

Quand?
Pendant les vacances de Noël ...
Pendant les vacances de février ...

Où?
... je suis allé(e) à (ville) en (...) ... j'ai fait une excursion à ...

Avec qui?
... avec ma famille/mes amis/un ami(e) français).

Moyen de transport
J'ai pris ... Nous avons pris ...
J'y suis allé(e) ... Nous y sommes allé(e)s ...

Pendant le voyage ...
... j'ai écouté mon baladeur/j'ai dormi, etc.

C'était comment?
C'était bien/confortable/long/affreux, etc.
Il n'y avait aucun problème.
Il y avait du monde et nous n'avons pas réservé de place.

cm 3/6   2, tr 28

Des voyages récents

The copymaster provides more support for describing a journey, with a listening exercise and guidelines for written work.

1 Avez-vous fait bon voyage?

Students listen to descriptions of journeys to Paris and complete the details on the worksheet. They could just put a tick or a cross for *Problèmes en route* rather than try to explain them. Having completed the grid, students can work out the answers to the questions.

> **Solution:**
> 1 *4 personnes ont eu des problèmes en route (Norbert, Jacqueline, Philippe et Jean-Claude).*
> 2 *6 personnes ont utilisé des transports en commun (José, Anne-Marie, Jacqueline, Antonio, Philippe et Jean-Claude).*
> 3 *4 personnes ont commencé leur voyage en dehors de la France (José, Norbert, Jacqueline, Antonio).*

transcript

Avez-vous fait bon voyage?

1 – José, je crois vous êtes venu de Madrid.
– Oui.
– Comment avez-vous voyagé?
– J'ai pris le car.
– Vous avez fait bon voyage?
– Oui, pas mal. C'était assez confortable, mais c'était long quand même.
– Ah oui, évidemment, pour faire Madrid–Paris en car, ça doit être long.

2 – Anne-Marie, et pour vous le voyage était plus court?
– Ah oui. Moi, j'habite aux environs de Paris, alors je suis venue en métro. Il m'a fallu une heure seulement pour faire le voyage.

3 – Norbert, vous êtes venu de Munich. Comment avez-vous voyagé?
– Moi, je suis venu en voiture.
– Ça s'est bien passé?
– Au début, ça allait bien. Mais aux environs de Paris, j'ai pris du retard à cause d'un accident. Et il pleuvait en plus, donc on ne roulait pas vite.

4 – Jacqueline, comment êtes-vous venue d'Édimbourg?
– Moi, j'ai pris le train et le bateau.
– Ça s'est bien passé? La mer était calme?
– Oui, heureusement, il faisait beau. Pour la traversée, ça allait bien, mais il y avait énormément de monde dans le train de Calais à Paris. Je n'ai pas pu trouver de place et j'ai donc été obligée de rester debout pendant quatre heures.
– Oh là là! Vous n'aviez pas réservé de place, alors?
– Hélas, non. Je n'y ai pas pensé.

5 – Antonio, avez-vous fait bon voyage?
– Oui, pour moi, aucun problème. J'ai pris l'avion de Rome à Paris. J'ai quitté Rome à dix heures et je suis arrivé à Paris, Charles de Gaulle, à onze heures et quart.

6 – Et vous, Philippe et Jean-Claude, vous êtes venus de Bordeaux?
– Oui, c'est ça. On allait prendre la moto de Jean-Claude, mais à dix kilomètres de Bordeaux, la moto est tombée en panne.
– Oui, c'était pénible. Mais au moins, il y avait un garage tout près. On a fait examiner la moto, mais on ne pouvait pas la réparer tout de suite.
– Et alors?
– Eh bien, on a décidé de laisser la moto au garage et de continuer en train.

2 Un voyage récent

Students write their own description of a journey, which can be real or imaginary.

Activité (écouter)

Problèmes de transport

This online listening activity provides practice in understanding recorded information relating to different means of transport.

3E Chez moi

3E Chez moi   pages 52–53

Aims and objectives	Grammar and skills	Resources
• talk about your home • describe your room • revise ne...que	*Ce serait ..., Il y aurait ...* The suffix *-ième* to form ordinal numbers	**Key language:** see SB 62 **Online resource:** *Activité (écouter)* **Copymasters:** 3/7 **CD:** 2/29–32

Introduction

First, revise with students the vocabulary for the names of rooms and household fittings.

SB 52

1 Là où j'habite

Students read both descriptions and then do the tasks.

a Students find in the descriptions the French for the English phrases listed.

> **Solution:** 1 *dans la banlieue,* 2 *au rez-de-chaussée,* 3 *l'entrée,* 4 *au sous-sol,* 5 *dehors,* 6 *un immeuble,* 7 *au sixième étage,* 8 *un ascenseur,* 9 *l'escalier,* 10 *un balcon*

b Students complete sentences about the descriptions (there are several possibilities).

SB 52 Stratégies

This explains the pattern for forming ordinal numbers.

Activité (écouter)

Tout pour la maison

This online listening activity could be used here to support work on the topic of furniture and household items.

3/7   2, tr 29

À la maison

This copymaster can be used for optional extra practice. It consists of a grid for the listening item, *Loco-service,* and some vocabulary tasks.

1 Loco-service

Students should listen to the conversations several times in order to complete the details on the worksheet. The prices may not be current but provide practice in understanding numbers.

Solution:

nom du propriétaire	numéro de téléphone	nombre de pièces	étage	cuisine	salle de bains	garage	meublé (m) ou vide (v)	loyer	+ charges
1 Moreau	04 78 47 08 23	3	rdc	✓	✓	✗	v	700 euros	compris
2 Duval	04 78 57 23 15	2	6ième	✓	✓	✓	m	500 euros	à payer

2 5-4-3-2-1

Solution:

5 meubles: *une armoire, un bureau, un canapé, un fauteuil, un lit*

4 choses qu'on trouve dans la salle de bains: *une baignoire, une douche, un lavabo, des robinets*

3 choses qu'on trouve dans un immeuble: *un ascenseur, un escalier, une porte*

2 choses qu'on trouve dans le jardin: *des fleurs, une pelouse*

1 chose qu'on trouve par terre: *la moquette*

3 Ça commence par la lettre 'c'

Students have to find one or more item in each category that begins with 'c'.

> **Solution:** 1 *une chambre, la cuisine,* 2 *une chaise, un canapé,* 3 *une cuisinière,* 4 *une cuillère,* 5 *un chat, un chien,* 6 *un cochon,* 7 *une colline, un champ,* 8 *le Canada, la Chine*

4 Un acrostiche

Students write the correct word for each picture to complete the acrostic.

> **Solution:** 1 *aspirateur* 2 *assiette* 3 *congélateur* 4 *poêle* 5 *poubelle* 6 *fourchette* 7 *cuisinière* 8 *prisedecourant*

5 Jeu des définitions

Students find the correct written definition for each picture.

> **Solution:** **A** 2, **B** 7, **C** 3, **D** 1, **E** 5, **F** 8, **G** 6, **H** 4

transcript

Loco-service

1
– Allô, Loco-service, je vous écoute.
– Bonjour, monsieur. J'ai vu votre petite annonce dans le journal et je vous téléphone parce que j'ai un appartement à louer.
– Très bien, monsieur. Quel est votre nom, s'il vous plaît?
– Moreau.
– Comment ça s'écrit?
– M–O–R–E–A–U.
– Et votre numéro de téléphone?
– 04 78 47 08 23.
– Et l'appartement se trouve où?

---

78   Tricolore Total 4 Teacher's Book

3E Chez moi

- 19, rue Gallimard à Lyon.
- Oui, pouvez-vous me donner quelques détails?
- Oui. Eh bien, il y a trois pièces, disons deux chambres et une salle de séjour, puis une cuisine et une salle de bains.
- C'est meublé?
- Non, c'est vide, sauf une cuisinière électrique dans la cuisine.
- D'accord. C'est à quel étage?
- Au rez-de-chaussée.
- Est-ce qu'il y a un jardin ou un garage?
- Non.
- Et comme loyer, qu'est-ce que vous proposez?
- 700 euros, charges comprises.
- Très bien, monsieur. J'ai tout noté. Je vais vous relire les détails pour vérifier. Alors, c'est un appartement à louer, trois pièces, cuisine et salle de bains, vide mais avec cuisinière électrique, au rez-de-chaussée, et le loyer est de 700 euros, charges comprises. Il est libre tout de suite, monsieur?
- Oui oui, l'appartement est libre.
- Parfait! Merci bien, monsieur. On va afficher les détails dans notre bureau et les personnes intéressées prendront contact directement avec vous.
- Bon, merci, monsieur. Au revoir.
- Au revoir, monsieur.

2
- Allô, Loco-service.
- Bonjour, monsieur. J'ai un appartement à louer.
- Un moment, s'il vous plaît. Bon. Votre nom, s'il vous plaît, madame?
- Duval.
- Comment ça s'écrit?
- D–U–V–A–L.
- Et votre numéro de téléphone?
- Le 04 78 57 23 15.
- Et qu'est-ce que vous avez comme appartement?
- Eh bien, c'est un appartement avec deux pièces, une chambre et une salle de séjour … et cuisine et salle de bains aussi, bien sûr.
- C'est meublé ou vide?
- C'est meublé.
- Et c'est à quel étage?
- C'est au sixième étage, mais il y a un ascenseur dans l'immeuble.
- Bon. Est-ce qu'il y a un garage?
- Oui, il y a un garage au sous-sol.
- Et le loyer, c'est combien?
- C'est 500 euros, plus les charges.
- Bon. Alors, je vais vous relire les détails. C'est un appartement à louer, deux pièces avec cuisine et salle de bains, meublé, au sixième étage, et le loyer est de 500 euros plus les charges.
- Oui, c'est ça.
- Merci, madame. Au revoir.

sb 52 2, tr 30

2 Une maison idéale
Students listen and write down the missing words. For additional help, these could be written on the board.

Solution: 1 *immeuble*, 2 *centre-ville*, 3 *vue*, 4 *chambres*, 5 *salon*, 6 *sous-sol*, 7 *gymnase*, 8 *toit*

transcript

Une maison idéale
Voici mon appartement de rêve: Ce serait un appartement de luxe dans un immeuble très moderne au centre-ville, à New York. Ce serait au dixième étage, donc il y aurait une belle vue sur la ville. Il y aurait trois chambres et trois salles de bains. Il y aurait aussi un salon avec un grand écran de télévision. Bien sûr, il y aurait une connexion wifi pour se connecter à l'internet. Au sous-sol de l'immeuble il y aurait un gymnase et une piscine. Et sur le toit il y aurait une belle terrasse avec des plantes, des tables et des chaises.

sb 52 Dossier-langue

This explains the use of two expressions in the conditional (taught in full in Unit 7): *Il/Elle/(Nom) serait …* and *Il y aurait …* Encourage students to see that the stem is the same as the future tense, and that the conditional is also characterised by a clear 'r' sound. Remind students that they also know another example: *je voudrais*. Refer them as necessary to the *Grammaire* (SB 248).

sb 52

3 À vous!
a Students discuss their homes (real or imaginary) in pairs.
b They write a short description of a house or flat (not necessarily their own).

sb 53 2, tr 31

4 On fait l'inventaire
First, check that students recognise and can name the items illustrated (A–J). They then listen and note the appropriate letter and also the quantity in each case.

Solution: **D** x 6, **E** x 8, **F** x 5, **A** x 7, **G** x 3, **B** x 5, **H** x 1, **I** x 2, **J** x 1, **C** x 4

transcript

On fait l'inventaire
- Bon, on va faire l'inventaire.
- D'accord, je vais noter si tout est là.
- D'abord – des couteaux. Il y a six couteaux.
- Oui, six couteaux.
- Ensuite, des fourchettes.
- Oui, combien de fourchettes?
- Huit fourchettes.
- Oui, j'ai noté huit fourchettes.

3F Aider à la maison

- Puis cinq cuillères.
- Cinq cuillères, oui.
- Ensuite des assiettes. Il y en a sept.
- Sept assiettes, oui.
- Alors, les bols – ah, il n'y a que trois bols.
- Seulement trois bols – bon j'ai noté ça.
- Puis des tasses et des soucoupes. Il y en a cinq.
- Alors, cinq tasses et soucoupes.
- Il y a une poêle.
- Une poêle.
- Et deux casseroles.
- Je note deux casseroles.
- Et il y a un tire-bouchon.
- Un tire-bouchon – oui.
- Et il y a des verres. Mais il n'y a que quatre verres.
- Alors, quatre verres seulement.
- Voilà, c'est tout.

53 Dossier-langue

This short explanation of *ne … que* gives some common examples of the expression in use. Refer students as necessary to the *Grammaire* (SB 244).

53

5 Une chambre

Ask a few questions about furniture and write some vocabulary on the board, e.g.

Qu'est-ce que vous avez comme meubles dans votre chambre?

Students then look at the picture and write down the names of the items shown.

53 2, tr 32

6 Ma chambre

a Students listen to the recording and note down the missing words to complete the text. The words are not listed but could be written on the board in jumbled order if required.

Solution:

a **1** *sœur*, **2** *murs*, **3** *beige*, **4** *armoire*, **5** *chaises*, **6** *livres*, **7** *par terre*

b **1** *grande*, **2** *les rideaux*, **3** *la moquette*, **4** *placard*, **5** *bureau*, **6** *télévision*, **7** *films*, **8** *rangée*

b They then copy any useful phrases for use in a description of their own room.

transcript

a La chambre de Francine

Je partage une chambre avec ma sœur. La chambre est assez grande. Les murs sont blancs et les rideaux bleu marine et il y a de la moquette beige. Dans la chambre, il y a deux lits, une armoire, une grande table avec un ordinateur et mon clavier électrique. Il y a aussi des chaises et une bibliothèque pour nos livres. À mon avis, il est difficile de partager. Moi, je suis bien organisée mais ma sœur ne veut jamais ranger ses affaires. Elle laisse souvent ses vêtements et ses livres par terre. Ça m'énerve, j'aimerais mieux avoir ma propre chambre.

b La chambre de Clément

J'ai une chambre à moi tout seul. Elle est au rez-de-chaussée. Elle n'est pas très grande. Les murs et les rideaux sont jaunes et il y a de la moquette verte. Comme meubles, il y a mon lit, un placard pour mes vêtements et un bureau où je mets toutes mes affaires. J'ai une chaîne-stéréo, mais je n'ai pas de télévision dans ma chambre. J'ai plein de posters et de photos aux murs, des posters de groupes et de films. J'aime bien ma chambre, mais elle n'est pas très bien rangée. C'est souvent la pagaille chez moi!

53

7 À vous!

a Students work in pairs to ask and answer questions about their room at home.

b They write out their answers.

3F Aider à la maison   pages 54–55

Aims and objectives	Grammar and skills	Resources
• talk about household tasks • use *à moi*, etc. to show possession	Emphatic pronouns (*moi*, *toi*, etc.)	**Key language:** see SB 62 **Online resource:** *Activité (grammaire)* **Copymasters:** 3/8 **CD:** 2/33 **GiA:** 31

Introduction

First, ask students to think of different household tasks and build up a list on the board, e.g. *En quoi consiste le travail à la maison? Faire la vaisselle, passer l'aspirateur*, etc.

54

1 Au travail

Students could first look at the picture in the Student's Book and note any tasks they may have missed in the preceding discussion.

80   Tricolore Total 4 Teacher's Book

3F Aider à la maison

a   Students match the descriptions to the visuals.

   Solution: **1** H, **2** F, **3** J, **4** A, **5** E, **6** B, **7** K, **8** C, **9** G, **10** D, **11** I, **12** L

b   Students close their books and list as many tasks as they can remember.

c   Students allocate the tasks to different people, using the future tense. This could be further developed by suggesting reasons, e.g. *Frédéric n'aime pas faire la vaisselle, mais il aime bien passer l'aspirateur, alors Frédéric passera l'aspirateur.*

3/8

Au travail

This provides a copy of the same visual (SB 54), which could be labelled by students or used for oral practice in pairs. Students could practise describing a picture or play a game, similar to *Effacez*, in which they each, in turn, say one of the household tasks illustrated, which is then covered up. The game continues until all the tasks have been correctly named, but gets progressively more difficult as there are fewer tasks to choose from.

54 Dossier-langue

This explains the use of the emphatic pronouns, *moi, toi,* etc., which occur in many expressions in this unit. Students should be encouraged to look out for further examples and to use them where appropriate. However, as many students seem to use them quite naturally, only a small amount of practice is given. Refer students as necessary to the *Grammaire* (SB 241).

54

2   C'est à qui?

This gives practice in expressing possession using noun + à + pronoun/name.

   Solution:
   1   *Le sac de sports est à moi.*
   2   *Les lunettes sont à toi.*
   3   *Les clés sont à Sandrine.*
   4   *Le portable est à elle aussi.*
   5   *La montre est à nous.*
   6   *L'appareil est à David.*
   7   *Les valises sont à lui aussi.*
   8   *Les gants sont à vous?*
   9   *Le porte-monnaie est à eux.*
   10 *Les sacs sont à elles.*

55

3   Des conversations

Students complete sentences using emphatic pronouns.

   Solution: **1 a** *moi* **b** *moi* **c** *toi*, **2 a** *toi* **b** *moi*, **3 a** *vous* **b** *moi*, **4 a** *elle*, **5 a** *vous* **b** *nous*, **6 a** *toi* **b** *toi* **c** *lui*

Examination grammar in action 31

Using emphatic pronouns – *moi, toi, lui*

This provides further practice of emphatic pronouns.

55

4   On peut vous aider?

Students make up a sentence to match each visual.

   Solution:
   1   *Est-ce que je peux faire la vaisselle?*
   2   *Est-ce que je peux ranger la vaisselle?*
   3   *Est-ce que je peux débarrasser la table?*
   4   *Est-ce que je peux essuyer la vaisselle?*
   5   *Est-ce que je peux faire le café?*
   6   *Est-ce que je peux mettre la table?*

Activité (grammaire)

On peut faire beaucoup de choses

This online activity provides practice of using two verbs in a sentence, covering *pouvoir, vouloir, devoir, aimer, préférer* and *penser* + infinitive.

55   2, tr 33

5   Qui fait le ménage?

a   Students listen and complete the sentences.

   Solution: **1** *devoirs*, **2** *aspirateur*, **3** *débarrasse*, **4** *jardinage*, **5** *lave-vaisselle*, **6** *cuisine*

transcript

Qui fait le ménage?

1   Moi, je ne fais pas beaucoup. Ma mère sait que j'ai beaucoup de devoirs, mais je fais mon lit quand même.
2   Moi, j'aide beaucoup à la maison, par exemple je range ma chambre et je passe l'aspirateur. Mais mon petit frère ne fait jamais rien – ce n'est pas juste!
3   Moi, j'aide de temps en temps, par exemple, le dimanche je mets la table et je débarrasse après le repas.
4   Moi, je fais du jardinage pendant les vacances. J'aime faire ça.
5   Je n'aide pas beaucoup, mais quelquefois je remplis le lave-vaisselle.
6   Si j'ai le temps, je fais la cuisine et chaque semaine, je sors les poubelles.

b   They then find in the sentences the French for the English phrases listed.

   Solution: **1** *pas beaucoup*, **2** *quand même*, **3** *ne fait jamais rien*, **4** *ce n'est pas juste*, **5** *de temps en temps*, **6** *quelquefois*, **7** *si j'ai le temps*, **8** *chaque semaine*

c   They make up new sentences with each expression.

Tricolore Total 4 Teacher's Book   81

3G Je me suis bien amusé(e)

sb 55

6 On aide à la maison

a Students complete the conversation with verbs in the present tense.

> **Solution:** 1 *tu aides*, 2 *j'aide*, 3 *vous faites*, 4 *je remplis*, 5 *(il) vide*, 6 *nous mettons*, 7 *nous débarrassons*, 8 *tu prépares*, 9 *j'aime*, 10 *je déteste*

b Students complete the conversation with verbs in the perfect tense.

> **Solution:** 1 *tu as fait*, 2 *j'ai travaillé*, 3 *(elle) a lavé*, 4 *j'ai réparé*, 5 *(il) a passé*, 6 *nous avons fait*, 7 *je n'ai pas aidé*, 8 *j'ai dû*

sb 55

7 À vous!

Students reply to questions about helping at home using the present and perfect tenses.

3G Je me suis bien amusé(e)   pages 56–57

Aims and objectives	Grammar and skills	Resources
• use reflexive verbs	Reflexive verbs	**Key language:** see SB 62 **Online resource:** *Présentation, Activité (lire)* **Copymasters:** 3/9 **CD:** 2/34 **GiA:** 32

sb 56   2, tr 34

1 Le week-end dernier

Students listen to two teenagers talking about how they spent the previous weekend.

a When students have listened to the interview with Martin, pause the CD to allow students time to complete the sentences.

> **Solution:**
> **samedi** 1 *onze heures*, 2 *mes devoirs*, 3 *en ville*, 4 *un t-shirt*, 5 *mes copains*, 6 *tard*
> **dimanche** 1 *au foot*, 2 *gagné*, 3 *tombé*, 4 *genou*, 5 *journée*

b When students have listened to the interview with Charlotte, they should read and correct the mistakes in the sentences.

> **Solution:**
> 1 *Samedi matin, elle est allée au collège.*
> 2 *À midi, elle n'a pas mangé/déjeuné au collège.*
> 3 *L'après-midi, elle a acheté un nouveau jean.*
> 4 *Le soir, elle est allée à l'anniversaire d'un garçon de sa classe.*
> 5 *Tout le monde s'est amusé à la fête.*
> 6 *À dix heures, on a chanté 'Joyeux anniversaire' on a et mangé un gâteau au chocolat.*
> 7 *Elle s'est couchée vers minuit.*
> 8 *Le dimanche, elle s'est levée vers dix heures.*
> 9 *L'après-midi, elle a fait ses devoirs.*
> 10 *Le soir, elle s'est reposée.*

transcript

Le week-end dernier

Martin

– Martin, tu as passé un bon week-end? Qu'est-ce que tu as fait?

– Oui, eh bien, le samedi, je ne me suis pas levé tôt. Je me suis levé vers onze heures. Ensuite, j'ai fait mes devoirs. Puis l'après-midi, je suis allé en ville. J'ai fait les magasins et j'ai acheté un t-shirt. Ensuite, j'ai mangé avec mes copains dans un fast-food, puis je suis rentré à la maison.

– Et le soir?

– Le soir, je n'ai pas fait grand-chose. Je ne me suis pas couché tard, parce que j'allais jouer au football le lendemain.

– Et le dimanche?

– Le dimanche, je me suis levé de bonne heure pour aller jouer au foot.

– Et ça s'est bien passé? Vous avez gagné?

– Oui, on a gagné trois à zéro, mais malheureusement, vers la fin du match, je suis tombé et je me suis fait mal au genou. Mon père était au match et il m'a transporté à la maison. Maintenant, ça va un peu mieux mais j'ai dû me reposer le reste de la journée.

Charlotte

– Charlotte, qu'est-ce que tu as fait le week-end dernier?

– Eh … bien, samedi, je me suis levée à sept heures, comme d'habitude, et je suis allée au collège. Puis à midi, je n'ai pas déjeuné au collège. Il y a très peu de gens qui mangent au collège le samedi midi. Puis dans l'après-midi, j'ai fait des courses avec mes amis et j'ai acheté un nouveau jean.

82   Tricolore Total 4 Teacher's Book

3G Je me suis bien amusé(e)

- Et le soir, tu es sortie?
- Oui, le soir, je suis allée à l'anniversaire d'un garçon de ma classe. Donc après les courses, je suis rentrée et je me suis préparée pour sortir. Je me suis habillée en jean et en t-shirt, puis je me suis coiffée et je me suis maquillée. Puis ma mère m'a amenée chez Jean-Luc pour la fête.
- Et la fête, c'était comment? Qu'est-ce qui s'est passé?
- Bon, il y avait une sorte de buffet avec des biscuits apéritifs et des crudités variées et des chips.
- Et comme boissons?
- Comme boissons, il y avait du coca, du Fanta et de l'Oasis: des boissons gazeuses surtout, et aussi des jus de fruit. Il y avait de la bière aussi.
- Et tu t'es bien amusée?
- Oui, tout le monde s'est amusé. On a dansé, on a écouté de la musique à la mode. Et vers dix heures, on a apporté un gros gâteau d'anniversaire: c'était un gâteau au chocolat. Alors on a chanté 'Joyeux anniversaire' et Jean-Luc a coupé le gâteau et on l'a mangé. C'était très bon.
- Et tu es rentrée à quelle heure?
- Vers onze heures et demie. Mon père est venu me chercher en voiture. Nous sommes rentrés et je me suis couchée vers minuit.
- Et dimanche?
- Alors dimanche, j'ai fait la grasse matinée. Je me suis levée vers dix heures, dix heures et demie. Donc le matin, je n'ai pas fait grand-chose, puis l'après-midi, j'ai fait mes devoirs.
- Et le soir?
- Eh bien, le soir, je me suis reposée. Voilà mon week-end.

Présentation

Ça, c'est bien passé
Use this online PowerPoint presentation to present and revise the perfect tense of reflexive verbs.

56 Dossier-langue
Students should look for examples of reflexive verbs in the perfect tense and then work through the explanation. Refer students as necessary to the *Grammaire* (SB 249).

56

2 Ce jour-là
To practise the *je* form of reflexive verbs in the past, students choose a day in the previous week and complete the sentences accordingly, adding any further details as appropriate. This could also be done in pairs as a conversation to practise the *tu* and *je* forms, e.g.
- Vendredi dernier, tu t'es levé à quelle heure?
- Je me suis levé trop tôt, à sept heures, pour aller au collège, etc.

56

3 Dimanche dernier
Students complete the questions and responses and match them up.

a Students supply the correct reflexive pronoun and part of *être*.

   Solution: 1 *vous vous êtes levés*, 2 *(elle) s'est installée*, 3 *vous vous êtes promenés*, 4 *(il) s'est trompé*, 5 *(ils) se sont disputés*, 6 *vous vous êtes baignés*

b They then supply the correct past participle (with agreement if needed).

   Solution: a *disputés*, b *baignés*, c *levés*, d *trompé*, e *installée*, f *promenés*

c Finally, they match the correct answer to each question.

   Solution: 1 *c*, 2 *e*, 3 *f*, 4 *d*, 5 *a*, 6 *b*

57

4 Samedi soir
This provides practice of a greater range of reflexive verbs in the perfect tense. It can be used in a variety of ways: students could choose to describe either what Virginie did, or what Alex did, or both, and write either speech bubbles (using the 1st person) or captions (using the 3rd person), or both. They then complete the two sentences summarising the party (using the 3rd person), and also the two statements (using the 1st person).

   Solution:

a 1 *Il s'est déshabillé*, 2 *Il s'est lavé*, 3 *Il s'est rasé*, 4 *Il s'est habillé*, 5 *Il s'est coiffé*

b 1 *Elle s'est lavée*, 2 *Elle s'est maquillée*, 3 *Elle s'est habillée*, 4 *Elle s'est changée*, 5 *Elle s'est coiffée*

c 1 *ils se sont rencontrés*, 2 *ils se sont bien entendus*

d 1 *Alex: Je me suis bien amusé.*

   2 *Virginie: Je me suis bien entendue avec Alex ...*

3/9

Travailler au pair
This can be prepared orally in class first and then students write a description of the au pair's day.

   Solution:

   1 *Elle s'est réveillée à six heures.*
   2 *Elle s'est levée, elle s'est lavée et elle s'est habillée.*
   3 *Elle a mis la table pour le petit déjeuner.*
   4 *Les parents sont partis. Elle a fait la vaisselle.*
   5 *Elle a passé l'aspirateur. Les enfants se sont disputés.*
   6 *Elle s'est occupée des enfants.*
   7 *L'après-midi, elle a fait les courses.*
   8 *Elle a préparé le repas du soir.*

3H Tout s'est bien passé

9 *Ensuite, elle a fait le repassage. Les enfants se sont ennuyés.*

10 *À dix heures, elle s'est sentie complètement épuisée. Elle s'est reposée et elle a dormi.*

11 *Elle s'est réveillée tout d'un coup. Elle a décidé de faire ses valises et de partir le lendemain.*

Examination grammar in action 32

Using reflexive verbs in the perfect tense

This provides further practice of reflexive verbs in the perfect tense.

215 Au choix

[11] Samedi dernier

This is an open-ended task, where students complete sentences about how they spent a recent Saturday.

57

5 Forum des jeunes

This reading item, based on contributions to an internet discussion forum, includes several examples of reflexive verbs in different tenses and some interesting comments on penfriend and exchange experiences.

Students find in the texts the French for a range of English phrases, many including reflexive verbs.

Solution:

1 *nous nous sommes rencontrées une fois*
2 *ça s'est très bien passé*
3 *on s'envoie des mails*
4 *j'oublie souvent de lui répondre*
5 *on garde toujours contact par l'internet*
6 *elle n'a fait aucun effort*
7 *elle ne parlait pas beaucoup*
8 *avec qui je m'entends très bien*
9 *quelques mois plus tard*
10 *on ne s'est vues que deux fois*

Activité (lire)

Avoir un corréspondant, c'est bien

This online reading activity provides further practice based on the *Forum des jeunes* text.

57

6 À vous!

Students write an imaginary or true account of a recent day. For further guidance, a suitable description in notes could be written on the board.

3H Tout s'est bien passé   pages 58–59

Aims and objectives	Grammar and skills	Resources
• thank someone for their hospitality • compare life in different countries	Tense discrimination	**Key language:** see SB 62 **Online resource:** *Activité (lire)* **CD:** 2/35–36

58

1 Trois cartes postales

This gives practice in writing postcards before, during and after a trip to France, and in distinguishing between past, present and future tenses.

Remind students about the different tenses and suggest they look them up if necessary.

Students select a sentence from each group of three to complete each postcard, ensuring that the appropriate tense is used each time.

58

2 À vous!

Students write their own postcard on similar lines.

58   2, tr 35

3 On dit 'merci'

a Students read the descriptions and match them to the pictures.

Solution: **1** D, **2** B, **3** F, **4** C, **5** A, **6** E

b Students then listen to the conversations and match them to the pictures.

Solution: **1** C, **2** F, **3** B, **4** D, **5** A, **6** E

For extended practice, students could now start from the résumés and make up the conversations, eventually comparing them with the recordings.

transcript

On dit 'merci'

1 – Merci bien pour les fleurs, Simon. Ça t'a plu, ton séjour en France?
 – Oh oui, je me suis très bien amusé ici!
 – Alors, au revoir et bon voyage!
 – Au revoir, madame et merci beaucoup pour un séjour merveilleux.

2 – Au revoir et merci. J'ai passé une très bonne soirée chez vous.
 – Au revoir, Véronique. Nous étions très contents de te recevoir.

3H Tout s'est bien passé

3 – Allô, c'est Frédéric?
– Oui oui, c'est moi. C'est toi, Lucie?
– Oui, c'est moi. Je te téléphone pour te dire que je me suis éclatée à ta fête, hier soir.
– Ah bon! C'est gentil de téléphoner. Dis-moi, Lucie, qu'est-ce que tu fais samedi prochain?
– Samedi prochain … euh … rien de spécial.
– Tu veux aller en ville avec moi? On pourrait manger une pizza, puis aller en boîte.
– Oui, je veux bien. Merci beaucoup.
– À samedi soir, alors!

4 – Au revoir et merci beaucoup. Nous avons passé un excellent week-end chez vous.
– Oui, c'était fantastique. Merci.
– Au revoir. Nous avons été très heureux de vous revoir. Bon retour!

5 – Mille fois merci pour votre hospitalité. Je garderai un très bon souvenir de mes vacances en France.
– C'était un grand plaisir, Nathalie, et nous espérons te revoir un de ces jours.

6 – Bonjour, Hélène. C'est Roland à l'appareil.
– Ah, bonjour, Roland.
– Je te téléphone pour te dire que ta fête était sensass et pour t'inviter à aller au cinéma avec moi ce soir.
– Ben, je suis très contente que tu te sois bien amusé à la boum, mais je regrette, je ne suis pas libre ce soir.
– Tu n'es pas libre? Tant pis! À une autre fois, peut-être.

sb 59

4 Mes impressions

Students complete the reading text with the correct words from the box.

Solution: **1** *tôt,* **2** *moins,* **3** *céréales,* **4** *plus,* **5** *fatigante,* **6** *émissions,* **7** *tard,* **8** *longtemps,* **9** *après*

sb 59

5 Un échange réussi

a Students read Katy's comments about her visit to France and then match each title to the relevant paragraph.

Solution: **1** C *À table,* **2** A *On mange bien,* **3** D *La maison,* **4** F *La famille,* **5** E *Des émissions pareilles,* **6** B *On chante en anglais*

b They then answer questions in English.

Solution:

1 *Timing is different; French people eat later in the evenings and spend longer at the meal table. They prepare more food from scratch and don't eat prepared meals and don't use a microwave. Bread is eaten fresh and they buy it each day at the baker's.*

2 *There are often polished wooden floors with rugs and shutters at the windows rather than curtains, making it warm in winter and cool in summer.*

3 *Some of the TV programmes, such as* Casualty *and* House, *were the same.*

4 *Most pop singers sang in English.*

sb 59   2, tr 36

6 Mon séjour en Angleterre

Students listen to Laura talking about her stay in Yorkshire and make some notes about her comments.

transcript

Mon séjour en Angleterre

– Alors, c'était bien le Yorkshire?
– Oui oui, très bien.
– Et c'était très différent de la France?
– Ben, il y avait des différences, bien sûr: les heures des repas, par exemple. On dîne très tôt en Angleterre, vers six heures souvent.
– Ah oui, c'est très tôt en effet. Et tu as bien mangé?
– Oui, très bien. J'ai beaucoup aimé le petit déjeuner et le 'trifle'.
– Le 'trifle', c'est quoi?
– C'est un dessert fait avec des gâteaux recouverts de 'jelly' avec de la crème anglaise et de la crème Chantilly.
– Mmm, délicieux! Et le petit déjeuner, pourquoi as-tu aimé ça?
– Ben, le samedi, on a mangé le petit déjeuner traditionnel: œuf, bacon, tout ça. Très, très bon! Mais même les autres jours j'ai beaucoup aimé ce repas à cause du grand choix de céréales qu'on a: j'en ai goûté une douzaine au moins! En plus, j'aime le pain en Angleterre, surtout le pain coupé en tranches. C'est très pratique pour faire les sandwichs et les toasts.
– Et les autres repas, tu les as aimés?
– Oui, en général, mais ils prennent le fromage après le dessert, pas avant, comme nous. Moi, je n'aime pas ça!
– Est-ce qu'il y avait des choses que tu n'as pas aimées?
– Euh … ben … la circulation. Tu sais qu'on roule à gauche? Je n'ai pas pu m'y habituer. En plus, sur les autoroutes, il y a souvent beaucoup d'embouteillages.
– Mais d'une façon générale, ça t'a plu?
– Beaucoup. J'espère bien y retourner l'année prochaine.

Activité (lire)

Si vous partez en famille …

This online reading activity gives tips about staying with a family in a foreign country.

To sum up work on this unit, it would be useful to have a general class discussion comparing everyday life in the student's home country and France, covering daily routine, customs, food, etc.

Tricolore Total 4 Teacher's Book   85

Unité 3 Consolidation and assessment

3I Consolidation and assessment pages 60–61

Aims and objectives	Grammar and skills	Resources
• find out what you have learnt • practise exam assessment techniques		**Key language:** see SB 62 **Online resource:** *Activités (Vocabulaire, Quiz)* **Copymasters:** 3/10, 3/11; *Epreuves:* 3/11–3/17 **CD:** 2/37, 3/2–11, SCD1/22–26

This spread provides assessment tasks that follow the style of assessment for speaking and writing offered by some awarding bodies. Teachers should adapt the tasks as necessary to suit the needs of their students. Board-specific examination practice, written by experienced examiners, is provided online.

60 Contrôle oral

A Une conversation
This provides an outline for an assessed conversation about students' home life. First, work through the requirements and build up some suggestions on the board for each point.

Préparation
Students could first think about the questions that might be asked, perhaps looking back through the unit for ideas.

60   2, tr 37   SCD1, tr 22

Florence parle de son appartement
The example (in three parts) and related activities should provide ideas and support for the conversation task.

A Students listen to Part A and answer questions in English.

> **Solution: 1** it's an old block of flats in the town centre, **2** 3rd floor, **3** two bedrooms, **4** there is a balcony but no garage, **5** in the street, **6** well-located with a small garden around the building, close to metro station, **7** noisy at night, especially Saturday nights, **8** seven years

transcript

Florence parle de son appartement: Partie A
- Florence, tu habites une maison ou un appartement ?
- J'habite un appartement dans un vieil immeuble au centre-ville. L'appartement est assez grand et se trouve au troisième étage. Dans l'appartement nous avons une grande salle de séjour, une cuisine, une salle de bains et deux chambres. Il y a aussi un balcon. Il n'y a pas de garage alors on gare la voiture dans la rue.
- Tu aimes habiter là?
- Oui, l'appartement est très bien situé et il y a un petit jardin autour de l'immeuble. On est tout près d'une station de métro, alors c'est pratique pour les transports. L'inconvénient c'est qu'il y a pas mal de bruit le soir, surtout le samedi soir.
- Ça fait longtemps que tu habites là?
- Nous y habitons depuis sept ans. Il y a sept ans, mes parents ont divorcé et ma mère, ma sœur et moi, nous avons déménagé à l'appartement.

B Students listen to Part B and write down the missing words. These should all be familiar and are not listed in the Student's Book, but could be written on the board in jumbled order, if necessary.

> **Solution: 1** partage, **2** s'entend, **3** rideaux, **4** bibliothèque, **5** j'ai mis, **6** mur, **7** voudrais, **8** rez-de-chaussée, **9** sous-sol, **10** rivière

transcript

Partie B
- Tu as ta propre chambre?
- Non, je partage une chambre avec ma sœur aînée.
- Comment ça marche?
- Bof, ça va. On s'entend bien et la chambre est assez grande alors on a chacune son coin.
- Elle est comment, la chambre?
- Alors, les murs sont vert clair et les rideaux sont vert foncé et, par terre, il y a de la moquette grise. Dans la chambre, il y a deux lits, deux armoires, une grande table, deux chaises et une bibliothèque pour nos livres. Moi j'adore le tennis et j'ai mis des posters de mes joueurs préférés au mur, près de mon lit. Ma sœur a mis les photos de vacances dans son coin.
- Comment serait ta maison idéale?
- Si j'avais beaucoup d'argent je voudrais vivre dans une maison individuelle au bord d'une rivière, à la campagne. Au rez-de-chaussée, il y aurait une belle cuisine parce que j'aime faire la cuisine, une grande salle de séjour et plusieurs chambres pour tous mes amis. Au sous-sol, il y aurait une salle de jeux avec une table de ping-pong. Dehors, il y aurait un grand jardin, avec une pelouse et un court de tennis, et près de la rivière, il y aurait un petit bateau ou un canoë pour faire des promenades en rivière.

C1 Students listen to Part C to find out which questions are asked.

> **Solution:** a, c, e, f

C2 They then listen again to Part C and note as many details as possible.

> **Solution:**
> **a** He helps a little, e.g. laying the table or loading the dishwasher.

Unité 3 Consolidation and assessment

c He vacuumed and helped with the cooking (prepared the desert).

e His mother does most housework but he and his sister both help.

f He thinks so, but says that if he has a lot of homework or exams, his mother doesn't expect him to do so much.

transcript

Partie C

– Est-ce que tu aides à la maison quelquefois?
– Oui, j'essaie d'aider un peu, quand même, par exemple, mettre la table ou remplir le lave-vaisselle. Et je range ma chambre de temps en temps.
– Qu'est-ce que tu as fait récemment?
– Dimanche dernier, j'ai passé l'aspirateur parce qu'on avait des invités pour déjeuner et j'ai aidé avec la cuisine; j'ai préparé le dessert – une tarte aux pommes. Ma sœur a aidé aussi; elle a débarrassé la table après le repas.
– Qui travaille le plus chez vous?
– Ma sœur et moi, nous aidons toutes les deux, mais bien sûr c'est ma mère qui fait le plus.
– À ton avis est-ce que c'est important que tout le monde aide à la maison?
– Je crois que oui. Je trouve cela normal, chacun doit faire sa part. Mais si on a beaucoup de devoirs ou des examens, ma mère n'insiste pas.

Students then prepare their own answers for a conversation with a partner or with you. This could be recorded and used for self- or peer assessment.

60

B Une présentation

An alternative (or additional) task would be to prepare a presentation about a visit to a French family, using similar language and content.

61 Contrôle écrit

Cette année

This provides an outline for a written assessment of 200–300 words based on material in the unit.

Students read the sample article and do the task, which helps extract key vocabulary for their own work. Emphasise that this is just one example and should not dictate what students may choose to write.

Solution: 1 *on était quinze personnes en tout* **2** *elle viendra chez nous à Pâques* **3** *je ferai beaucoup de progrès* **4** *m'orienter dans les langues* **5** *comme je me passionne pour le tennis* **6** *si je n'arrive pas* **7** *(les) champs de bataille* **8** *c'était très émouvant* **9** *j'espère bien que oui* **10** *ce genre de voyages* **11** *le voyage coûtera cher* **12** *ça me permettra de* **13** *avant de passer le bac* **14** *nous serons des demoiselles d'honneur* **15** *le mariage aura lieu*

Students then write their own article about the year ahead, using a range of tenses.

61 Top Tips

This gives some useful phrases for time expressions and giving opinions.

62–63 Sommaire

This is a summary of the main grammar and vocabulary of the unit.

Activité (int09)

Vocabulaire – Unité 3

This game provides practice of the vocabulary of the unit.

Activité (int10)

Quiz – Unité 3

An online quiz which tests the language and content of Unit 3.

3/10

Chez une famille

This optional copymaster provides visuals and French cues for a short narrative, in five parts, to practise speaking or writing. Some awarding bodies include a task similar to this at GCSE. Students should describe all the events shown, but need not mention all the details.

3/11   3, tr 2–5   SCD1, tr 23–26

Tu comprends?

1 Au camp

Students listen to the conversations and note who does which household tasks.

Solution: 1 G Karim, **2** C Lise, **3** D Mathieu et Thierry, **4** A Émilie, **5** B Daniel, **6** E Sophie

transcript

Au camp

– Catherine, est-ce que tu peux faire les lits?
– Oui, je vais faire les lits.
– Et toi, Karim, peux-tu mettre le couvert et débarrasser la table aujourd'hui?
– Oui, mettre la table et débarrasser après le repas.
– Lise, tu peux passer l'aspirateur?
– Oui, moi, je dois passer l'aspirateur. D'accord.
– Mathieu et Thierry, vous pouvez faire la vaisselle, s'il vous plaît? C'est juste pour aujourd'hui.
– Oui, d'accord.
– Faire la vaisselle, c'est ce que je déteste le plus.
– Émilie, est-ce que tu peux faire les courses? Voici la liste.
– Faire les courses, chic, j'adore ça.
– Daniel, peux-tu aider à faire la cuisine?
– Oui, j'aime bien faire la cuisine.
– Et toi, Sophie, est-ce que tu peux sortir les poubelles?
– Oui, sortir les poubelles, ce n'est pas dur, ça.

Unité 3 Consolidation and assessment

2 En famille
Students listen and choose the right answer in each case.

Solution: 1 C, 2 A, 3 B, 4 A, 5 A, 6 A, 7 C

transcript

En famille
- Voilà ta chambre, Dominique. Je te laisse t'installer. Est-ce que tu as besoin de quelque chose?
- Oui, je n'ai pas de dentifrice.
- On va dîner à sept heures et demie. Est-ce qu'il y a quelque chose que tu ne manges pas ou que tu n'aimes pas?
- Je n'aime pas beaucoup les champignons.
- Voilà le programme de la télé. Tu veux regarder quelque chose?
- Je veux bien voir le match de football, s'il te plaît.
- Le soir, tu te couches à quelle heure, normalement?
- Je me couche à dix heures et demie, environ.
- Tu te lèves à quelle heure le matin, pendant les vacances?
- Je me lève vers neuf heures.
- Et qu'est-ce que tu prends pour le petit déjeuner?
- Chez moi, je prends des céréales.
- Qu'est-ce qu'on va faire demain?
- Demain, on va aller au collège. J'espère que ça ne va pas être casse-pieds.
- Qu'est-ce que ça veut dire, 'casse-pieds'?
- Ça, c'est du français familier, ça veut dire ennuyeux.
- Ahh!

3 Un appartement de vacances
Students listen and fill in the details on the table.

Solution:

situation (plage/ville)	Ville
pièces (combien?)	3
personnes (combien?)	4
balcon (✓/✗)	✓
c'est à quel étage?	2 ième
ascenseur (✓/✗)	✗
quartier magasins (✓/✗) restaurants (✓/✗)	✓ ✓
on peut le voir (jour/heure)	mercredi à 5h00

transcript

Un appartement de vacances
- Allô.
- Bonjour, madame. Je vous téléphone à propos de l'appartement de vacances.
- Oui, ça vous intéresse?
- Oui, peut-être. Est-ce que l'appartement est près de la plage?
- Non, ce n'est pas tout près de la plage, c'est au centre-ville. Donc, pour aller à la plage, il faut compter vingt minutes de marche.
- Bon, et il y a combien de pièces dans l'appartement?
- Il y a trois pièces principales – deux chambres et une salle de séjour avec coin cuisine. Il y a une salle de bains aussi, bien sûr, et un petit balcon.
- Alors, il y a de la place pour quatre personnes?
- Oui, c'est ça. Il y a quatre lits en tout.
- Et vous avez dit qu'il y avait un balcon?
- Oui, il y a un petit balcon avec vue sur la ville.
- Hmm … C'est à quel étage?
- C'est au deuxième étage.
- Est-ce qu'il y a un ascenseur?
- Non, il n'y pas d'ascenseur.
- Et qu'est-ce qu'il y a dans le quartier?
- Comme c'est au centre-ville, c'est très pratique. Dans le quartier, vous avez des magasins, des restaurants, etc. Alors, ça vous intéresse?
- Oui. Quand est-ce que je peux le voir?
- Voyons … euh … mercredi, ce serait possible? Vers cinq heures?
- D'accord. Bon, mercredi, à cinq heures.
- Merci. Au revoir, monsieur.
- Au revoir, madame.

4 Des projets pour le week-end
Students read the statements and decide whether they are true, false or not mentioned.

Solution:
1 Magali: **a** V, **b** PM, **c** F, **d** V
2 Philippe: **a** V, **b** F, **c** V, **d** PM
3 Lucie: **a** F, **b** V, **c** F/PM, **d** PM
4 Roland: **a** F, **b** V, **c** V, **d** F

transcript

Des projets pour le week-end
- Qu'est-ce que tu vas faire samedi, Magali?
- Alors ce week-end, rien de spécial. Samedi matin, je vais aller en classe, comme d'habitude. J'ai cours jusqu'à midi. Bon, l'après-midi je vais faire mes devoirs. J'en ai beaucoup en ce moment. Puis le soir, je vais faire du baby-sitting pour ma voisine. Ça ne sera pas une soirée très passionnante, mais enfin, ça rapporte un peu d'argent. Et pendant la soirée, je peux regarder *Urgences* à la télé. C'est ma série préférée. J'adore les séries.
- Et toi, Philippe, que vas-tu faire dimanche?
- Dimanche, je vais me lever tard. Le matin, je vais aider ma mère à préparer le déjeuner. Il y a mon oncle et ma tante qui viennent déjeuner à la maison. Alors, on va rester longtemps à table. Puis après, s'il fait beau, on va peut-être faire une randonnée à la campagne. S'il ne fait pas beau, bon, on restera à la maison et je jouerai sur l'ordinateur.
- Lucie, tu vas sortir samedi?
- Oui, je n'ai pas cours le samedi matin, alors, toute la famille va aller chez mes grands-parents. Ils

Tricolore Total 4 Teacher's Book

Unité 3 Consolidation and assessment

habitent à cent kilomètres d'ici. Donc, nous irons chez eux en voiture. Je pense qu'on partira samedi matin et on arrivera pour le déjeuner. Alors, samedi après-midi, s'il fait beau, ma sœur et moi, nous ferons une promenade à vélo. S'il fait mauvais, nous irons à la piscine. Puis le soir, je ne sais pas – on restera à la maison, on jouera aux cartes, peut-être.
- Roland, tu as des projets pour dimanche?
- Dimanche matin, je ne sais pas. À midi, on mangera à la maison, puis l'après-midi, nous irons avec mon grand-père au stade pour voir un match de football. Il adore le sport, mon grand-père. Après le match, nous rentrerons à la maison. Le soir, je finirai mes devoirs.

Épreuves: Unité 3

These worksheets can be used for an informal test of listening and reading or for extra practice, as required. For general notes on administering the *Épreuves*, see TB 12.

3 /12, 3, tr 6–8

Épreuve 3: Écouter – Partie A

1 Qu'est-ce qu'on va faire? F

Students listen to each speaker and write the correct letter.

Solution: 1 *A*, **2** *E*, **3** *G*, **4** *H*, **5** *D*, **6** *F*   [6 marks]

transcript

Qu'est-ce qu'on va faire?

Exemple: Je vais passer mes vacances à Londres.
1 Pendant les vacances, je vais travailler dans un restaurant.
2 Cet été j'irai chez une famille en Irlande et je ferai des promenades à vélo avec mon ami.
3 Mon correspondant anglais viendra chez nous et on visitera Paris ensemble.
4 En août prochain, je ferai du camping avec ma famille.
5 Je n'ai pas beaucoup d'argent, alors je vais travailler à la ferme.
6 J'espère partir en vacances cet été, mais d'abord, je dois réviser pour mes examens.

2 On prend le train F

This is a multiple-choice item. Students listen to each conversation or announcement and tick the correct box.

Solution: 1 *b*, **2** *c*, **3** *b*, **4** *c*, **5** *b*, **6** *a*   [6 marks]

transcript

On prend le train
Exemple:
- Pardon, monsieur, c'est à quelle heure, le prochain train pour Lille?
- Le prochain train pour Lille part à quatorze heures cinquante.
- Alors, quatorze heures cinquante. Merci.

1 – Le train pour Bordeaux part de quel quai?
- Du quai numéro cinq.
- Du quai cinq.
2 – Votre attention s'il vous plaît! Le train à destination de Lyon a trente minutes de retard. Retard de trente minutes pour le train à destination de Lyon.
3 – Je voudrais un aller-retour pour Paris.
- En première ou seconde classe?
- Seconde classe.
- Alors, ça vous fait cinquante euros.
4 – Le train de quinze heures vingt est déjà parti?
- Qui, il vient de partir. Le prochain train pour Dieppe part à dix-sept heures trente.
- À dix-sept heures trente? Et c'est direct?
- Oui, c'est direct.
5 – Il faut attendre quarante minutes alors on va dans la salle d'attente?
- Oui, mais c'est où?
- La salle d'attente, c'est là–bas, près du kiosque.
6 – Un aller simple pour Lille, s'il vous plaît.
- C'est en TGV, donc la réservation est obligatoire.
- Bon, d'accord.
- Alors, vous préférez le côté fenêtre ou le côté couloir?
- Côté fenêtre, s'il vous plaît.
- Voilà. Vous avez une place réservée en voiture huit, côté fenêtre.
- En voiture huit, côté fenêtre. Merci monsieur.

3 On va bientôt partir F

Students listen to the conversation with Alice and choose the correct answers. Deduct marks or give no marks if more items are ticked than required.

Solution: 1 *b*, **2** *a, c, f, h*, **3 (a)** *B*, **(b)** *B*, **(c)** *C*
[8 marks]
[Total for Part A: 20 marks]

transcript

On va bientôt partir

- Quand est-ce que tu partiras chez ta correspondante en Angleterre?
- Je partirai pour l'Angleterre après demain, alors c'est bientôt.
- Tu pars après demain? Alors tu as déjà fait ta valise?
- Non, je suis en train de faire ma valise.
- Tu vas prendre un appareil?
- Oui, bien sûr, je voudrais prendre beaucoup de photos. J'ai un petit appareil qui va dans ma poche, alors c'est très pratique.
- Tu prendras un portable aussi?
- Oui, je prendrai mon nouveau portable que j'ai reçu pour mon anniversaire. Mais je ne vais pas prendre mon sac à main. Il est trop grand.
- Tu vas prendre ton maillot de bain?
- Oui, je vais prendre un maillot de bain parce qu'il y a une piscine dans la ville et on ira peut-être à

Unité 3 Consolidation and assessment

– la plage aussi, alors je prendrai mes lunettes de soleil aussi.
– Oui, les lunettes de soleil, ça c'est important aussi.
– Tu vas offrir des cadeaux à la famille, des bonbons ou un livre, par exemple?
– Bien sûr, mais pas de bonbons. J'ai un livre sur la France pour les parents et pour le petit frère de ma copine, j'ai un t-shirt que j'ai acheté à Paris.
– Alors un livre pour les parents et un t-shirt pour le petit garçon. Et qu'est-ce que tu as pour ta copine?
– Pour elle, j'ai ce joli sac pour le maquillage, avec la tour Eiffel dessus – joli, non?
– Hmm oui! Ce sac de maquillage est très joli. Elle est sûre d'aimer ça.

3/13 3, tr 9–11

Épreuve 3: Écouter – Partie B

1 Christophe est en Suisse F/H

Students listen to the conversation and answer the questions in English

Solution: 1 *toothpaste,* **2** *about 10.00pm,* **3** *five people use the bathroom/he needs to be quick,* **4** *(any three) bread and butter, jam, a croissant, bread rolls, honey* [6 marks]

transcript

Christophe est en Suisse
– Voici ta chambre. Tu peux t'installer.
– C'est très bien. Où est la salle de bains, s'il te plaît?
– Ici, en face de ta chambre. Puis il y a des toilettes en bas aussi, à côté de la cuisine.
– Tu as besoin de quelque chose?
– Oui, j'ai oublié mon dentifrice. Tu peux m'en prêter?
– Bien sûr. Il y en a dans la salle de bains, et du savon aussi. Tu as ta brosse à dents?
– Oui, oui, merci. Dis-moi, Michel, tu te couches à quelle heure, normalement?
– Vers dix heures dans la semaine, mais plus tard le week-end – entre onze heures et minuit.
– Très bien. Moi aussi. Est-ce que je peux prendre une douche demain matin, Michel?
– Oui … oui, mais il faut faire vite, parce que cinq personnes devront partager la salle de bains et mon père n'aime pas manquer son petit déjeuner avant de partir travailler!
– D'accord, je vais me dépêcher. À propos, qu'est-ce qu'on mange pour le petit déjeuner, chez toi?
– Ma sœur et moi, on mange des tartines et de la confiture, ma mère un croissant, et mon père des petits pains avec du miel. Qu'est-ce que tu préfères, Christophe?
– Alors moi, je vais manger comme toi.

2 Tu aides à la maison? F/H

Students first listen to some young people discussing helping at home and tick the grid according to which tasks they do. In the second part, they complete the sentences in English by giving a reason.

Solutions:

a:

	la vaisselle	le ménage	le jardinage	le repassage	les courses
Exemple Marc	✓		✓		
Sandrine		✓		✓	
Claire		✓		✓	✓
Fabien					✓

[½ mark for each correct tick (3 marks in total)]

b: 1 *she watches TV at the same time*
2 *she is the oldest in a large family/her mother is tired/to help her mother*
3 *he lives in an hotel* [3 marks]

[Total 2a and 2b: 6 marks]

transcript

Tu aides à la maison?
– Qu'est-ce que tu fais pour aider à la maison, Marc?
– Euh, le jardinage … je fais un peu de jardinage, le week-end. J'aime ça. Et puis la vaisselle, de temps en temps. Et toi, Sandrine? Tu aides beaucoup à la maison?
– Non, non, pas trop! Je n'aime pas faire le ménage, mais je dois le faire quelquefois, et le repassage aussi, mais ça, c'est plus agréable parce que je regarde la télé en même temps. Mais c'est Claire qui aide le plus à la maison, parce que sa famille est nombreuse et c'est elle qui est l'aînée, n'est-ce pas, Claire?
– En effet, oui, j'essaie d'aider ma mère. Le samedi, je fais les courses, mais ça, j'aime bien – je fais du lèche-vitrines en même temps. À part ça, il y a aussi le ménage, et puis quelquefois, le repassage aussi.
– C'est fantastique, Claire! J'admire ton courage!
– Merci, Fabien, mais toi, tu fais quoi?
– Moi, euh, ben … je fais les courses, puis à part ça, rien du tout.
– Rien du tout! Mais pourquoi? Tu es paresseux, c'est ça?
– Non, je ne suis pas tellement paresseux. C'est que mes parents sont propriétaires d'un hôtel et nous, on habite là.
– Ah!

3 Un voyage en Écosse F/H

Students listen to Jazmine talking about a recent visit to Scotland and answer the questions in English.

Solution: 1 *there was a delay for two hours,* **2** *looking in shops,* **3** *two hours,* **4** *by coach,* **5** *Edinburgh castle,* **6** *Scottish accent,* **7** *bad, rained a lot, cold,* **8** *any two of: enjoyed it, found people nice, had a good holiday, thinks her English improved.* [8 marks]

[Total for Part B: 20 marks]

Tricolore Total 4 Teacher's Book

Unité 3 Consolidation and assessment

transcript

Un voyage en Écosse

Au mois de mai, je suis allée en Écosse en voyage scolaire. Pour le voyage, nous sommes partis très tôt le matin pour arriver à l'aéroport à six heures et demie. Mais quand nous sommes arrivés à l'aéroport, on a annoncé un retard de deux heures. C'était pénible, mais nous avons passé le temps aux magasins à l'aéroport. Enfin notre vol est parti à onze heures et nous sommes arrivés à l'aéroport d'Édimbourg deux heures après.

De l'aéroport, nous avons pris un car à l'hôtel au centre d'Édimbourg.

Pendant notre séjour, nous avons visité la ville et le château d'Édimbourg. J'ai trouvé le château très intéressant et on avait une belle vue sur la ville. Nous avons aussi fait des excursions dans la région en car.

Un jour, nous sommes allés dans un foyer pour les jeunes pour rencontrer de jeunes Écossais. C'était bien mais j'ai trouvé l'accent écossais difficile à comprendre. Cependant, j'ai trouvé les gens sympas et on s'est bien amusés.

Malheureusement, il n'a pas fait beau. Il pleuvait souvent et il faisait froid. J'ai acheté un pull en laine qui était très utile.

Après une semaine, nous avons pris le car jusqu'à l'aéroport pour le voyage de retour. J'ai passé de très bonnes vacances en Écosse et j'ai fait des progrès en anglais (je crois) alors mes parents étaient contents.

3/14

Épreuve 3: Lire – Partie A

1 Dans la cuisine F

Students match the picture with each item on the list and write the correct letter.

Solution: **1** H, **2** B, **3** D, **4** C, **5** F, **6** I   [6 marks]

2 On fait le ménage F

Students match the picture to the list of household tasks.

Solution: **1** E, **2** A, **3** B, **4** G, **5** I, **6** D   [6 marks]

3 Un message F/H

Students read the letter and tick the correct boxes for each question.

Solution: **1** c, **2** b, **3** a, **4** b, **5** c, **6** b, **7** a, **8** b
[8 marks]
[Total for Part A: 20 marks]

3/15

Épreuve 3: Lire – Partie B (1)

1 La Carte 12–25 H

Students read the details about a young person's railcard and answer the questions in English.

Solution: **1** one year, **2** b, c, **3** b, f, g, **4** ID card, photo, (½ mark for each), **5** booking in advance, travelling in quiet periods, **6** buy it on the eve of your 26th birthday   [10 marks]

3/16

Épreuve 3: Lire – Partie B (2)

2 Être au pair en France H

Students read the three accounts of life as an au pair. They read the statements and attribute each to one of the three people, using C (for Claire), S (for Stefan) or N (for Nicole).

Solution: **1** N, **2** S, **3** S, **4** N, **5** C, **6** S, **7** C, **8** N, **9** C, **10** N   [10 marks]
[Total for Part B: 20 marks]

3/17

Épreuve 3: Grammaire

This provides assessment of the following grammar points: emphatic pronouns, reflexive verbs, the future tense.

1 Using emphatic pronouns (*moi, toi,* etc.)

Solution: **1** *lui,* **2** *nous,* **3** *elle,* **4** *eux,* **5** *vous,* **6** *moi*   [6 marks]

2 Reflexive verbs in different tenses

Solution: **1** *nous nous sommes bien entendus,* **2** *je me suis installé,* **3** *elle s'est disputée,* **4** *on se verra*   [4 marks]

3 Verbs in the future tense

Solution: **A: 1** *travaillerai,* **2** *partirez,* **3** *prendra,* **4** *chercheront,* **5** *trouverai;* **B: 1** *iras,* **2** *verrai,* **3** *aurons,* **4** *fera,* **5** *sera*
[10 marks]
[Total 20 marks]

Tricolore Total 4 Teacher's Book

Tricolore Total 4
Unité 4 Une semaine typique   pages 64–85

Aims and objectives	Grammar and skills	Vocabulary
4A La vie scolaire pages 64–65		
• talk about school life • describe your school		School life, The school years The (school) premises
4B Une journée scolaire pages 66–67		
• describe the school day		School subjects
4C Au collège pages 68–69		
• talk about school subjects • discuss school rules • say what you have to do	*devoir, il (ne) faut (pas), être obligé de c'est (ce n'est pas) obligatoire de il est interdit de, avoir le droit de, être interdit de + infinitive*	School subjects and me Tests
4D On parle du collège pages 70–71		
• compare school systems • discuss life at school • suggest improvements	Useful phrases in the conditional: *ce serait bien (si/de), il devrait y avoir*	
4E Avant, c'était différent pages 72–73		
• talk about how things used to be • use the imperfect tense	The imperfect tense (formation and some uses)	
4F Aux magasins pages 74–75		
• talk about shopping • find out about prices • say which item you prefer	*ce/cette/ces celui*, etc. Different uses of the imperfect tense	Shopping, Specialist shops In a department store, Money, Presents and souvenirs, Clothes
4G Vous faites quelle taille? pages 76–77		
• shop for clothes • explain a problem • ask for a refund or exchange	*quel, lequel*, etc. Ask about clothes/shoe sizes	Buying clothes Returning items
4H La mode, c'est important? pages 78–79		
• discuss clothing and fashion		Clothes, Jewellery Fashion and appearance
4I Qui étaient-ils? pages 80–81		
• find out about famous French people • read a French poem		
4J Consolidation and assessment pages 82–83		
• practise exam assessment techniques • find out what you have learnt		
Sommaire pages 84–85		

Resources:

Student's Book 66–87
CD 3–4, Student CD 1

Copymasters
4/1 Mots croisés – au collège
4/2 Une semaine au collège
4/3 Vendredi soir
4/4 Le Petit Nicolas (1)
4/5 Le Petit Nicolas (2)
4/6 Le shopping
4/7 Aux magasins
4/8 Des objets perdus et retrouvés
4/9 Tu comprends?
4/10 Épreuve 4: Écouter – Partie A
4/11 Épreuve 4: Écouter – Partie B
4/12 Épreuve 4: Lire – Partie A
4/13 Épreuve 4: Lire – Partie B (1)
4/14 Épreuve 4: Lire – Partie B (2)
4/15 Épreuve 4: Grammaire

Au choix SB 216–217
1 Une journée typique
2 Pourquoi pas?
3 On parle de quoi?
4 L'année prochaine ou l'année dernière?
5 L'année prochaine
6 Au magasin de sport
7 Vous aidez au magasin

Examination Grammar in Action 33–39
Using the verb *devoir*
Using *il faut* + infinitive
Using the imperfect tense (1)
Using the imperfect tense (2)
Using the imperfect tense (3)
Using *ce/cette/ces* and *celui*
Using *quel* and *lequel*

Kerboodle!
L'éducation en France (Présentation)
Une journée dans ma vie (Activité – P)
Qu'est-ce qu'on doit faire? (Activité – G)
Le Laos (Présentation)
Montréal ou la France? (Activité – É)
L'histoire de Marks & Spencer (Activité – L)
Ce n'était pas facile (Activité – G)
On fait du shopping (Activité – P)
Qu'est-ce qu'on a trouvé? (Activité – É)
Trois personnes célèbres (Activité – L)
Vocabulaire – Unité 4 (Activité)
Quiz – Unité 4 (Activité)

É = Écouter, L = Lire, P = Parler,
G = Grammaire

Tricolore Total 4 Teacher's Book

4A La vie scolaire

4A La vie scolaire pages 64–65

Aims and objectives	Grammar and skills	Resources
• talk about school life • describe your school		**Key language:** see SB 84 **Online resource:** *Présentation* **CD:** 3/12

Introduction
First, check what students know about French school life from previous work, e.g. different types of school (*école primaire*, *collège*, *lycée*), age of compulsory schooling, etc. More details could be given about the French education system, e.g. the fact that the *baccalauréat* (*bac*) is the main leaving exam. The *brevet*, taken at age 15–16 (at the end of *troisième*) does not have the same importance as GCSE.

Classes at primary school are named as follows:
CP – *Cours Préparatoire*
CE1 – *Cours Élémentaire*
CE2 – *Cours Élémentaire*
CM1 – *Cours Moyen*
CM2 – *Cours Moyen*

Présentation

L'éducation en France
Use this online PowerPoint presentation to revise different aspects of school life in France.

SB 64

1 Des écoles différentes
Students read the text about different types of school in France and complete the sentences.

> **Solution: 1** *l'école maternelle*, **2** *le dessin, la peinture, la lecture et la musique*, **3** *l'école primaire, collège*, **4** *lycée*, **5** *un examen important qui donne accès à l'université*

SB 64

2 À vous!
Students complete some sentences about the education system in their own country.
This could be developed into a discussion if appropriate, e.g.
– *Quelles sont les différences avec le système en France?*
– *On commence plus tard en France à l'âge de six ans.*
– *À votre avis, c'est une bonne idée, ça?*

SB 65 3, tr 12

3 Notre collège
Students could first read the description of an individual school and try to guess the missing words, then listen to check their answers, or listen first and then complete the text. The completed description provides a model for later work. For support, the missing words could be written on the board.

> **Solution: 1** *mixte*, **2** *huit*, **3** *moderne*, **4** *livres*, **5** *basket*, **6** *piscine*, **7** *technologie*, **8** *physique*, **9** *devoirs*, **10** *informatique*

transcript

Notre collège

Je m'appelle Luc Dubois et je vais au collège Henri Matisse. C'est un collège mixte. Il y beaucoup d'élèves: à peu près huit cents. Le collège est dans un grand bâtiment assez moderne. Il est bien équipé. Il y a un CDI (un centre de documentation et d'information) où on peut emprunter des livres. Il y a des gymnases et des terrains de sport pour le basket, le foot et le hand. Il n'y a pas de piscine, mais des élèves vont à la piscine municipale pour faire de la natation.

Pour la technologie, nous allons dans la salle d'ordinateurs. On fait une heure et demie de technologie par semaine. J'aime bien ça.
Il y a aussi des laboratoires de sciences pour la chimie, la physique et la biologie. Dans la classe, il y a une bonne ambiance. Quand on n'a pas cours, on peut aller dans la salle de permanence pour faire ses devoirs. Il n'y a pas d'internat au collège, mais beaucoup d'élèves sont demi-pensionnaires. Comme clubs, il y a un club informatique et un club théâtre.

SB 65

4 Expressions utiles
a Students find the English for the French phrases listed, which they will use in the activities that follow.

> **Solution: 1** *g*, **2** *i*, **3** *b*, **4** *k*, **5** *d*, **6** *l*, **7** *j*, **8** *e*, **9** *a*, **10** *h*, **11** *n*, **12** *f*, **13** *m*, **14** *c*

b They then read the definitions and work out the answers.

> **Solution: 1** *un laboratoire*, **2** *la cantine*, **3** *le gymnase*, **4** *la bibliothèque/le CDI*, **5** *la cour*

c Finally, they complete the sentences.

> **Solution: 1** *tableau blanc interactif*, **2** *CDI/le bureau*, **3** *vestiaire*, **4** *salle des profs*

SB 65

5 À vous!
Students work in pairs to build up a description of their school, which can then be written down. This could also be done as a class brainstorming session, with ideas from all the class written on the board and later copied out or removed before students write their own account, seeing how much they can remember.

Tricolore Total 4 Teacher's Book

4B Une journée scolaire

4B Une journée scolaire   pages 66–67

Aims and objectives	Grammar and skills	Resources
• describe the school day		**Key language:** see SB 84 **Online resource:** *Activité (parler)* **CD:** 3/13–15

Introduction
The three texts introduce the topic of talking about a typical school day in Montreal, Paris and Fort de France (Martinique). Students can work on one or more of the texts, which are graded in difficulty, starting with the simplest.

sb 66   3, tr 13

1 Mathieu: Montréal, Québec
a Students read the text and then do the matching task that follows.

■ **Solution: 1** *c,* **2** *a,* **3** *e,* **4** *d,* **5** *b,* **6** *f,* **7** *h,* **8** *g*

b They then listen to the recording and do the *vrai ou faux?* task.

■ **Solution: 1** *F,* **2** *F,* **3** *V,* **4** *V,* **5** *V*

transcript

Mathieu: Montréal, Québec
(Une journée scolaire au Québec)

– Alors, Mathieu, peux-tu nous parler un peu d'une journée scolaire typique? Tu te lèves à quelle heure les jours d'école?
– Je me lève à six heures et demie environ. Je descends à la cuisine et je prends un chocolat chaud et des céréales.
– Et comment vas-tu à l'école?
– J'y vais en voiture. C'est mon père qui me conduit. Normalement, on quitte la maison à sept heures et demie et on y arrive à huit heures et demie.
– Ça fait long comme voyage.
– Oui, environ une heure. En hiver, il fait très froid et quelquefois, on doit fermer l'école à cause de la neige, mais ça n'arrive pas souvent.
– Ah bon? Mais normalement, tu arrives à l'école et tu as cours le matin, mais après les cours, qu'est-ce que tu fais? Est-ce que tu manges à la cantine?
– Non, j'apporte mon propre repas. D'habitude, je mange des sandwichs, des chips et un fruit.
– Puis l'après-midi, tu as cours jusqu'à quelle heure?
– Jusqu'à quatre heures et demie.
– Et ensuite, tu rentres directement à la maison?
– Oui, je rentre directement. Je prends le bus scolaire.
– Et le soir, qu'est-ce que tu fais, le soir?
– Bon, le soir, on mange vers six heures. Puis après, je fais mes devoirs. Puis quelquefois, je regarde la télévision ou je joue à l'ordinateur.

sb 66   3, tr 14

2 Charlotte: Paris, France
a Students read the account of Charlotte's day and then complete the sentences to give a summary of a typical day. For support, the missing words could be written in jumbled order on the board.

■ **Solution: 1** *sept heures moins le quart,* **2** *des céréales, un jus d'orange et quelquefois des tartines avec de la confiture,* **3** *sept heures et demie,* **4** *métro,* **5** *quatre,* **6** *deux heures,* **7** *cinq heures,* **8** *elle goûte et elle fait ses devoirs,* **9** *elle regarde la télévision ou elle lit,* **10** *elle se couche*

b They then listen to the recording and choose the correct answer(s).

■ **Solution: 1** *b,* **2** *c, f,* **3** *c,* **4** *b*

transcript

Charlotte: Paris, France
(Une journée scolaire en France)

– Charlotte, est-ce que tu peux nous raconter une journée scolaire?
– Oui, eh bien, tous les matins je me lève à sept heures moins le quart. Au petit déjeuner, je prends des céréales, des Cornflakes, des choses comme ça, avec un jus d'orange et si j'ai le temps, je prends des tartines avec de la confiture. Le collège est à environ trente minutes de chez moi.
– Comment vas-tu au collège?
– J'y vais en métro. Bon, les cours commencent à huit heures. Puis à dix heures, nous avons une pause. Et pendant la pause du matin, des élèves vendent des pains au chocolat.
– Mmm, c'est bon ça! Et à midi, qu'est-ce que tu fais?
– Bon, à midi, je mange à la cantine, je suis demi-pensionnaire. On mange assez bien. Il y a un choix de plats, mais ce que j'aime manger, c'est le riz, le poisson, les choses comme ça, quoi.
– Et l'après-midi, qu'est-ce qui se passe?
– L'après-midi, on a cours jusqu'à cinq heures, mais il y a une pause de dix minutes à seize heures. Puis après les cours, je prends l'autobus pour rentrer chez moi.
– Et le soir, tu as beaucoup de devoirs?
– Oui, j'ai environ deux heures de devoirs chaque jour.

Tricolore Total 4 Teacher's Book

4B Une journée scolaire

3 Giliane: Fort-de-France, Martinique

The text about Giliane from Martinique is the most difficult of the three presented on the spread. Some help with vocabulary may be needed, e.g. *des patates douces* (sweet potatoes), *une partie de football* (game of football), etc.

a Students read the text and then correct the mistakes in the sentences that follow.

Solution:

1 *À six heures du matin, il fait moins chaud qu'à onze heures.*
2 *Pour le petit déjeuner, elle mange du pain et de la confiture et elle boit du café.*
3 *Elle s'habille en chemisier et en jupe.*
4 *Elle va au collège à pied.*
5 *À midi, elle mange à la maison.*
6 *Les cours se terminent vers quatre heures.*
7 *Quelquefois, elle joue au football avant de rentrer.*
8 *Elle se couche vers neuf heures.*

b They then listen to the recording and answer the questions.

Solution:

1 4 frères et 2 sœurs
2 40 minutes
3 **a** des patates douces, **c** des ignames, **f** des bananes vertes
4 Elle aime s'amuser un peu: jouer au football, faire de la musique ou discuter.
5 à six heures

transcript

Giliane: Fort de France, Martinique
(Une journée scolaire en Martinique)

– C'est comment, une journée scolaire en Martinique?
– Eh bien, la journée commence assez tôt, vers six heures du matin, car c'est la seule période de la journée où il fait à peu près bon. Je prends du café et des tartines et je me prépare. J'ai quatre frères et deux sœurs, donc il faut prendre son tour pour se laver.
– Qu'est-ce que tu mets pour aller à l'école?
– Alors moi, d'habitude pour l'école je m'habille en chemisier et en jupe.
– Et comment vas-tu à l'école?
– J'y vais à pied avec mes frères et mes sœurs. Nous avons environ quarante minutes de marche et il commence déjà à faire chaud. Bon, alors, le matin on a cours jusqu'à midi, puis à midi, nous rentrons à la maison pour déjeuner.
– Qu'est-ce que vous mangez d'habitude?
– Normalement on mange des plats typiques, par exemple du poisson ou de la viande en sauce avec des légumes locaux comme des patates douces, des ignames, des bananes plantains ou des bananes vertes. Puis l'après-midi, les cours reprennent à deux heures et se terminent vers quatre heures.
– Et tu rentres directement à la maison?
– Non. Avant de rentrer, on s'amuse un peu. Quelquefois, on fait une partie de football ou on fait de la musique ou on discute. Mais on ne rentre pas très tard, parce qu'il fait déjà nuit à six heures.
– Et le soir?
– Eh bien, le soir, je dîne, je fais mes devoirs et je me couche assez tôt, vers neuf heures, vu que je dois me lever à six heures le lendemain.

Follow-up activity:

If students work on all three texts about Mathieu, Charlotte et Giliane, some comparative work could be done, e.g.

– *Qui se lève le premier?*
– *Qui est demi-pensionnaire?*
– *Qui aime manger du riz?*
– *Qui ne rentre pas directement après l'école?*

4 Une interview

Students work in pairs to interview each other about their daily routine. They can then prepare a short summary of each person's day. If these are identified by a coded number instead of the name, other students can then read them through and guess the identity of the person who gave the replies.

[1] Une journée typique

Students complete the sentences to prepare an account of a typical day. This could also be done in two sections, with students preparing an account of just the morning, or afternoon and evening.

Activité (parler)

Une journée dans ma vie

This online audio activity provides further speaking practice for talking about a typical day.

5 À vous!

Students write a description of a typical day, using the questions as a framework

Tricolore Total 4 Teacher's Book

4C Au college

4C Au college pages 68–69

Aims and objectives	Grammar and skills	Resources
• talk about school subjects • discuss school rules • say what you have to do	devoir, il (ne) faut (pas), être obligé de c'est (ce n'est pas) obligatoire de il est interdit de, avoir le droit de être interdit de + infinitive	**Key language:** see SB 84 **Online resource:** Activité (grammaire) **Copymasters:** 4/1, 4/2 **CD:** 3/16–18 **GiA:** 33–34

Introduction
Revise the names of school subjects with a brainstorming session. Write a list on the board as different subjects are mentioned. A list of the main school subjects is given in the *Sommaire* (SB 84).

4/1

Mots croisés – au collège
This provides practice of school vocabulary, including school subjects.

Solution: Mots croisés

(crossword grid with answers: bibliothèque, dix, heure, fois, maths, tu, mot, fort, coc, et, si, manier, vestiaire, cahier, il, le, quai, nom, devoirs, élève, le, na)

68 3, tr 16

1 Un emploi du temps
First, ask some questions about the school timetable, e.g.
- *Il est lundi, dix heures, c'est quel cours?*
- *Combien de cours de maths y a-t-il?*
- *Est-ce qu'on a cours tous les jours de la semaine?*
- *Les cours commencent à quelle heure, le matin, et finissent à quelle heure, l'après-midi?*

a Students listen to the recording and identify the day. The first five statements are more straightforward than 6–10, so less able students could just do the first five or have more help with the later ones.

Solution: 1 *mardi*, 2 *jeudi*, 3 *mercredi*, 4 *samedi*, 5 *lundi*, 6 *lundi*, 7 *vendredi*, 8 *mardi*, 9 *jeudi*, 10 *lundi*

transcript

Un emploi du temps

1 Ce matin, j'ai physique, puis espagnol avant le déjeuner.
2 C'est mon jour préféré: j'adore le sport et la technologie aussi.
3 Chouette! Aujourd'hui, on n'a rien du tout!
4 C'est mon jour favori, à l'exception du mercredi. Cet après-midi, on n'a pas cours.
5 Cet après-midi, j'ai deux cours de français, puis j'ai du latin.
6 Mes matières favorites sont l'espagnol et la technologie, mais aujourd'hui, on n'a ni l'un, ni l'autre!
7 Au moins, aujourd'hui, on commence plus tard, mais je n'aime pas faire du sport le matin.
8 Aujourd'hui, il faut travailler toute la journée, mais demain, je pourrai rester à la maison.
9 Il faut déjeuner à onze heures et demie aujourd'hui, à cause du sport.
10 Zut! Nous avons quatre cours de langues aujourd'hui. C'est trop, ça!

b Students then answer some or all of these questions on the timetable orally or in writing.

Solution: 1 *12*, 2 *Non, ils n'ont pas cours le mercredi*, 3 *à 8h30*, 4 *à 17h00*, 5 *5 heures*, 6 *Ils ont cours le samedi matin mais ils n'ont pas cours, le samedi après-midi*, 7 *à 14h00*, 8 *50 minutes*, 9 *latin, anglais et espagnol*, 10 several possibilities

4/2   3, tr 17

Une semaine au collège
This consists of a timetable grid and a reading task based on the completed timetable to give more practice of school subjects.

1 Voici votre emploi du temps
With less able students, fill in some of the lessons beforehand so that the listening task is more straightforward. Students listen to the recording and note down the timetable. The recording has short pauses after each day so that students can work on one day only at first, or different students could note different days. Able students can take down the whole timetable.

Tricolore Total 4 Teacher's Book

4C Au collège

transcript

Voici votre emploi du temps

Bien, voici votre emploi du temps. Tout le monde est prêt? Alors, je commence. Lundi: premier cours, de huit heures et demie à neuf heures et demie, anglais. Deuxième cours, maths. Puis après la récréation, vous avez allemand, puis français. Ensuite, après le déjeuner, donc de quatorze heures jusqu'à seize heures, il y a EPS. Vous finissez à seize heures le lundi.

Mardi maintenant: premier cours, à huit heures trente, technologie. Deuxième cours, à neuf heures trente, géographie. Troisième cours, histoire. Quatrième cours, français, jusqu'à douze heures trente. Après le déjeuner, de quatorze heures à quinze heures, biologie, puis de quinze heures à seize heures, physique, et dernier cours, allemand.

Le mercredi, il n'y a pas cours.

Le jeudi maintenant. Bien, pour commencer, à neuf heures et demie cette fois, histoire, puis anglais suivi de dessin jusqu'à midi et demi. L'après-midi à quatorze heures, vous avez français, suivi de maths. Le dernier cours est musique jusqu'à dix-sept heures.

Bon, vendredi maintenant. Le matin à huit heures et demie, il y a deux heures de maths, donc jusqu'à dix heures et demie. Ensuite chimie, puis anglais jusqu'à douze heures trente. Et l'après-midi vous commencez à quatorze heures avec allemand, suivi de français. Dernier cours le vendredi est informatique.

Le samedi, vous avez quatre heures de cours. Vous commencez avec français à huit heures et demie, puis il y a éducation civique.

Solution:

	lundi	mardi	mercredi	jeudi	vendredi	samedi
8h30–9h30	anglais	technologie				français
9h30–10h30	maths	géographie		histoire	maths	éducation civique
10h30–11h30	allemand	histoire		anglais	chimie	allemand
11h30–12h30	français	français		dessin	anglais	EPS
12h30–14h00	déjeuner					
14h00–15h00	EPS	biologie		français	allemand	
15h00–16h00		physique		maths	français	
16h00–17h00		allemand		musique	informatique	

2 On discute de l'emploi du temps

When students have filled in the timetable correctly, they can read and complete the conversation based on it.

> **Solution:** 1 *anglais,* 2 *8h30,* 3 *16h00,* 4 *17h00,* 5 *technologie,* 6 *mercredi,* 7 *9h30,* 8 *dessin,* 9 *maths,* 10 *l'informatique*

2 Les matières [sb 68]

In this reading task, students match up sentences describing favourite or least favourite subjects, with appropriate reasons. The sentences provide some preparation for the next task, in which students talk about their own likes and dislikes, with reasons.

> **Solution: a** 1 *b,* 2 *c,* 3 *a,* 4 *e,* 5 *d;* **b** 1 *e,* 2 *d,* 3 *a,* 4 *b,* 5 *c*

3 À vous! [sb 68]

Students ask each other questions about their own school day and subjects studied.

4 Au collège en Grande-Bretagne [sb 69]

This reading passage presents much of the language which students will need to describe their own school life and uses examples of *devoir* and *il faut*.

a Students find in the text the French for the English phrases listed.

> **Solution:** 1 *plus ou moins,* 2 *sauf,* 3 *en laisser tomber d'autres,* 4 *des cours particuliers,* 5 *c'est facultatif,* 6 *Nous devons porter un uniforme scolaire,* 7 *une cravate à rayures bleues et jaunes,* 8 *On n'a pas le droit,* 9 *se maquiller,* 10 *Il est interdit,* 11 *une retenue,* 12 *ce n'était vraiment pas juste*

b They then find the names of at least six items of clothing.

> **Solution:** Any six of: *un pantalon, une jupe, une chemise, un pull, une veste, une cravate, des chaussures, des baskets*

c Finally, they find the opposite of each phrase listed.

> **Solution:** 1 *C'est facultatif,* 2 *On n'a pas le droit de …,* 3 *Il ne faut pas,* 4 *Il est interdit*

69 Dossier-langue

This explains the different expressions that may be used to say that something is compulsory or must/ought to be done, and what should not be done. Refer students as necessary to the *Grammaire* (SB 250–51).

5 En France [sb 69]

a Students complete sentences using the present tense of *devoir* to describe some of the requirements of school life in France. The policy of *redoublement* could be explained more fully and students could express their own views on whether this would be a good idea in their own school.

> **Solution:** 1 *Nous devons,* 2 *Les élèves doivent,* 3 *il doit,* 4 *Tu ne dois pas,* 5 *Les parents doivent*

b Students use a range of expressions to complete further statements about school life in France.

[2] Pourquoi pas? [sb 216 Au choix • 3, tr 18]

This presents and practises the use of *devoir* in the context of giving excuses for not being able to accept invitations. Students first listen and identify the reason why the people are not able to go out, and then explain the reason in French using *devoir* (3rd person, singular and plural).

> **Solution:**
>
> **1** c – *Élodie doit faire du baby-sitting.*
>
> **2** f – *Raj doit aller chez le dentiste.*

Tricolore Total 4 Teacher's Book

4D On parle du collège

3 h – *Lucie doit acheter un cadeau d'anniversaire.*
4 b – *Daniel doit travailler au magasin.*
5 d – *Marc et Cécile doivent aller à l'hôpital.*
6 g – *Laure et Mathieu doivent aider à la fête.*
7 e – *Kévin et Luc doivent jouer un match de hockey.*
8 a – *Sanjay et Sika doivent réviser pour des examens.*

transcript

Pourquoi pas?

1 – Élodie, est-ce que tu viens en ville, cet après-midi?
 – Ah non, je suis désolée, mais cet après-midi, je dois faire du baby-sitting pour mes voisins.
2 – Raj, tu viens à la piscine avec nous?
 – Désolé, je ne peux pas, parce que je dois aller chez le dentiste.
3 – Est-ce que Lucie vient au café après les cours?
 – Non, elle ne peut pas. Elle doit aller en ville pour acheter un cadeau d'anniversaire pour sa mère.
4 – Est-ce que Daniel vient à la patinoire avec nous?
 – Non, il ne peut pas. Il doit travailler. Il doit aider son père dans son magasin.
5 – Marc et Cécile, vous allez au match de football, dimanche?
 – Non, nous ne pouvons pas. Nous devons aller à l'hôpital pour voir notre grand-père.
6 – Laure et Mathieu, vous pouvez jouer au badminton avec nous cet après-midi?
 – Ah non, pas cet après-midi, parce que nous devons aider à la fête du village. Nous vendons des gâteaux.
7 – Est-ce que Kévin et Luc sont libres?
 – Non, ils ne sont pas libres. Ils doivent jouer un match de hockey contre le collège Jules Verne.
8 – Et vous, Sanjay et Sika, pouvez-vous venir au cinéma demain?
 – Ah non, désolé. Nous devons travailler. Nous avons des examens la semaine prochaine et nous devons tout réviser.

Follow-up activity:
Students could have fun making up serious or silly rules for different situations. Alternatively, invite suggestions for a list of rules for French classes, e.g. *En cours de français, il ne faut pas parler anglais, il faut parler français.*

sb 69

6 À vous!
Students write some sentences to describe the school rules and give their opinions about them. They could then add which school rules they would like to change and why.

Activité (grammaire)

Qu'est-ce qu'on doit faire?
This online activity provides further practice of the verb *devoir*.

Examination grammar in action 33–34

Using the verb *devoir*
Using *il faut* + infinitive
This provides further practice of *devoir* (in different tenses) and *il faut* + infinitive, if required.

4D On parle du collège pages 70–71

Aims and objectives	Grammar and skills	Resources
• compare school systems • discuss life at school • suggest improvements	Useful phrases in the conditional: *ce serait bien (si/de), il devrait y avoir*	**Key language:** see SB 84 **CD:** 3/19–20

sb 70 3, tr 19

1 On compare les systèmes scolaires
Students listen to the recorded discussion and make notes about some differences between school life in France and England. This could be developed into a class or pair-work discussion, e.g. *À tour de rôle, chaque personne décrit quelque chose qui est différente en France:*
– *En France, il n'y a pas de rassemblement des élèves le matin.*
– *En France, les élèves doivent acheter leurs livres scolaires.*
– *On ne doit pas porter d'uniforme.*
– *Les cours commencent plus tôt et finissent plus tard.*
– *Il y a des surveillants qui surveillent les élèves qui ne sont pas en cours, à la place des profs, etc.*

transcript

On compare les systèmes scolaires
– Vous avez tous passé quelques jours dans un collège en Angleterre. Quelles sont les principales différences que vous avez remarquées entre le système scolaire en Angleterre et en France?
– Moi, je trouve que c'est très différent. Beaucoup de choses m'ont frappé, par exemple les élèves portent un uniforme en Angleterre et ce n'est pas le cas en France.
– Oui, et le matin les élèves doivent assister à une assemblée vers neuf heures moins le quart. Euh … Et ça dure en général vingt minutes. On n'a pas ce genre de rassemblement en France. On arrive au collège et on va directement en cours.

Tricolore Total 4 Teacher's Book

4D On parle du collège

- Oui, c'est vrai.
- Chez nous, en France, les cours commencent à huit heures ou huit heures et demie et continuent jusqu'à cinq heures. Mais en Angleterre, la journée scolaire est beaucoup plus courte, même avec l'assemblée, parce qu'en France, on commence plus tôt.
- Mais en France, on a deux heures pour déjeuner, tandis qu'en Angleterre, on n'a qu'une heure.
- Oui, c'est vrai, la pause-déjeuner est plus courte et la plupart des élèves mangent à la cantine ou apportent des sandwichs.
- Une autre différence que j'ai notée, c'est qu'on n'a pas le système des surveillants en Angleterre.
- Oui, il n'y a pas de surveillants, c'est à dire … euh … des étudiants qui surveillent les élèves pendant les repas et pendant la récréation. En Angleterre ce sont les professeurs qui font ça.
- Et du point de vue des matières, est-ce qu'il y a des différences?
- J'ai l'impression qu'on fait plus ou moins les mêmes matières, par exemple les maths, les sciences, l'histoire, la géographie, etc.
- Oui, mais en Angleterre, on a l'instruction religieuse et on n'a pas ça en France.
- Ah oui, tu as raison.
- Et du point de vue des vacances, vous avez remarqué des différences?
- Oui, les grandes vacances commencent plus tard en Angleterre, vers la fin du mois de juillet, tandis qu'en France, les classes finissent au mois de juin et reprennent au mois de septembre.
- C'est vrai, les grandes vacances sont plus longues en France.

sb 70

2 Forum des jeunes

a Students read through the extracts from a discussion page on the internet and first list five or more changes requested by contributors to the forum.

Solution: Any five of: *un ordinateur par élève, des casiers, des espaces verts, un foyer d'élèves (un coin), un immense gymnase, un stade énorme, un garage à vélos plus grand,* etc.

b They then list things that the contributors dislike.

Solution: *des cartables très lourds, des contrôles, trop de devoirs, des bagarres*

There could be more oral work based on this, e.g. *Est-ce que vous êtes d'accord avec une de ces personnes?*

c Finally, students find in the texts the French for the English phrases listed.

Solution:
1 *Ce serait bien d'avoir …*
2 *L'école idéale, ce serait …* (other possibilities)
3 *Nous, ce qu'on veut, c'est …*
4 *On n'a jamais le temps de faire autre chose.*
5 *Ce serait bien si on pouvait commencer le plus tard possible.*

sb 71 Stratégies

This lists some useful phrases in the conditional for discussing improvements.

sb 71

3 Continuez le débat!

Students work in pairs to give their own views about what they like and dislike at school and give suggestions for improvements.

sb 71

4 Les bons profs et les bons élèves

This is a light-hearted item in which students could list some qualities of a good teacher and a good student (in the teacher's eyes!).

sb 216 Au choix

[3] On parle de quoi?

Students read through the opinions and match each of them to the right person.

Solution: 1 G, **2** T, **3** L, **4** K, **5** M, **6** A

sb 71

5 À discuter

Students work in pairs to discuss different aspects of school life.

sb 217 Au choix   3, tr 20

[4] L'année prochaine ou l'année dernière?

This item considers changes from the previous school year and anticipated changes for the forthcoming year. It provides revision of the future tense and prepares for work on the imperfect in spread 4E.

Students listen to each statement and decide whether it refers to the past or the future.

Solution: 1 P, **2** F, **3** P, **4** F, **5** P, **6** P, **7** F, **8** P

transcript

L'année prochaine ou l'année dernière?

1 Je devais faire dessin et j'étais absolument nul en dessin. Heureusement que cette année, on ne fait plus dessin.
2 Tout sera un peu différent, parce que nous quitterons le collège et nous irons au lycée.
3 Je trouve que c'était mieux l'année dernière, on avait un autre prof d'histoire qui était vraiment sympa.
4 Moi, je changerai d'école à la fin de l'année scolaire. On va déménager et j'irai dans une autre école en Belgique.
5 C'était bien, parce qu'on faisait plus de sport et on allait à la piscine tous les quinze jours.
6 Oui, mais on avait un prof de maths qui était très sévère – et pour moi qui suis nul en maths, ce n'était pas très amusant.

Tricolore Total 4 Teacher's Book

4E Avant, c'était différent

7 Au lycée, on aura plus de cours, mais on aura plus de liberté aussi.

8 On avait moins de devoirs et moins de contrôles – oui, c'était mieux.

217 Au choix

[5] L'année prochaine

Students work in pairs to discuss their own future plans for studying. The topic of future plans beyond age 18 is covered in Unit 9.

71

6 À vous!

Students write a few sentences about their opinions on school life.

4E Avant, c'était différent   pages 72–73

Aims and objectives	Grammar and skills	Resources
• talk about how things used to be • use the imperfect tense	The imperfect tense (formation and some uses)	**Key language:** see SB 84 **Online resource:** *Présentation, Activité (écouter)* **Copymasters:** 4/3, 4/4, 4/5 **CD:** 3/21–23 **GiA:** 35–37

Présentation

Le Laos

Use this online PowerPoint presentation to provide background information about a former French colony, the People's Republic of Laos.

72   3, tr 21

1 À l'école en Asie

Students listen and read this article about life in Laos, a country which retains some French culture from the time when it was part of Indochina, although Lao and English are now more widely spoken there. The text includes many examples of the imperfect tense.

Students answer the questions in English.

Solution:
1. in south-east Asia
2. very large, 4000 pupils aged from 10 to 18 (including 300 boarders), 200 teachers, sports included gym, volleyball, basketball, football
3. French
4. white shirt, black or navy skirt
5. on foot, by bike, by motorbike
6. two seasons: dry (Oct–Apr), rainy (May–Sept)

transcript

À l'école en Asie

En juillet dernier, nous avons déménagé en France. Mon père voulait être plus près de ses parents, qui étaient malades, et il a trouvé un emploi à Paris. Le jour du déménagement, j'étais un peu triste parce que j'allais quitter tous mes amis, mais j'étais aussi excitée. Avant nous habitions au Laos, un petit pays en Asie du sud.

Au Laos, j'allais au lycée de Vientiane, une très grande école avec 4 000 élèves de 10 à 18 ans. Environ 300 élèves venaient des villages, assez loin, et ils étaient internes. Il y avait presque 200 professeurs. L'enseignement était en lao et en français. Moi, j'étais en section bilingue alors je faisais certaines matières, comme les maths et les sciences, en français. On étudiait l'histoire, la géo et la littérature en lao et on faisait anglais, comme langue étrangère. Comme sports, nous faisions de la gymnastique, du volleyball, du basket et du foot. Malheureusement il n'y avait pas de piscine. C'était dommage parce qu'il faisait souvent chaud.

Comme dans beaucoup d'écoles en Asie, nous portions un uniforme scolaire. Pour les filles, c'était une chemise blanche et une jupe noire ou bleu foncé.

La journée scolaire commençait tôt, à sept heures et demie. Comme nous habitions en ville, j'y allais à pied. D'autres élèves allaient au lycée à vélo ou à moto et il y avait un parc à vélos au lycée.

Normalement la rentrée était le 1er septembre, mais en septembre dernier on a dû retarder la rentrée parce qu'il y avait des inondations. Comme vacances, nous avions de petites vacances à Noël et au Nouvel An bouddhique (en avril), et deux mois en juillet et août. Le climat au Laos est très différent d'ici en France. Il y a deux saisons principales: la saison sèche d'octobre à avril et la saison des pluies de mai à septembre. Souvent, il pleuvait beaucoup aussi en octobre et en novembre.

Au Laos, on mangeait beaucoup de fruits et de légumes. On trouvait aussi des baguettes, comme en France. Vientiane est la capitale de Laos, mais ce n'est pas une très grande ville comme Paris. Au centre-ville on voit des noms bilingues et il y a une grande arche, qu'on appelle le Patuxay, et qui ressemble à l'Arc de Triomphe de Paris.

4E Avant, c'était différent

72 Dossier-langue

Check what students remember about the formation of the imperfect tense from previous work and give them more practice in forming parts of the tense from useful verbs. Refer students as necessary to the *Grammaire* (SB 246).

73

2 L'année dernière

This gives practice in forming the imperfect tense.

Solution:

1 c'était, on avait, était
2 c'était, nous devions, j'étais
3 Ce qui était, on faisait, on allait
4 nous avions, (il) était, c'était
5 Il y avait, c'était

73   3, tr 22

3 Qu'est-ce qui a changé?

Students listen to a series of interviews and decide which sentence (from a–g) accurately describes how each person's life used to be. With able students, this could be used initially without the text, to see how much they can recall without prompts.

Solution: 1 d, 2 c, 3 f, 4 b, 5 h, 6 e, 7 a, 8 g

transcript

Qu'est-ce qui a changé?

– Aujourd'hui, nous allons interroger des gens sur les changements dans leur vie personnelle. Un changement, ça peut faire du bien ou ça peut provoquer des difficultés.

1 – Bonjour, madame. Je peux vous poser une question?
   – Oui, bien sûr.
   – Qu'est-ce qui a changé dans votre vie dans les cinq dernières années?
   – Laissez-moi réfléchir. Ah oui, j'ai changé de travail. Il y a quatre ans, j'étais professeur de maths, mais maintenant, je travaille dans l'informatique.
   – Bon, merci.

2 – Et vous, monsieur, qu'est-ce qui a changé dans votre vie?
   – Je me suis marié. Alors qu'avant, j'étais célibataire.

3 – Et vous, mademoiselle, qu'est-ce qui a changé dans votre vie depuis cinq ans?
   – Il y a cinq ans, j'allais à l'école primaire et maintenant, je suis au collège.

4 – Bonjour, monsieur, je peux vous poser une question?
   – Oui, allez-y.
   – Qu'est-ce qui a changé dans votre vie dans les cinq dernières années?
   – Il y a cinq ans, j'habitais à la campagne, dans un petit village, et maintenant, j'habite à Paris.

5 – Et vous, madame, qu'est-ce qui a changé dans votre vie?
   – Il y a cinq ans, j'étais étudiante et je n'avais pas beaucoup d'argent, donc je n'achetais pas beaucoup de vêtements. Maintenant, je travaille et je dois être bien habillée pour mon travail, alors je m'achète beaucoup plus de vêtements.

6 – Et vous, monsieur?
   – Bon, il y a cinq ans, j'étais toujours au lycée et j'avais beaucoup de travail scolaire. Je devais travailler tous les soirs: c'était vraiment dur. Bon, eh bien, maintenant, tout ça, c'est fini. Je peux sortir tous les soirs si je veux.

7 – Et vous, mademoiselle?
   – Moi, j'ai appris à conduire et maintenant, j'ai ma propre voiture. Il y a cinq ans, je ne savais pas conduire, alors je devais prendre le métro ou le bus pour sortir.

8 – Et vous, monsieur, qu'est-ce qui a changé dans votre vie?
   – Il y a cinq ans, je ne faisais pas de sport: je n'avais pas le temps, j'avais beaucoup de travail. Puis j'ai été malade et j'ai décidé de changer mon style de vie. Alors maintenant, je fais du jogging trois fois par semaine, je joue au tennis et au squash et je vais au gymnase. Je me sens beaucoup mieux!

73

4 Ma famille: avant et aujourd'hui

This provides more practice in forming the imperfect tense. Students use the same verb that is used in the present tense in the second part of each sentence. Explain the extra 'e' used in *manger* and *voyager*.

Solution: 1 avais, 2 était, 3 habitait,
4 travaillait, 5 voyageait, 6 étais, mangeais

Examination grammar in action 35–37

Using the imperfect tense (1), (2) and (3)

This provides further practice in forming and using the imperfect tense.

73   3, tr 23

5 Ma vie a changé

Students listen to the recording and note down the missing words to complete the text. For support, these could be written on the board.

Solution:

1 **Damien:** 1 tennis, 2 vêtements, 3 lunettes,
   4 travail, 5 piscine, 6 cinéma
2 **Morgan:** 1 gymnastique, 2 dos, 3 Paris,
   4 super, 5 lapin, 6 guitare

transcript

Ma vie a changé

Damien

Avant, il y a cinq ans, je faisais du tennis; maintenant, je fais du football. Je ne m'intéressais pas trop aux vêtements; maintenant, j'aime bien

4F Aux magasins

m'habiller correctement. Et avant, je ne portais pas de lunettes, mais maintenant, j'en porte. Quand j'étais plus jeune, je n'avais pas beaucoup de travail à faire, le soir, mais maintenant, on a beaucoup de travail, tous les soirs. Autrefois, mes amis et moi, nous allions souvent à la piscine, alors que maintenant, nous allons plutôt au cinéma.

Morgan

Il y a cinq ans, je faisais de la gymnastique, environ douze heures par semaine, mais depuis un an, j'ai arrêté parce que j'avais un problème au dos. Il y a cinq ans, ma sœur était chez moi, mais maintenant, elle est partie faire ses études à Paris. Donc maintenant, je suis toute seule chez moi avec mes parents: c'est super. Nous avions un lapin blanc, mais il est mort il y a deux ans, donc nous n'avons plus d'animal à la maison. Quand j'étais plus jeune, je ne m'intéressais pas beaucoup à la musique, mais maintenant, je joue de la guitare et j'adore ça.

sb 73

6 À vous!

a Students ask and answer questions about what has changed in their lives over the last five years or since they were 10 years old or younger.

b Students write a few sentences, contrasting their life of some time ago with their life today.

cm 4/3

Vendredi soir

This copymaster provides further practice of the imperfect tense.

1 Personne à la maison

Students describe where each friend was and what they were doing on Friday night when Mathieu phoned.

> **Solution:**
> 1 *Pierre et Nathalie étaient au cinéma. Ils regardaient un film.*
> 2 *Marc était au parc. Il jouait au football.*
> 3 *Christophe était au supermarché. Il faisait des courses.*
> 4 *Françoise était dans la boîte. Elle dansait.*
> 5 *Louis et Martin étaient à la piscine. Ils nageaient.*
> 6 *Claude était au restaurant. Il travaillait.*
> 7 *Bruno était à la bibliothèque. Il choisissait des livres.*
> 8 *Magali et Zoé étaient chez McDonald. Elles vendaient du fast-food.*

2 Ce n'était pas toujours comme ça

Students complete an interview with two musicians, using verbs in the imperfect tense.

> **Solution:** 1 *faisais*, 2 *avais*, 3 *voulais*, 4 *faisais*, 5 *faisais*, 6 *travaillais*, 7 *gagnais*, 8 *habitais*, 9 *coûtait*, 10 *avais*

Activité (écouter)

Montréal ou la France?

This online listening activity could be used here to support work on the imperfect tense.

cm 4/4, 4/5

Le Petit Nicolas (1) and (2)

Able students may enjoy this extract from the French popular classic *Le Petit Nicolas*. Explain that Nicolas is at primary school, and the class have been studying the fables of La Fontaine. Read *Le corbeau et le renard* aloud first and explain it briefly. The extract uses the imperfect and perfect tenses.

Further information could be given about the author René Goscinny and the illustrator Jean-Jacques Sempé, e.g. Goscinny was born in Paris in 1926 but spent most of his childhood and adolescence in Argentina. When he returned to France, he worked with Uderzo to create *Astérix* and with Morris to create *Lucky Luke*. He also founded the magazine *Pilote*. He died in 1977. Sempé was born in Bordeaux in 1932 and was expelled from school for indiscipline. He is a well-known cartoonist and has worked for *Paris-Match*, *Punch* and *L'Express*.

4F Aux magasins   pages 74–75

Aims and objectives	Grammar and skills	Resources
• talk about shopping • find out about prices • say which item you prefer	*ce/cette/ces* *celui*, etc. Different uses of the imperfect tense	**Key language:** see SB 84 **Online resource:** *Activités (lire, grammaire)* **Copymasters:** 4/6 **CD:** 3/24–28 **GiA:** 38

sb 74 (64)

1 La rentrée scolaire

This provides a link between school and shopping and gives an opportunity to revise school items (if needed).

Students compile a shopping list of items for the new school year, using the photo on SB 64 for ideas.

Introduce the topic of shopping by asking a few general questions, e.g. *Qui aime faire du shopping, le week-end? Où allez-vous, normalement? Est-ce que vous y allez à pied?*

4F Aux magasins

Qu'est-ce qu'il y a comme magasins ici? Quel genre de magasins?

Write a list of shops on the board using suggestions from the class.

SB 74   3, tr 24

2 On va en ville

Students listen to the conversations about shopping plans and complete the sentences.

Solution:

1 *(nouveau) sac, cahiers, (nouvelle) trousse, chaussures*
2 *un nouveau sweat, un cadeau d'anniversaire*
3 *changer de l'argent, des souvenirs*
4 *les jeux (à la Boutique Électronique), les raquettes de tennis, magasin de, l'hypermarché*
5 *classeur, carte, parfum, bottes*

transcript

On va en ville

1 – J'ai besoin de beaucoup de choses pour la rentrée: un nouveau sac, des cahiers, une nouvelle trousse et des chaussures pour l'école.
   – D'accord, Marc. Alors allons au centre commercial. On trouvera tout ça dans les magasins au centre.

2 – Julie, tu veux aller en ville cet après-midi? Moi, je voudrais acheter un nouveau sweat.
   – Oui, Fatima, je veux bien. Et moi, je dois acheter un cadeau d'anniversaire pour mon frère.
   – Qu'est-ce que tu vas lui acheter?
   – Euh … Aucune idée. Une BD peut-être ou bien un t-shirt. Je vais voir.
   – Si on allait au centre commercial, alors?
   – Oui, bonne idée.

3 – Est-ce qu'on peut aller en ville, s'il vous plaît? J'ai besoin de changer de l'argent et je voudrais acheter des souvenirs pour ma famille.
   – Mais oui, Laure, bien sûr. On ira au centre commercial. Là-bas, il y a des banques et beaucoup de magasins. Et quand nous avons besoin de nous reposer, nous pouvons prendre un verre ou une glace dans un café.

4 – Thomas, tu viens en ville avec moi, cet après-midi? Je voudrais regarder les jeux à la Boutique Électronique.
   – Oui, Nicolas. Et moi, je voudrais regarder les raquettes de tennis. J'en ai besoin pour mon stage.
   – Il faut aller au magasin de sport alors?
   – Oui. Ah, et je veux aussi regarder ce qu'il y a à l'hypermarché. Quelquefois, ils ont des promotions intéressantes.

5 – Vous allez aux magasins, Madame Lebrun?
   – Oui, j'ai besoin de beaucoup de choses: un classeur pour ma fille, un jeu de Monopoly et une carte d'anniversaire pour mon neveu, du parfum, des boucles d'oreilles et peut-être de nouvelles bottes. Je vais passer presque toute la journée aux magasins.
   – Vous aimez le shopping?
   – Oui, heureusement, j'adore ça!

SB 74   3, tr 25

3 Dans un grand magasin

The store directory is linked first to a listening task, then a reading task. Check that students understand the following: *arts ménagers, jouets, papeterie, bijouterie, parfumerie, alimentation.*

a This introduces the language used to describe special offers and sale bargains and practises the language for different sections of a department store and the names of floors. Students answer the questions in English.

Solution: 1a *b, c, e;* **1b** *c,* **2** *b,* **3** *b, d, e,*
4 Any two of: *plain, striped, with a slogan, with a design,* **5** *Guinness Book of Records* or *Tintin book,* **6** Any three of: *exercise books, ring binders, pens, pencils, pencil cases,*
7 *basement,* **8** *ski equipment – boots, skis, clothing*

transcript

Dans un grand magasin
a Une semaine fantastique

1 – Vous cherchez des idées pour la maison? Vous avez besoin de verres, de vaisselle, d'ustensiles de cuisine? Allez vite au rayon arts ménagers. Pendant une semaine, il y a 20% de rabais sur beaucoup d'articles – les articles signalés d'un point vert. Allez vite au rayon arts ménagers au troisième étage du magasin. Vous y trouverez tout pour la maison.

2 – En promotion spéciale à la parfumerie: 'Oriental', le nouveau parfum de Charles Ricci. On vous offre un petit flacon gratuit de ce nouveau parfum 'Oriental' avec chaque achat de plus de vingt euros. Rendez-vous vite à la parfumerie au rez-de-chaussée pour votre échantillon gratuit. Le parfum 'Oriental', c'est le nouveau parfum de Charles Ricci.

3 – Vous cherchez un collier, un bracelet, des boucles d'oreilles? À notre bijouterie au rez-de-chaussée, vous trouverez de nombreux accessoires pour parfaire votre look. Et cette semaine, il y a 10% de remise sur toute une gamme de bijoux fantaisie.

4 – Actuellement, grand choix de t-shirts à des prix exceptionnels au rayon mode. Nous avons sélectionné pour vous des t-shirts unis, des t-shirts rayés, des t-shirts avec des slogans et avec des dessins. Grand choix de couleurs. Rendez-vous au premier étage pour les plus beaux t-shirts à des prix exceptionnels.

5 – Vous cherchez le *Livre Guinness des Records*? Vous voulez lire la dernière aventure de *Tintin*? Vous cherchez un livre pour offrir? Grand choix de livres à la librairie, au rez-de-chaussée. N'oubliez pas de visiter la librairie au rez-de-chaussée.

Tricolore Total 4 Teacher's Book   103

4F Aux magasins

6 – N'oubliez pas de visiter notre rayon papeterie au deuxième étage. Nous avons un grand choix de cahiers, classeurs, stylos, crayons et trousses à des prix vraiment abordables. Vous y trouverez tout pour la rentrée scolaire.

7 – Vous aimez la musique? Venez trouver le meilleur de la musique – classique, jazz, pop, folklorique – au rayon musique au sous-sol. Des CD et des cassettes à des prix fantastiques. Dépêchez-vous au rayon musique, au sous-sol.

8 – Pensez-vous déjà aux sports d'hiver? Oui? Alors, allez voir notre exposition 'Tout pour le ski' au rayon sport au deuxième étage. Vous trouverez la nouvelle gamme de skis, de chaussures et de vêtements de ski. Tout ce qui est nécessaire pour des vacances de neige idéales. Allez voir 'Tout pour le ski' au rayon sport, deuxième étage.

b Students read each sentence and note down which floor is required.

Solution: 1 SS, 2 RC, 3 1er, 4 4e, 5 RC, 6 2e, 7 RC, 8 2e, 9 RC, 10 4e

As follow-up, bring in some recent French magazines or leaflets from supermarkets, if possible, as recent authentic material always increases interest in this kind of topic. Students could talk about an advert that they find effective, or some students might like to prepare a poster or advert giving details of special offers in different shops or departments.

4/6   3, tr 26

This provides additional practice of shopping expressions.

1 Trouvez les paires

Students match the French phrases with their English equivalents to provide useful vocabulary that they can reuse.

Solution: 1 c, 2 e, 3 g, 4 i, 5 j, 6 f, 7 a, 8 b, 9 d, 10 h

2 Des conversations

Students read the conversations and do two tasks. The conversations are based on the longer listening extract and provide preparation for task 3.

a Students find in the texts the French for the English phrases listed.

Solution:

1 quand tu achètes quelque chose
2 s'ils me vont
3 ce qui est à la mode
4 les autres ont tendance à rigoler de nous
5 pour que ça dure longtemps
6 qui vont durer pour une saison
7 dont tu n'as pas vraiment besoin
8 qui n'allait avec rien de ce que j'avais chez moi
9 j'ai dû la mettre à peu près une fois
10 elle n'a pas servie

b Students choose a suitable title for each conversation.

Solution: 1 C, 2 F, 3 A, 4 D, 5 E, 6 B

3 On parle du shopping

Students listen to the recording and answer the questions in English.

Solution:

Sophie

1 **a** advertising, **b** her friends, **d** fashion books
2 the label, because others tend to laugh otherwise
3 small shops, department stores
4 they often have designer labels

Aude

1 her own preference
2 if it was something that had to last like a coat
3 if it was something that would just last one season, like T-shirts
4 a violet skirt

transcript

On parle du shopping

1 – Bonjour, Sophie!
– Bonjour!
– Dis-moi, Sophie. Est-ce que tu penses être influencée par la publicité, tes amis, ou peut-être ta famille, lorsque tu achètes quelque chose?
– Oui, bien sûr! Mes amis surtout, la publicité aussi … qui … m'influencent beaucoup … pour acheter des choses.
– Et comment est-ce qu'ils t'influencent?
– Euh … mes amis me donnent euh … me donnent leur opinion, euh … si … si euh … par exemple les habits me vont ou me vont pas, ce qui est à la mode, et aussi … euh … les livres, les livres que j'achète par semaine, m'influencent beaucoup sur la mode.
– Hmm, hmm. Et, qu'est-ce qui compte le plus pour toi lorsque tu achètes quelque chose? Est-ce que serait d'avoir un … un bon rapport qualité/prix, ce serait d'avoir … un bon prix, c'est-à-dire un prix en rabais ou peut-être en solde, ou avoir … quelque chose de marque, avec un nom?
– Ben, pour moi, ce qui compte le plus c'est la marque quand même, parce que … mes amis me poussent et … ça fait toujours bien d'avoir … d'avoir un vêtement avec une marque pour les amis … pour être à la mode … comme ça …
– Donc tes amis ont une influence quand même …
– Oui, bien sûr! Parce que si on n'a pas de … de vêtements avec une marque, ils ont tendance à … à rigoler de nous … donc j'achète avec une marque …
– Pour faire partie du groupe! Hmm, hmm. C'est très vrai.
– Pour être 'in'!
– Et … quand tu fais tes achats, où est-ce que tu vas? Est-ce que tu préfères aller dans … des petits magasins, des … je ne sais pas … où … où fais-tu tes achats?

4F Aux magasins

– Euh, dans les petits magasins, en général, ou alors dans … dans les grands magasins comme … les … les Nouvelles Galeries. Ils ont souvent des vêtements avec les marques.
– Ah, très bien. Est-ce que tu achètes quelque chose … des … des … des …habits par catalogue quelquefois?
– Euh, non, non … Non. Ils n'ont pas de … de beaux vêtements.

2 – Aude, est-ce que tu penses être influencée par la publicité, la famille ou éventuellement tes amis lorsque tu fais un achat?
– Euh … Lorsque je fais un achat, surtout pour les vêtements, je … choisis d'abord ce qui me plaît. Et … si je suis avec des amis, j'écoute évidemment leurs avis pour pas mettre quelque chose qui ne … qui ne me va pas complètement. Mais généralement, je choisis … ce qui me plaît à moi, et pas aux autres.
– Hmm, hmm. Et … quand tu achètes quelque chose, qu' … qu'est-ce qui compte le plus pour toi?
– Alors ça dépend ce que j'achète, évidemment. Euh … Quand c'est une pièce qui va rester, par exemple un … un manteau ou un tailleur ou quelque chose comme ça, j'aime bien que ce soit de bonne qualité pour que ça dure longtemps. Si le prix est … est correct en même temps, bon c'est très bien, et sinon, si c'est des t-shirts, ou des … des choses qui vont durer pour une saison, bon ben là je fais … euh … j'achète ce qu'il y a de moins cher ou ce que je trouve, en fait.
– Hmm, hmm. Hmm, hmm. Et … lorsque tu fais des achats en général, où vas-tu?
– Euh … je vais souvent dans des … des centres commerciaux, ou alors dans les … dans les petites boutiques …
– Tu fais quelquefois des achats par catalogue?
– Non! Très rarement, non. Même non, quasiment jamais.
– Est-ce qu'il t'arrive quelquefois d'acheter quelque chose dont tu n'as pas vraiment besoin?
– Oui! Je me rappelle un jour avoir acheté une jupe … une très belle jupe violette qui n'allait avec rien de ce que j'avais chez moi, mais, parce que j'avais envie de l'avoir et … je suis rentrée chez moi avec ma jupe violette et, ma mère a été horrifiée en la voyant et j'ai dû la mettre à peu près une fois et depuis, elle est dans l'armoire et …
– Et elle n'a pas servie.
– Non, elle est toujours très belle, elle est toujours très violette.

sb 74   3, tr 27

4 On fait des achats

Students listen to the conversations and find the missing words. If necessary, write these in jumbled order on the board. The conversations include some useful expressions, which could be copied out for future reference and examples of *celui*, etc.

Solution: a 1 *livres,* **2** *cartes,* **3** *12,* **4** *10;* **b 1** *bol,* **2** *vase,* **3** *5,* **4** *offrir;* **c 1** *petit,* **2** *bateau,* **3** *4,* **4** *6,50*

transcript

On fait des achats
a À la librairie
– On peut vous aider?
– Oui, je cherche un cadeau pour mon père.
– Il y a de très beaux livres sur la région, sinon des jeux de cartes ou bien des porte-clés.
– Ce livre est très beau. Il fait combien?
– Douze euros.
– C'est un peu trop cher.
– Il y a aussi celui-ci qui est un peu moins cher à dix euros.
– Ah oui. Bon, je prends celui-là.

b Au magasin de cadeaux
– Je cherche un souvenir de la région – quelque chose de typique.
– Euh … Il y a de la poterie régionale qui est très jolie, un bol ou un vase peut-être.
– Le vase est à combien?
– Celui-ci est à cinq euros.
– Oui, je vais prendre ça.
– C'est pour offrir?
– Oui, c'est pour ma grand-mère.
– Je vous fais un paquet-cadeau?
– Oui, s'il vous plaît.

c Au magasin de jouets
– Bonjour, madame. Je cherche quelque chose pour un garçon de neuf ans. Un petit souvenir de France.
– Eh bien, il y a des maquettes, par exemple un petit TGV ou un petit bateau de pêche.
– Hmm … Oui, j'aime bien ce petit bateau de pêche. C'est combien?
– Celui-ci est à quatre euros, il y en a aussi qui sont plus grands à six euros cinquante.
– Non, je vais prendre celui-ci, s'il vous plaît.
– Très bien.

sb 74 **Dossier-langue**

The table summarises the different forms of *ce, celui-ci* and *celui-là*. Students could look for examples in the shopping dialogues. Refer students as necessary to the *Grammaire* (SB 236).

sb 75

5 Idées souvenirs

Students complete the sentences with the appropriate form of *ce*.

Solution: 1 *ce,* **2** *Ce,* **3** *ce,* **4** *cette,* **5** *ce,* **6** *Ce,* **7** *cette,* **8** *Ces*

Tricolore Total 4 Teacher's Book

4F Aux magasins

217 Au choix — 3, tr 28

[6] Au magasin de sport

Students could listen to the conversation first without the text and find out which sports items are mentioned and which two items the boys buy. The conversation includes examples of *celui/celle*, etc.

a Students refer to the text and answer the questions.

> **Solution: 1** *dans un/au magasin de sport,*
> **2** *les ballons de football,* **3** *les raquettes de tennis,* **4** *le matériel pour le ski et les lunettes de soleil,* **5** *une raquette de tennis,* **6** *Oui, un ballon de football.* **7** *Ils vont aller au café.*

transcript

Au magasin de sport

– Regarde ces ballons de football. Celui-ci n'est pas cher.
– Oui, c'est vrai.
– Je vais peut-être l'acheter pour mon petit frère – il adore le foot.
– Bon, moi, je vais regarder les raquettes de tennis.
– Il y en a beaucoup.
– Oui, alors celle-ci est une bonne marque et celle-là aussi. J'aime bien cette raquette. Elle n'est pas trop lourde. Je crois que je vais prendre celle-ci.
– Regarde, il y a beaucoup de matériel pour le ski. Tu aimes ces gants noirs?
– Oui, ils sont bien, mais je préfère ceux-là en bleu marine. Ils sont d'une bonne marque.
– Oui, mais regarde le prix – ils sont beaucoup trop chers pour moi.
– Oui, ils sont chers, c'est vrai.
– J'aime bien ces lunettes de soleil.
– Hmm … Mais elles sont trop grandes pour toi. Essaie celles-là. Oui, elles te vont mieux. Tu les prends?
– Non. Je vais acheter le ballon de football et c'est tout.
– D'accord, alors allons au café maintenant.

In part b, students complete sentences using the correct form of *celui*, etc.

> **Solution: 1** *Celui,* **2** *celle, celle,* **3** *celui,* **4** *ceux,* **5** *celles,* **6** *ceux,* **7** *celles,* **8** *celui*

Examination grammar in action 38

Using *ce/cette/ces* and *celui*

This provides further practice in using *ce/cette/ces* and *celui*.

75

6 Un message

This reading passage recounts a shopping trip and uses the imperfect and perfect tenses. Students write out the missing words.

> **Solution: 1** *parce que,* **2** *près,* **3** *cadeaux,*
> **4** *acheté,* **5** *voulais,* **6** *vase,* **7** *avait,* **8** *pratique,*
> **9** *mignon,* **10** *lui,* **11** *promotion,* **12** *choisir*

Activité (lire)

L'histoire de Marks & Spencer

This online reading activity provides more examples of the imperfect tense and perfect tense.

75 Dossier-langue

The use of the imperfect tense is a difficult point for most students. With some students it may be advisable to limit the teaching about the imperfect to a few key phrases so that it doesn't interfere with their understanding and correct use of the perfect tense. These students could just learn some key expressions, such as *c'était, il y avait, il faisait,* etc. and they need not worry too much about deciding which past tense to use. Others may gradually acquire an understanding of when each past tense should be used through reading and listening to material in which both tenses are used.

Go through the explanation, perhaps giving more examples to illustrate each use. Refer students as necessary to the *Grammaire* (SB 246).

75

7 Quel temps faisait-il?

Students write suitable captions for each weather symbol, perhaps looking for examples in the *Dossier-langue*.

> **Solution:**
> **1** *Il y avait du soleil.*
> **2** *Il pleuvait.*
> **3** *Il faisait froid.*
> **4** *Il faisait chaud.*
> **5** *Il neigeait.*
> **6** *Il faisait du vent.*

Activité (grammaire)

Ce n'était pas facile

This online activity provides further practice of the imperfect tense.

75

8 À vous!

Students write about a shopping trip. They could look back at *Un message* for ideas.

106 Tricolore Total 4 Teacher's Book

4G Vous faites quelle taille?

4G Vous faites quelle taille? pages 76–77

Aims and objectives	Grammar and skills	Resources
• shop for clothes • explain a problem • ask for a refund or exchange	*quel*, *lequel*, etc. Ask about clothes/shoe sizes	**Key language:** see SB 84 **Online resource:** *Activité* (*parler*) **Copymasters:** 4/7 **CD:** 3/29–30 **GiA:** 39

Introduction
First, have a brainstorming session on items of clothing and write these on the board.

SB 76 3, tr 29

1 On achète des vêtements
Students listen to the conversations and note what each person bought, including the colour and any other details. The conversations present many general phrases and expressions required when buying clothes.

Solution:
1. un pull rouge, en laine, 29 euros
2. un pantalon noir, taille 46, 60 euros
3. une jupe marron, taille 40, 85 euros
4. des chaussures bleues pour faire de la marche à pied/pour marcher, pointure 45, 99 euros
5. un sweat-shirt bleu marine, taille 40, 39 euros
6. une chemise bleu clair rayé blanc, 48 euros

transcript

On achète des vêtements

1. – Madame?
   – Bonjour, mademoiselle. Je cherche un pull rouge pour un garçon de neuf ans.
   – Oui. Vous le voulez en laine ou en acrylique?
   – En laine.
   – Celui-ci est de très bonne qualité. Il est en pur laine et il coûte vingt-neuf euros.
   – Oui, il est très joli.
   – Et il y a un pantalon rouge qui est assorti. Regardez. Il est beau aussi.
   – Oui, c'est vrai. Hmm … non, le pull, ça suffit. Est-ce que vous acceptez les cartes de crédit?
   – Oui, madame.

2. – Pardon, madame, ce pantalon coûte combien?
   – Euh … soixante euros, monsieur.
   – Et vous l'avez en quarante-six?
   – Dans quelle couleur?
   – Gris.
   – Je suis désolée, monsieur, je ne l'ai plus en gris, mais je l'ai en noir. Vous voulez l'essayer?
   – Oui, d'accord.
   – Ça vous va?
   – Oui, il me va bien – je vais le prendre.
   – Vous voulez payer comment?
   – Par chèque.
   – Très bien. Passez à la caisse, s'il vous plaît, monsieur.

3. – Est-ce que vous avez cette jupe dans d'autres couleurs, s'il vous plaît?
   – Attendez. C'est quelle taille?
   – Quarante.
   – Oui, nous l'avons en bleu marine et en marron.
   – Vous ne l'avez pas en vert foncé?
   – Non, je regrette.
   – Je peux l'essayer en marron?
   – Mais bien sûr. La cabine d'essayage est là-bas.
   – Ça va, mademoiselle? Ah oui, cette jupe vous va très bien, n'est-ce pas?
   – Oui, peut-être … je ne suis pas sûre.
   – C'est la couleur que vous n'aimez pas?
   – Peut-être, je ne sais pas.
   – Je peux vous montrer d'autres jupes, si vous voulez.
   – Non, ça va. J'aime bien le modèle de celle-ci. Je crois que je vais la prendre.
   – Très bien. Vous ne le regretterez pas, j'en suis certain. C'est de la bonne qualité.
   – Oui.
   – Alors, ça fait quatre-vingt-cinq euros. Merci, mademoiselle.

4. – Qu'est-ce que vous désirez, monsieur?
   – Je voudrais une paire de chaussures.
   – Quelle sorte de chaussures voulez-vous? Des mocassins, des chaussures à lacets?
   – Des chaussures bien solides, avec une semelle épaisse. C'est pour faire de la marche à pied.
   – Oui, monsieur. Eh bien, on a ce modèle-là. Ça vous plaît?
   – Mmm … je n'aime pas beaucoup la couleur.
   – Nous l'avons aussi en bleu, en gris, et en jaune.
   – Je peux les essayer en bleu, s'il vous plaît?
   – Bien sûr. Vous faites quelle pointure?
   – Quarante-cinq.
   – Voilà, monsieur.
   – Oui, elles me vont bien. Elles sont à combien?
   – Celles-là sont à quatre-vingt-dix-neuf euros.
   – C'est un peu cher, mais elles sont confortables. Bon, je les prends.

4G Vous faites quelle taille?

5
- J'ai vu un sweat-shirt en vitrine. Vous l'avez dans quelles couleurs?
- Je vais voir. Nous l'avons en rouge, en bleu marine et en vert foncé … c'est joli cette couleur, je trouve.
- Vous l'avez en noir?
- Ah non.
- Bon, je peux essayer le bleu marine?
- Oui, bien sûr. Vous faites quelle taille?
- Du quarante.
- Voilà.
- Oui, celui-là va bien.
- Et c'est quel prix?
- Trente-neuf euros.
- Bon, je le prends.
- Très bien. Vous voulez payer comment?
- Avec une carte de crédit. Ça va?

6
- Je cherche une chemise rayée comme ça, mais en bleu clair.
- Voyons, j'ai différentes couleurs … oui … voilà du bleu clair rayé blanc.
- Celle-là est belle aussi … le vert rayé blanc.
- Oui, c'est vrai.
- C'est du coton?
- Euh … c'est du polyester et du coton.
- Et quel est le prix?
- C'est quarante-huit euros.
- Bon, c'est pour un ami. Alors est-ce qu'on peut la changer si ça ne lui va pas?
- Oui, si vous gardez le reçu.
- Bon, je prends la bleu clair.
- Très bien, madame. Pouvez-vous passer à la caisse, s'il vous plaît?

sb 76

2 Expressions utiles

Students match the French phrases with their English equivalents to provide useful vocabulary that they can reuse.

> **Solution:** 1 e, 2 g, 3 d, 4 j, 5 b, 6 i, 7 h, 8 a, 9 f, 10 c

sb 76 Stratégies

This explains the use of *taille* (for clothing) and *pointure* (for shoes). Details of French and British sizes are given below for reference.

It might be useful for students to know their own continental size, although in the unit, only general sizes (*petit, moyen, grand, très grand*) are used.

Femmes: pulls/chemisiers

France	82	86	90	96	102	106
GB	32	34	36	38	40	42

Femmes: chaussures

France	35	36	37	38	39	
GB	2	3–3½	4		4½–5	5½

Hommes: pulls

France	92	96	104	108	112	116
GB	36	38	40	42	44	46

Hommes: chemises

France	36	37	38	39	41	42	43
GB	14	14½	15	15½	16	16½	17

Hommes: chaussures

France	40	41	42	43	44	
GB	6½	7	7½–8	8½–9	9½	

sb 76

3 Qui dit ça?

Students read through the expressions from the conversations and classify them in two lists.

> **Solution:**
> **le/la client(e):** 1, 3, 7, 9, 10, 11, 12, 13, 15, 16, 18
> **le vendeur/la vendeuse:** 2, 4, 5, 6, 8, 14, 17

sb 76 Dossier-langue

This summarises the different forms of *quel* and *lequel*. Refer students as necessary to the *Grammaire* (SB 245).

sb 76

4 Des questions utiles

Students practise using *quel* and *lequel* to complete the questions.

> **Solution:** 1 quel, 2 quelle, 3 quels, 4 Quelle, 5 Lequel, 6 Lesquelles, 7 Laquelle, 8 Lesquels

sb 217 Au choix

[7] Vous aidez au magasin

> **Solution:** 1 Lesquelles?, 2 Lequel?, 3 Lesquels?, 4 Laquelle?, 5 Lequel?, 6 Lesquelles?, 7 Laquelle?, 8 Lesquelles?, 9 Laquelle?, 10 Lequel?

gia Examination grammar in action 39

Using *quel* and *lequel*

This provides further practice in using *quel* and *lequel*, etc.

sb 77

5 Inventez des conversations

Students work in pairs to make up conversations in which they buy clothing.

sb 77 3, tr 30

6 Il y a un problème?

Students listen to the recording and supply the missing words to complete a summary of each situation.

> **Solution:** 1 marche, 2 la couleur, 3 petites, 4 un défaut, 5 rétréci, 6 d'avis

4G Vous faites quelle taille?

Follow-up activity:
Students could also find out the outcome of each conversation and give their answer in English or French, e.g.
1 *On l'échange pour une autre, sans défaut.*
2 *On l'échange pour une autre couleur.*
3 *On les échange pour une paire en taille moyenne.*
4 *Elle se fait rembourser.*
5 *Il se fait rembourser.*
6 *Elle doit le garder parce que les soldes ne sont ni échangeables ni remboursables.*

transcript

Il y a un problème?

1 – J'ai acheté cette calculatrice samedi dernier, mais elle ne marche pas.
   – Faites voir. Ah oui, vous avez raison. Vous avez votre reçu?
   – Le voilà.
   – Bon, on peut remplacer la calculatrice ou bien vous rembourser.
   – Pouvez-vous me rembourser, s'il vous plaît?

2 – On m'a offert ce t-shirt comme cadeau, mais je n'aime pas beaucoup la couleur. Est-ce que je peux l'échanger?
   – Oui, pas de problème. Vous voulez en choisir un autre?

3 – J'ai acheté ces chaussettes hier, mais j'ai pris la taille petite au lieu de la taille moyenne. Pouvez-vous les échanger contre une autre paire en taille moyenne, s'il vous plaît?
   – Oui, monsieur. Vous avez votre reçu?
   – Oui.
   – Bon, voilà la même paire en taille moyenne.
   – Merci, madame.

4 – On peut vous aider?
   – Oui. J'ai acheté ce sweat l'autre jour, mais quand je l'ai examiné à la maison, j'ai trouvé un défaut – un petit trou dans le tissu.
   – Faites voir. Ah oui, vous avez raison. Voulez-vous le remplacer ou être remboursée?
   – Ah, je voudrais le remplacer, s'il vous plaît.
   – Voilà, madame. Je pense que celui-ci est le même.
   – Oui, ça va.

5 – Oui, monsieur?
   – J'ai acheté cette chemise la semaine dernière, mais quand je l'ai mise dans la machine à laver, elle a rétréci.
   – Attendez un moment, s'il vous plaît. Oui, l'étiquette indique qu'on peut la laver à la machine. Bon, on va rendre la chemise au fabricant. On peut remplacer la chemise ou vous rembourser, si vous préférez.
   – Pouvez-vous me rembourser, s'il vous plaît?
   – Très bien, monsieur. Voilà.

6 – Bonjour, madame. J'ai acheté ce jean l'autre jour, mais j'ai changé d'avis. Est-ce que je peux me faire rembourser?
   – C'était en soldes, non?
   – Oui.
   – Ah non, je regrette, les soldes ne sont ni échangeables ni remboursables.

sb 77

7 On peut vous aider?

Students read these conversations in pairs to practise asking for a refund or exchange. If wished, able students could then go on to make up a dialogue where the sales assistant is more difficult and refuses to accept responsibility for a product that is clearly faulty, e.g.

– *J'ai acheté ces chaussures l'autre jour, mais la première fois que je les ai mises, elles se sont démontées.*
– *Mais ce n'est pas possible. Toutes nos chaussures sont de bonne qualité,* etc.

cm 4/7

Aux magasins

1 Dix phrases utiles

Students complete the sentences by supplying the word for the item illustrated. For further practice, they could substitute other words in the blanks.

> **Solution: 1** *baskets,* **2** *chaussures,* **3** *short,* **4** *maillot de bains,* **5** *veste,* **6** *casquette,* **7** *gants,* **8** *chemise,* **9** *jupe,* **10** *pull*

2 Mots croisés

The crossword provides practice of general shopping vocabulary and shops for revision.

	1	2	3	4	5	6
1	s	u	p	e	r	m	a	r	c	h	é

(Crossword grid with solutions including: supermarché, rayon, monnaie, librairie, crédit, une, etc.)

Activité (parler)

On fait du shopping

This online audio activity provides further speaking practice of questions and answers relating to shopping.

Tricolore Total 4 Teacher's Book

4H La mode, c'est important?

4H La mode, c'est important? pages 78–79

Aims and objectives	Grammar and skills	Resources
• discuss clothing and fashion		**Key language:** see SB 84 **Online resource:** *Activité (écouter)* **Copymasters:** 4/8 **CD:** 3/31–32

sb 78   3, tr 31

1 On parle de la mode

Students listen to the discussion and make notes as outlined.

a Students list all items of clothing mentioned.

Solution: *un jean, un t-shirt, un pull, une robe, un pantalon, une veste, un sweat-shirt*

b They then list the favourite and least favourite colours for each person.

Solution:
1. *Aurélie aime le rouge et le noir; n'aime pas le vert.*
2. *Sébastien aime les couleurs foncées comme le noir, le bleu marine, le gris foncé; n'aime pas le rose, le jaune, l'orange.*
3. *Nathalie aime les couleurs vives – le rouge, le rose, le vert; n'aime pas le beige, le marron.*

c Students note the letter of each item of jewellery worn by the speakers.

Solution: Émilie: D, Aurélie: B, Nathalie: C

d Finally, students read the extracts from the conversations and match the appropriate sentence parts.

Solution: 1 h, 2 c, 3 a, 4 e, 5 d, 6 f, 7 g, 8 b

transcript

On parle de la mode

– Dans notre émission aujourd'hui, nous allons parler de la mode. Soigner son look, porter les bonnes marques, être à la mode, est-ce que tout ça, c'est important? Est-ce que les jeunes aiment porter des bijoux? Y a-t-il des couleurs qu'on préfère mettre ou qu'on ne met jamais? Et qu'est-ce que les jeunes aiment porter comme vêtements? Voilà les principaux thèmes de notre discussion. On va commencer avec toi, Julien. Qu'est-ce que tu portes de préférence le week-end?

– Moi, je porte les mêmes choses que je porte en semaine, un jean et un t-shirt, et si j'ai froid, un pull.

– Merci, et toi Émilie?

– Ça dépend – si je sors, je mets une tenue un peu plus habillée, comme une robe ou un pantalon et une veste. Mais si je reste à la maison, j'aime mettre un jean et un t-shirt.

– Et toi, David?

– Moi, je mets un jean et un t-shirt ou un sweatshirt comme la plupart des jeunes d'ailleurs.

– Oui, c'est vrai – un jean et un t-shirt, c'est presque l'uniforme des jeunes. Passons à une autre question: est-ce qu'il y a des couleurs que vous aimez souvent mettre ou que vous ne mettez jamais? Aurélie?

– Bien, moi, j'adore le rouge et le noir – je trouve que ces couleurs vont très bien ensemble. Par contre, je ne mets jamais de vert – je déteste cette couleur.

– Et toi, Sébastien?

– Moi, je mets souvent des couleurs foncées, comme le noir, le bleu marine, le gris foncé. Je trouve qu'elles me vont bien. Alors, les couleurs que je ne mets jamais sont le rose, le jaune, l'orange.

– Et toi, Nathalie?

– Moi, j'adore les couleurs vives – le rouge, le rose, le vert. Par contre, je n'aime pas beaucoup les couleurs qui manquent d'éclat comme le beige, le marron.

– Merci, alors chacun son goût.

Maintenant, les bijoux. Aimez-vous porter des bijoux? Commençons avec toi, Émilie?

– Moi, j'adore porter des bijoux, surtout des boucles d'oreille. J'aime mettre une paire différente chaque jour.

– Et toi, Aurélie?

– Alors, moi, je ne porte jamais de boucles d'oreille – je ne peux pas les supporter – je n'ai pas les oreilles percées et les boucles d'oreille me font toujours mal. Par contre, j'aime bien mettre des colliers.

– Et toi, Nathalie?

– Je ne porte pas beaucoup de bijoux, mais quelquefois, quand je sors, je mets un petit bracelet en or.

– Bon, merci.

sb 78

2 À discuter

Students could work in pairs or groups to discuss the questions in task 1. If appropriate, other fashion issues could be discussed, e.g. *le piercing*. Students could visit various fashion sites in French, e.g. www.elle.fr or sites run by French fashion houses and labels, e.g. www.lacoste.fr

Unité 4

110   Tricolore Total 4 Teacher's Book

4H La mode, c'est important?

SB 78, 79

3 Forum des jeunes: la mode

Students read the views about fashion and designer labels in the *Forum des jeunes* (SB 79) and then do the tasks.

a Students identify the person who matches the description.

> Solution: **1** *Hugo,* **2** *Daniel,* **3** *Corinne,* **4** *Ibrahim,* **5** *Julie*

b They then identify the person whose opinion is described.

> Solution: **1** *Élodie,* **2** *Sébastien,* **3** *Alex,* **4** *Thomas*

c Finally, they find in the texts the French for the English phrases listed.

> Solution:
> 1 *Pour moi, la mode n'a aucune importance.*
> 2 *Il est cher et difficile de suivre la mode.*
> 3 *c'est indémodable*
> 4 *c'est dommage qu'on accorde tant d'importance aux vêtements de marque*
> 5 *je trouve ça injuste*
> 6 *il est ridicule de payer trois fois plus cher un vêtement de la 'bonne' marque*

SB 79   3, tr 32

4 On a fait des achats

Students listen to the conversation and answer the questions in English.

> Solution:
> 1 Yes, it was busy.
> 2 He bought a black sweat-shirt.
> 3 Because he likes the colour black and it was cheaper/a better price.
> 4 She bought dark blue trousers.
> 5 20%
> 6 50 euros

transcript

On a fait des achats

– Salut, Marc. C'est Sophie à l'appareil. Tu es allé au centre commercial?
– Oui, j'y suis allé hier après-midi.
– Il y avait du monde?
– Oui, il y avait beaucoup de gens.
– Et tu as acheté ton sweat?
– Oui, finalement. J'ai hésité entre un sweat gris, très beau, d'une bonne marque, mais un peu cher quand même, et un sweat noir, sans marque qui était moins cher.
– Et tu as choisi lequel?
– Le sweat noir parce que j'aime bien le noir et c'était un meilleur prix. Et toi, tu es allée aux magasins aussi?
– Oui, je suis allée en ville ce matin. Je voulais acheter un pantalon et au grand magasin, effectivement, il y avait une promotion sur les pantalons – 20% de réduction.
– Pas mal. Alors, tu as acheté un pantalon?
– Oui, il y en avait en bleu marine, gris, noir et marron. Alors, j'ai choisi le bleu marine.
– Et ça a coûté combien?
– Cinquante euros.
– Très bien. Alors, on se voit demain, comme d'habitude?
– Oui, bien sûr! Alors, à bientôt.
– Au revoir.

SB 79

5 À vous!

Students discuss clothing and fashion in pairs and then write out their answers.

CM 4/8

Des objets perdus et retrouvés

This copymaster on lost property uses some similar clothing vocabulary and provides further practice, if required, of possessive adjectives and the structure noun + *de* + name.

1 Perdu et retrouvé

This gives practice in using possessive adjectives.

> Solution:
> **a** 1 *J'ai perdu mon gant.*
>   2 *J'ai perdu mon stylo.*
>   3 *J'ai perdu mes clefs.*
>   4 *J'ai perdu ma chaussette.*
> **b** 5 *Cécile a perdu son bouton.*
>   6 *Marc a perdu sa montre.*
>   7 *Élodie a perdu ses chaussures.*
>   8 *Karim a perdu son argent.*

2 Le bureau des objets trouvés à Paris

The reading text gives information about the main lost property office in Paris and is followed by three short tasks.

> Solutions:
> **a Quoi, par exemple?**
>   1 Any of: *un parapluie, des clés, des gants*
>   2 Any of : *un vélo, une poussette*
>   3 Any of: *de l'argent, une montre, des bijoux*
> **b Combien de temps?**
>   1 **a** *3 mois,* **b** *3 mois,* **c** *3 ans,* **d** *3 mois,* **e** *3 ans,* **f** *3 ans*
> **c Combien?   a** *30,* **b** *3,* **c** *67*

Activité (écouter)

Qu'est-ce qu'on a trouvé?

This online listening activity provides more practice of talking about lost and found items.

Tricolore Total 4 Teacher's Book

4I Qui étaient-ils?

4I Qui étaient-ils? pages 80–81

Aims and objectives	Grammar and skills	Resources
• find out about famous French people • read a French poem		**Key language:** see SB 84 **Online resource:** *Activité (lire)* **CD:** 3/33

This spread provides optional extra practice using material which reflects French culture.

SB 80

1 Les noms des écoles

Find out which famous French people students know, then go through the list of school/college names and find out whether students are familiar with any of the famous people from whom they took their name.

Solution:
1 *Henri Matisse était peintre.*
2 *Maurice Ravel était musicien.*
3 *Louis Pasteur était biologiste et chimiste.*
4 *Charles de Gaulle était soldat et ancien président français.*
5 *Marie Curie était chimiste et physicienne.*
6 *Henri IV était roi.*
7 *Jacques Prévert était poète.*
8 *Gustave Eiffel était ingénieur.*

SB 80

2 Le saviez-vous?

Students complete the sentences with verbs in the imperfect tense.

Solution: 1 *était, s'intéressait, avait, était,* 2 *pouvait,* 3 *s'ennuyait, avait,* 4 *était, permettait, était*

SB 80

3 Déjeuner du matin

This well-known poem is usually easily understood and often popular with this age group. Read the poem aloud for students to listen to. It could be used for a simple 'spoken word' competition, perhaps for volunteers only. Some of the more able students might like to try writing a similar short poem themselves: this has been tried out with some surprisingly good results. The idea is to get students to link a sequence of simple everyday activities and put them into a sad or a happy context.

SB 81 3, tr 33

4 Un célèbre professeur

Students read and listen to the text about the life and achievements of Louis Braille and then do the tasks.

a Students answer the questions in English.

Solution:
1 There was a tragic accident and Louis lost the sight in his left eye, and later his right eye became infected and he became blind.
2 the first school for the blind in France
3 dark and damp
4 a good pupil
5 maths, French, history and geography
6 the piano and cello
7 teaching
8 it was based on an alphabet (not sounds)
9 do maths and read and play music

b They then find in the text the French for the English phases listed.

Solution:
1 *À l'âge de trois ans …*
2 *Louis est devenu aveugle.*
3 *La vie à l'école était dure.*
4 *Il était fort en maths.*
5 *L'alphabet de Braille était plus facile à déchiffrer.*
6 *… jusqu'à sa mort.*

transcript

Un célèbre professeur

Louis Braille est né en 1809 à Coupvray, pas loin de Paris. Il était le plus jeune d'une famille de quatre enfants. À l'âge de trois ans, tandis qu'il jouait dans l'atelier de son père, il a pris un outil pour couper du cuir. On ne sait pas exactement ce qui s'est passé, mais il y a eu un accident tragique et le petit garçon a perdu l'usage de son œil gauche. Peu de temps après, l'œil droit s'est infecté et Louis est devenu aveugle.

À l'âge de dix ans, il est allé à l'Institution Royale des Jeunes Aveugles, la première école pour les aveugles en France. La vie à l'école était dure. Les bâtiments étaient sombres et humides. Mais Louis était bon élève. Il était fort en maths, français, histoire et géographie et il jouait du piano et du violoncelle.

Quand il a terminé ses études, il est lui-même devenu professeur, et il a enseigné l'algèbre, la grammaire et la géographie aux jeunes aveugles. Il a constaté que les méthodes utilisées à l'école n'étaient pas toujours bonnes. On utilisait un système d'écriture basé sur les sons.

Unité 4 Consolidation and assessment

Braille a inventé un nouveau système qui avait un avantage important: son système était un alphabet. L'alphabet de Braille était plus facile à déchiffrer car ses caractères étaient moins hauts. Chaque lettre ou symbole faisait un maximum de six points. Braille a continué à perfectionner son système jusqu'à sa mort en 1852, à l'âge de quarante et un ans.

L'alphabet de Braille est un alphabet complet qui donne accès aux livres scolaires et littéraires et qui permet aux aveugles de faire des maths et de la musique.

Activité (lire)

Trois personnes célèbres

This online reading activity provides more information about famous people.

4J Consolidation and assessment   pages 82–83

Aims and objectives	Grammar and skills	Resources
• practise exam assessment techniques • find out what you have learnt		**Key language:** see SB 84 **Online resource:** *Activités (Vocabulaire, Quiz)* **Copymasters:** 4/9, *Épreuves:* 4/10–4/15 **CD:** 3/34–38, 4/2–7, SCD1/27–31

This spread provides assessment tasks that follow the style of assessment for speaking and writing offered by some awarding bodies. Teachers should adapt the tasks as necessary to suit the needs of their students. Board-specific examination practice, written by experienced examiners, is provided online.

82 Contrôle oral

A Un sondage

This provides an outline for an assessed interview about students' shopping habits. First, work through the requirements and build up some suggestions on the board for each point.

Préparation

Students could first think about the questions that might be asked, perhaps looking back through the unit for ideas.

82   3, tr 34   SCD1, tr 27

On parle du shopping

The example (in three parts) and related activities should provide ideas and support for the task.

A1 Students listen to Part A and write down the missing words. These should all be familiar and are not listed on the page but could be written on the board, in jumbled order, if necessary.

> **Solution: 1** *magasins,* **2** *temps,* **3** *quelquefois,* **4** *cadeau d'anniversaire,* **5** *pratique,* **6** *fatigant,* **7** *copine,* **8** *cherchais,* **9** *prix,* **10** *bijoux*

A2 They then find in the text the French for the English phrases listed.

> **Solution: a** *on est à l'abri,* **b** *à vrai dire,* **c** *il y a toujours du monde,* **d** *Ça s'est bien passé?,* **e** *quant à moi*

transcript

On parle du shopping: Partie A
– Vous aimez faire les magasins?
– Je ne suis pas vraiment fana de shopping mais de temps en temps, ça va.
– Quand faites-vous du shopping normalement?
– J'y vais quelquefois le samedi après-midi, si par exemple je dois acheter un cadeau d'anniversaire pour ma famille ou un ami. J'aime aussi regarder les jeux vidéo.
– Que pensez-vous des centres commerciaux?
– C'est pratique parce qu'on trouve beaucoup de magasins ensemble et qu'on est à l'abri s'il fait mauvais. Mais à vrai dire je ne les aime pas beaucoup parce qu'il y a toujours du monde le week-end, alors c'est très fatigant.
– Pouvez-vous me parler de votre dernière visite au centre?
– C'était samedi dernier. J'y suis allé avec ma petite copine. Elle cherchait un nouveau jean et moi, je cherchais un cadeau d'anniversaire pour ma mère.
– Ça s'est bien passé?
– Assez bien. Ma copine a acheté un jean de bonne qualité à un prix intéressant. Quant à moi, je cherchais une broche pour ma mère parce qu'elle aime les bijoux mais je n'ai rien trouvé.

B1 Students listen to Part B to find out the order in which the questions are asked.

> **Solution:** *d, a, e, b, c*

B2 Students listen again to Part B and match the French phrases with their English equivalents to provide useful vocabulary that they can reuse.

> **Solution: 1** *d,* **2** *f,* **3** *a,* **4** *b,* **5** *h,* **6** *c,* **7** *g,* **8** *e*

Tricolore Total 4 Teacher's Book   113

Unité 4 Consolidation and assessment

transcript

Partie B
- Où faites-vous du shopping en général?
- J'aime aller au centre-ville et faire du lèche-vitrine. Il y a souvent plus de choix dans les petites boutiques, alors on peut voir des choses un peu différentes, même si ça coûte un peu plus cher.
- Est-ce que vous faites du shopping en ligne?
- Moi, non, mais mes parents achètent souvent des choses en ligne.
- Qu'est-ce qu'ils achètent, vos parents?
- Ils achètent des livres, des CD et des DVD. Mon père achète des vêtements, mais ma mère dit qu'elle préfère essayer les vêtements avant de les acheter.
- Pensez-vous que vous ferez des achats en ligne à l'avenir?
- Oui, c'est bien possible, quand j'aurai plus d'argent!
- À votre avis, quels sont les avantages et les inconvénients des achats en ligne?
- D'abord, c'est plus facile. On n'a pas besoin d'aller aux magasins, il faut simplement allumer l'ordinateur. Puis, les prix sont souvent moins élevés alors c'est intéressant. Comme inconvénients, il faut donner son numéro de carte de crédit alors il faut faire attention à la fraude. Et si on veut faire un échange, c'est plus compliqué. En plus, pour de gros articles il faut s'organiser pour la livraison.

C Students listen to Part C and answer questions in English.

Solution:
1 There are often good offers and reductions.
2 There are a lot of people in the shops and you might buy something just because it's in the sale and afterwards find that you don't really need it or don't like it anymore.
3 The speaker feels that it's a shame that people pay so much attention to designer labels. Designer clothes are expensive and out of reach for poorer people. It's sad and unfair that some people mock others who don't wear fashionable clothes.

transcript

Partie C
- Est-ce que vous aimez aller aux magasins pendant les soldes?
- Oui et non. D'une part, c'est bien parce qu'il y a souvent de bonnes promotions et des réductions, mais d'autre part il y a beaucoup de gens dans les magasins. Et on risque d'acheter quelque chose uniquement parce que c'est en solde, et après on trouve qu'on n'en a pas vraiment besoin ou qu'on ne l'aime plus.
- Quand vous achetez des vêtements, est-ce que vous cherchez des vêtements de marque?
- Moi, non. Personnellement je suis contre les vêtements de marque et je trouve que c'est dommage qu'on attache tant d'importance à ça. Les vêtements de marque, ça coûte cher, alors les personnes qui n'ont pas les moyens ne peuvent pas les acheter. Ce qui est triste, c'est que certaines personnes se moquent des autres qui ne portent pas de vêtements à la mode et je trouve ça vraiment injuste.

82 Top Tips

This lists some phrases for giving advantages and disadvantages.

Students then prepare their own interview with a partner or with you. This could be recorded and used for self- or peer assessment.

83 Contrôle écrit

Notre école

This provides an outline for a written assessment of 200–300 words based on material in the unit.

Students read the sample article and do the task, which helps extract key vocabulary for their own work. Emphasise that this is just one example and should not dictate what students may choose to write.

Solution:
1 en hommage au célèbre homme de science
2 toute l'école est connectée au réseau de l'école
3 on est en train de construire
4 qui sera terminé dans deux ans
5 on a monté une représentation de 'Beaucoup de bruit pour rien'
6 j'ai aidé avec l'éclairage
7 ça a eu lieu
8 leurs parents doivent souvent déménager
9 ça va m'arriver aussi
10 cette année sera ma dernière année ici

Students then write their own article about school.

84–85 Sommaire

This is a summary of the main grammar and vocabulary of the unit.

Activité

Vocabulaire – Unité 4

This game provides practice of the vocabulary of the unit.

Activité

Quiz – Unité 4

An online quiz which tests the language and content of Unit 4.

4/9 3, tr 35–38 SCD1, tr 28–31

Tu comprends?

1 En promotion spéciale

Students listen to the advertisements and match each of them to the right letter.

Solution: 1 B, 2 F, 3 D, 4 C 5 A

114 Tricolore Total 4 Teacher's Book

Unité 4 Consolidation and assessment

transcript

En promotion spéciale

Ex: Au premier étage cette semaine: tout pour le sport – des raquettes de tennis, des ballons de football, des jeux de boules.

1 Aimez-vous lire? Aujourd'hui, nous avons une promotion spéciale sur les livres. Achetez trois livres pour le prix de deux. Oui! Si vous achetez deux livres, on vous offre un troisième livre gratuit.

2 Êtes-vous prêts pour les vacances? Nous avons une sélection de maillots de bain, de shorts et de t-shirts à des prix spéciaux.

3 Grand choix de bracelets, de colliers et de boucles d'oreille à notre rayon bijouterie. Nous avons sélectionné, pour vous, des boucles d'oreille en or et en argent à des prix réduits.

4 Venez à la papeterie pour trouver de bonnes affaires sur le matériel scolaire. Là, vous trouverez une grande sélection de calculettes, de classeurs et de stylos à des prix réduits.

5 Vous cherchez un souvenir de France? Un porte-clés, une boîte de petits gâteaux peut-être? Venez voir notre sélection de souvenirs au premier étage.

2 Une journée scolaire

Students listen and tick the right boxes.

Solution: 1 C, 2 C, D, 3 B, 4 A, F, 5 B

transcript

Une journée scolaire

– À quelle heure est-ce que tu t'es levé ce matin?
– Je me suis levé à sept heures et quart, comme d'habitude.
– Comment es-tu venu au collège?
– Je suis venu à vélo. Ce n'est pas loin de chez moi.
– Qu'est-ce que tu as eu comme cours ce matin?
– Alors, ce matin, j'ai eu deux heures de français. C'était ennuyeux. Ensuite, on a eu informatique. Ça, c'était intéressant.
– Les cours finissent à quelle heure aujourd'hui?
– Aujourd'hui, c'est jeudi. Alors, on finit à quatre heures.
– Qu'est-ce que tu as comme devoirs ce soir?
– Ce soir, comme devoirs, j'ai maths et anglais.
– Est-ce que tu vas faire autre chose ce soir?
– Oui, après le dîner, je vais regarder la télé.

3 Il y a un problème

Students listen and tick the right boxes.

Solution: 1 B, 2 A, 3 B, 4 A, 5 C

transcript

Il y a un problème

– Je peux vous aider?
– J'ai acheté ce pull hier et il a un trou.
– Ah oui, je suis désolé. On pourrait soit le remplacer, soit vous rembourser. Que préférez-vous?
– Pouvez-vous me rembourser, s'il vous plaît?
– Voilà. Vous voulez autre chose?
– Avez-vous ce jean en d'autres couleurs?
– Oui, nous l'avons en vert, noir, blanc et bleu marine. Vous faites quelle taille?
– Je fais quarante.
– Voilà. Vous voulez l'essayer?
– Oui. Où est la cabine d'essayage, s'il vous plaît?
– C'est combien?
– C'est quarante-sept euros.

4 On parle du collège

Students listen and complete the text.

Solution: 1 H *maths*, 2 K *technologie*, 3 A *anglais*, 4 G *longue*, 5 A *activités*, 6 F *informatique*, 7 I *pauses*, 8 E *contrôles*, 9 J *piscine*, 10 D *cantine*, 11 L *vêtements*

transcript

On parle du collège

– Quelles sont les matières que vous aimez et que vous n'aimez pas?
– J'aime bien les sciences, surtout la biologie. Je voudrais faire des études de médecine plus tard.
– Moi, je ne suis pas fort en sciences, mais j'aime les maths. Je trouve ça passionnant.
– Moi, j'aime la technologie et l'informatique. C'est très utile dans la vie. Par contre, je déteste l'anglais. Je trouve ça ennuyeux.
– Qu'est-ce que vous aimez et qu'est-ce que vous n'aimez pas au collège?
– Je trouve que la journée scolaire est trop longue. Et puis, le soir, on a trop de devoirs à faire à la maison. On n'a pas le temps de faire d'autres activités.
– Il y a des clubs qui sont intéressants, par exemple, le club d'informatique.
– On s'amuse pendant les pauses – on discute ou on joue aux cartes.
– Il y a trop de contrôles.
– Qu'est-ce que vous aimeriez changer?
– Ce serait bien d'avoir une piscine et un meilleur terrain de sports.
– À mon avis, ce serait bien s'il y avait plus de choix à la cantine.
– Moi, je voudrais porter mes propres vêtements et des boucles d'oreilles.

Unité 4 Consolidation and assessment

Épreuves: Unité 4

These worksheets can be used for an informal test of listening and reading or for extra practice, as required. For general notes on administering the *Épreuves*, see TB 12.

4/10   4, tr 2–4

Épreuve 4: Écouter – Partie A

1 C'est quelle matière? F

Students match what is said to the school subjects.

Solution: 1 *H*, **2** *D*, **3** *G*, **4** *B*, **5** *F*   [5 marks]

transcript

C'est quelle matière?
Exemple: Ma matière favorite, c'est les sciences.
1 Je suis assez fort en maths.
2 Ce matin, on a géographie. Moi, j'aime bien la géo!
3 Je n'aime pas beaucoup l'histoire, mais quelquefois, c'est intéressant.
4 D'abord, on a anglais. Pendant les vacances, on va aller à Londres, alors, ce me sera utile.
5 – Cet après-midi, on a EPS. Tu aimes la gymnastique, toi?
   – Non pas beaucoup. Je ne suis pas très sportive

2 Mon collège F

Students listen to Sophie talking about her school and choose the correct answer.

Solution: 1 *c*, **2** *a*, **3** *c*, **4** *b*, **5** *a*, **6** *c*, **7** *b*
[7 marks]

transcript

Mon collège
Exemple:
– Sophie, il est comment ton collège?
– Mon collège, c'est un collège mixte avec environ 500 élèves.
– Cinq cents élèves – alors ce n'est pas trop grand.
1 – C'est un bâtiment moderne?
  – Oui, c'est assez moderne et c'est bien équipé avec une gymnase et des terrains de sports.
  – Est-ce qu'il y a une piscine?
  – Non, il n'y a pas de piscine.
2 – Qu'est-ce qu'on fait comme sports au collège?
  – On fait du basket, du hand et du foot.
3 – Il y a des laboratoires de science et une salle de technologie avec des ordinateurs.
  – Tu aimes la technologie?
  – Oui, la technologie, c'est ma matière préférée.
4 – Les cours commencent à quelle heure, le matin?
  – Ils commencent à huit heures et quart. Alors je quitte la maison à huit heures moins le quart pour arriver à l'heure.

5 – Comment vas-tu au collège?
  – Je vais au collège à vélo. Ce n'est pas trop loin.
  – Ah bon et tu peux laisser ton vélo au collège sans problème?
  – Oui, il y a un endroit réservé aux vélos.
6 – Que fais-tu à midi? Tu manges à la cantine?
  – Oui, je mange à la cantine. On mange bien en général.
7 – Tu as beaucoup de devoirs à faire le soir?
  – Ah oui. J'ai environ deux ou trois heures de devoirs chaque jour.
  – Deux ou trois heures, c'est beaucoup. Bon merci, Sophie. C'est très intéressant.

3 On achète des cadeaux F/H

Students listen to shopping conversations and tick the correct purchase – A, B or C. They also write who the present is for. Most key words are repeated in the course of the conversations.

Solution: 1 C, *her brother*, **2** B, *her mother*, **3** A, *her friend, Lucie*, **4** B, *her friend, Martin*.
[8 marks]
[Total for Part A: 20 marks]

transcript

On achète des cadeaux
Exemple:
– Je voudrais acheter un livre pour ma sœur. Elle aime beaucoup les bandes dessinées.
– Ah bon? Il y a des livres d'Astérix – celui-ci par exemple est très amusant.
– Oui, mais comme c'est un souvenir, je crois que je vais acheter un livre de photos de la France.
– Oui – bonne idée. Ce livre sur Paris est très bien fait.
– Oui c'est vrai. Ma sœur va aimer ça.
1 – Je cherche un t-shirt pour mon frère – un très grand t-shirt! Mon frère les aime comme ça.
  – Vous aimez ceux-ci, avec la tour Eiffel?
  – Ils sont bien, mais je crois qu'il les préfère sans motif. Je vais prendre celui-là en vert sans motif.
2 – Bonjour.
  – Bonjour, mademoiselle.
  – Je voudrais un pot de confiture, c'est pour ma mère, elle adore la confiture française.
  – Oui, mademoiselle. Qu'est-ce qu'elle aime comme fruits, votre mère? Nous avons un grand choix de confitures.
  – Attendez … aux abricots, je crois. Elle n'aime pas tellement les fraises.
  – Un pot de confiture aux abricots … Voilà, mademoiselle.
3 – Regarde les peluches – les ours là-bas – ils sont mignons! Je vais en acheter un pour Lucie – c'est ma copine. Ils sont à combien les ours, madame?
  – Ceux-ci, les petits, sont à quatre euros et ceux-là, les plus grands, coûtent sept euros.

116   Tricolore Total 4 Teacher's Book

Unité 4 Consolidation and assessment

- Les grands sont beaux, mais ils sont un peu chers. J'en prendrai un comme ça – le petit, s'il vous plaît.
- Voilà, monsieur. Je suis sûre que votre copine va l'aimer.

4 – Voyons … où sont les cartes de vœux?
- Les cartes de vœux sont au premier étage, mademoiselle.
- Merci. Je dois acheter une carte de fête pour mon ami, Martin. C'est la Saint-Martin la semaine prochaine.
- Ah, bon? Je vais souhaiter une bonne fête à Martin.

4/11   4, tr 5–7

Épreuve 4: Écouter – Partie B

1 La vie de tous les jours F/H

Students listen to the speakers and decide whether the statements about their daily routine are true or false.

Solution: 1 *T,* **2** *F,* **3** *T,* **4** *F,* **5** *T,* **6** *T,* **7** *F*

[7 marks]

transcript

La vie de tous les jours

Khalid:
Je m'appelle Khalid et j'habite à Paris. Le matin, je ne me lève pas trop tôt parce que mon père me conduit à l'école, mais le soir, je prends le bus pour rentrer. Je ne sors pas beaucoup pendant la semaine, mais le week-end, je vais souvent au cinéma avec mes copains.

Hélène:
Je m'appelle Hélène et j'habite en Martinique. Comme il fait si chaud dans mon pays, je me lève très tôt, vers six heures du matin et à mon école, les cours commencent à sept heures et demie. Dans la semaine, je me couche tôt, mais le week-end, j'aime m'amuser dans notre village avec mes amies.

Jordan:
Je suis Jordan et ma passion, c'est le cyclisme. Le matin, je vais au collège sur mon vélo tout terrain, ce qui me permet de partir au dernier moment – je déteste me lever de bonne heure. Trois fois par semaine, je vais à mon club de cyclisme. Je m'entraîne et je fais des randonnées à la campagne avec mes copains.

2 Voici le problème H

Students listen to two customers and choose the three statements, which apply to each person.

Solution: M. Gourdain: **1** *c,* **2** *e,* **3** *g;*
Kévin: **1** *h,* **2** *i,* **3** *k*   [6 marks]

transcript

Voici le problème
Monsieur Gourdain
- Oui, monsieur?
- On m'a acheté cette cravate, avant-hier, pour mon anniversaire, mais j'ai tout de suite trouvé un défaut – il y a un petit trou ici, regardez!
- Faites voir, monsieur. Ah oui, c'est vrai, il y a un défaut. Euh … vous voulez choisir une autre cravate ou vous préférez vous faire rembourser?
- Comme c'est ma fille qui me l'a achetée, je voudrais la remplacer avec une autre cravate pareille, si possible.
- Entendu. Voilà, monsieur. Je crois que celle-ci est exactement la même cravate.
- Ah oui, je crois. Merci beaucoup!

Kévin
- J'ai acheté ces chaussettes roses l'autre jour, mais ma petite amie dit que la couleur est absolument affreuse. Est-ce que je peux les échanger?
- Elles étaient en soldes, ces chaussettes, non?
- Oui, et c'est pour ça que je les ai achetées.
- Ah non, monsieur. Je regrette, mais les soldes ne sont ni échangeables ni remboursables.

3 La mode H

Students listen to Nicole talking about the importance of fashion and complete the sentences in English.

Solution: 1 *importance,* **2** *in magazines/the press,* **3** *rich,* **4** *works to earn money,* **5** *spend all her money on clothes,* **6** *designer labels,* **7** *polite*   [7 marks]

[Total for Part B: 20 marks]

transcript

La mode

Salut! La mode ne m'intéresse pas tellement. Il me semble qu'on exagère son importance, on en parle trop dans les magazines – ils ont besoin de parler de quelque chose après tout!

Bien sûr, j'aime mettre des vêtements à la mode. Mais les jeunes comme moi, qui ne sont pas riches et qui doivent gagner de l'argent en faisant de petits boulots pendant les vacances, on ne veut pas dépenser tout son argent à acheter des vêtements tout simplement parce que c'est hypercool.

En plus, les jeunes qui ont beaucoup d'argent et qui achètent toujours les meilleures marques … Alors, ces gens, ils ne devraient pas trop parler de tout ça devant les jeunes comme moi qui sont beaucoup moins riches. Ce n'est ni très poli, ni très gentil!

Unité 4 Consolidation and assessment

4/12

Épreuve 4: Lire – Partie A

1 Mes vêtements [F]

Students match the picture with each item on the list and write the correct letter.

■ **Solution: 1** *e*, **2** *a*, **3** *g*, **4** *c*, **5** *h*, **6** *f* [6 marks]

2 Au centre commercial [F]

Students consult the leaflet to find the correct floor for each purchase or service.

■ **Solution: 1** *2*, **2** *1*, **3** *2*, **4** *3*, **5** *2*, **6** *2*, **7** *1*
[7 marks]

3 Un jeu de définitions [F/H]

Students read the letter and tick the correct boxes for each question.

■ **Solution: 1** *d*, **2** *h*, **3** *j*, **4** *c*, **5** *g*, **6** *f*, **7** *b*
[7 marks]
[Total for Part A: 20 marks]

4/13

Épreuve 4: Lire – Partie B (1)

1 Un carnet d'élève [H]

Students read the article and answer the questions in English.

■ **Solution:** (different wording gains marks if the meaning is clear)
1 the pupils themselves
2 punctuality is essential.
3 not allowed during lesson times
4 students and parents (2 marks)
5 theatre trip
6 two metro tickets
7 to pay for materials/are making something electronic
8 must wear an overall
9 go to the infirmary/go to have their vaccinations [10 marks]

4/14

Épreuve 4: Lire – Partie B (2)

2 L'école de Kadour [H]

Students read the text, then do the two tasks. In part A, they answer questions in English. In part B, they complete the summary with the letters for the correct words.

■ **Solution:**
A: 1 The school day started and finished earlier and there were no lessons in the afternoon.
 2 very hot
 3 at home
 4 helped at home and in the fields
 5 he didn't have any homework
B: 1 *e* **2** *f* **3** *c* **4** *h* **5** *g* [10 marks]
[Total for Part B: 20 marks]

4/15

Épreuve 4: Grammaire

This provides assessment of the following grammar points: *devoir*, *ce/cet/cette/ces*, *quel*, *lequel*, the imperfect tense.

1 Using the verb *devoir*

■ **Solution: 1** *doivent*, **2** *dois*, **3** *dois*, **4** *devez*, **5** *devons*, **6** *doit* [6 marks]

2 Complete the sentences

■ **Solution:**
A: 1 *cette*, **2** *ces*, **3** *cet*, **4** *ces*
B: 1 *quel*, **2** *lequel*, **3** *laquelle*, **4** *lesquelles*
[4 marks (½ mark each)]

3 Using the imperfect tense

■ **Solution:**
A: 1 *essayais*, **2** *était*, **3** *faisait*, **4** *pouvais*, **5** *avais*
B: 1 *étais*, **2** *venions*, **3** *avait*, **4** *voulait*, **5** *était*
[10 marks]
[Total: 20 marks]

Tricolore Total 4
Unité 5 Bon appétit! pages 86–105

Aims and objectives	Grammar and skills	Vocabulary
5A Des repas pages 86–87		
• discuss typical meals and specialities • express preferences in food and drink • ask and answer questions at a family meal	*au, à l', à la* and *aux* with flavours	Meals, Food, Drinks, Describing food A family meal Accepting and refusing
5B Vous mangez bien? pages 88–89		
• discuss healthy foods • talk about vegetarianism • use the pronoun *en*	Revise *du, de la, de l', des* The pronoun *en*	Food, Meat, Vegetables, Fruit Health
5C Il faut manger pour vivre … pages 90–91		
• discuss healthy eating		Health
5D On fait des achats pages 92–93		
• talk about shops and services • shop for food and other items • discuss what you want		Buying provisions Food shops
5E Au café pages 94–95		
• order drinks and snacks in a café • point out mistakes and deal with payment • use pronouns (*me, te, lui, nous, vous, leur*)	Direct and indirect object pronouns (*me, te, lui, nous, vous, leur*)	At the café
5F On mange vite pages 96–97		
• discuss fast-food restaurants • talk about picnics • practise using past tenses	Use the imperfect and perfect tenses together	Health Snacks
5G Au restaurant pages 98–99		
• choose a French restaurant and book a table • discuss the menu • order and pay for a meal		Where to eat At the restaurant The meal The menu
5H Je viens de … pages 100–101		
• point out problems or mistakes • say what has just happened or is about to happen	*venir de* + infinitive Meanings of *il y a* *être en train de* + infinitive Tense discrimination	Problems
5I Consolidation and Assessment pages 102–103		
• practise exam assessment techniques • find out what you have learnt		
Sommaire pages 104–105		

Resources:

Student's Book 86–105
CD 4, Student CD 2

Copymasters
5/1 Les repas et moi
5/2 Un repas de fête
5/3 C'est bon à manger
5/4 Hier, avez-vous bien mangé?
5/5 Jeux de mots – les magasins
5/6 On achète des provisions
5/7 Chez le charcutier
5/8 Jeux de mots – au café
5/9 Les pronoms sont utiles
5/10 La Patate

5/11 Mots croisés – au restaurant
5/12 Un peu d'histoire
5/13 Un restaurant pas comme les autres
5/14 Tu comprends?
5/15 Épreuve 5: Écouter – Partie A
5/16 Épreuve 5: Écouter – Partie B
5/17 Épreuve 5: Lire –Partie A
5/18 Épreuve 5: Lire – Partie B (1)
5/19 Épreuve 5: Lire – Partie B (2)
5/20 Épreuve 5: Grammaire

Au choix SB 218–219
1 Un e-mail à écrire
2 L'avis des lecteurs
3 Un problème de santé
4 Un repas
5 Une conversation
6 Les pique-niques
7 Trouvez les paires
8 Qu'est-ce qu'il faut dire?
9 Des cartes postales

5A Des repas

Examination Grammar in Action 40–48
Using *du, de la, des*
Using *en*
Using the pronouns *lui* and *leur*
Using the pronouns *me, te, nous* and *vous*
Using the perfect and imperfect tenses (1) and (2)
Using *aller* and *venir de* + infinitive
Using *aller, venir de, être en train de* + infinitive
Using *prendre, comprendre, apprendre*

Kerboodle!
Les repas (Présentation)
On parle des repas (Activité – P)
On mange bien? (Présentation)
Tu en veux? (Activité – G)
Ce matin (Activité – É)
En forme? (Activité – P)
Au café (Activité – L)

Un régime équilibré (Activité – L)
Au téléphone (Activité – É)
Tu vas le faire? (Activité – G)
Vocabulaire – Unité 5 (Activité)
Quiz – Unité 5 (Activité)

É = Écouter, L = Lire, P = Parler,
G = Grammaire

5A Des repas   pages 86–87

Aims and objectives	Grammar and skills	Resources
• discuss typical meals and specialities • express preferences in food and drink • ask and answer questions at a family meal	*au, à l', à la* and *aux*	**Key language:** see SB 104 **Online resource:** *Présentation, Activité (parler)* **Copymasters:** 5/1, 5/2, 5/3 **CD:** 4/8–10

Introduction
First, briefly introduce the topic of meals and ask a few questions in French, e.g.
- *Vous prenez le petit déjeuner à quelle heure?*
- *On dîne vers quelle heure en France, normalement?*
- *Vous aimez grignoter?*

Présentation

Les repas
Use this online PowerPoint presentation to revise meals, times (including 24-hour) and preferences.

SB 86   4, tr 8

1 Des repas typiques

a Students listen to and read the texts. Alternatively, play the recording before they see the text and ask some general questions, e.g.
- *De quoi parlent ces jeunes?*
- *On parle de quels repas?*
- *Vous entendez le nom de quels pays?*

b They then find in the texts the French for the English phrases listed.

> **Solution:** **1** *tandis que,* **2** *je déjeune,* **3** *d'habitude,* **4** *au moins,* **5** *une tartine,* **6** *on le/la sert,* **7** *des merguez (des saucisses fraîches et épicées),* **8** *le sirop d'érable,* **9** *un repas de fête*

c Finally, they answer the questions in French.

> **Solution:** (possible) **1** *Il déjeune au collège d'habitude.* **2** *Il prend du pâté ou des crudités.* **3** *Elle dîne en famille au moins quatre fois par semaine.* **4** *C'est un plat typique du Maroc.* **5** *On la mange au Québec/au Canada.* **6** *Si on a des invités ou si c'est un repas de fête.*

transcript

Des repas typiques

Florent

Quand j'allais à l'école primaire, je retournais à la maison pour déjeuner, tandis que maintenant je déjeune assez vite au self-service du collège. D'habitude, je prends du pâté ou des crudités, puis un plat et un fruit ou un yaourt. Quand je suis en ville avec mes copains, je préfère prendre un sandwich, un panini ou une pizza. De temps en temps j'aime faire la cuisine le week-end.

Jennyfer

Le matin chez nous, on prend rarement le petit déjeuner ensemble, mais le soir, on essaie de dîner ensemble au moins quatre fois par semaine. Mon dîner préféré, c'est du potage, puis un steak avec des légumes. Ensuite, je prends un peu de fromage et pour finir, un fruit. Ce que j'aime aussi, c'est le goûter: quand je reviens du collège, j'ai toujours faim et je prends un bol de chocolat chaud et une tartine. C'est bon, ça!

Leila

Chez moi, au Maroc, on mange beaucoup de couscous, et moi, je l'aime bien! C'est un plat arabe préparé avec de la semoule, et on le sert avec de la viande ou du poisson et des légumes, et souvent avec une sauce épicée. Je l'aime beaucoup avec des merguez – des saucisses fraîches et épicées qui sont une spécialité de l'Afrique du Nord.

Thierry

Au Québec, où j'habite, il y a beaucoup de spécialités préparées avec du sirop d'érable.

Mon dessert préféré est la mousse à l'érable que ma mère fait souvent si on a des invités ou si c'est un repas de fête. On la sert avec des petits gâteaux et avec du sirop d'érable, bien sûr! Mmm! C'est délicieux!

120 Tricolore Total 4 Teacher's Book

5A Des repas

sb 86 Stratégies

Remind students about *au*, *à l'*, *à la* and *aux* with flavours and go through some examples.

sb 86

2 Les repas et vous

Students work in pairs or groups to discuss the questions relating to meals. Encourage students to give opinions and reasons. Use the following copymaster for written work on this topic.

cm 5/1

Les repas et moi

This provides a writing frame to support work on meals and preferences.

Activité (parler)

On parle des repas

This online audio activity provides further speaking practice of questions and answers relating to meals.

sb 86 Lexique

Les repas

This provides a short reference list. Further food and drink vocabulary is listed in the *Sommaire* (SB 104–05).

sb 87

3 Un repas en famille

Begin by revising food vocabulary, using games, brainstorming, or perhaps have a competition in which students work in groups and list items by categories, e.g. *les hors-d'œuvre*, *les plats*, *les légumes*, etc.

Students should spend a few minutes reading through the possible alternatives in the coloured patches, then work in pairs to practise and invent dialogues as suggested. Some of the dialogues could be recorded.

sb 87

4 Trouvez les paires

Students match the French and English adjectives to build a vocabulary list that can be used in subsequent activities.

> **Solution: 1** *d*, **2** *i*, **3** *b*, **4** *h*, **5** *e*, **6** *a*, **7** *j*, **8** *g*, **9** *c*, **10** *f*

sb 87 4, tr 9

5 Des plats britanniques

Before listening to the recording, ask a few questions to find out which of the typical British dishes illustrated students have eaten and which they like and dislike. Give some of the new words (mostly not core vocabulary, e.g. *fourré*, *Cornouailles*, *la pâte*, *une cocotte*, *au four*, *des rognons*, *raisins secs/de Corinthe*, *la crème anglais*).

Students then listen and match each definition they hear to the appropriate illustration.

When they listen to the recording, perhaps give different groups of students two definitions each to listen for. Some students may be able to take down one or more of the definitions in full.

> **Solution: 1** B *(doughnut)*, **2** E *(Cornish pasty)*, **3** D *(Yorkshire pudding)*, **4** H *(steak and kidney pie)*, **5** F *(mince pies)*, **6** G *(trifle)*, **7** C *(scones)*, **8** A *(fruit cake)*

transcript

Des plats britanniques

1 Voici une chose que j'ai beaucoup aimée. C'est un petit gâteau rond qui est frit. À l'intérieur, il y a de la confiture de framboise et à l'extérieur, il y a du sucre. C'est délicieux, mais ça fait grossir!

2 Voici quelque chose qu'on a quelquefois mangé pour le déjeuner. C'est un plat traditionnel de Cornouailles, fait avec de la viande, des pommes de terre et de la pâte.

3 Ça, c'est une chose curieuse, mais que j'ai beaucoup aimée. C'est fait avec une sorte de pâte à crêpes, mais salée plutôt que sucrée. On la fait cuire au four et on la mange pour commencer le repas avec de la sauce à l'oignon ou avec un plat principal, surtout si c'est du rosbif.

4 Voilà une chose que j'ai mangée plusieurs fois, mais je ne peux pas dire que je l'aime beaucoup. C'est du steak avec des rognons, cuits dans une cocotte avec de la pâte dessus. On le mange comme plat principal avec des pommes de terre et quelquefois, de la sauce.

5 Ce sont des petites tartes fourrées qu'on mange surtout à Noël, mais qu'on a fait spécialement pour moi, pour goûter. À l'intérieur, il y a une sorte de confiture faite avec des raisins secs et des raisins de Corinthe. Il paraît qu'on les mange souvent chaudes avec de la crème anglaise.

6 Ça, c'est un dessert … euh … et c'est fait avec du biscuit, une gelée de fruits et sur le dessus, de la crème anglaise et de la crème fraîche. Mmm, c'est délicieux! Je vais en faire chez moi.

7 Ça ressemble un peu à des gâteaux, mais pas très sucrés. On les mange avec du beurre et quelquefois avec de la confiture de fraises. Il paraît que dans le sud-ouest de l'Angleterre, on les mange avec de la crème fraîche.

8 On en a fait un pour moi, parce que c'était mon anniversaire, mais on les fait surtout pour les mariages et à Noël. C'est très riche et on y met des raisins de Corinthe, des raisins secs, des cerises glacées et beaucoup de beurre et de sucre. On le fait cuire à l'avance et on le sert en tranches.

sb 87

6 Un plat de mon pays

Using the phrases provided and the previous task as a model, students describe a typical dish from their region or one of their favourite dishes. This could be prepared orally and then written out.

Tricolore Total 4 Teacher's Book

5B Vous mangez bien?

5/2 — **4, tr 10**

Un repas de fête
This copymaster provides preparation and support for the next task.

1 La fête de Jamilla
Students listen to Jamilla's account of her birthday meal and complete the résumé.

> Solution: **1** repas, **2** l'anniversaire, **3** son père, **4** la famille, **5** a mangé, **6** pays, **7** mouton, **8** délicieux

transcript

La fête de Jamilla
Je m'appelle Jamilla. J'ai seize ans et je suis d'origine tunisienne. Normalement, c'est ma mère qui fait la cuisine chez moi, mais mon père prépare quelquefois des repas traditionnels tunisiens, surtout le dimanche. Mes repas favoris sont toujours les repas de fête. Par exemple, pour fêter mes seize ans, mon père a préparé un repas spécial et on a invité toute la famille. On a mangé des plats typiquement tunisiens, comme celui-ci avec du mouton, et on a eu deux ou trois desserts délicieux. Il y avait beaucoup d'ambiance et on s'est bien amusés.

2 Mon repas de fête
The second part provides a writing frame to support task 7 in the Student's Book (see below).

sb 87

7 À vous!
Talk briefly about when students have special meals, revising festivals, birthdays, etc. as necessary. Go over the phrases provided and ask some questions before students write an account. This could be used as preparation for a speaking or writing assessment. A writing frame is provided on CM 5/2 (see above).

sb 218 Au choix

[1] Un e-mail à écrire
This contains suggestions for an email which consolidates much of the work on this spread.

5/3

C'est bon à manger!
This optional recipe sheet provides extended reading texts and could be used at any time. Some students might like to use it as a starting point for making up a recipe file of their own. It could provide preparation for a speaking or writing assessment on French food.

5B Vous mangez bien? pages 88–89

Aims and objectives	Grammar and skills	Resources
• discuss healthy foods • talk about vegetarianism • use the pronoun *en*	Revise *du, de la, de l', des* The pronoun *en*	**Key language:** see SB 104 **Online resource:** *Présentation, Activité (grammaire)* **CD:** 4/11 **GiA:** 40–41

Présentation

On mange bien?
This online PowerPoint presentation could be used to revise or present a range of vocabulary and structures suitable for the topic of healthy eating.

sb 88

1 Les couleurs de la santé
Begin with some revision of fruit, vegetables and colours, perhaps with a brainstorming session followed by some word games. If appropriate, note that *orange* is invariable and ask students if they can think of other 'invariable' colours in French (*marron, bleu clair, bleu foncé*, etc.).

Give students time to read through the texts, perhaps working in pairs. Then ask questions to check comprehension, e.g.

– *Quelles sont les couleurs de la santé?*
– *Nommez un fruit rouge/un légume vert*, etc.

Follow these with some more general questions, e.g.
– *Les légumes rouges, vous en mangez?*
– *Combien de portions de légumes mangez-vous par jour? Vous en mangez combien alors?*

Students then do the *vrai, faux, ou pas mentionné?* task.

> Solution: **1** V, **2** F, **3** PM, **4** F, **5** V, **6** PM

sb 88

2 Jeu de définitions
a When students have spent some time on the previous article, they can do the *jeu de définitions* based on it.

> Solution: **1** poivron vert, **2** pourpre, **3** oignon, **4** un kiwi, **5** vert, **6** les carottes

b This is a pair-work task to provide similar definitions. If necessary, go through some more examples and use the pronoun *en* in some of them.

Tricolore Total 4 Teacher's Book

5B Vous mangez bien?

89 Dossier-langue

When they have read the explanation of the pronoun *en*, students could be asked to explain it to each other in their own words, or to the class. Refer students as necessary to the *Grammaire* (SB 241).

If appropriate, follow up with further recognition work. Display the following questions and answers (in jumbled order) for students to match. The expressions with *en* are the same as in task 3 and could be used as preparation. Students could also make up their own questions to provide the same answers.

1 *Il y a combien de légumes?* (lots)   *Il y en a beaucoup.*
2 *Il y a encore de la viande?* (none)   *Il n'y en a pas.*
3 *Il reste encore des carottes?* (lots)   *Il en reste beaucoup.*
4 *Il y a encore du lait?* (no more)   *Il n'y en a plus.*
5 *Il y a combien de bananes?* (3)   *Il y en a trois.*
6 *Tu as besoin de ce couteau?* (no)   *Je n'en ai pas besoin.*

89

3 Trouvez les paires

Students match the French expressions that include *en* with their English equivalents to provide useful expressions that they can reuse.

■ **Solution:** 1 *c*, 2 *e*, 3 *f*, 4 *b*, 5 *d*, 6 *a*

Activité (grammaire)

Tu en veux?

This online activity provides further practice of the pronoun *en* and the partitive article.

Examination grammar in action 40–41

Using *du, de la, des,* Using *en*

These pages provide further practice of the partitive article and *en*.

89   4, tr 11

4 Oui ou non au végétarisme?

Begin with some introductory oral work, e.g.

Les végétariens/végétalistes, qu'est-ce qu'ils mangent/ne mangent pas?

Perhaps have another oral game to practise vocabulary for vegetables and fruit: *Est-ce qu'un(e) végétarien(ne) mange …?* Answers could be *oui*, *non* or *quelquefois* (for ambiguous items such as eggs).

Students then read through the list of statements and guess which of the two speakers said what. They eventually listen to the recording and check their answers.

■ **Solution:** 1 *Marie-Claire,* 2 *Sébastien,* 3 *Marie-Claire,* 4 *Marie-Claire,* 5 *Marie-Claire,* 6 *Sébastien,* 7 *Sébastien,* 8 *Sébastien*

transcript

Oui ou non au végétarisme?

– Les jeunes et la santé: aujourd'hui, nous sommes au Lycée Marie Curie avec des étudiants qui discutent du végétarisme. Parlons d'abord à Marie-Claire et Sébastien, deux élèves de seconde. Marie-Claire, est-ce que tu dis oui ou non au végétarisme?

– Ben, moi, je suis végétarienne … euh … je suis végétarienne parce que j'adore les animaux et … euh … donc … euh … l'idée d'en manger me rend malade!

– Bon, merci. Mais toi, Sébastien, tu n'es pas végétarien, toi?

– Moi non, mais en effet … euh … je ne suis pas contre le végétarisme, en principe. Le seul problème … le … le problème, c'est que j'adore la viande et le poisson et je n'aime pas du tout les légumes. Donc … euh … pour l'instant, je suis toujours carnivore!

– Donc, une végétarienne et un carnivore. Parlons un peu de la santé … euh … le végétarisme, est-ce que c'est bon pour la santé?

– Ah non, à mon avis, ça ne peut pas être bon pour la santé. Si on ne mange ni viande ni poisson, ben, on ne reçoit pas les minéraux et les vitamines nécessaires.

– Au contraire! Bien sûr, il faut manger des plats qui contiennent des minéraux et des vitamines, mais il paraît que les végétariens risquent moins les maladies de cœur, le diabète et même le cancer que les carnivores et en plus … en plus, je crois qu'ils ont rarement des kilos en trop.

Follow-up activities:

1 Students could put the statements in the order in which they occur in the recording.
2 For extra writing practice, some students could listen again to the recording and, without referring to the text in the Student's Book, try to write down two or three things about Marie-Claire's views and three about Sébastien's. This could be done as a note-taking exercise while listening to the recording, or from memory.

More able students might like to draw a quick grid and enter their notes in this, e.g.

	contre le végétarisme	pour le végétarisme	+ la santé
M-C.			
Séb.			

89

5 Pour et contre

a Students discuss vegetarianism more fully in pairs or as a class discussion, using the article and the prompts as a guide. Refer them also to the *Lexique* task below.

b Collate the key points from the discussion before students write their opinions on the topic. See also *Au choix,* task 2 below.

This task could be used as preparation for part of their speaking or writing assessments.

Pour rire

This light-hearted addition is not intended to be exploited, although some students might like to make up their own cartoons. There are various French websites for jokes and cartoons, but content varies dramatically and needs careful monitoring before directing students to a site.

Tricolore Total 4 Teacher's Book

5C Il faut manger pour vivre …

> sb 89

6 Lexique
Students complete the list to provide some key vocabulary for their discussions.

> sb 218 Au choix

[2] L'avis des lecteurs
This activity is most suitable for able students. Students read the article, *Le végétarisme*, and then look at the statements and decide which of the writers holds each view. There could be a fuller discussion of vegetarianism/veganism, etc. as previously suggested, but now also including the views of the other four speakers, e.g.
- *Est-ce que vous connaissez quelqu'un qui est végétarien?*
- *Depuis combien de temps est-il/elle végétarien(ne)?*
- *Pour quelles raisons?*
- *Est-ce qu'il/elle est la seule personne dans sa famille à être végétarien(ne)?*
- *Est-ce que ça pose des problèmes dans la famille?*
- *Est-ce que beaucoup de restaurants offrent des plats végétariens maintenant?*

Solution: 1 *F*, 2 *S*, 3 *F*, 4 *A*, 5 *M*, 6 *S*, 7 *A*, 8 *M*

5C Il faut manger pour vivre … pages 90–91

Aims and objectives	Grammar and skills	Resources
• discuss healthy eating		**Key language:** see SB 104 **Online resource:** *Activités (écouter, parler)* **Copymasters:** 5/4 **CD:** 4/12

Introduction
If appropriate, explain that the title of this spread is part of a well known quotation from *L'avare* by Molière: *Il faut manger pour vivre, et non pas vivre pour manger.*

> sb 90

1 Test-santé
First, give students time to read through the introductory remarks. Check that they understand the following expressions and explain them if necessary.
- un régime équilibré
- des produits laitiers
- des matières grasses

Ask students to study the different categories and ask some questions, e.g.
- *Donnez-moi un exemple d'un produit laitier/un fruit*, etc.
- *On devrait manger combien de portions de fruits par jour?*

Students then move on to the quiz itself and then add up their points as indicated in the solution (SB 218, *Au choix*).

Follow-up activity:
Students ask each other questions, noting down the answers and adding up the points, e.g.
- *Du lait et des produits laitiers, etc., tu en manges?*
- *Oui, j'en mange tous les jours. Et toi, est-ce que tu en manges?*
- *Oui, j'en mange assez souvent.*

> Activité (écouter)

Ce matin
This online listening activity could be used here to support work on the topic of healthy eating.

> sb 90 4, tr 12

2 Je ne mange pas de ça
Play the recording and ask students to make brief notes in English about each person – what they do not eat/drink and why. Then ask a few questions in French to elicit the new vocabulary, e.g.
- *Qui est allergique aux noix?*
- *Pourquoi Jérémie ne supporte-t-il pas de boissons qui contiennent de la caféine?*
- *Quelle est la religion de Noémie? (Attention à la forme féminine!) Et de Mani?*
- *Donnez des exemples de sucreries.*
- *Qui souffrait de l'anorexie?*
- *Vous aimez le goût du poisson? Et du chocolat?* etc.

Students listen again and decide which sentence (1–6) was said by each person. They then match the correct reason (a–e).

Solution: Léa – **4** *d*, Jérémie – **5** *b*, Noémie – **1** *a*, Thomas – **6** *e*, Sophie – **3** *c*, Mani – **2** *a*

> transcript

Je ne mange pas de ça

Léa
Je ne mange pas de produits comme les biscuits et les gâteaux qui peuvent contenir des noix parce que je suis allergique aux noix. Je dois faire très attention à ce que je mange. Il faut toujours lire très attentivement la liste d'ingrédients d'un produit, et s'il y a le moindre doute, je n'en mange pas.

Jérémie
Je ne supporte pas de boissons qui contiennent de la caféine, et il y en a beaucoup! Ça me rend

---

Unité 5

124 Tricolore Total 4 Teacher's Book

5C Il faut manger pour vivre …

hyperactif et après, j'ai mal à la tête. Ce n'est pas drôle.

Noémie
Dans notre famille, nous ne mangeons pas de porc parce que nous sommes juifs et manger du porc est interdit par notre religion.

Thomas
Moi, je suis diabétique. La plupart du temps, ce n'est pas un problème, mais j'essaie de manger régulièrement et de ne pas manger trop de sucreries. Des fois, c'est très difficile!

Sophie
Il y a deux ans, je souffrais d'anorexie et je mangeais très peu. Heureusement, ça va bien maintenant et je mange de tout … alors, presque tout. Je ne mange pas de poisson parce que je n'aime pas le goût. Beurk!

Mani
Je ne mange pas de bœuf parce que nous sommes hindous et que chez nous personne ne mange de bœuf. En Inde, il y a beaucoup de végétariens, parce qu'en général les bouddhistes ne mangent pas de viande.

sb 90

3 Lexique

Students complete the list to provide useful vocabulary for discussing eating habits and explaining their circumstances when eating with French people. Encourage them to make up some similar phrases, which they then translate into French, e.g. *My sister is allergic to mushrooms. My neighbours don't eat pork because they are Muslims.*

sb 91

4 Pourquoi pas?

Students look at the pictures of food and decide who would not eat the items. If necessary, they could listen again to the recording (task 2).

> **Solution:** (possible)
> 1 Léa ne mange pas de tarte aux amandes parce qu'elle est allergique aux noix.
> Thomas ne mange pas (trop) de tarte aux amandes parce qu'il est diabétique.
> 2 Sophie ne mange pas de saumon parce qu'elle n'aime pas le goût de poisson.
> 3 Noémie ne mange pas de saucisson au porc parce que c'est interdit par sa religion.
> 4 Jérémie ne boit pas de boisson caféinée parce qu'il ne supporte pas de boissons qui contiennent de la caféine.
> Thomas ne boit pas (trop) de boissons caféinées parce qu'elles contiennent souvent beaucoup de sucre et il est diabétique.
> 5 Mani ne mange pas de steak parce que c'est interdit par sa religion.
> 6 Thomas ne mange pas (trop) de pralines parce qu'il est diabétique.
> Léa ne mange pas de pralines parce qu'elles pourraient contenir des noix et elle est allergique aux noix.

sb 91

5 Forum des jeunes

a Students read through the forum discussion of eating disorders and obesity, perhaps having different groups of students looking at each person's opinions before going over them as a whole class. Ask a few general questions, e.g.
 – De quoi parle-t-on ici?
 – Le surpoids, c'est un problème en Grande-Bretagne?

b The then find in the forum text (task 5) the French for the English expressions listed, to add to their vocabulary for discussing healthy eating.

> **Solution:** 1 *l'obésité*, 2 *obèse*, 3 *en surpoids*, 4 *(une) espérance de vie*, 5 *notre mode de vie*, 6 *(les) boissons gazeuses*, 7 *(le) diabète*, 8 *un grand souci*, 9 *grignoter*, 10 *les aliments*, 11 *grossir*, 12 *tant pis!*

c Students read the forum discussion again and decide whose opinion is represented by each of the sentences (1–6).

> **Solution:** 1 *Théa*, 2 *Charlotte*, 3 *Lucie*, 4 *Fabien*, 5 *Théa*, 6 *Pierre*

sb 218 Au choix

[3] Un problème de santé

This provides further questions on the healthy eating forum discussion above, leading up to the final open-ended question which can be used as the basis for further discussion of the topic. The questions extend and develop the discussion of healthy eating.

> **Solution:** (possible)
> 1 Parce que notre génération aura une plus faible espérance de vie que nos parents. L'obésité va coûter très cher en dépenses de santé.
> 2 L'anorexie est pire que le surpoids.
> 3 Il faut manger équilibré.
> 4 Des chips, des noix, des bonbons.
> 5 Faux.
> 6 (open-ended)

sb 91

6 À vous!

This pair-work task could also work well as a discussion in small groups, allotting different questions to different groups, then collating the findings as a class activity before tackling the written task. Refer students to the vocabulary lists they have made previously. If necessary, go through some of the questions with more able students first.

Activité (parler)

En forme?

This online audio activity provides further speaking practice of questions and answers relating to healthy eating.

5D On fait des achats

5/4

Hier, avez-vous bien mangé?
This worksheet helps students build up answers to questions about what they ate and drank yesterday. The second part gives more practice of *en*.

5D On fait des achats — pages 92–93

Aims and objectives	Grammar and skills	Resources
• talk about shops and services • shop for food and other items • discuss what you want		**Key language:** see SB 104 **Copymasters:** 5/5, 5/6, 5/7 **CD:** 4/13–15 **GiA:** 40–41

Introduction
First, revise and practise the names of shops and what each sells.

– *Où est-ce qu'on achète …?*
– *Qu'est-ce qu'on vend à …?*

Use CM 5/5 (see below) for further practice

Introduce the topic of shopping centres by discussing a local one, e.g.

– *Un centre commercial est un centre où il y a beaucoup de magasins, comme [X].*
– *Qu'est-ce qu'il y a comme magasins à [Y]?*

Write the names of any shops mentioned on the board. If trading names are given, ask students what type of shop it is and write this on the board as well, e.g.

– *[XX] – qu'est-ce que c'est comme magasin? Une boulangerie? Une épicerie? Un supermarché?*
– *Et [YY], c'est quoi comme magasin? Une boucherie? Une pâtisserie?* etc.

5/5

Jeux de mots – les magasins
These word games provide practice in the names of food shops and departments of a supermarket, as well as what can be bought there.

Solutions:

1 **Chasse à l'intrus** 1 *un supermarché,* 2 *une parfumerie,* 3 *une poissonnerie,* 4 *les haricots,* 5 *des choux de Bruxelles,* 6 *du thon,* 7 *une crêperie,* 8 *un kilo*

2 **Un jeu de définitions** 1 *la boulangerie,* 2 *la charcuterie,* 3 *un supermarché,* 4 *une crémerie,* 5 *la boucherie,* 6 *le marché,* 7 *la confiserie,* 8 *la pâtisserie*

3 5-4-3-2-1

5 – *du beurre, de l'eau minérale, un pot de confiture, une bouteille de vin, des œufs*

4 – *une baguette (du pain/une ficelle), des croissants, une tarte aux fraises*

3 – *du saucisson sec, du jambon, de la salade de tomates*

2 – *des saucisses, du poulet*

1 – *du poisson (une truite)*

SB 92

1 Au centre commercial
This fictitious leaflet is based on a publicity leaflet about different shopping centres in France. Explain any shops not already known, e.g. *un traiteur*:

– *Qu'est-ce qu'on peut acheter chez un traiteur? (Des quiches, de la salade de tomates, du saucisson, …)*

Ask a few questions to check general comprehension, e.g.

– *C'est un petit ou un grand centre commercial? (Un grand.)*
– *C'est ouvert tous les jours, y compris le dimanche? (Non, les magasins sont fermés le dimanche.)*
– *Est-ce qu'il y a un hypermarché? (Oui, …)*
– *Qu'est-ce qu'il y a, à part les magasins? (Banque, bureau de poste, …)*

Students then answer the questions. This can be done individually or in pairs, with one person reading the question and the other finding the answer in the text.

Solution: (possible)

1 *Il y a deux banques au niveau 1 et un bureau de change au niveau 2.*
2 *La plupart des cafés et des fast-foods sont au niveau 2.*
3 *La pharmacie est au niveau 1.*
4 *Il y a des toilettes à tous les niveaux.*
5 *La plupart des magasins ferment à 20 heures/huit heures du soir, mais l'hypermarché ferme à 22 heures/10 heures du soir.*
6 *Auchan est un hypermarché.*
7 *La boulangerie se trouve au niveau 1.*
8 *Il y a un cybercafé au niveau 2.*

As follow-up, you could have a short class discussion about the advantages and disadvantages of shopping centres, e.g.

– *Quels en sont les avantages? (pratique, il n'y a pas de circulation, on est à l'abri s'il fait mauvais, etc.)*
– *Et les inconvénients? (on est tout le temps à l'intérieur, ça peut être anonyme, etc.)*

Tricolore Total 4 Teacher's Book

5D On fait des achats

2 Trouvez les paires

For further revision of shops and shopping, students do this matching activity. As follow-up, they add at least three more shops and items bought there. Encourage students to use quantities.

Solution: 1 f, 2 d, 3 e, 4 c, 5 a, 6 b

On achète des provisions

This copymaster provides practice in role-playing and revision of *du*, *de la* and *des*, and could be used now or later.

Students work in pairs, first cutting the sheet in two and then asking and answering the questions, with one partner playing the part of the customer and the other that of the grocer. More able students could make the conversation seem more realistic by including greetings and extra remarks about the weather, etc. Some of these could be recorded or presented to the class.

Examination grammar in action 40–41

Using *du*, *de la*, *des*, Using *en*

If not used previously, this would be useful for further practice of the partitive article and *en*.

3 On fait les courses

These two items are graded in difficulty. Students could do one or both, depending on their ability. They could also list things in the order in which they are bought.

a Students listen and identify which two items on the list Stéphanie does not purchase at the grocer's and why.

Solution: *un demi-kilo de beurre (il n'en reste plus), de l'eau minérale (il n'y a que de l'eau minérale gazeuse)*

b Students have to write down exactly what Fabrice buys and the two things he dislikes.

Solution:
Il achète: une grande tarte aux framboises, six petites brioches, une glace au chocolat (à 1,20 euro), dix gâteaux (à 1,00 euro)

Il n'aime pas: les (tartes aux) abricots, (la glace au) citron

transcript

On fait les courses
Stéphanie à l'épicerie
– Bonjour, madame.
– Bonjour, mademoiselle. Vous désirez?
– Un gros paquet de nouilles, comme ça, et deux kilos de sucre, s'il vous plaît, madame.
– Un paquet de pâtes et du sucre ... voilà. Et avec ça?
– Un demi-kilo de beurre et deux kilos de farine, s'il vous plaît.
– Alors, voici la farine ... mais ... euh ... oh, attendez ... oh, désolée, il ne reste plus de beurre!
– Ce n'est pas grave. Qu'est-ce que vous avez comme confiture?
– Voyons, nous avons un grand choix de confitures. Il y a fraise, framboise, abricot, cerise et orange.
– Mettez-moi un petit pot de confiture d'oranges et donnez-moi aussi du miel et de l'eau minérale.
– Gazeuse?
– Non non, pas gazeuse.
– Ah, je regrette, mais il n'y en a plus. Toute notre eau minérale est gazeuse.
– Dans ce cas, je n'en prends pas. C'est tout, merci. Je vous dois combien?
– Euh ... treize euros cinquante-cinq en tout.
– Voilà, madame, et au revoir.
– Au revoir, mademoiselle.

Fabrice à la pâtisserie
– Bonjour, madame.
– Ah, bonjour, Fabrice. Ça va?
– Oui, ça va bien, merci.
– C'est ton anniversaire demain, n'est-ce pas, Fabrice? Tu vas avoir quel âge?
– Treize ans, et c'est pour mon anniversaire que je voudrais acheter une tarte aux fruits. Qu'est-ce que vous avez comme tartes?
– Bon, on a des tartes aux fraises, aux abricots, aux framboises ou aux poires. Tu vas en prendre une petite ou une grande?
– Euh ... je n'aime pas trop les abricots, alors je voudrais bien une grande tarte aux framboises, s'il vous plaît. Et je vais aussi prendre quelques brioches.
– Oui, tu en veux combien?
– Mettez-en-moi six petites, s'il vous plaît, et je voudrais aussi une glace à la fraise.
– Voilà les brioches, et je peux t'offrir une glace à la vanille, au chocolat ou au citron, mais nous n'avons plus de fraise, je regrette.
– Euh ... je n'aime pas le citron, mais je vais prendre une glace au chocolat à un euro vingt, s'il vous plaît.
– Oui. C'est tout?
– Euh ... non, donnez-moi aussi une sélection de gâteaux, s'il vous plaît. Ils sont à combien la pièce? Je ne dois pas payer plus de vingt-cinq euros.
– Ah bon, euh ... j'en ai à un euro la pièce. Je t'en mets quelques-uns?
– Oui, donnez-en-moi dix, s'il vous plaît. Et ça fait combien?
– Euh ... ça fait ... vingt-trois euros cinquante en tout, s'il te plaît.
– Voilà.
– Merci bien. Au revoir, Fabrice, bon anniversaire et bon goûter!
– Merci, madame. Au revoir.

Tricolore Total 4 Teacher's Book

5D On fait des achats

4 Des phrases utiles

a Students first read the phrases and decide whether they are said by a customer or a shopkeeper. They then listen to check.

Solution: 1 M, 2 M, 3 C, 4 C, 5 C, 6 M, 7 C, 8 C, 9 M, 10 M

b To reinforce the meaning, they then translate the phrases into English.

Solution: (possible)
1. Anything else?
2. We have a good choice of fruit.
3. How much is the ham?
4. Give me a piece like that.
5. Do you sell sardines?
6. Sorry, there isn't/aren't any left.
7. How much do I owe you?
8. Have you anything cheaper?
9. How much/many do you want?
10. Pay at the checkout, please.

transcript

Des phrases utiles

1. – Voilà, madame, deux kilos de pommes de terre. Vous désirez autre chose?
   – Non, merci. C'est tout.
2. – Qu'est-ce que vous avez comme fruits?
   – Nous avons un grand choix de fruits: des pommes, des poires, des bananes …
   – Ah oui, des bananes … je prends six bananes, s'il vous plaît.
3. – C'est combien, le jambon?
   – Aujourd'hui, j'ai une offre spéciale. Je vends le jambon à trois euros le paquet.
4. – Vous voulez combien de fromage?
   – Donnez-moi un morceau comme ça, s'il vous plaît.
   – Très bien … c'est 150 grammes.
5. – Est-ce que vous vendez des sardines?
   – Je regrette, c'est une boucherie ici!
6. – Je voudrais 250 grammes d'olives, s'il vous plaît.
   – Je regrette, mais il n'en reste plus. Essayez l'épicerie d'à côté.
7. – Bon, j'ai tout ce qu'il me faut. Je vous dois combien?
   – Ça fait douze euros soixante-dix, monsieur.
8. – C'est combien, le gâteau?
   – C'est un beau gâteau – ça coûte douze euros.
   – Douze euros! Oh là, là! Je n'ai pas assez d'argent. Avez-vous quelque chose de moins cher?
   – Oui, cette tarte aux pommes coûte quatre euros.
   – Bon, je prends la tarte.
9. – Je voudrais des fraises, s'il vous plaît.
   – Vous en voulez combien?
   – Euh … donnez-m'en 500 grammes.
10. – C'est tout, merci. Ça fait combien?
    – Ça fait neuf euros soixante, madame. Payez à la caisse, s'il vous plaît.

5 À la charcuterie

As this dialogue takes place in a *charcuterie*, check that students know what is sold in this type of shop. Students work in pairs to invent and practise dialogues, as suggested.

6 Des achats pour un repas

This optional activity provides role-playing practice involving different shopping places. Students first have to work out where to go for their purchases and then make up the relevant dialogues, taking turns to play the part of the customer and the shopkeeper. If necessary, go through an example using the picture prompts.

[4] Un repas

For extra practice of some basic structures and shopping vocabulary, students read the email and write a reply.

7 On va aux magasins

To consolidate work on shopping, students write an account of a shopping trip. Encourage them to use a wide range of structures. This could be used for peer assessment, giving students examination guidelines for marking.

Chez le charcutier

This light-hearted conversation in a *charcuterie* gives more practice in some common shopping expressions and includes examples of *lequel* and *celui-ci/là*, etc., which could be revised quickly first, if necessary. To enable the students to understand the story line better, it might be advisable to prepare in advance some of the less common vocabulary, e.g. *rondelles de saucisson, goûter à, assaisonné, fade*.

After listening to the recording, some students might like to act the scene or invent a similar one themselves.

Students work out which items Mlle Dupont finally bought, then they find the opposites of some words and phrases from the text.

Solution:

1. **1** *du pâté maison*, **4** *de l'huile d'olive ordinaire*, **6** *du saucisson recommandé par le charcutier*
2. **1** *une grosse bouteille*, **2** *riche*, **3** *pas trop cher*, **4** *différents*, **5** *fade*, **6** *de la meilleure qualité*

5D On fait des achats

transcript

Chez le charcutier

Mlle D: Bonjour, monsieur.

Le charc: Bonjour, Mademoiselle Dupont. Vous allez bien?

Mlle D: Pas mal, monsieur, pas mal.

Le charc: Qu'y a-t-il pour votre service ce matin?

Mlle D: Du pâté, d'abord, 250 grammes de pâté, ce pâté que …

Le charc: Voyons, 250 grammes de pâté maison, c'est ça, non?

Mlle D: Non, pas de pâté maison …

Le charc: Lequel alors?

Mlle D: Avez-vous ce pâté Bonnefoie que j'ai vu à la télé?

Le charc: À la télé, à la télé! Vous n'allez pas me dire que vous croyez tout ce que vous voyez à la télé! Auguste, tu connais Mademoiselle Dupont, non? Tu peux deviner ce qu'elle m'a demandé comme pâté?

Auguste: Lequel alors?

Le charc: Le pâté Bonnefoie qu'elle a vu à la télé!

Auguste: *(Il rit aux éclats.)* Mon Dieu, elle ne va pas nous dire qu'elle croit tout ce qu'elle voit à la télé? Du pâté Bonnefoie …

Mlle D: Bon, bon, ça va! Donnez-moi du pâté maison alors.

Le charc: Voilà, mademoiselle. Du pâté maison. Et avec ça?

Mlle D: De l'huile d'olive, s'il vous plaît. Une grosse bouteille.

Le charc: Laquelle, mademoiselle? Vous n'avez pas vu ça à la télé, je suppose? *(Il rit encore.)*

Mlle D: Non, non. Mais j'ai une amie qui me recommande une marque d'huile d'olive qui s'appelle Lasieuse. Elle s'en sert tout le temps.

Le charc: Ah! Elle est très riche, votre amie?

Mlle D: Non, pas tellement, elle est …

Le charc: Vous savez le prix de l'huile d'olive Lasieuse, mademoiselle?

Mlle D: Non, je …

Le charc: Auguste, tu sais toi le prix de l'huile d'olive Lasieuse?

Auguste: *(De nouveau, il rit aux éclats.)* L'huile Lasieuse? Elle a gagné à la Loterie nationale, Mademoiselle Dupont? L'huile Lasieuse, l'huile La…!

Mlle D: Ça va, ça va! Ne recommencez pas. Donnez-moi n'importe quelle marque d'huile d'olive, mais qui ne coûte pas trop cher.

Le charc: Voilà, mademoiselle, de l'huile d'olive, une grosse bouteille. Et avec ça, qu'est-ce que je vous donne?

Mlle D: De la charcuterie maintenant. Donnez-moi quatre ou cinq rondelles de deux ou trois saucissons différents.

Le charc: Très bien, mademoiselle. Lesquels?

Mlle D: Eh bien … euh … celui-là, peut-être et … euh …

Le charc: Alors celui-là, mademoiselle, est très fort, très assaisonné… très très fort. Eh bien, si vous aimez le saucisson fort, très fort …

Mlle D: Non non, pas trop fort. Celui-ci, peut-être. Il est moins fort, celui-ci?

Le charc: En effet, mademoiselle, celui-ci est beaucoup, beaucoup moins fort. À vrai dire, il est plutôt fade. Ce saucisson n'a presque pas de goût.

Mlle D: Pas celui-ci, alors. Dites-moi, lesquels me recommandez-vous finalement? Je voudrais deux ou trois saucissons différents.

Le charc: Alors, prenez celui-ci, et ces deux là-bas. Je vous coupe combien de rondelles de chacun?

Mlle D: Mais ceux-là sont les plus chers!

Le charc: Mais de la meilleure qualité, mademoiselle, de la meilleure qualité! Auguste, viens-ici! Mademoiselle Dupont veut des saucissons de la meilleure qualité. Lesquels choisis-tu pour elle?

Auguste: Mais celui-ci et ceux-là, monsieur. Ils sont de la meilleure qualité.

Mlle D: Oui oui, je comprends. Alors quatre rondelles de chacun. Et puis c'est tout!

Le charc: Voilà, mademoiselle. Et c'est vraiment tout? Vous ne voulez pas goûter à nos spécialités?

Mlle D: Vos spécialités, mais lesquelles?

Le charc: Eh bien, les tomates farcies aux herbes, la salade provençale, les pizzas à la mode de …

Mlle D: Non non, merci. Je suis sûre que tout est délicieux, mais pour aujourd'hui, merci, j'en ai eu assez. Voilà votre argent, monsieur. Et adieu!

Examination grammar in action 38–39

Using *ce/cette/ces* and *celui*
Using *quel* and *lequel*

If not used in Unit 4, this would be useful for practice of *quel*, *lequel*, *ce/cette/ces* and *celui-ci*, etc.

5E Au café

5E Au café pages 94–95

Aims and objectives	Grammar and skills	Resources
• order drinks and snacks in a café • point out mistakes and deal with payment • use pronouns (*me, te, lui, nous, vous, leur*)	Direct and indirect object pronouns (*me, te, lui, nous, vous, leur*)	**Key language:** see SB 104 **Online resource:** *Activité (lire)* **Copymasters:** 5/8, 5/9 **CD:** 4/16–17 **GiA:** 42–43

Introduction
First, revise what students know about French cafés, or have a brainstorming session about cafés.

5/8

Jeux de mots – au café
For further revision of café vocabulary, students could do this copymaster, which is linked mainly with the content of SB 94.

1 Un acrostiche

Solution:

		²T	H	É	¹C	I	T	R	O	N		
	³V	E	R	R	E							
⁴F	R	O	M	A	G	E						
		⁵B	I	È	R	E						
	⁶J	U	S	D	E	F	R	U	I	T		
⁷B	O	I	S	S	O	N	S					
⁸L	I	M	O	N	A	D	E					
⁹J	A	M	B	O	N							
¹⁰M	E	N	T	H	E	À	L'	E	A	U		

2 Qu'est-ce qu'on commande?

Solution:
1 David – un hot-dog, un coca
2 Noémie – une gaufre, (un/du) chocolat chaud
3 Claire – un croissant, un café au lait
4 Mme Lionel – un thé citron, un pain au chocolat
5 M. Notier – un sandwich au fromage, une portion de frites, une bière
6 Isabelle – une glace (trois boules) vanille, fraise/framboise, chocolat
7 Richard – une pizza, un verre de vin rouge
8 Mlle Robert – un jus de fruit et des crêpes

SB 94

1 Le jeu des définitions
This is a quiz to revise snack vocabulary.

a Students work through the definitions, matching up the six snacks that are illustrated.

Solution: **1** *I,* **2** *J,* **3** *A,* **4** *D,* **5** *F,* **6** *G*

b There are four snacks without definitions (B, C, E, H) and students are asked to make up suitable descriptions for these. This could be done orally, with definitions written on the board from suggestions made by students. Alternatively, they could be worked on in groups and the results could then be judged by the class or the teacher.

More able students could write their own definitions, which they could then read out for the class to guess.

SB 94 4, tr 16

2 Qu'est-ce qu'ils ont commandé?
First, students might find it useful to study the relevant part of the *Sommaire* (SB 104–05), perhaps with some oral practice.

They should then listen to the recording and try to note down all the orders. As a further test of comprehension, students could note down the orders in English.

Solution:
1 *Une glace à la vanille, une glace à la fraise et une bière.*
2 *Un grand café au lait et un croissant au beurre.*
3 *Un Orangina, une limonade, un chocolat chaud et un sandwich au pâté.*
4 *Un verre de vin rouge et un sandwich au fromage.*
5 *Un thé citron et un jus d'ananas.*
6 *Une omelette et de l'eau minérale (un Perrier).*
7 *Une menthe à l'eau, une glace à la vanille et un paquet de chips (et de la monnaie).*

transcript

Qu'est-ce qu'ils ont commandé?

1 – Vous voulez commander, madame?
– Oui. Qu'est-ce que vous avez comme glaces?
– Nous avons quatre parfums, madame: vanille, fraise, ananas et chocolat.
– Une vanille et une fraise, s'il vous plaît, et une bière pour monsieur.
– Deux glaces et une bière. Très bien, madame.

2 – Et pour vous, madame?
– Pour moi, un grand café au lait, s'il vous plaît, et un croissant au beurre.

3 – Vous désirez, monsieur?

130 Tricolore Total 4 Teacher's Book

5E Au café

– Un Orangina et une limonade pour les petits, s'il vous plaît, et pour moi un chocolat chaud.
– Un Orangina, une limonade et un chocolat, c'est tout?
– Non, mettez-moi aussi un sandwich au pâté, s'il vous plaît.

4 – Vous désirez, monsieur?
– Un verre de vin rouge et un sandwich au fromage, s'il vous plaît.
– Très bien, monsieur.

5 – Monsieur?
– Un thé citron, s'il vous plaît.
– Un thé citron, oui. C'est tout?
– Non … euh … qu'est-ce que vous avez comme jus de fruit?
– Orange, ananas et pamplemousse, monsieur.
– Eh bien, un ananas, s'il vous plaît.

6 – Madame?
– Avez-vous un plat chaud aujourd'hui?
– Oui, madame. Il y a une omelette aux champignons avec des frites.
– Il n'y a pas d'autres plats chauds?
– Non, madame.
– Mmm … alors, apportez-moi une omelette, mais pas de frites. Je ne veux pas de frites.
– Vous voulez boire quelque chose?
– Oui, de l'eau minérale: un Perrier, s'il vous plaît.
– D'accord, madame, une omelette sans frites et un Perrier. C'est tout?
– Oui, c'est tout.

7 – Vous désirez?
– Pour moi, une menthe à l'eau et pour mon ami, une glace à la vanille.
– Une menthe à l'eau et une glace à la vanille. C'est tout?
– Non, mettez-moi aussi un paquet de chips. Et avez-vous de la monnaie pour les jeux vidéo?
– Oui oui, je vais en chercher.

sb 219 Au choix

[5] Une conversation

This gives extra practice of questions and answers linked with the café topic and with food likes and dislikes in general, including giving reasons for preferences.

sb 94

3 Trouvez les paires

Students match the French words with their English equivalents, to build a vocabulary list for work on this topic.

Solution: **1** d, **2** g, **3** j, **4** a, **5** n, **6** l, **7** f, **8** o, **9** h, **10** b, **11** e, **12** m, **13** k, **14** c, **15** i

sb 94 4, tr 17

4 On prend un verre

a Students read through the dialogue first, then listen to it.

b They then work through it in pairs, using tasks 3 and 5 and other vocabulary of the topic to help them to invent other conversations.

During the conversation, the waiter makes a mistake in the order. This is a situation often used in exams. More practice of this kind of situation is given on spread 5H.

transcript

On prend un verre
– Salut, Dominique! Tiens, il est presque midi. On va au café?
– Bonne idée. Je vais te payer un verre.
– Bonjour, monsieur, qu'est-ce que je vous sers?
– Alors, qu'est-ce que tu prends?
– Un jus de tomate, s'il te plaît.
– Désolé, mais nous n'avons plus de tomate. Je peux vous donner orange ou ananas.
– Bon! Je prendrai un jus d'ananas.
– Un jus d'ananas. Et pour vous, monsieur?
– Pour moi, un grand chocolat chaud. Et qu'est-ce que vous avez comme sandwichs?
– Jambon, fromage et pâté.
– Bon, un sandwich au pâté, s'il vous plaît. Et pour toi?
– Pour moi, un hot-dog, s'il vous plaît. …
– Ah … moi, j'ai commandé un jus d'ananas, mais vous m'avez apporté un jus d'orange!
– Ah bon, excusez-moi. Je vais vous chercher un jus d'ananas tout de suite. …
– Ah! Merci, Dominique. À ta santé!
– À la tienne! …
– Combien je vous dois?
– Voici l'addition, monsieur.
– Voilà, monsieur. …
– Au revoir, Alex. Téléphone-moi un de ces jours!
– OK, ou je t'enverrai un e-mail. Au revoir, Dominique, et merci.

sb 95

5 Des phrases utiles au café

Students complete the phrases to build up more vocabulary for this topic.

Solution: 1 hot meals, **2** Qu'est-ce que vous avez comme sandwichs? **3** Where are the toilets, please? **4** The bill, please. **5** je vous dois? **6** santé, **7** What will you have?

sb 95 Dossier-langue

This draws attention to the examples of indirect object pronouns used in the café scene (*me, te, nous, vous, lui* and *leur*) and revises their use. Refer students as necessary to the *Grammaire* (SB 240).

If appropriate for your class, point out the different position and the change in two of the pronouns when used with an imperative (command or instruction), e.g.

– *Téléphone-moi! Apportez-moi une omelette! Sers-toi! Donnez-lui une glace!*

5F On mange vite

Follow-up activity:
Some oral practice of these pronouns could be given as follows. The teacher could first demonstrate the sequence with some able students. Someone gives something to one or more people and a series of questions and answers follow, e.g.

(Tell someone to give something to one or more people:)
– *Donne le crayon à X.* (etc.)
– *Qu'est-ce que tu lui donnes?*
– *Je lui donne un crayon.* (etc.)
– *Qu'est-ce qu'on t'a donné/te donne?*
– *On m'a donné/me donne un crayon.*

sb 95

6 Trois conversations

This provides practice in using the object pronouns. If necessary, remind students of the difference between *te* and *vous*.

Solution: 1 *me*, **2** *te*, **3** *t'*, **4** *lui*, **5** *m'*, **6** *leur*, **7** *nous*, **8** *vous*, **9** *vous*

sb 95 Stratégies

This gives a reminder that a good way to remember pronouns is to learn them in a phrase.

sb 95

7 Expressions utiles

Students match the French phrases with their English equivalents to provide some useful phrases that include object pronouns. Encourage students to use these in their work.

Solution: 1 *c*, **2** *a*, **3** *e*, **4** *f*, **5** *d*, **6** *b*

Activité (lire)

Au café

This online reading activity provides further practice of café language.

5/9

Les pronoms sont utiles

This copymaster provides graded practice of the indirect object pronouns.

Solutions:

1 Des conversations
  a *vous, vous, vous,* **b** *lui, lui, leur,*
  c *m', t', lui, lui, nous, t'*

2 Qu'est-ce qu'on leur sert?
Louise: *On lui sert un coca.*
Michel: *On lui sert un jus de fruit.*
Patrick et Charles: *On leur sert du chocolat chaud.*
Noémie et Simon: *On leur sert de la limonade.*
(À manger)
Michel et Charles: *On leur sert des chips.*
Patrick: *On lui sert un croissant.*
Noémie: *On lui sert un sandwich.*
Simon: *On lui sert une glace.*

Examination grammar in action 42–43

Using the pronouns *lui* and *leur*
Using the pronouns *me*, *te*, *nous* and *vous*

These pages provide further practice of indirect object pronouns.

5F On mange vite   pages 96–97

Aims and objectives	Grammar and skills	Resources
• discuss fast-food restaurants • talk about picnics • practise using past tenses	Using the imperfect and perfect tenses together	**Key language:** see SB 104 44–45 **Online resource:** *Activité (lire)* **CD:** 4/18–19 **GiA:** 44–45

sb 96

1 Le fast-food: pour ou contre?

a Students first read the four titles A–D (check that these are understood) and then read the article, matching the titles to the paragraphs.

Solution: 1 *C*, **2** *A*, **3** *B*, **4** *D*

b Students find in the text the French for the English phrases listed, to use in their own work.

Solution:
1 *des chaînes de restauration rapide*
2 *les prix sont raisonnables*
3 *on se sent/on ne se sent pas*
4 *pas si isolé que*
5 *des nouveautés*
6 *pas de variété*
7 *trop de monde*
8 *manger à la hâte*
9 *la cuisine traditionnelle*
10 *trop de boutons*

132   Tricolore Total 4 Teacher's Book

5F On mange vite

Follow-up activity:
Students could make up *vrai ou faux?* statements based on the article and set them for the others. They then go on to read the statements for and against eating in fast-food restaurants, perhaps reading aloud, in turn, a statement from the *pour* and the *contre* sections.

📖 96 4, tr 18

2 C'est qui?
Students read the sentences describing the opinions of eight people, then listen to the recording and identify the speakers.

> **Solution:** 1 C *(David)*, 2 B *(Camille)*, 3 E *(Charlotte)*, 4 G *(Léna)*, 5 A *(Diane)*, 6 D *(Daniel)*, 7 F *(Michel)*, 8 H *(Denis)*

transcript

C'est qui?
Des jeunes discutent du fast-food. Voici leurs opinions.

1 Moi, j'aime bien les fast-foods … parce qu'on sait exactement ce qu'on va manger. On ne risque pas de mauvaises surprises!
2 Moi aussi, je suis pour les fast-foods. J'y mange avec mes copains et il y a presque toujours une bonne ambiance.
3 Moi, je n'aime pas le self-service. Je préfère être servie et je veux manger à l'aise.
4 Ce n'est pas que je n'aime pas le goût des hamburgers, mais toute la nourriture des fast-foods est pleine de calories et ça fait grossir.
5 Je suis végétarienne, mais maintenant, il y a même des hamburgers pour les végétariens et ils sont délicieux!
6 Les fast-foods sont très pratiques. On en trouve partout et on mange vite.
7 Dans un fast-food, il n'y a pas de variété. Dans un café, il y a plus de choix et on peut acheter des boissons alcoolisées ou non-alcoolisées.
8 Moi, je n'aime pas beaucoup les fast-foods. Pour fêter un événement spécial, rien ne peut remplacer un dîner dans un bon restaurant. Connaissez-vous beaucoup de gens qui voudraient prendre leur repas du réveillon du Nouvel An dans un McDonald's?

📖 96

3 À vous!
a Students discuss their preferences for fast food or other restaurants, giving their reasons. Views can be collated as a whole-class activity in preparation for the following written activity.
b Using the phrases provided and the young people's opinions as a model, students write their views on the advantages and disadvantages of fast food.

📖 97

4 Aimez-vous les pique-niques?
Students read these two letters for and against picnics and then do the activity, in which they have to decide if the statements are true, false or not mentioned.

> **Solution:** 1 V, 2 V, 3 F, 4 PM, 5 V, 6 V, 7 V, 8 PM

📖 97

5 Au passé
This provides practice in using the two past tenses together. Go through the infinitives and check that students know which auxiliary to use and whether agreement is appropriate in the perfect tense.

> **Solution:**
> 1 Quand elle habitait à Paris, ma grand-mère mangeait souvent au restaurant.
> 2 À l'âge de 60 ans, elle est allée pour la première fois dans un fast-food.
> 3 Pendant qu'il mangeait un sandwich, mon père a cassé une dent.
> 4 Ma sœur est tombée malade quand nous étions au restaurant.
> 5 Pendant que nous regardions la carte, Max est arrivé au restaurant.
> 6 On faisait un pique-nique dans le parc quand soudain, il a commencé à pleuvoir.

📖 97 Dossier-langue
This provides a reminder of when to use the perfect and imperfect tenses. Refer students as necessary to the *Grammaire* (SB 247) for notes on the formation of these tenses.

Examination grammar in action 44–45

Using the perfect and imperfect tenses (1) and (2)
This provides more practice of these tenses.

Activité (lire)

Un régime équilibré
This online reading activity provides further practice on the theme of fast food and using different past tenses together.

📖 97 4, tr 19

6 L'incroyable pique-nique
Students listen to the account of the millennium picnic and complete the summary that follows. Students could try to find out if anything similar has happened since the year 2000.

> **Solution:** 1 pique-nique, 2 14, 3 mauvais, 4 eu lieu, 5 tout le monde, 6 salles des fêtes, 7 nappe, 8 blanche, 9 véhicules, 10 boue

Tricolore Total 4 Teacher's Book

Au restaurant

transcript

L'incroyable pique-nique

Le 14 juillet 2000, pour la fête nationale en France, on a organisé un incroyable pique-nique le long de la Méridienne verte. Il y avait une immense nappe à carreaux rouges et blancs (coupée en 337 sections d'un kilomètre et demi). Tout le monde était invité. On devait simplement apporter un panier repas. À Treignat, au centre de la France, le boulanger a fait 2000 baguettes pour le pique-nique (un record dans sa carrière).

Malheureusement, il n'a pas fait beau ce jour-là et dans beaucoup de villages, on a dû s'abriter dans des salles des fêtes et des granges. Cependant, le pique-nique a eu lieu comme prévu. Mais les champs improvisés en parking se sont transformés en boue et des tracteurs munis de chaînes ont souvent été nécessaires pour sortir les véhicules.

sb 97

7 Un pique-nique pas comme les autres!

Students now write about an imaginary or real picnic that was either a great success or a disaster. This would be suitable for peer assessment, using exam guidelines to mark each other's work.

sb 219 Au choix

[6] Les pique-niques

This more difficult task is based on tasks 6 and 7 on SB 97, and is open-ended.

5G Au restaurant   pages 98–99

Aims and objectives	Grammar and skills	Resources
• choose a French restaurant and book a table • discuss the menu • order and pay for a meal		**Key language:** see SB 104 **Online resource:** Activité (écouter) **Copymasters:** 5/10, 5/11, 5/12, 5/13 **CD:** 4/20–23

sb 98   4, tr 20

1 Six conseils pour les étrangers!

Students should first read the introductory paragraph and then the six *conseils*. Next, they should listen to the recorded interviews and pick out the four points made that are the same as those listed.

Solution: *statements 1, 2, 4 and 5*

There are two other pieces of advice not mentioned in the leaflet, and the more able students might be able to spot these. They are:
– *C'est toujours une bonne idée de goûter au plat du jour.*
– *Si vous ne savez pas quoi choisir, demandez au serveur de vous recommander un plat ou un vin.*

transcript

Six conseils pour les étrangers!

– Pardon, madame, avez-vous des conseils pour les étrangers qui veulent manger dans un restaurant en France?
– Ben … s'ils veulent trouver un bon restaurant, ils devraient choisir les restaurants où nous, on mange, nous les habitants de la ville. Euh … puis … euh … il faut toujours regarder la carte, avant d'entrer. Ça, c'est important parce qu'il y a souvent des suppléments. Il faut faire bien attention!
– Merci, madame. Excusez-moi, monsieur. Nous préparons des conseils pour les étrangers qui veulent manger au restaurant en France. Avez-vous des idées pour nous aider?
– Euh … voyons … oui. Le plat du jour, c'est toujours une bonne idée de goûter au plat du jour. Et puis le menu à prix fixe, ça revient moins cher que le menu à la carte.
– Merci. Et vous, mademoiselle, vous avez des idées de conseils?
– Ben, je ne mange pas souvent au restaurant, je mange plutôt un casse-croûte dans un bistro ou un café.
– Donc aucun conseil?
– Sauf que … au restaurant, si vous ne savez pas quoi choisir – comme moi, d'ailleurs – dans ce cas, demandez au garçon de café de vous recommander un plat ou un vin.
– Merci, mademoiselle. C'est un bon conseil!

As an optional follow-up activity, able students could make up 'tourist and expert' dialogues asking for and giving advice, e.g.
– *Pour manger au restaurant en France, qu'est-ce que vous me conseillez?*
– *D'abord, choisissez un restaurant où les clients sont français.*

Tricolore Total 4 Teacher's Book

5G Au restaurant

sb 98

2 Trouvez les paires

Students match the French phrases with their English equivalents to provide some useful restaurant vocabulary.

Solution: 1 d, 2 f, 3 a, 4 g, 5 c, 6 e, 7 b

sb 98   4, tr 21

3 Quatre restaurants

a Students first study the restaurant adverts, noting the key features of each, perhaps in groups. This could lead to some oral work, e.g.
- *C'est quelle sorte de restaurant?*
- *Est-ce qu'on peut manger dehors?*
- *Est-ce qu'on peut manger des pizzas ici?*

Students then read the eight statements and decide which of them apply to each restaurant.

Solution:

Restaurant	A	B	C	D
1 terrasse	PM	V	V	V
2 plats végétariens	PM	V	PM	V
3 ouvert tous les jours	PM	F	V	V
4 fermé le dimanche	PM	V	F	F
5 parking	PM	PM	V	V
6 menu enfants	PM	PM	V	PM
7 spécialités	V	V	PM	PM
8 buffet froid	F	PM	F	V

b Students listen to the recording and decide which of the four restaurants is most suitable for each group of diners.

Solution: 1 A, 2 B, 3 C, 4 D, 5 B

As extra practice, students could choose in which restaurant they themselves would prefer to eat. They could also be asked to explain their choice, e.g.
- *Êtes-vous végétarien(ne)?*
- *Tes amis, aiment-ils les pizzas?*
- *Avez-vous déjà goûté au couscous?*

transcript

Quatre restaurants

1 – Si on allait au cinéma? Mais je voudrais bien manger quelque chose avant.
 – Ben, moi, je n'ai pas très faim, mais on peut quand même aller manger quelque chose.
 – Qu'est-ce que tu préfères, un restaurant ou un fast-food?
 – Oh ben, je préfère aller manger quelque chose de rapide, un croissant, par exemple.
 – D'accord.

2 – C'est ma fête demain. Si on allait manger au restaurant, tous les trois?
 – Oh, mais il fait trop chaud pour manger à l'intérieur.
 – Eh bien, ce n'est pas grave, on trouvera un restaurant avec une terrasse.
 – Je voudrais manger du couscous. Et toi?
 – Ah oui, j'aime ça. Et toi, Sophie, tu aimes le couscous?
 – Oui, bonne idée!

3 – Alors, on va au restaurant ce soir?
 – Euh … oui, je veux bien.
 – Tu aimes les pizzas?
 – Les pizzas, oui, j'adore ça.
 – On va manger une pizza alors.

4 – Qu'est-ce qu'on fait ce soir?
 – On pourrait aller manger au restaurant.
 – Oui, je veux bien.
 – Quel genre de restaurant? Qu'est-ce que tu veux manger? Un steak, peut-être?
 – Ah non, pas de steak pour moi. Je suis végétarienne, je ne mange pas de viande et pas de poisson.
 – Tu aimes les salades?
 – Bien sûr. Je connais un restaurant où il y a des salades et un buffet froid délicieux!

5 – Ah, Sarah, comment ça va? Ça va bien?
 – Oui, et toi? Ça fait longtemps que je ne t'ai pas vu.
 – Ben oui, je suis juste revenu du Maroc. J'ai passé deux mois en vacances là-bas.
 – C'était bien?
 – C'était super et la nourriture était exceptionnelle.
 – Ah, moi, je n'connais pas du tout.
 – Ça te dirait de venir manger avec moi ce soir? Il y a un restaurant près d'ici qui fait des spécialités marocaines.
 – Excellent! Allons-y ce soir!

sb 219 Au choix

[7] Trouvez les paires

Students match the French sentences with their English equivalents to provide some useful additional phrases for choosing restaurants. As follow-up, they could make up a short dialogue adapting some of the phrases.

Solution: 1 f, 2 d, 3 h, 4 b, 5 g, 6 a, 7 e, 8 c

sb 99   4, tr 22

4 Pour réserver une table

a Students listen to the recorded conversation and put the five questions in the correct order.

Solution: 1 b, 2 e, 3 d, 4 a, 5 c

b They then practise the script in pairs and then make up new conversations, substituting another restaurant, booking in their own name and changing the other details.

Tricolore Total 4 Teacher's Book   135

5G Au restaurant

> **transcript**
>
> **Pour réserver une table**
> – Restaurant du Château, bonjour.
> – Bonjour. Je voudrais réserver une table pour ce soir.
> – Oui. C'est pour combien de personnes?
> – Pour quatre personnes.
> – Et à quelle heure?
> – Huit heures, ça va?
> – Oui, j'ai une table pour huit heures. C'est à quel nom?
> – Rainier.
> – Rainier. Comment ça s'écrit?
> – R–A–I–N–I–E–R.
> – En salle ou en terrasse?
> – En salle, s'il vous plaît.
> – Bon. Alors, j'ai réservé une table à huit heures, pour quatre personnes, et c'est au nom de Rainier.
> – C'est ça.

Follow-up activity:

There are many restaurants with sample menus on the internet that can be readily found through a search engine. A useful way to exploit this is to ask students to select a menu and then use it in a restaurant role play. As a variation, go for specialist menus such as vegetarian, shellfish, Vietnamese or Provençal.

5 Vous avez choisi?

Students first study the menus, then listen to the recording and try to note down the customers' orders.

As a further check on comprehension, students could note in English what the orders are.

> **Solution:**
> 1 Le menu à 15 euros, salade mixte, spaghetti bolognaise, une petite carafe de vin blanc, du fromage
> 2 Le menu à 24 euros, salade niçoise, salade de tomates, deux escalopes de veau, frites, tomates provençales, vin rouge, eau minérale gazeuse, deux desserts maison
> 3 Le menu à 20 euros, crudités, pizza aux quatre saisons, une bière, (un petit) café, glace vanille et fraise

> **transcript**
>
> **Vous avez choisi?**
> 1 – Monsieur?
> – Je prendrai la salade mixte, s'il vous plaît.
> – La salade mixte … alors vous prenez le menu à quinze euros, non?
> – Oui, c'est ça. Alors la salade mixte, puis comme plat principal … euh … spaghetti bolognaise.
> – Spaghetti bolognaise. Et vous voulez quelque chose à boire? Les boissons sont en supplément.
> – Oui, apportez-moi une petite carafe de vin blanc, s'il vous plaît.
> – Une carafe de vin blanc.
> – Et puis, pour terminer, du fromage.
> – Du fromage … entendu, monsieur.
>
> 2 – Bonjour, monsieur. Bonjour, madame. Vous avez choisi?
> – Oui, nous prenons le menu à vingt-quatre euros, s'il vous plaît.
> – Très bien. Et pour commencer?
> – Pour commencer, la salade niçoise pour moi – j'adore les olives … et la salade de tomates pour mon mari.
> – Une salade niçoise et une salade de tomates. Et comme plat principal?
> – Deux escalopes de veau, s'il vous plaît, pour nous deux.
> – Deux escalopes … et vous voulez des légumes?
> – Donnez-moi des frites et … euh … des tomates provençales pour ma femme.
> – Et comme boisson, monsieur?
> – Une bouteille de vin rouge et une bouteille d'eau minérale.
> – Du vin rouge et de l'eau minérale. Gazeuse ou non-gazeuse?
> – Gazeuse, s'il vous plaît.
> – Vous voulez commander un dessert?
> – Un dessert? Attendez. Quel est le dessert maison aujourd'hui?
> – Ce sont des bananes au rhum, une spécialité de la Martinique. C'est délicieux!
> – Bon, alors deux desserts maison pour terminer.
>
> 3 – Bonjour, mademoiselle, vous êtes prête à commander?
> – Oui, s'il vous plaît. Pour commencer, des crudités.
> – Des crudités, donc le menu à vingt euros.
> – C'est ça. Puis … euh … qu'est-ce que vous me recommandez?
> – Le plat du jour est très bon. Il y a du saumon ou du thon.
> – Ah non, je n'aime pas trop le poisson. Qu'est-ce que vous avez comme pizza?
> – Tomates et fromage, jambon et ananas, champignons et puis la pizza aux quatre saisons: c'est la spécialité de la maison.
> – Très bien, je prends ça.
> – Qu'est-ce que vous voulez boire?
> – Une bière, s'il vous plaît, puis un petit café avec le dessert.
> – Qu'est-ce que vous prenez comme dessert?
> – Je vais prendre une glace.
> – Une glace. Quel parfum?
> – Euh … vanille et fraise. Vous avez?
> – Bien sûr, mademoiselle. Un petit café et une glace vanille et fraise.

5G Au restaurant

sb 99

6 On dîne

This group-work activity provides practice in ordering a meal from the menus on the page. Students work in threes, taking turns to be the waiter and changing the details each time.

cm 5/10

La Patate

For extra role-playing practice or as an alternative to the previous task, students could work on this model conversation in groups, inventing new conversations, some of which could be recorded.

sb 99

7 À vous!

As written consolidation of the restaurant topic, students write an account of a real or imaginary restaurant meal, using the questions as a guide. As this activity is in the past tense, teachers may prefer to use it with spread 5H.

Ask a few of the questions and encourage students to use a range of vocabulary and structures. It could be helpful to do the following *Au choix* activity first as preparation.

sb 219 Au choix

[8] Qu'est-ce qu'il faut dire?

Students match the English phrases with their French equivalents to provide many key phrases for the restaurant topic. These could be practised aloud and at least some learnt by heart.

> Solution: **1** g, **2** a, **3** h, **4** e, **5** f, **6** c, **7** b, **8** d

sb 219 Au choix

[9] Des cartes postales

Students read through the postcards and complete the sentences that follow.

> Solution: **1** sucrée, **2** une crêpe salée, **3** restaurant, **4** Sénégal, **5** plat, **6** morceaux, **7** pâte, **8** légumes, **9** du riz, **10** aimé

Activité (écouter)

Au téléphone

This online listening activity provides extra practice in understanding people talking about meals.

cm 5/11

Mots croisés – au restaurant

This gives extra practice of restaurant vocabulary. It is more suitable for able students.

> Solution:

	1		2			3		4
	p		e		s	e	u	l	e
5 à	l	a	6 c	a	r	t	e		u
	a		7 o	u		8 r	9 a	d	10 s
11 e	t		m			12 v	u		p
			p	13 p	r	i	x		é
14 e		r			c		15 s	e	c
16 a	s	s	i	e	17 t	t	e		i
	t		s		e			18 ç	a
19 f				20 r			21 j		l
22 a	p	p	é	t	i	t	23 o	u	i
i				z		24 j	u		t
25 m	e	n	u		26 l	e	u	r	é

cm 5/12

Un peu d'histoire

This is an optional reading text for use at any time and is followed by three short tasks.

> Solutions:
>
> 1 **Comprenez-vous la carte?**
>
>   **A** **1** g, **2** j, **3** i, **4** b, **5** h, **6** f, **7** c, **8** a, **9** d, **10** e
>
>   **B** **1** e, **2** c, **3** j, **4** i, **5** f, **6** a, **7** h, **8** g, **9** b, **10** d
>
> 2 **Le poulet Marengo**
>
>   **1** le/du poulet, **2** chef/cuisinier, **3** Italie, **4** les Français, **5** temps, **7** poulet, **8** tomates, olives, **9** ensemble, **10** plat
>
> 3 **Autrefois ... on mangeait comme ça**
>
>   **1** C, **2** E, **3** B, **4** A, **5** D

cm 5/13

Un restaurant pas comme les autres

Students read through this story, skimming and scanning for comprehension. They then do the *vrai ou faux?* task. Note that the setting is Switzerland where the currency remains as *francs suisses* and has not changed to *euros*.

The story could also be used as an example of the use of perfect and imperfect tenses together to tell a story.

Tricolore Total 4 Teacher's Book

5H Je viens de …

5H Je viens de … pages 100–101

Aims and objectives	Grammar and skills	Resources
• point out problems or mistakes • say what has just happened or is about to happen	Use *venir de* and *aller* + infinitive Meanings of *il y a* Use *être en train de* + infinitive Tense discrimination	**Key language:** see SB 104 46–47 **Online resource:** *Activité (grammaire)* **CD:** 4/24–25 **GiA:** 46–47

SB 100   4, tr 24

1 Il y a un problème

Students could first look at task 2 (*Trouvez les paires*) before listening to the eight recorded conversations and noting down the problems. According to students' ability, this could be done in French or in English. Some suggested phrases could be supplied, e.g.

On a commandé …, mais le garçon a apporté … Il y a une erreur dans …

Solution:

1 *(Il n'y a) pas de fourchette.*
2 *On n'a pas commandé deux melons et un pâté, on a commandé deux pâtés et un melon.*
3 *On n'a pas commandé de l'eau plate, on a commandé de l'eau gazeuse.*
4 *Ce n'est pas ce qu'on a commandé. On a commandé une glace à la fraise.*
5 *La cliente est allergique aux noisettes.*
6 *Il y a une erreur dans l'addition.*
7 *Il n'y a pas de camembert.*
8 *On a commandé deux bouteilles de vin rouge et une bouteille de vin blanc.*

transcript

Il y a un problème

1 – Excusez-moi, monsieur, mais je n'ai pas de fourchette.
   – Oh pardon, mademoiselle. Je vais vous en chercher une.
2 – Voilà, deux melons et un pâté.
   – Mais monsieur, on a commandé deux pâtés et un melon.
   – C'est vrai? Excusez-moi, je vais l'échanger.
3 – Monsieur?
   – Oui, madame?
   – On a commandé de l'eau gazeuse, mais ça, ce n'est pas gazeux, c'est de l'eau plate.
   – Ah oui, madame. C'est une erreur. Voilà de l'eau gazeuse.
4 – Mademoiselle. Ce dessert, ce n'est pas ce que j'ai commandé.
   – Vous n'avez pas commandé une glace?
   – Si, si, mais une glace à la fraise. Ça c'est une glace aux framboises, n'est-ce pas?
   – Ah oui, je comprends. Je m'excuse, monsieur. Je vais l'échanger tout de suite.

5 – Excusez-moi, mademoiselle, mais ce gâteau, est-ce qu'il y a des noisettes dedans?
   – Oui, mademoiselle, c'est possible.
   – Alors, je regrette, mais je suis allergique aux noisettes.
   – Ah bon. Alors, vous voulez autre chose?
   – Oui, je voudrais un sorbet au citron, s'il vous plaît. Je m'excuse, mademoiselle.
   – Je vous en prie, ce n'est pas grave!
6 – Monsieur! Je crois qu'il y a une erreur dans l'addition.
   – Ah oui?
   – Nous avons pris deux menus à quinze euros, mais le prix est trente-trois euros.
   – Oui, monsieur. Mais vous avez commandé des huîtres, n'est-ce pas?
   – Oui, une demi-douzaine d'huîtres.
   – Alors, les huîtres sont en supplément, monsieur. Voilà, c'est marqué sur la carte.
   – Ah bon, vous avez raison. Je n'avais pas vu ça.
7 – Voilà le fromage, monsieur.
   – Merci, mais il n'y a pas de camembert. Vous n'avez pas de camembert aujourd'hui?
   – Non, monsieur, il n'y en a plus.
   – Alors, apportez-nous du brie, s'il vous plaît.
   – Du brie? Entendu. Je vais en chercher.
8 – Pardon, monsieur. On a commandé deux bouteilles de vin rouge et une bouteille de vin blanc, mais vous avez apporté deux bouteilles de vin blanc et une de rouge.
   – Voyons … ah oui, c'est vrai. Je vais échanger cette bouteille de vin blanc tout de suite.
   – Merci, monsieur.

SB 100

2 Trouvez les paires

Students match the French phrases with their English equivalents to provide some useful phrases for complaints.

Solution: 1 *b*, **2** *f*, **3** *e*, **4** *c*, **5** *a*, **6** *d*

SB 100

3 Encore des problèmes

Students now work in pairs to make up some similar conversations themselves, based on the six suggested situations, and then perhaps invent one or two problems of their own.

Unité 5

138   Tricolore Total 4 Teacher's Book

5H Je viens de …

sb 100

4 Mon repas

Students read the email about a problem meal and decide whether statements are true, false or not mentioned. The text also contains examples of *venir de* and *aller* + infinitive.

Solution: **1** V, **2** PM, **3** V, **4** F, **5** V, **6** V, **7** PM, **8** F

sb 100 Dossier-langue

This item introduces *venir de* + infinitive and revises *aller* + infinitive. Refer students as necessary to the *Grammaire* (SB 250).

sb 100   4, tr 25

5 Passé ou futur?

Students listen to this series of short conversations and decide whether they refer to the past (P) or the future (F).

Solution: **1** P, **2** F, **3** P, **4** F, **5** F, **6** P, **7** P, **8** F

transcript

Passé ou futur?

1 – Allô. Est-ce que je peux parler à Daniel?
  – Ah non, je regrette. Il vient de sortir.
2 – Est-ce qu'il sera là ce soir?
  – Ah non, il va passer le week-end chez son copain.
3 – Zut, alors!
  – Qu'est-ce qu'il y a?
  – Je suis en retard. Il est déjà midi et je viens de manquer le bus.
4 – Voulez-vous dîner chez nous samedi soir?
  – Euh, samedi soir? Désolé, mais nous allons dîner chez mes grands-parents.
5 – Tu as trouvé du travail pour les grandes vacances?
  – Oui, je vais travailler au supermarché le vendredi soir et le week-end.
6 – Ma sœur vient de me laisser un message sur mon téléphone portable. Les résultats viennent de sortir et elle a son bac.
  – Fantastique!
7 – Mon frère est arrivé à Paris. Je viens de lire son e-mail.
8 – Qu'est-ce qu'on va faire ce soir?
  – Si on allait au café?
  – Non, il n'y a rien à faire au café.
  – Il y a une fête foraine en ville.
  – Chic. On va y aller alors!

sb 101

6 Complétez les phrases

This is a fairly easy activity in which students complete the captions with the correct part of one of the two verbs involved. It could be done by less able students, while the more able do task 7 (*Des explications*).

Solution: **1 a** *allons,* **b** *vient de,* **2 a** *vais,* **b** *vient de,* **3 a** *va,* **b** *vient de,* **4** *viennent de,* **5** *vient de*

sb 101

7 Des explications

This is quite a difficult productive item involving some rephrasing and verb manipulation. Students write down what they would say when explaining each situation to someone else, and include in their explanation the appropriate part of *venir de* or *aller* +infinitive.

Solution:
1 *Tu vas aller au collège avec moi demain.*
2 *Une amie, Christine, vient d'arriver.*
3 *Tes parents viennent de téléphoner.*
4 *Nous allons manger au restaurant avec des copains.*
5 *Le match de foot à la télé vient de commencer.*
6 *Ce soir à six heures, Jean-Luc va chercher mon ami(e) devant la gare.*
7 *On vient d'annoncer que le train est en panne, donc nous allons prendre le bus.*
8 *On vient de téléphoner pour dire qu'il faut emporter des sandwichs demain.*

sb 101 Stratégies

This explains the use of *en train de* + infinitive.

sb 101

8 Trouvez les paires

Students match the French phrases with their English equivalents to provide some examples of the expression *être en train de* + infinitive.

Solution: **1** c, **2** f, **3** d, **4** h, **5** a, **6** g, **7** e, **8** b

gia Examination grammar in action 46–47

Using *aller* and *venir de* + infinitive
Using *aller*, *venir de*, *être en train de* + infinitive

This provides more practice of *aller, venir de, être en train de* + infinitive.

Activité (grammaire)

Tu vas le faire?

This online activity provides further practice of the expressions *être en train de, venir de* and *aller* + infinitive.

Tricolore Total 4 Teacher's Book   139

Unité 5 Consolidation and assessment

5I Consolidation and assessment pages 102–103

Aims and objectives	Grammar and skills	Resources
• find out what you have learnt • practise exam assessment techniques		**Key language:** see SB 104 **Online resource:** *Activités (Vocabulaire, Quiz)* **Copymasters:** 5/14; *Épreuves:* 5/15–5/20 **CD:** 4/26–37, SCD2/2–6

This spread provides assessment tasks that follow the style of assessment for speaking and writing offered by some awarding bodies. Teachers should adapt the tasks as necessary to suit the needs of their students. Board-specific examination practice, written by experienced examiners, is provided online.

102 Contrôle oral

A Une conversation

This provides an outline for an assessed conversation about food and healthy eating. First, work through the requirements and build up some suggestions on the board for each point.

Préparation

Students could think about the questions that might be asked, perhaps looking back through the unit for ideas.

102   4, tr 26   SCD2, tr 2

On parle des repas

The example and related activities should provide ideas and support for the conversation task.

A Students listen and answer questions in English.

> **Solution:**
> **1 a** *crudités (raw vegetables, grated carrot, cucumber, radish); fish, beans; strawberry tart, fruit, yoghurt*
> **b** *breakfast*
> **c** *Moroccan 'couscous royal'*
> **d** *she's diabetic*
> **e** *Morocco*
> **f** *family meal at restaurant (16 people, she chooses menu)*
> **2** Phrases mentioned: *a, b, d, e, g, i, j*
> **3** Questions used: *a, c*

transcript

On parle des repas

J: Salut, Thomas. Dis-moi, tu déjeunes tous les jours au collège?

T: Oui, sauf le week-end et pendant les vacances!

J: Bien sûr! Et qu'est-ce que tu manges d'habitude?

T: Alors, hier, c'était un déjeuner assez typique pour moi. Pour commencer, j'ai pris des crudités, c'est à dire de la carotte râpée, du concombre, des radis … Et comme plat principal, il y avait du poisson avec des haricots et des pommes de terre. Normalement, je prends du poisson ou de la viande – il faut manger équilibré, tu sais, alors je prends un peu de tout. Et j'évite les boissons sucrés – je préfère l'eau du robinet!

J: Tu as raison. Tu prends un dessert?

T: Ah oui. J'adore les choses sucrées de temps en temps, alors hier j'ai pris une tarte aux fraises. Les autres jours, je prends un fruit ou un yaourt.

J: Et le week-end?

T: Le week-end, nous mangeons en famille. Le soir, c'est à peu près la même chose que le déjeuner au collège. Mais normalement, on ne mange pas beaucoup à midi chez nous; un sandwich ou une portion de pizza, peut-être. Et toi, qu'est-ce que tu manges?

J: Moi, je n'aime pas tellement le déjeuner et je ne mange jamais de gâteaux parce que je suis diabétique. Par contre, je trouve qu'il est très important de prendre un bon petit déjeuner; c'est mon repas principal.

T: Mon repas préféré, c'est un repas de fête! Chez nous, on aime la cuisine marocaine. Mon oncle habite au Maroc et chaque fois que nous y allons, il y a un grand repas avec beaucoup de spécialités de la région. Ce que j'aime surtout, c'est le 'couscous royal'.

J: Nous allons avoir un grand repas pour fêter mes seize ans en novembre. Toute la famille ira au restaurant dans notre village. Nous serons seize personnes et je peux décider le menu! Super, non?

T: Génial! Eh bien, maintenant, j'ai faim! Tu viens au café avec moi?

J: Je veux bien! Allons-y!

102

B Une présentation

As an alternative (or additional) task students could prepare a presentation about healthy eating, using similar language and content.

Students then prepare their own answers for a conversation with a partner or with you. This could be recorded and used for self- or peer assessment.

Unité 5 Consolidation and assessment

103 Contrôle écrit

Le fast-food – une mode de vie

This provides an outline for a written assessment of 200–300 words based on material in the unit.

Students read the sample article and then do the task, which helps extract key vocabulary for their own work. Stress that this is just one example and should not dictate what they themselves write.

Solution: **1** *de temps en temps,* **2** *meilleur pour la santé,* **3** *un repas chaud,* **4** *on est servi,* **5** *on n'a même pas besoin,* **6** *tous les jours,* **7** *s'ils sont encore vivants,* **8** *des ingrédients frais,* **9** *bien sûr,* **10** *un menu plus équilibré*

Top Tips

This covers useful phrases for giving opinions. Students then write their own article about fast food.

104–05 Sommaire

This is a summary of the main grammar and vocabulary of the unit.

Activité

Vocabulaire – Unité 5

This game provides practice of the vocabulary of the unit.

Activité

Quiz – Unité 5

An online quiz which tests the language and content of Unit 5.

5/14   4, tr 27–30   SCD2, tr 3–6

Tu comprends?

Students could do any or all of the four items on this worksheet – now or later as revision.

1 Qu'est-ce qu'on achète?

Students listen to the conversations and put a tick by each item that someone buys and a cross by what is not bought.

Solution: Ex. 1 ✓, **2** ✓, **3** ✓, **4** ✓, **5** ✓, **6** ✓, **7** ✗, **8** ✗

transcript

Qu'est-ce qu'on achète?
– Bonjour, madame. Vous désirez?
– Du beurre, s'il vous plaît – 250 grammes.
– Voilà. Et avec ça?
– Deux bouteilles d'eau minérale.
– Gazeuse?
– Non, merci, non-gazeuse. Et avez-vous des citrons?
– Ah non, ce matin, je n'ai pas de citrons – j'en aurai demain.
– Alors, c'est tout!
– Bonjour, madame. Je voudrais un pot de confiture, s'il vous plaît – de la confiture de framboises.
– Ah, ça, framboise, je n'en ai pas. Mais j'ai de la confiture de fraises.
– Bon, mettez-moi un pot et puis du sucre, un kilo, et des œufs.
– Une douzaine d'œufs?
– Non, non. Une demi-douzaine, c'est assez.
– C'est tout?
– Oui, merci, c'est tout.
– Bonjour, madame. Avez-vous des ananas ce matin?
– Des ananas? Non, désolée. J'en aurai pour le week-end seulement. J'ai de très belles poires. Vous aimez les poires?
– Euh, non, pas beaucoup. Je voudrais un ananas. J'irai au supermarché.

2 Un pique-nique

Students look first at the different items of food and drink for the picnic, and then listen and write the letters for the food each one has brought.

Solution: Luc: *A, E, H;* Alice: *B, D, G;* Charles: *C, J, I;* Magali: *F, K*

transcript

Un pique-nique
– Mmm! J'ai faim. Le pique-nique a l'air délicieux. Qu'est-ce que tu as apporté, Luc?
– Moi, des chips et du fromage – et toi, Alice? Tu as apporté des fruits et des légumes de ton jardin, non?
– Oui, c'est ça. Il y des tomates et des petites carottes et puis des fraises là-bas, dans le bol.
– On a des sandwichs?
– Oui, voilà! Charles a fait ces sandwichs au jambon, et pour les végétariens, comme moi, Magali a préparé ces tartines de beurre avec du fromage frais et du concombre.
– Et comme boissons, qu'est-ce qu'on a, Charles? Tu as apporté de la grenadine?
– Non, pas aujourd'hui! J'ai apporté de l'eau minérale et puis de l'Orangina. Et toi, Magali?
– Voilà du jus de pomme – ma boisson favorite, et puis tu as de la limonade, je crois, Luc?
– C'est vrai. Une grande bouteille. J'ai toujours soif aux pique-niques.
– Moi aussi. Alors, on va commencer, non?
– Excellent! Bon appétit, tout le monde!

3 Il y a une erreur

Students listen to the conversations and write down the letter for the appropriate picture.

Solution: 1 *B, A,* **2** *G, I,* **3** *F, E,* **4** *K, J*

Tricolore Total 4 Teacher's Book   **141**

Unité 5 Consolidation and assessment

transcript

Il y a une erreur
Exemple:
– Excusez-moi, mademoiselle, mais je n'ai pas de couteau.
– Oh pardon, monsieur. Je vais vous chercher un couteau tout de suite.

1 – Voilà, mesdames, deux glaces à la vanille et une tarte aux pommes.
– Mais, monsieur, on a commandé deux tartes et une glace.
– Oh, pardon. Je vais les échanger.

2 – Monsieur?
– Oui?
– Cette boisson, ce n'est pas ce que j'ai commandé.
– Vous n'avez pas demandé un jus de fruit?
– Si, si, mais à l'ananas. Ça, c'est un jus d'orange, non?
– Ah, oui. Excusez-moi. Je vais l'échanger tout de suite.

3 – Monsieur, est-ce que nous pourrions avoir de l'eau, s'il vous plaît, il n'en reste plus.
– De l'eau, monsieur. Tout de suite. Vous voulez du pain, aussi?
– Non, merci. On a assez de pain.

4 – Qu'est-ce que vous voulez comme légumes, madame?
– Des petits pois, s'il vous plaît, et des pommes frites.
– Désolé, madame, mais je n'ai pas de petits pois.
– Oh! Mais c'est écrit ici, sur le menu – petits pois, regardez!
– Oui, madame, je sais, mais je suis désolé. Il n'en reste plus! Vous voudriez des haricots verts, peut-être, ou du chou-fleur?
– Bof, des haricots, ça va, mais j'aime mieux les petits pois!

4 Des conversations

The questions and answers in these two conversations provide good practice for the listening and speaking tests for this unit. Students listen to them and tick the correct answers. They could use the corrected versions later as scripts to practise conversations in pairs. It will probably be best to concentrate on just one of the conversation topics at a time.

Solution:
1 1 B, A, **2** C, **3** A, C
2 1 B, **2** B, **3** A
3 1 C, **2** B, **3** A
4 1 A, **2** C, **3** A

transcript

Des conversations
1 Claire
– Claire, quel est ton repas favori?
– C'est le dîner. Pendant la journée, je mange des snacks, mais le soir, on dîne en famille.
– Qu'est-ce que tu aimes manger?
– J'aime la viande et je mange beaucoup de fruits.
– Et qu'est-ce que tu n'aimes pas?
– Ben, je n'aime pas tellement les champignons.
– Est-ce que tu prends un petit déjeuner le matin?
– Oui, si j'ai le temps!
– Qu'est-ce que tu as mangé pour le petit déjeuner ce matin?
– Ce matin, j'ai pris des céréales et j'ai bu un jus de fruit.
– Merci, Claire.

2 Mathieu
– Salut, Mathieu. Est-ce que tu déjeunes à la cantine, le midi?
– Non, j'apporte des sandwichs.
– Qu'est-ce que tu aimes comme sandwichs?
– J'aime surtout les sandwichs au jambon.
– Qu'est-ce que tu aimes comme boissons?
– J'aime bien le coca.
– Merci, Mathieu.

3 Céline
– Bonjour, Céline. Maintenant, on parle des restaurants. Alors, toi, tu as mangé dans un restaurant récemment?
– Oui. Samedi dernier, j'ai mangé dans un restaurant italien.
– Qu'est-ce que tu as mangé?
– Pour commencer, j'ai pris du melon.
– Et comme plat principal?
– Comme plat principal, j'ai choisi une pizza, avec du jambon et de l'ananas.

4 Christophe
– Christophe, tu es végétarien, non?
– Oui, c'est vrai.
– Pourquoi es-tu végétarien?
– Parce que je ne veux pas manger d'animaux.
– Depuis combien de temps est-tu végétarien?
– Depuis l'âge de douze ans. Ma sœur est végétarienne aussi.
– Est-ce que tu manges les œufs et le fromage?
– Je mange les deux.
– Merci, Christophe.

Tricolore Total 4 Teacher's Book

Unité 5 Consolidation and assessment

Épreuves: Unité 5

These worksheets can be used for an informal test of listening and reading or for extra practice, as required. For general notes on administering the *Épreuves*, see TB 12.

5/15 4, tr 31–33

Épreuve 5: Écouter – Partie A

1 À l'épicerie F

Students listen to the conversations in a grocer's and note the letters of the correct items.

▪ **Solution: 1** *f*, **2** *a*, **3** *d*, **4** *g*, **5** *j*, **6** *i* [6 marks]

transcript

À l'épicerie
– Vous désirez, monsieur?
– Je voudrais du sucre, s'il vous plaît.
1 – Et avec ça?
– Je voudrais des chips – deux paquets de chips, s'il vous plaît.
2 – Et pour vous, madame?
– Pour moi, du beurre – cinq cents grammes de beurre.
3 – C'est tout, madame?
– Donnez-moi aussi un litre de lait, s'il vous plaît.
4 – Vous désirez, monsieur?
– Un pot de confiture, s'il vous plaît.
– Fraise, abricot, framboise?
– Abricot, s'il vous plaît.
5 – Et pour vous, madame?
– Avez-vous des bananes?
– Bien sûr, nous avons des bananes.
– Alors, un kilo de bananes, s'il vous plaît.
6 – Et avec ça?
– Je voudrais aussi un ananas.
– Un ananas, voilà.

2 Au café F

Students listen to the conversations in a café and match the orders with the pictures.

▪ **Solution: 1** *C*, **2** *F*, **3** *E*, **4** *G*, **5** *A*, **6** *B* [6 marks]

transcript

Au café
– Tu prends une omelette, Corinne?
– Moi, non.
– Alors deux bières et une omelette, s'il vous plaît.
1 – Un sandwich au pâté, une pizza et une portion de frites, s'il vous plaît.
2 – Tu veux une glace?
– Non, je vais prendre un sandwich et un café.
– Bon, alors, une glace, un sandwich et deux cafés.

3 – On prend une omelette?
– Je préfère un sandwich.
– Bon, moi aussi. Alors, deux sandwichs, s'il vous plaît.
4 – Vous désirez?
– Un sandwich au jambon, et une glace, s'il vous plaît.
– Et comme boisson?
– Donnez-moi un café.
– Très bien, un sandwich au jambon, une glace et un café.
5 – Vous vendez des glaces?
– Oui. Quel parfum voulez-vous?
– Fraise et vanille pour moi. Et toi?
– Oui, moi aussi.
6 – Tu manges quelque chose?
– Non, merci.
– Tu veux quelque chose à boire?
– Oui, un coca, s'il vous plaît.
– Alors, apportez-nous un coca et un café.

3 Quelques différences F/H

Students listen to the conversation and note whether each statement is true or false.

▪ **Solution: 1** *true*, **2** *false*, **3** *true*, **4** *false*, **5** *false*, **6** *true*, **7** *false*, **8** *false* [8 marks]

[Total: 20 marks]

transcript

Quelques différences
– C'était bien au pays de Galles, alors?
– Oui, oui, très bien.
– Et c'était très différent de la France?
– Ben, il y avait des différences, bien sûr – les heures des repas, par exemple. On dîne tôt au pays de Galles, vers six heures souvent.
– Ah oui, c'est plus tôt que chez nous en effet! Et tu as bien mangé?
– Oui, très bien. J'ai beaucoup aimé le petit déjeuner et les gâteaux au chocolat. La mère de ma correspondante en faisait tous les week-ends.
– Mmm! Délicieux! Et le petit déjeuner, pourquoi as-tu aimé ça?
– Ben, le samedi, chez Élizabeth, on a mangé le petit déjeuner traditionnel – œufs, bacon, tout ça – très, très bon! Mais même les autres jours, j'ai beaucoup aimé le petit déjeuner à cause des céréales. Il y a un grand choix de céréales. En plus, j'aime le pain britannique, surtout le pain coupé en tranches. C'est très pratique pour faire des sandwiches et des toasts.
– Et les autres repas, tu les as aimés?
– Oui, en général, j'ai aimé les plats en croûte, des 'pies' aussi. Ça, c'était bon. Je trouve aussi qu'ils prennent beaucoup de plats à emporter, surtout des plats d'autres pays. Nous avons mangé de la pizza – ça, c'était comme chez nous et je l'ai bien aimé. Mais deux fois, on a mangé du 'curry' indien et c'était trop épicé pour moi. Je n'en mange jamais chez moi.

Tricolore Total 4 Teacher's Book 143

Unité 5 Consolidation and assessment

5/16 • **4, tr 34–37**

Épreuve 5: Écouter – Partie B

1 On fait des courses F/H

Students listen to the two conversations and write the correct letter for the things that are bought.

Solution: 1 *B*, **2** *A*, **3** *A*, **4** *C*, **5** *A* [5 marks]

transcript

On fait des courses

A   Une liste pour aller au marché
- Qu'est-ce que je dois acheter, alors?
- Ben … un demi-kilo d'oranges.
- Un demi-kilo d'oranges … et des pommes?
- Oui, un kilo de pommes et puis des melons.
- Combien de melons?
- Disons, trois, mais pas trop gros.
- Alors, trois melons et en plus, des bananes, peut-être?
- Ah non, on en a déjà. Je ne veux pas de bananes aujourd'hui.

B   À la charcuterie
- Bonjour, madame. Je voudrais une portion de salade de tomates.
- De la salade de tomates … voilà … et avec ça?
- Une quiche lorraine – une grande.
- Ah! Désolée, mais il n'y en a pas aujourd'hui! J'ai des pizzas qui sont très bonnes.
- Bon, donnez-moi une grande pizza comme ça, s'il vous plaît.
- Voilà! Ce sera tout?
- Non, je voudrais du pâté en plus.
- Vous en voulez combien?
- Deux cent cinquante grammes.
- Voilà. Deux cent cinquante grammes de pâté.
- Merci bien. C'est tout ce qu'il me faut.

2 Une réservation F/H

Students take down details of a phone message making a reservation at a restaurant.

Solution:

Reservation		
For when?	day	time
	(Ex.) this evening	8 pm *(1)*
Number of people	3 *(1)*	
Surname	M I C H A U X *(1)*	
Any special requirements?	one vegetarian *(1)*	

[4 marks]

transcript

Une réservation
- Bonjour. Restaurant 'Chez Anton'.
- Bonjour. Je voudrais réserver une table pour ce soir.
- Pour ce soir, oui, madame. C'est pour combien de personnes?
- Pour trois personnes.
- Et à quelle heure voulez-vous venir?
- À huit heures, ça va?
- Oui, j'ai une table pour trois à huit heures. C'est à quel nom, madame?
- C'est Madame Michaux.
- Comment ça s'écrit?
- M–I–C–H–A–U–X. Et, euh, je voulais demander, est-ce que vous servez des plats végétariens? C'est que mon mari ne mange ni viande ni poissons.
- Oui, oui, madame, on sert des omelettes, des pâtes ou bien des salades. En tout cas, je vais noter qu'il est végétarien.
- Merci bien. À ce soir alors.
- Au revoir, madame. À ce soir.

3 Au restaurant F/H

Students listen to the conversation ordering a meal and tick which items are chosen.

Solution: (Ex.) *seafood selection, salmon, pineapple juice, coffee, crème brûlée* [4 marks]

transcript

Au restaurant
- Bonjour, madame, vous êtes prête à commander?
- Oui, s'il vous plaît. Pour commencer, l'assiette de fruits de mer.
- Les fruits de mer, très bien.
- Puis … euh … c'est quoi, le plat du jour?
- Le plat du jour est très bon: c'est du poulet rôti.
- Ah non, je n'aime pas trop le poulet. Qu'est-ce que vous me recommandez d'autre?
- Le bœuf bourguignon est délicieux. Et il y a le saumon aussi: c'est la spécialité de la maison.
- Très bien, je prends ça. J'aime le poisson.
- Qu'est-ce que vous voulez boire?
- Un jus d'ananas, s'il vous plaît, puis un petit café avec le dessert.
- Qu'est-ce que vous prenez comme dessert? La tarte aux abricots est très bonne.
- Hmm … non, je vais prendre une crème brûlée.
- Une crème brûlée. Très bien, madame.

4 Une interview avec Bernard H

Students listen to this interview, mostly about restaurants and healthy eating, and choose the correct option each time.

Solution: 1 *a*, **2** *a*, **3** *a*, **4** *a*, **5** *b*, **6** *c*, **7** *c*

[7 marks]
[Total: 20 marks]

Tricolore Total 4 Teacher's Book

Unité 5 Consolidation and assessment

transcript

Une interview avec Bernard

– Aujourd'hui, notre invité est Bernard, chef de cuisine dans un grand restaurant à Beaugency. Bernard, on parle beaucoup de nourriture en ce moment.
– On parle toujours de nourriture. La différence en France en ce moment, c'est qu'on aime bien manger, mais on pense plus à sa santé et à sa forme.
– C'est une bonne chose ou une mauvaise chose pour les restaurants?
– À mon avis, c'est une bonne chose. On peut bien manger et conserver sa santé. Je viens de créer un nouveau menu très appétissant mais avec beaucoup moins de choses sucrées et de matières grasses.
– Et vous, Bernard, vous mangez comment?
– Vous savez, je ne suis pas parfait. Pour moi, la santé est très importante, donc en général, je mange des repas assez équilibrés, mais je fais des exceptions de temps en temps, c'est bon pour le moral. Par exemple, j'adore les gâteaux et le chocolat. Et vous, Jean-Louis?
– Moi? Vous savez, moi, avec mon travail, je n'ai pas toujours le choix. Je suis souvent obligé de manger à la cantine ou dans des snack-bars. C'est bon ou c'est mauvais, ça dépend.

5/17

Épreuve 5: Lire – Partie A

1 Voici le menu F

Students match up some common dishes with the correct name.

■ **Solution: 1** *i,* **2** *h,* **3** *g,* **4** *c,* **5** *e,* **6** *d*   [6 marks]

2 Au supermarché F

Students match the pictures to the correct advert.

■ **Solution: 1** *D,* **2** *H,* **3** *D,* **4** *G,* **5** *J,* **6** *A*   [6 marks]

3 Quel restaurant? F/H

Students choose the best restaurant for each person.

■ **Solution: 1** *B,* **2** *C,* **3** *A,* **4** *A,* **5** *A,* **6** *A,* **7** *C,* **8** *B*
[8 marks]
[Total for Partie A: 20 marks]

5/18

Épreuve 5: Lire – Partie B (1)

1 Comprenez-vous le menu? F/H

Students match the definitions to the items of food or drink in the publicity leaflet.

■ **Solution: 1** *c,* **2** *f,* **3** *a,* **4** *h,* **5** *d*   [5 marks]

2 J'aime ça F/H

Students choose the correct item of food or drink for each speaker.

■ **Solution:** (accept similar correct answers)
1 *fruit tarts* (h), **2** *cheese* (i), **3** *seafood* (g),
4 *hot chocolate* (e), **5** *fruit* (f)   [5 marks]

5/19

Épreuve 5: Lire – Partie B (2)

3 Les athlètes, qu'est-ce qu'ils doivent manger? H

Students read the article and choose the correct words to complete the sentences.

■ **Solution: 1** *sucrés,* **2** *éviter,* **3** *acheter, produits,*
4 *participants, énergie,* **5** *important, équilibrés,*
6 *consommer, après*   [10 marks]
[Total for Partie B: 20 marks]

5/20

Épreuve 5: Grammaire

This provides assessment of the following grammar points: the pronoun *en*, direct and indirect object pronouns, using the perfect and imperfect tenses, *venir de/aller/être en train de* + infinitive.

1 The pronoun *en*

■ **Solution:**
A **1** *c,* **2** *a,* **3** *e,* **4** *b* [2 marks (½ mark for each)]
B **1** *Il en reste dix.*
 2 *Je n'en ai jamais mangé.*   [2 marks]

2 Direct and indirect object pronouns

■ **Solution:**
A **1** *Je leur ai donné des pommes.*
 2 *Il lui a envoyé une carte.*
 3 *Nous lui parlons au déjeuner.*
 4 *Tu leur as téléphoné?*
 5 *Elle va lui offrir un cadeau.*
 6 *Vous leur avez répondu?*
[3 marks (½ mark for each)]
B **1** *te,* **2** *t',* **3** *nous,* **4** *te,* **5** *m',* **6** *vous*
[3 marks (½ mark for each)]

3 Using the perfect and imperfect tenses

■ **Solution:**
1 *a mangé, était,* **2** *buvais, est arrivé,*
3 *faisait, décidé,* **4** *débarrassait, s'est ouverte,*
5 *est entré, était*   [5 marks]

4 *venir de/aller/être en train de* + infinitive

■ **Solution:**
1 *est en train de, va,* **2** *viens de, vais,* **3** *vient de, suis en train de* (accept *vais*), **4** *vient de, va,*
5 *allons, viens de*   [5 marks]
[Total: 20 marks]

Tricolore Total 4 Teacher's Book   145

Tricolore Total 4
Unité 6 Ça m'intéresse pages 106–125

Aims and objectives	Grammar and skills	Vocabulary
6A Enquête-loisirs pages 106–107		
• exchange information and preferences about leisure activities • talk about using computers	Work out meaning from root words and derivations	Hobbies Surfing on the internet
6B Bien entendu! pages 108–109		
• talk about music • use the verb *jouer* (music/games)	The verb *jouer* + *à/de*	Music Listening to the radio
6C Vive le sport! pages 110–111		
• talk about sport and sporting events • use some common adverbs	The verb *faire* Adverbs	Taking part in sport
6D On regarde la télé pages 112–113		
• discuss television programmes • make comparisons	The comparative *ça* + verb	On TV
6E Vous aimez la lecture? pages 114–115		
• talk about books and reading • use direct object pronouns	Direct object pronouns (*le, la, l', les*)	Reading
6F Qu'est-ce qu'on fait? pages 116–117		
• understand information about events • discuss going out • practise pronouns	Practise pronouns (*le, la, l', les, y*)	What's on?, Entertainment Deciding what to do Making suggestions
6G Si on allait au cinéma? pages 118–119		
• talk about the cinema and films • describe a film • use the superlative	The superlative	At the cinema Talking about films
6H Qu'as-tu fait? pages 120–121		
• talk about an event in the past • make excuses and apologise • use the pluperfect tense	the pluperfect tense	Making excuses How to reply
6I Consolidation and Assessment pages 122–123		
• practise exam assessment techniques • find out what you have learnt		
Sommaire pages 124–125		

Resources:

Student's Book 106–125
CD 5, Student CD 2

Copymasters
6/1 Mots croisés – les loisirs
6/2 Faire – un verbe utile
6/3 Le Tour de France
6/4 Je le sais!
6/5 Inventez des conversations
6/6 C'est le meilleur!
6/7 On parle des films
6/8 Un désastre
6/9 Un week-end récent
6/10 Tu comprends?
6/11 Épreuve 6: Écouter – Partie A
6/12 Épreuve 6: Écouter – Partie B
6/13 Épreuve 6: Lire – Partie A (1)
6/14 Épreuve 6: Lire – Partie A (2)
6/15 Épreuve 6: Lire – Partie B (1)
6/16 Épreuve 6: Lire – Partie B (2)

Au choix SB 220–221
1 Mon temps libre
2 Deux sports
3 Des adverbes utiles
4 C'est presque pareil
5 Le sport au collège
6 On parle du sport
7 La télé
8 Un livre que j'ai lu
9 Laisse-moi un mot!
10 Tu as vu ça?
11 Un bon week-end?

Examination Grammar in Action 49–55
Using the verb *faire*
Using adverbs
The comparative
The superlative
Using the verbs *dire, lire, écrire*
Using the pluperfect tense
Using direct object pronouns – *le, la, l', les*

Kerboodle!
Les loisirs (Présentation)
Mes passe-temps (Activité – P)
À la radio (Activité – L)
Tu fais du sport? (Activité – É)
On regarde ça? (Présentation)
On regarde la télé (Activité – P)
Une interview (Activité – É)
Je l'aime (Activité – G)
Au cinéma (Activité – L)
Qu'est-ce que tu as fait? (Activité – G)
Vocabulaire – Unité 6 (Activité)
Quiz – Unité 6 (Activité)

É = Écouter, L = Lire, P = Parler,
G = Grammaire

Tricolore Total 4 Teacher's Book

6A Enquête-loisirs

6A Enquête-loisirs pages 106–107

Aims and objectives	Grammar and skills	Resources
• exchange information and preferences about leisure activities • talk about using computers	Work out meaning from root words and derivations	**Key language:** see SB 124 **Online resource:** *Présentation, Activité (parler)* **Copymasters:** 6/1 **CD:** 5/2–3

Introduction

Leisure has been a recurrent topic throughout the course and students will probably be familiar with much of the vocabulary for leisure activities. Therefore, there is more emphasis on presenting and practising the range of expressions used for describing general interests and talking about free time. As there is a great range of leisure activities, it is only possible to cover some of the more common ones. Students with an unusual leisure activity or hobby will need individual help.

Présentation

Les loisirs

This online PowerPoint presentation could be used to revise or present a range of vocabulary and structures suitable for the topic of leisure activities.

SB 106   5, tr 2

1 Les jeunes et les loisirs

Students listen to the conversations and complete the summary for each person. For support, the missing words could be displayed. The conversations use a variety of question forms and expressions for talking about free time and provide a model for students' own conversations in this area.

Solution:

Julie: **1** *natation*, **2** *sort*, **3** *théâtre*, **4** *cinéma*, **5** *James Bond*

Marc: **1** *informatique*, **2** *page web*, **3** *collège*, **4** *sport*, **5** *musique*

Élodie: **1** *radio*, **2** *jeux vidéo*, **3** *séries*, **4** *amis*, **5** *film*

Laurent: **1** *badminton*, **2** *roller*, **3** *football*, **4** *préférée*, **5** *basket*

Claire: **1** *lire*, **2** *magazines*, **3** *télé*, **4** *ordinateur*, **5** *cuisine*

Daniel: **1** *guitare*, **2** *groupe*, **3** *dessin*, **4** *musées*, **5** *exposition*

transcript

Les jeunes et les loisirs

1 – Julie, quels sont tes passe-temps?
  – Comme passe-temps, j'aime faire du sport – du hockey et de la natation. Je fais de la danse aussi. J'aime beaucoup ça.
  – Tu sors quelquefois avec des amis?
  – Oui, surtout pendant les vacances. En semaine, je n'ai pas beaucoup de temps libre. J'ai beaucoup de travail scolaire, donc je sors très peu.
  – Le théâtre, ça t'intéresse?
  – Non, ça ne m'intéresse pas beaucoup. Par contre, j'aime bien aller au cinéma. Samedi dernier, par exemple, je suis allée voir le dernier film de James Bond. C'était amusant.

2 – Marc, qu'est-ce qui t'intéresse?
  – Je m'intéresse beaucoup à l'informatique. Je m'amuse à faire des petits programmes sur l'ordinateur et en ce moment, je prépare une page web pour ma famille et moi.
  – C'est intéressant. Tu as déjà fait une page web?
  – Oui, au collège. J'ai aidé à faire une page web pour le site de l'école. C'était très intéressant et ça m'a appris des choses.
  – Tu fais du sport?
  – Ah non, je déteste le sport, mais j'aime la musique.
  – Est-ce que tu fais partie d'une chorale ou d'un orchestre?
  – Non.

3 – Et toi, Élodie, la musique ça t'intéresse?
  – Oui, un peu. J'écoute souvent de la musique à la radio.
  – Alors, qu'est-ce que tu aimes faire quand tu es libre?
  – Le soir, après l'école, j'aime jouer à des jeux vidéo et surfer sur l'internet. C'est toujours intéressant. Je regarde la télé aussi. J'aime beaucoup les séries, comme *Friends*.
  – Et le week-end?
  – Quelquefois, je sors avec des amis. On fait du shopping ou on va au cinéma. Dimanche prochain, par exemple, je vais voir le dernier film d'Astérix. J'aime beaucoup les bandes dessinées et les dessins animés.

4 – Laurent, qu'est-ce que tu fais, toi, pour te détendre?
  – Moi, j'adore le sport. Je joue au football. Je fais aussi du badminton et du basket et j'aime le VTT et le roller. Le week-end, je vais souvent regarder des matchs de football.
  – Tu as une équipe préférée?
  – Oui, Bordeaux. Oui, le sport, c'est vraiment ma passion.
  – Tu fais partie d'une équipe?
  – Oui, je joue dans les équipes de football et de basket au collège.

Tricolore Total 4 Teacher's Book   147

6A Enquête-loisirs

5 – Et toi, Claire, qu'est-ce que tu fais comme loisirs?
– Moi, j'aime bien lire un bon livre ou une bande dessinée. Je viens de finir *La plage* d'Alex Garland. C'était très bien. Je lis beaucoup de magazines aussi. J'adore les magazines de mode.
– Tu regardes la télé?
– Oui, quelquefois, quand il y a une émission intéressante, par exemple, hier soir, j'ai regardé une émission sur l'histoire de la Grèce. C'était très intéressant. Mais, en général, je préfère regarder des films sur mon ordinateur. J'aime faire la cuisine aussi, surtout des gâteaux.
– Tu es membre d'un club?
– Oui, je vais à un club des jeunes tous les dimanches soirs.

6 – Daniel, qu'est-ce que tu fais quand tu es libre?
– Ben, moi, pendant mon temps libre, j'aime écouter de la musique. Ça me passionne! Je joue de la guitare et du piano – je fais partie d'un groupe, puis j'écoute la radio ou mon lecteur MP3. À part ça … ben, j'aime faire du dessin aussi et prendre des photos.
– Tu vas aux musées de temps en temps?
– Oui, quelquefois, pendant les vacances surtout. Le week-end prochain, je vais voir une exposition de peinture au musée des Beaux-Arts.

sb 106

2 Mes loisirs

a Go through the phrases and ask students for suggestions about how they can be completed. In most cases, the infinitive of the verb or a noun will be needed.

b Students work in pairs to make up interviews similar to those in task 1.

Follow-up activity:

Able students could use the information obtained in the conversation with their partner to prepare a leisure profile, transferring from 1st to 3rd person. The profiles could then be read out so the class can identify the person from their leisure interests.

sb 107

Phrases utiles

This provides a reference list for the tasks on this spread.

Activité (parler)

Mes passe-temps

This online audio activity provides further speaking practice of questions and answers relating to leisure interests.

sb 107 5, tr 3

3 Ma vie numérique

Students listen for the phrases that apply to each person. These phrases provide a model for students' own speaking and writing.

Solution: 1 (Claire) *b, d, f,* 2 (Laurent) *h,* 3 (Élodie) *g, d, h,* 4 (Marc) *d, g, c,* 5 (Daniel) *g, e, a, h,* 6 (Julie) *d, b, h*

transcript

Ma vie numérique

1 Claire
Moi, j'ai un ordinateur portable. Il est important, mais je n'y suis pas accrochée; les livres et les magazines m'intéressent aussi. Je l'utilise souvent pour faire mes devoirs parce que c'est pratique. Quelquefois, je consulte l'internet pour chercher de nouvelles recettes, par exemple, car j'aime faire la cuisine. Et ce que j'aime le plus sur mon ordinateur, c'est regarder des films.

2 Laurent
Je n'ai pas beaucoup de temps pour l'ordinateur. Je suis très sportif et quand je ne fais pas de sport, j'aime regarder un match de foot ou de basket au centre sportif. De temps en temps, je me connecte pour tchater ou pour regarder des sites sur le sport.

3 Élodie
Mon ordinateur, c'est très important! J'ai toute ma musique sur mon ordinateur et je télécharge souvent des chansons. Je fais la plupart de mes devoirs sur l'ordinateur, et c'est essentiel pour rester en contact avec mes copains. Je ne sais pas ce que je ferais sans ordinateur!

4 Marc
Je m'intéresse beaucoup aux ordinateurs et je voudrais travailler dans l'informatique. Je m'amuse à faire des sites web, par exemple, et à créer des programmes. Bien sûr, je fais mes devoirs sur mon ordinateur et j'écoute souvent de la musique. En plus, j'ai de bons jeux vidéo pour jouer seul ou avec des copains.

5 Daniel
Alors moi, j'organise une grande partie de ma vie à l'ordinateur. J'écoute tout le temps de la musique. Je suis membre d'un groupe et je compose de la musique sur ordinateur. J'ai un appareil numérique, alors j'ai toutes mes photos sur ordinateur. Je peux les regarder, les imprimer, les partager avec mes copains et les changer, si je veux. J'ai un super logiciel pour rédiger des photos et faire du dessin.

6 Julie
J'utilise mon ordinateur pour faire mes devoirs. L'internet, c'est très utile pour faire des recherches pour l'école. Et j'envoie des e-mails presque tous les jours. Sinon, je préfère être active – faire du sport, c'est plus important que de regarder des sites web ou de lire des magazines sur le sport!

sb 107 5, tr 3

4 À l'ordinateur

Students listen again to the previous recording and note which expressions they hear.

As follow-up, they could translate some expressions that are particularly relevant to individuals.

Solution: all expressions except 3, 5 and 10 are heard

Tricolore Total 4 Teacher's Book

6B Bien entendu!

Possible translations:
1 *It's important, but I'm not addicted to it.*
2 *Sometimes I look things up on the internet.*
3 *I spend hours chatting.*
4 *I don't have much time for computers.*
5 *I never download songs – it's too expensive.*
6 *I do most of my homework on the computer.*
7 *I don't know what I'd do without a computer!*
8 *I'd like to work in ICT.*
9 *I've got all my photos on the computer.*
10 *You can share photos with your friends.*
11 *I've got a great program/piece of software.*
12 *The internet is very useful.*

107 Stratégies

This item encourages students to look at root words and derivations.

220 Au choix

[1] Mon temps libre

a Students prepare a table giving details of their leisure activities, preferably on a computer so it can be updated at intervals.

b They then ask and answer questions based on the information.

107

5 À vous!

Students write paragraphs about how they use computers and about their leisure activities. Encourage them to use a range of tenses.

Follow-up activities:

Students can find lots of information about their interests on websites (see CM G/5 for useful internet language). For films, video games, music and reading try a site such as www.amazon.fr or www.fnac.com, where there are listings under each category of bestsellers and reviews of many items.

Students could choose an item that they would like to purchase, read the reviews and explain their choice. For some music CDs/downloads there are sound clips available, and web radio provides opportunities for sampling a wide range of music.

6/1

Mots croisés – les loisirs

Students could do this crossword on leisure at any convenient point in the unit.

Solution:

1	2			3		4					
i	n	f	o	r	m	a	t	i	q	u	e
5n	e			a		h				6b	
t		7c				8é	q	u	i	p	e
9é	c	h	10e	c	11s	â				a	
r	12o	n		a		13t	o	u	14t	u	
e	r			i		r			u	c	
s	a		15ê	t	r	e				o	
s	l					16s		17j	e	u	
e	18e	19n	20n	u	y	e	u	x		p	
		a	n			r		21l			
22h		g		23c		24f	a	i	r	e	
o	25l	e	c	t	u	r	e	b			
26c	h	e	r		i			r			
k			27t		28s	o	u	v	e	n	29t
e		30é	t	é		i					o
y					31l	32n	e	33s			n
34i	n	t	é	r	e	s	s	a	n	t	

6B Bien entendu! pages 108–109

Aims and objectives	Grammar and skills	Resources
• talk about music • use the verb *jouer* (music/games)	The verb *jouer* + à/de	**Key language:** see SB 124 **Online resource:** *Activité (lire)* **CD:** 5/4–5

108

1 Un e-mail

First, read through the email and check that students have understood the main points. Students could research the *Fête de la Musique*, Christophe Maé and Vanessa Paradis.

a Students answer the questions in French.

Solution: **1** *du piano et du clavier électronique,* **2** *la musique moderne et le jazz,* **3** *Christophe Maé, Vanessa Paradis,* **4** *la Fête de la Musique,* **5** *le 21–22 juin*

b Students then find the four questions in the first part of the email and copy them out with their replies. The four questions are:
– *Et toi, tu aimes la musique?*
– *Quel genre de musique préfères-tu?*

6B Bien entendu!

– Est-ce que tu joues d'un instrument de musique?
– Est-ce que tu as un chanteur ou un groupe favori?

> sb 108

2 Trouvez les paires

Students match the French words with their English equivalents to provide some useful vocabulary linked to music.

> **Solution:** 1 *k*, 2 *g*, 3 *b*, 4 *f*, 5 *l*, 6 *d*, 7 *i*, 8 *c*, 9 *h*, 10 *e*, 11 *a*, 12 *j*

> sb 108 Dossier-langue

This covers the relatively simple (though often forgotten) distinction between *jouer à* and *jouer de*.

> sb 108

3 Faites de la musique!

This task practises *jouer* + different musical instruments in a range of tenses. It could be done as a speaking or writing task.

> sb 109

4 La radio

Students match the sentence halves to find information about French radio and listening habits. Students could research some of the stations and listen online.

> **Solution:** 1 *c*, 2 *e*, 3 *f*, 4 *a*, 5 *d*, 6 *b*

> sb 109   5, tr 4

5 Vous écoutez?

Students guess the missing words first and then listen to the conversations to check their answers.

> **Solution:**
> 1   1 *c*, 2 *d*, 3 *a*, 4 *b*
> 2   1 *a*, 2 *d*, 3 *b*, 4 *c*
> 3   1 *c*, 2 *a*, 3 *d*, 4 *b*

transcript

Vous écoutez?

1 – Élodie, est-ce que tu écoutes la radio?
– Oui, moi j'aime bien écouter la radio. Je l'écoute le matin, quand je me réveille et le soir, quand je me couche.
– Tu l'écoutes quand tu fais tes devoirs?
– Oui, ça m'arrive. J'écoute surtout de la musique quand je fais mes devoirs.
– Et en général, tu écoutes quel genre d'émissions?
– Ben, j'écoute souvent de la musique. Comme ça, j'écoute de nouveaux chanteurs et de la musique un peu différente.

2 – Et toi, Laurent, est-ce que tu écoutes la radio?
– Non, presque jamais. Je préfère écouter mon baladeur. J'aime mieux choisir ma musique et je trouve qu'il y a trop de pub à la radio.

3 – Et toi, Julie, tu aimes la radio?
– Oui, moi, j'écoute surtout des radios musicales comme NRJ et Fun. J'aime bien le contact entre l'animateur et les auditeurs, mais bien sûr, il y a des animateurs qui sont moins bons que d'autres. Certains animateurs parlent trop, à force de vouloir être sympas.

> Activité (lire)

À la radio

This online reading activity provides further practice of talking about radio programmes.

> sb 109   5, tr 5

6 J'écoute …

Students listen to the conversation and decide who makes each statement

> **Solution:** 1 A *(Aléa)*, 2 C *(Cyrille)*, 3 A *(Aléa)*,
> 4 C *(Cyrille)*, 5 B *(Bastien)*, 6 A *(Aléa)*,
> 7 C *(Cyrille)*, 8 A *(Aléa)*, 9 C *(Cyrille)*,
> 10 B *(Bastien)*

transcript

J'écoute …

– Aléa, tu aimes écouter de la musique?
– Ah oui, bien sûr. J'aime écouter des émissions musicales à la radio pour entendre les nouvelles chansons. Si j'aime une chanson, je peux l'acheter et l'écouter sur mon iPod quand je veux.
– Tu télécharges beaucoup de chansons?
– Entre deux et cinq par mois – ça dépend de mon argent de poche parce que c'est cher! Et toi, Bastien?
– Bof, je ne télécharge pas souvent de chansons. Et j'écoute rarement la radio. À mon avis, il y a trop de pub, trop de jeux stupides et pas assez de bonne musique. Moi, je préfère la musique live; il y a un groupe au lycée qui joue souvent au club des jeunes. Leur musique est vraiment géniale et ils vont être célèbres un jour.
– Ah, voici Cyrille. Salut! Nous parlons de la musique.
– J'adore la musique. Je viens de jouer dans l'orchestre au collège.
– Tu joues de quel instrument?
– De la clarinette. On joue surtout de la musique classique, mais j'aime écouter toutes sortes de musique. Quand je fais mes devoirs, j'écoute la webradio. Quelquefois je regarde la télé en ligne pour voir les derniers tubes, mais je ne peux pas me concentrer sur mes devoirs en même temps. Tu trouves ça aussi, Aléa?
– Oui, c'est difficile. Je préfère mon baladeur parce que ça ne distrait pas et c'est moi qui choisis les chansons.
– Tu as de la chance! Quand je suis en voiture avec mes parents, ils choisissent la station de radio et c'est toujours des infos ou des reportages. Ça, c'est ennuyeux!

6C Vive le sport!

sb 109

7 Trouvez le français

Students find in the previous statements (tasks 5 and 6) the French for the English phrases listed to build up radio vocabulary.

> **Solution:** **1** *l'animateur*, **2** *les auditeurs*, **3** *(la) pub*, **4** *(une) émission musicale*, **5** *la télé en ligne*, **6** *ça ne distrait pas*, **7** *je ne peux pas me concentrer*, **8** *en même temps*

sb 109

8 À vous!

Students work in pairs to talk about what they listen to on the radio.

Follow-up activity:

Using a combination of website and terrestrial radio listening, students could construct a brief written or spoken report on a radio station. This could be supported by a checklist of points to cover, e.g. name of station, URL or frequency, region served, target audience and types of programmes. A brief sound recording of a typical programme could be used.

6C Vive le sport! pages 110–111

Aims and objectives	Grammar and skills	Resources
• talk about sport and sporting events • use some common adverbs	The verb *faire* Adverbs	**Key language:** see SB 124 **Online resource:** *Activité (écouter)* **Copymasters:** 6/2, 6/3 **CD:** 5/6–7 **GiA:** 49–50

sb 110

Point-info

When students have read this short information section about sport in France, ask a few questions about sport, e.g.
– *Le sport, ça vous intéresse?*
– *Qui joue au football, au tennis?*
– *Est-ce que vous pratiquez un sport régulièrement?*
– *Qui aime/n'aime pas le sport?* etc.

Introduction

For quick revision of different sports, have a brainstorming session in which groups or the class try to think of different sports beginning with different letters of the alphabet.

sb 110

1 Du sport pour tous

Students have to think of a different sport for each category.

> **Solution:** (possible)
> 1 sport individuel: *le roller, le patinage, la gymnastique*
> 2 sport d'équipe: *le football, le hockey*
> 3 sport nautique: *la voile, la natation*
> 4 sport d'hiver: *le ski*
> 5 sport de raquette: *le tennis, le badminton*
> 6 sport que vous faites au collège: *le basket, le football, l'athlétisme*
> 7 sport que vous aimez: *la danse, le cyclisme*
> 8 sport que vous regardez quelquefois à la télé: *le tennis, le football*
> 9 sport que vous aimeriez essayer: *l'escalade, l'équitation, le ski*

sb 110 Dossier-langue

This revises the main tenses of the verb *faire + du/de la/de l'*, which is often used with sports. Do some quick oral revision of the different tenses, prompting with the words *hier, demain, samedi dernier, samedi prochain*, etc. Ask for other words that might be used to talk about doing sport, playing games, etc. and write these on the board, e.g. *pratiquer, jouer à, faire partie d'une équipe*.

Refer students as necessary to the *Grammaire* (SB 250).

sb 110

2 Vous faites du sport?

Students complete the sentences with the correct tense and person of *faire*.

> **Solution:**
> 1 *J'ai fait de l'escalade …*
> 2 *… j'ai fait du ski …*
> 3 *(Mon ami) fait du judo …*
> 4 *J'ai toujours voulu faire du patinage.*
> 5 *… je fais de l'athlétisme, de la gymnastique et de la natation.*
> 6 *… nous ferons de la voile.*
> 7 *As-tu déjà fait de l'escalade?*
> 8 *… on a fait de la planche à voile.*
> 9 *… je faisais de l'équitation …*
> 10 *… je ferais du sport …*

6/2

Faire – un verbe utile

This worksheet, which practises the use of *faire*, could be used at any appropriate point.

6C Vive le sport!

1 On s'amuse
This practises the present tense of *faire* with different expressions.

> **Solution:**
> 1 *Il fait du ski nautique.*
> 2 *Elle fait de la planche à voile.*
> 3 *Nous faisons de la voile.*
> 4 *Je fais des courses.*
> 5 *Tu fais une promenade.*
> 6 *Ils font du camping.*
> 7 *Elles font de l'équitation.*
> 8 *Vous faites la cuisine.*

2 En France
This requires the use of *faire* in different tenses.

> **Solution:** 1 *faisons,* 2 *fera,* 3 *ferons,* 4 *ont fait,* 5 *fais,* 6 *ai fait,* 7 *avez fait,* 8 *fait, fais,* 9 *faisait,* 10 *faisait*

3 Faire + infinitif
This explains and practises the use of *faire* + verb, meaning to get something done.

> **Solution:** 1 *faisons,* 2 *as fait,* 3 *Fais,* 4 *a fait,* 5 *feront,* 6 *faire*

Examination grammar in action 49

Using the verb *faire*
This provides further practice of the verb *faire*.

sb 110

3 Le sport, c'est ma passion
In this reading task, students have to choose the correct word to fill each gap.

> **Solution:** 1 *sportif,* 2 *natation,* 3 *fois,* 4 *équipe,* 5 *tous,* 6 *championnat,* 7 *gagné,* 8 *préféré,* 9 *dimanches,* 10 *regarder,* 11 *cyclisme,* 12 *vu*

Follow-up activity:
As follow-up, students could email a set of questions about sport to their email partners and then reply with their responses to their partners' questions.

sb 220 Au choix

[2] Deux sports
Students complete the two texts with the appropriate words.

> **Solution: A** 1 *quatre,* 2 *école,* 3 *stade,* 4 *françaises,* 5 *nom,* **B** 6 *populaire,* 7 *ballon,* 8 *nombre,* 9 *vingt,* 10 *gymnase*

sb 111 5, tr 6

4 Interview d'une championne
This interview introduces examples of adverbs. Students listen to the recording and note down the missing words. For extra support these can be written on the board.

> **Solution:** 1 *heureuse,* 2 *formidable,* 3 *dix-sept,* 4 *Lille,* 5 *entraîner,* 6 *tournoi,* 7 *première,* 8 *beaucoup,* 9 *matchs,* 10 *demi-finale,* 11 *détendre,* 12 *cinéma*

transcript

Interview d'une championne
– Félicitations, Sophie. Vous devez être très heureuse d'avoir gagné le championnat cet après-midi.
– Oui, absolument. Je n'ai pas encore tellement réalisé ce qui m'arrive. J'étais déjà très contente d'arriver en finale, mais d'avoir gagné le match, c'est vraiment formidable.
– J'aimerais qu'on vous connaisse un peu mieux. Quel âge avez-vous? Où êtes-vous née?
– J'ai dix-sept ans et je suis née à Lille, mais récemment, j'ai déménagé à Paris pour m'entraîner à Roland Garros.
– Vous jouez régulièrement dans ce tournoi?
– Ça fait trois ans maintenant que je le fais. La première fois, je l'ai trouvé particulièrement difficile et franchement, je me demandais si j'allais continuer, mais heureusement, mon entraîneur m'a beaucoup encouragée. Alors l'année dernière, ça allait déjà mieux. J'ai gagné les premiers matchs assez facilement et je suis arrivée en demi-finale.
– Et cette année, encore mieux! Alors, maintenant, vous pouvez vous détendre. Qu'est-ce que vous faites pour vous détendre? Aimez-vous la musique, le cinéma?
– La musique, non, pas spécialement. Le cinéma, oui, j'aime bien, et je lis aussi. J'aime un bon roman ou une bande dessinée.
– Bon, merci, Sophie – et bonne chance pour l'avenir.

sb 111 Dossier-langue

This explains the formation and use of adverbs. These words are often used, but not always fully understood, so it is worth checking that students know the meanings. Refer students as necessary to the *Grammaire* (SB 238).

> **Solution:**
> 1 *absolument,* 2 *tellement,* 3 *récemment,* 4 *régulièrement,*
>
> Ending in common: *-ment*
>
> Four more adverbs (any four): *particulièrement* (particularly), *franchement* (frankly, honestly), *heureusement* (fortunately, luckily, happily), *facilement* (easily), *spécialement* (specially)
>
> Irregular adverbs: well – *bien*, better – *mieux*

sb 220 Au choix

[3] Des adverbes utiles
Students have to find different types of adverbs and note down their meanings in English.

> **Solution:**
> **a** quand: *tôt, tard, récemment, enfin*
> **b** comment: *mal, bien, vite, lentement*
> **c** où: *partout, ici, là-bas, loin*
> **d** combien (de fois): *beaucoup, peu, toujours, rarement*

Tricolore Total 4 Teacher's Book

6C Vive le sport!

111

5 Trouvez les contraires
Students match up adverbs that are opposite in meaning.

Solution:
1 b *(facilement – difficilement)*
2 e *(heureusement – malheureusement)*
3 j *(souvent – rarement)*
4 g *(fort – doucement)*
5 c *(récemment – il y a longtemps)*
6 a *(jamais – toujours)*
7 d *(dehors – dedans)*
8 i *(en haut – en bas)*
9 f *(déjà – pas encore)*
10 h *(avant – après)*

220 Au choix

[4] C'est presque pareil
Students match up adverbs that are almost the same in meaning.

Solution:
1 c *(en général – d'habitude)*
2 e *(rapidement – vite)*
3 a *(quelquefois – parfois)*
4 b *(finalement – enfin)*
5 d *(d'abord – au début)*

111

6 Le match
Students find the correct adverbs to complete a description of a football match.

Solution: 1 *facilement*, 2 *bien*, 3 *vite*, 4 *silencieusement*, 5 *doucement*, 6 *mal*, 7 *tard*, 8 *amicalement*

220 Au choix

[5] Le sport au collège
This item provides extra vocabulary for talking about sports, particularly in school. As follow-up, ask students to use some of the vocabulary to describe a recent football/rugby/hockey/... match. They could also refer to task 6 above.

Solution: 1 *b*, 2 *i*, 3 *c*, 4 *f*, 5 *a*, 6 *h*, 7 *g*, 8 *e*, 9 *d*

111

7 À vous!
a Students work in pairs asking and answering questions about sport.
b They then write their own answers, using adverbs wherever possible.
c This item gives students the opportunity to consolidate their work on this spread.

Students could research a sporting personality or invent a 'champion' of their own.

Examination grammar in action 50

Using adverbs
This provides further practice of adverbs.

Activité (écouter)

Tu fais du sport?
This online listening activity provides further practice of talking about sport and leisure.

220 Au choix 5, tr 7

[6] On parle du sport
Students listen to each unscripted interview and then answer the questions in French, orally or in writing. To help with spelling, the following could be displayed: *la marche, le poids, le saut en longueur, le saut en hauteur, l'aérobic.*

Solution:
Didier: 1 *le handball, le football*, 2 *le football*, 3 *le ski*, 4 *le football, le tennis, les Jeux Olympiques*, 5 b *assez sportive*

Marilyn: 1 Any two of: *le volleyball, l'athlétisme, la marche, le poids, le saut en longueur, le saut en hauteur*, 2 *l'aérobic*, 3 *le tennis*, 4 *le tennis*, 5 c *pas très sportive*

transcript

On parle du sport
1 – Didier, quand tu étais à l'école, quel genre de sport est-ce que tu pratiquais?
– Quand j'étais à l'école, c'était une école de garçons, donc on faisait essentiellement des sports collectifs. Moi, je jouais au handball et au football.
– Aha. Et, est-ce que tu continues à pratiquer ces sports aujourd'hui?
– Je joue encore quelquefois au football, mais j'ai arrêté le handball. J'étais gardien et je me suis blessé à la main.
– Est-ce qu'il y a un sport que tu voudrais essayer toi, personnellement?
– Oui, j'aimerais beaucoup faire du ski. La neige, le soleil, la vitesse, j'aime beaucoup, et je pense que le ski répondrait parfaitement à toutes ces choses.
– Hmm, hmm. Et tu voudrais aller où faire du ski?
– Oh, je pense que le meilleur endroit pourrait être les Alpes.
– Hum, probablement, oui. Euh, parlons sport à la télé. Est-ce que tu regardes du sport à la télévision?
– Oui, je regarde un petit peu le football, le tennis, la coupe Davis, et tous les quatre ans, je regarde les Jeux Olympiques.
– Très intéressant! Eh bien, merci beaucoup, Didier. Au revoir!
– Merci. Au revoir!

6D On regarde la télé

2
- Marilyn, quand tu étais à l'école, quel genre de sport est-ce que tu pratiquais?
- Dans mon école qui était une école privée, nous n'avions pas beaucoup d'opportunités pour le sport. Je me rappelle que nous faisions beaucoup de volleyball, de l'athlétisme, de la marche, du poids, du saut en longueur et du saut en hauteur.
- Hmm, hmm. Euh, et y a-t-il un de ces sports que tu pratiques aujourd'hui?
- Non, pas du tout, parce que … à l'école, le volleyball, c'est un sport collectif. Euh, les autres sports comme le saut en hauteur, saut en longueur, c'est … ce sont des sports qu'on a pratiqués parce qu'il fallait les faire, c'était au programme. Donc, euh …
- Tu ne fais plus de sport donc, aujourd'hui?
- Aujourd'hui, ce que je fais, c'est de l'aérobic.
- De l'aérobic?
- Oui.
- Hmm, hmm. Dis-moi, est-ce qu'il y a un sport que tu voudrais essayer?
- Oui. J'ai … pendant longtemps, j'ai voulu essayer le tennis, parce que j'aime beaucoup regarder à la télé …
- C'est vrai?
- Oui, je ne rate pas Roland Garros …
- Hmm, hmm.
- Bien que … c'est un peu difficile, parce que Roland Garros tombe, euh … ah, oui, tombe toujours en période d'examens, en juin, donc euh … c'est un peu dur mais … je regarde quand même.

6/3

Le Tour de France

This copymaster is mainly for reading for pleasure, but it has an optional matching task.

Those interested could look up more information on the website (www.letour.fr) and perhaps print out the map of the next tour.

Que savez-vous du Tour de France?

Solution: 1 *b*, 2 *g*, 3 *e*, 4 *c*, 5 *j*, 6 *h*, 7 *d*, 8 *a*, 9 *i*, 10 *f*

The text could also be used for classroom oral work, perhaps for further practice of the comparative and superlative, if used later in the unit, e.g.
- Est-ce que le premier tour était plus long que le tour moderne?
- Et les étapes du premier tour étaient plus courtes?
- Le coureur le plus vite porte quel maillot? etc.

6D On regarde la télé pages 112–113

Aims and objectives	Grammar and skills	Resources
• discuss television programmes • make comparisons	The comparative ça + verb	**Key language:** see SB 124 **Online resource:** *Présentation, Activité (parler)* **CD:** 5/8 **GiA:** 51

Introduction

Ask if anyone has watched French TV or knows anything about it, displaying any observations to be considered later. If possible, show some current programme listings or encourage students to look these up on the internet. This site provides links to most TV channels: www.tvenfrance.com/tvfrance.html.

Présentation

On regarde ça?

Use this online PowerPoint presentation to revise or present different types of television programme and film.

112   5, tr 8

1 La télévision en France

a This gives information about the main TV channels in France. Students listen to the conversation and complete the summary.

Solution: 1 *documentaires*, 2 *20 heures*, 3 *sérieuse*, 4 *sport*, 5 *films*, 6 *jeunes*, 7 *trouve*, 8 *émissions*, 9 *chaînes*, 10 *satellite*

b Students find in the text the French for the English phrases listed, to use in their own work on this topic. For support, display the French words in jumbled order.

Solution: 1 *la chaîne*, 2 *des émissions*, 3 *la télé-réalité*, 4 *des dessins animés*, 5 *le journal*, 6 *éducative* (f), 7 *une chaîne culturelle*, 8 *(des) feuilletons*, 9 *la télévision numérique*, 10 *(de) la publicité*

transcript

La télévision en France

- Sandrine, tu peux m'expliquer un peu les différentes chaînes de la télévision française?
- Oui, bien sûr. Bon, d'abord il y a TF1. C'est la chaîne la plus populaire avec toutes sortes d'émissions: des documentaires, des émissions sportives, des jeux, de la télé-réalité, etcetera. Beaucoup de personnes, par exemple mes parents, la mettent toujours pour le journal à vingt heures.
- Le journal, ce sont les informations, non?

154   Tricolore Total 4 Teacher's Book

6D On regarde la télé

– Oui, ce sont toutes les informations politiques, économiques etc. Puis il y a France 2, c'est une chaîne assez sérieuse.
– Alors, tu ne regardes pas France 2 très souvent?
– Moi, non. Il y a France 3 – c'est aussi une chaîne assez sérieuse, mais on passe quelquefois de bons films, des séries et des jeux … et pour le sport, c'est pas mal du tout. Ensuite, il y a Canal +. Ça, c'est une excellente chaîne. On y passe beaucoup de bons films, des documentaires, des talk-shows … des choses comme ça. Et puis il y a France 5 – la Cinquième. C'est la chaîne éducative, qui transmet des émissions uniquement pendant la journée, de six heures à dix-neuf heures. Après sept heures, on a Arte qui est la chaîne culturelle. C'est complètement différent des autres chaînes. Quelquefois, on consacre une soirée entière à un thème. Notre prof nous a dit qu'on y passe de très bonnes choses!
– Il y a des chaînes pour les jeunes?
   Bien sûr! Par exemple, il y a M6 et pour beaucoup de jeunes, c'est la meilleure chaîne. On y trouve beaucoup de feuilletons et de séries américaines. Je les regarde de temps en temps – ça détend!
– Alors pour les chaînes, c'est tout?
– Oui, ça, ce sont toutes les chaînes principales. Pour les gens qui habitent à l'étranger et qui veulent regarder des émissions en français, il y a TV5. On peut y voir une sélection d'émissions françaises, suisses, québécois etcetera. Il y a aussi les chaînes de la TNT …
– Qu'est-ce que ça veut dire?
– La TNT, c'est la Télévision Numérique Terrestre. Puis il y a le câble et les chaînes satellite; à mon avis, c'est trop.
– Est-ce qu'il y a de la publicité à la télé en France?
– Pff! Tu parles! Oui, il y a de la publicité sur toutes les chaînes – donc, pour l'éviter, on prend sa télécommande et on fait du 'zapping'!

sb 112

2 C'est quoi comme émission?

This matching task provides the vocabulary for different types of TV programmes.

Solution:
1 e Friends, *c'est une série américaine.*
2 f Les Simpson, *c'est un dessin animé.*
3 b Questions pour un champion, *c'est un jeu.*
4 a Le monde des animaux, *c'est un documentaire.*
5 c L'équipe du dimanche, *c'est une émission sportive.*
6 g Tout sur la santé, *c'est un magazine.*
7 h Inspecteur Barnaby, *c'est une série policière.*
8 d Plus Belle La Vie, *c'est un feuilleton.*

sb 112

3 Forum des jeunes: La télé

a Students read the extracts from an internet discussion forum about TV programmes and identify the person who corresponds to the details given.

Solution: 1 E *(Élodie),* 2 L *(Lucie),* 3 F *(Fatima),* 4 A *(Amandine)*

b They then read the sentences and decide whose opinion is represented in each of them.

Solution: 1 P *(Pierre)* and J *(Jonathan),* 2 J *(Jonathan),* 3 D *(Daniel),* 4 A *(Amandine),* 5 K *(Karima),* 6 F *(Fatima)*

Follow-up activity:

You could then have a short discussion with students by asking, e.g.
– *Qui est d'accord avec Amandine?*
– *Qui aime regarder les séries?*
– *Student A, quelle est ta série préférée?*
– *Qui préfère les dessins animés comme* Les Simpson?
– *Qui aime les jeux?* etc.

sb 113 Dossier-langue

This item looks at the formation and use of comparative adjectives and adverbs, and also *aussi … que* and *pas si … que*. Refer students as necessary to the *Grammaire* (SB 237).

sb 113

4 C'est presque pareil

Students match comparatives that are similar in meaning.

Solution: 1 *c,* 2 *e,* 3 *a,* 4 *f,* 5 *b,* 6 *d*

sb 113

5 Des comparaisons

a Students write comparisons using the prompts supplied.

Solution:
1 *Le sport est plus intéressant que les feuilletons.*
2 *La série* Friends *est plus vieille que (la série)* Lost.
3 *Homer Simpson est moins intelligent que Marge Simpson.*
4 *Les dessins animés sont aussi ennuyeux que la télé-réalité.*
5 *La chaîne TF1 est meilleure que beaucoup de chaînes satellite.*
6 *Les jeux ne sont pas si éducatifs que les documentaires.*

b They then make up four more sentences following the same pattern.

g/a Examination grammar in action 51

The comparative

This provides further practice of the comparative.

Tricolore Total 4 Teacher's Book   155

6E Vous aimez la lecture?

📖 113

6 Des opinions

Students match the French phrases with their English equivalents to provide some useful vocabulary for expressing opinions.

> **Solution:** **1** e, **2** l, **3** b, **4** j, **5** d, **6** m, **7** h, **8** a, **9** n, **10** g, **11** c, **12** i, **13** k, **14** f

📖 113 Stratégies

Encourage students to find some more useful expressions with ça + verb, e.g. *Ça me dérange. Ça t'arrange?*

📖 113

7 À vous!

a Students first work in pairs on a general discussion about TV programmes.

b They then write their answers to the questions. Encourage students to use phrases from task 6 and adverbs. Although the titles will be in English, students should say (or write) in French what kind of programmes they are, when they are shown, and what they think of them.

🖱 Activité (parler)

On regarde la télé

This online audio activity provides further speaking practice of questions and answers relating to television.

📖 221 Au choix

[7] La télé

a Students read the message from a French girl, Alex, and answer questions in English.

> **Solution:** **1** every evening, **2** it relaxes her, you can learn a lot, **3** too many adverts/adverts interrupt programmes too much, too much violence

b They then answer in French the two questions that Alex asks in her message. (*Est-ce que tu aimes regarder la télé? Et toi, est-ce que tu trouves qu'il y a trop de violence à la télé?*)

Follow-up activities:

A great deal of information on TV programmes can be accessed on the internet, both concerning those programmes well known in the UK and many not so well known. Tasks for students could include:

- access and view video clips from French TV websites
- look at channel schedules
- look at fans' sites for positive view of programmes and critics' sites for a balanced view
- *le forum télé* – most forums on the internet will be too hard and/or too risqué but both of these problems can be avoided if using either a children's forum or setting up the school's own forum.

6E Vous aimez la lecture? pages 114–115

Aims and objectives	Grammar and skills	Resources
• talk about books and reading • use direct object pronouns	Direct object pronouns (*le, la, l', les*)	**Key language:** see SB 124 **Online resource:** *Activités (grammaire, écouter)* **Copymasters:** 6/4 **CD:** 5/9–10 **GiA:** 55

Introduction

Introduce the topic of reading by showing a few books and teaching and practising vocabulary, e.g.

- *Voici un livre de poche.* (paperback)
- *Ça, c'est quoi comme livre? C'est une bande dessinée?* (comic strip book)
- *Ça, c'est un roman policier. Qui aime les romans policiers?* (crime novel)
- *En anglais, on lit souvent des pièces de Shakespeare.* (Shakespeare play)
- *Est-ce que vous préférez lire des bandes dessinées ou des romans policiers?*
- *Qu'est-ce que vous lisez en cours d'anglais? Est-ce que vous lisez une pièce de Shakespeare? Qu'est-ce que vous aimez comme livres?*

📖 114

1 Forum des jeunes: Les livres

This is based on an internet forum where participants give their suggestions for books they have enjoyed. The first letter from Aurélie sets the scene and this could perhaps be read aloud first. Students then read through the other contributions. Check whether students know any of the books mentioned and can give their English titles, e.g. '*Les Royaumes du Nord*', qu'est-ce que c'est en anglais? (Northern Lights), '*À la Croisée des Mondes*' (His Dark Materials), '*Mort sur le Nil*' (Death on the Nile), '*Crise d'otages*' (Step on a crack) '*La Ligne Verte*' (The Green Mile), '*Le Seigneur des Anneaux*' (Lord of the Rings), '*L'Alchimiste*' (The Alchemist).

Tricolore Total 4 Teacher's Book

6E Vous aimez la lecture?

The extracts can then be used as a starting point for a general discussion about reading.
Qui a lu ça? À ton avis, c'était bien, ennuyeux, trop long, facile à lire? etc.

a Students choose an appropriate example for each group.

> **Solution:** **1** *L'Alchimiste*, **2** Any one of: *À la Croisée des Mondes, Les Royaumes du Nord, Mort sur le Nil, Le Seigneur des Anneaux, Harry Potter*, **3** *Mort sur le Nil, Crise d'otages*, **4** *Agatha Christie*, **5** *Harry Potter, Hercule Poirot*, **6** *Lyra*

b Students identify the person who corresponds to the details given.

> **Solution:** **1** *Aurélie*, **2** *Magali*, **3** *Roland*, **4** *Raj*, **5** *Sébastien*

c They then match each of the opinions to one of the contributors.

> **Solution:** **1** *Raj*, **2** *Magali*, **3** *Lucie*, **4** *Élodie*

d Students find in the extracts the French for the English phrases listed, to build up a useful vocabulary about reading. Many of these phrases are also applicable to discussing films and television.

> **Solution:**
> 1 un auteur
> 2 un personnage
> 3 un roman
> 4 un titre
> 5 Je n'aime vraiment pas lire.
> 6 On ne les lâche plus.
> 7 Ils t'ouvrent une autre perspective sur le monde.
> 8 On est directement plongé dans ces livres.
> 9 On est toujours pressé d'arriver à la fin.
> 10 J'ai trouvé la fin un peu décevante.
> 11 Ça me permet de m'évader du monde de tous les jours.
> 12 Je suis impatient de lire les autres.

114 Dossier-langue

This looks at direct object pronouns. An explanation of preceding direct object agreement in the perfect tense is given in Unit 9, but it could be mentioned here for some students. Refer students as necessary to the *Grammaire* (SB 240).

6/4

Je le sais!

These activities could be used now or during work on spread 6F to practise direct object pronouns.

> **Solutions:**
> **1 Jeu des définitions**
> **1** c, **2** f, **3** b, **4** h, **5** g, **6** e, **7** a, **8** d
> **2 Une conversation**
> **1** *le*, **2** *les*, **3** *l'*, **4** *les*, **5** *l'*, **6** *la*, **7** *les*, **8** *le*, **9** *l'*
> **3 Les loisirs**
> 1 Lucile **la** regarde le soir après le dîner.
> 2 Est-ce qu'elle **les** aime?

> 3 Je trouve que nous ne **les** encourageons pas assez.
> 4 Marc est en train de **l'**enregistrer pour ses parents.
> 5 Quand est-ce qu'il va **le** commencer?
> 6 Pourquoi est-ce que tu ne **l'**as pas regardé?
> 7 Je ne **l'**aime pas au milieu d'une émission.
> 8 Je ne **le** sais pas.

Examination grammar in action 55

Using direct object pronouns – *le, la, les*

This provides further practice of direct object pronouns.

Activité (grammaire)

Je l'aime

This online activity for spread 6F provides practice of pronouns and could be appropriate at this point for some students.

115

2 C'est quoi comme livre?

Students give a brief definition of each book and identify the author.

> **Solution:**
> 1 C'est une bande dessinée de René Goscinny.
> 2 C'est un roman (d'amour) de Jane Austen.
> 3 C'est un roman fantastique de J R R Tolkien.
> 4 C'est une pièce de théâtre de Shakespeare.
> 5 C'est un roman policier d'Agatha Christie.
> 6 C'est un livre pour enfants de Roald Dahl.

115   5, tr 9

3 Des livres de tous les genres

This gives short descriptions of four books.

a Students write down the missing words in each description and then check their answers by listening to the recording.

> **Solution:**
> 1 **1** *vie*, **2** *faire*, **3** *ami*, **4** *voyage*, **5** *monde*
> 2 **1** *magique*, **2** *habitants*, **3** *suspense*
> 3 **1** *avion*, **2** *chien*, **3** *homme*
> 4 **1** *général*, **2** *femme*, **3** *Écosse*, **4** *fils*, **5** *armée*

b Students identify each of the books described.

> **Solution:** **1** *Les Royaumes du Nord*, **2** *Le Seigneur des Anneaux*, **3** *Tintin au Tibet*, **4** *Macbeth*

transcript

Des livres de tous les genres
1 Ce livre, le premier tome d'une trilogie, raconte la vie de Lyra qui est orpheline et qui vit à Oxford. Elle adore faire des escapades avec Roger, l'aide-cuisinier. Mais un jour, son meilleur ami, Roger,

Tricolore Total 4 Teacher's Book   157

6E Vous aimez la lecture?

disparaît. Alors Lyra part à sa recherche et fait un voyage périlleux vers le Grand Nord. Ce voyage lui révèle ses extraordinaires pouvoirs et la conduit à la frontière d'un autre monde.

2 Le héros s'appelle Frodo. Après avoir hérité un mystérieux anneau magique, il participe à une croisade dangereuse pour sauver les habitants de la Terre du Milieu contre les forces du mal. C'est un livre passionnant, plein d'action et de suspense.

3 C'est une bande dessinée. Dans cette aventure, le reporter part à la recherche de son ami Tchang, qui a disparu après un crash d'avion. Quand le reporter et son chien arrivent à la montagne, ils partent sur les traces de l'abominable homme des neiges.

4 C'est une pièce de théâtre que nous avons étudiée en classe. C'est l'histoire d'un général qui rencontre trois sorcières en rentrant chez lui après une bataille. Elles lui disent des choses étranges qu'il répète à sa femme. Elle est très ambitieuse et elle encourage son mari à tuer le roi d'Écosse, qui va leur rendre visite. Le général tue le roi et prend le trône. Mais le roi a deux fils qui s'échappent. Le général commet d'autres meurtres, mais sa femme, qui est devenue folle, se suicide. Finalement, le fils aîné du roi mène une armée d'Angleterre et tue le général.

Activité (écouter)

Une interview
This online listening activity provides further practice in talking about reading. It could be used as preparation for the next pair-work task, or as follow-up.

sb 115

4 À vous!
a Students work in pairs to ask and answer questions about books and reading.
b They then write about their own opinions and experience of reading, following the style of the example.
c Finally, students describe a book they have read. This could take the form of a review. It could be prepared on the board, perhaps using a class text that all the students have read. As further preparation, students could collect phrases they liked in reviews they have read in order to recycle them in their own work.
This task could also be done as a guessing game for others in the class if the title is omitted.

sb 221 Au choix   5, tr 10

[8] Un livre que j'ai lu
Able students could listen to this unscripted conversation and note down the details of the book described.

Solution:
1 Titre: Le Crime de l'Orient Express
2 Auteur: *Agatha Christie*
3 Genre: *un roman policier (un polar)*

4 Ça se passe où? *dans un train*
5 Opinion: *très bon, facile à lire, on suit bien le livre; on a envie de le lire jusqu'à la fin*

transcript

Un livre que j'ai lu
– Bonjour!
– Bonjour!
– Euh, Aude, est-ce que tu as lu quelque chose dernièrement?
– Oui, j'ai lu un roman policier d'Agatha Christie, *Le Crime de l'Ori … Le Crime de l'Orient Express.*
– *Le Crime de l'Orient Express?* Un très bon … Un très bon livre! Et est-ce que tu peux nous décrire un peu … de quoi il s'agit. C'est l'histoire de … de quoi?
– Ben en fait, c'est un homme qui, donc, se fait assassiner dans l'Orient Express, donc dans le train, et … il est … on le retrouve avec douze coups de couteaux dans le corps.
– Hmm, hmm.
– Et ces douze coups de couteaux sont différents. Donc, on suppose qu'il y a douze personnes différentes.
– Ah bon?
– Et donc c'est Hercule Poirot évidemment …
– Le héros!
– … le grand détective … qui mène l'enquête et qui … à la fin du livre, retrouve les … les douze coupables, qui étaient tous associés, en fait, autour de la personne qui a été tuée, qui ont tous une relation avec cette personne.
– Hmm, hmm. Et, bien évidemment … toute l'action se déroule dans le train?
– Voilà!
– Hmm, hmm … Pourrais-tu me donner ton opinion par rapport à Agatha Christie?
– En général?
– Hmm, hmm.
– Euh … J'aime bien! Je trouve qu'elle est facile à lire et … souvent, ses histoires sont bien liées. On est … du début à la fin, on … on suit bien le livre. On a envie de le lire jusqu'à la fin. Donc ça, c'est très important pour un livre, je pense, surtout pour un roman policier.
– Très très bien! Merci beaucoup, Aude!
– Au revoir!

Examination grammar in action 53

Using the verbs *dire, lire, écrire*
This provides further practice of irregular verbs appropriate to this topic.

158 Tricolore Total 4 Teacher's Book

6F Qu'est-ce qu'on fait?

6F Qu'est-ce qu'on fait? pages 116–117

Aims and objectives	Grammar and skills	Resources
• understand information about events • discuss going out • practise pronouns	Practise pronouns (*le, la, l', les, y*)	**Key language:** see SB 124 **Copymasters:** 6/4, 6/5 **CD:** 5/11–12

SB 116

1 Si on sortait?

You could introduce this topic by bringing in recent copies of French entertainment guides. Some oral work could then be based on the adverts in the book, e.g.

– *Pour des renseignements sur …, il faut téléphoner à quel numéro?*
– *Qu'est-ce qu'on peut voir au théâtre?*

a Students work out the meaning of these abbreviations, which are commonly used in publicity material.

> **Solution:** 1 *location* – reservation, booking, 2 *tous les jours, sauf dimanche* – every day except Sunday, 3 *renseignements* – information, 4 *téléphone* – telephone, 5 *samedi* – Saturday, 6 *métro* – underground/tube (station), 7 *février* – February, 8 *réservation* – reservation

b They then find out the meaning of the words listed by consulting the glossary or a dictionary, if necessary.

> **Solution:** 1 *on ice,* 2 *(here) at the box office,* 3 *free entry,* 4 *available places/seats,* 5 *even (numbered) days,* 6 *odd (numbered) days,* 7 *until,* 8 *opening times*

c Students find in the adverts the right information to answer each of the questions.

> **Solution:**
> 1 *Il y a un festival de musiques africaines.*
> 2 *Il y a deux pièces de William Shakespeare:* Othello *et* Beaucoup de Bruit pour rien.
> 3 *La Terre vue du Ciel*
> 4 *au Jardin du Luxembourg (Paris); non, c'est gratuit/entrée libre*
> 5 *0825 30 19 98*
> 6 *Il y a un spectacle musical sur glace:* Casse-noisettes.

SB 116 5, tr 11

2 C'est pour un renseignement

Students listen to the telephone conversations and note the details.

> **Solution:**
>
> **1 *Casse-noisettes***
> sam. matinée: *15h*
> séance du soir: *19h30*
> places à partir de: *20 euros*
>
> **2 *Othello***
> prix des places: *15 euros*
> réd: *12 euros pour les étudiants*
> horaires: *mardi–samedi 20h30, dim. 15h30*
>
> **3 *Aquaboulevard***
> dim. ouvert *de 9h à 23h*
> entrée – adultes: *11 euros*
> enfants (–12 ans): *8 euros*

transcript

C'est pour un renseignement

1 – Allô. Vous désirez?
 – À quelle heure sont les séances pour le spectacle musical le week-end?
 – Pour *Casse-noisettes*, il y a une matinée le samedi, à quinze heures, et puis il y a la séance du soir, à dix-neuf heures trente.
 – C'est combien, les billets les moins chers pour la matinée?
 – Les moins chers sont à vingt euros.
 – Merci beaucoup.
 – Je vous en prie.

2 – Théâtre du Vésinet, bonjour.
 – Bonjour, quel est le prix des places pour Othello, s'il vous plaît?
 – Quinze euros – pour toutes les places.
 – Y a-t-il des réductions?
 – Oui. Pour les étudiants, le prix des places est douze euros.
 – À quelle heure sont les représentations?
 – Du mardi au samedi, les représentations sont à vingt heures trente, et le dimanche, il y a une matinée à quinze heures trente. Le dimanche soir et le lundi, le théâtre est fermé.
 – Merci beaucoup.
 – De rien.

3 – Allô, Aquaboulevard.
 – Bonjour. Est-ce que la piscine est ouverte le dimanche?
 – Oui, on ouvre tous les jours de la semaine, de neuf heures jusqu'à vingt-trois heures.
 – Ah bon, et c'est combien l'entrée?
 – C'est onze euros.
 – Y a-t-il des réductions?
 – Oui, pour les enfants de moins de douze ans, c'est huit euros.
 – Bon, merci.
 – Je vous en prie.

Tricolore Total 4 Teacher's Book

6G Si on allait au cinéma?

116 Stratégies

This is a good time to revise pronouns and stress their usefulness in improving students' quality of language. Go through the task and encourage them to use pronouns in subsequent activities. Refer students as necessary to the *Grammaire* (SB 240).

Solution: a 1 *la*, **b** 2 *y*, **c** 3 *les*, **d** 4 *l'*, 5 *le*, 6 *y*

6/4

Je le sais!

If not used before, this copymaster could be used for practice of direct object pronouns. (See above, TB 157)

Activité (grammaire)

Je l'aime

This online activity provides further practice of pronouns.

117

3 Qu'est-ce qu'on fait?

This page brings together a wide range of expressions for discussing what to do, expressing opinions about events and arranging to meet.

Students read through the model dialogues and then make up some of their own using the phrases listed.

6/5

Inventez des conversations

Students read the model conversations and then invent similar ones, using the symbols for ideas.

117 5, tr 12

4 Que faire?

Students listen to the recording and note in English the comment made about each suggested idea.

transcript

Que faire?
- Je voudrais bien aller au grand concert de rock au Stade de France.
- Oui, ça serait bien, mais il n'y a plus de billets. Il fallait réserver longtemps à l'avance.
- On peut aller au théâtre, peut-être. Il y a un nouveau spectacle musical.
- Oui, mais tu as vu le prix des places? Moi, je n'ai pas assez d'argent pour ça. Si on allait au cinéma? On passe *Le Parrain* à l'Odéon. On dit que c'est un très bon film.
- Oui, mais il est interdit aux moins de 18 ans, donc nous ne pouvons pas y aller. Tu veux aller à la piscine?
- Non, ce n'est pas possible. La piscine est fermée en ce moment. Mais on pourrait aller à la patinoire. Ça te dit?
- Ah oui, je veux bien faire ça.
- Alors, allons à la patinoire.

221 Au choix

[9] Laisse-moi un mot!

Students write two replies as follows:

a accepting one invitation and asking a question about the arrangements

b refusing one of the invitations, with reasons.

117

5 Un message

a Students write a reply to a message about making arrangements to go out.

b They then make up a similar message and write a reply to it.

6G Si on allait au cinéma? pages 118–119

Aims and objectives	Grammar and skills	Resources
• talk about the cinema and films • describe a film • use the superlative	The superlative	**Key language:** see SB 124 **Online resource:** *Présentation, Activité (lire)* **Copymasters:** 6/6, 6/7 **CD:** 5/13 **GiA:** 52

Présentation

On regarde ça?

This could be a suitable point to look again at the online PowerPoint presentation on different types of television programme and film.

118

1 Le cinéma

This gives some background information about the cinema in France and provides some examples of the superlative. Students read the text and answer the questions in French.

160 Tricolore Total 4 Teacher's Book

6G Si on allait au cinéma?

Solution: 1 *à la maison*, 2 *un polar*, 3 *les comédies et les films d'aventures*, 4 *un acteur français*, 5 *elle est actrice*, 6 *Gérard Depardieu*

118 Dossier-langue

The superlative is usually easily understood and absorbed by students. They will also need to understand it more often than they will need to use it. Refer students as necessary to the *Grammaire* (SB 237).

Solution: 1 *la*, 2 *les*, 3 *adjective*

The use of *de* after the superlative, to mean 'in' or 'of' is not mentioned here, but it could be explained to able students, e.g.

– À votre avis, quel est le meilleur dessin animé de tous les films de Disney?
– Quel est le film le plus amusant de James Bond?

118

2 À propos de cinéma

Students practise using the superlative to complete sentences about the cinema.

Solution: 1 *meilleur*, 2 *plus dangereuses*, 3 *plus connus/célèbres*, 4 *plus chers*, 5 *plus récent*, 6 *plus populaires*, 7 *meilleure*, 8 *plus amusants*

6/6

C'est le meilleur!

1 Un lexique
Students complete the list of expressions using the superlative.

2 C'est un record!
Students choose the correct expression to complete each sentence.

Solution: 1 *le plus long*, 2 *le plus court*, 3 *le plus profond*, 4 *le plus célèbre*, 5 *le plus extraordinaire, le plus lourd*, 6 *les plus populaires, le plus grand*, 7 *la plus violente*

3 Un jeu
Students complete the questions and then choose the correct answers.

Solution:

1 *Quel fruit est le plus cultivé?* **C** *la pomme*
2 *Quel fruit est le plus populaire?* **A** *la banane*
3 *Quel continent produit la plus grande quantité de riz?* **C** *l'Asie*
4 *Dans quel pays est-ce qu'on consomme la plus grande quantité de poisson?* **B** *au Japon*
5 *Quel animal est le plus gros?* **B** *la baleine bleue*
6 *Quel animal est le plus grand?* **C** *la girafe*
7 *Quel fleuve est le plus long?* **B** *l'Amazone*
8 *Quelle océan est la plus petite?* **C** *l'Arctique*
9 *Quelle montagne est la plus haute?* **C** *le mont Everest*
10 *Quelle île est la plus grande?* **B** *le Groenland*

Examination grammar in action 52

The superlative
This provides further practice of the superlative.

118　5, tr 13

3 On décrit des films

Students listen to two competitors from a radio quiz game who have to speak for 30 seconds about a given film title. This provides further practice of the kind of vocabulary used to narrate and discuss films. For each speaker, students pick the correct answer out of the three choices supplied.

Solution:

Jurassic Park **1** *b*, **2** *c*, **3** *b*, **4** *a*, **5** *a*
Astérix et les Indiens **1** *c*, **2** *b*, **3** *b*, **4** *c*, **5** *c*

transcript

On décrit des films

– Alors, on continue. C'est à l'équipe A. Le prochain film est *Jurassic Park*. Attendez … vous avez trente secondes. Commencez!
– Euh. *Jurassic Park* est un film américain de science-fiction avec des effets spéciaux absolument fantastiques! Le directeur est Steven Spielberg et les vedettes … euh … les vedettes sont les dinosaures! Dans le film, il s'agit de dinosaures … évidemment, mais qui vivent aujourd'hui – pas du tout à l'époque préhistorique. C'est un très bon film, mais assez effrayant et il …
– Très bon – deux points. Et maintenant, à l'équipe B. Votre film est *Astérix et les Indiens*. Alors, vous avez trente secondes. Commencez!
– *Astérix et les Indiens* est un dessin animé, en couleurs, français, c'est-à-dire, français-allemand, parce que c'est un film de Gerhard Hahn. C'est une aventure d'Astérix et de son ami Obélix – comme d'habitude. Dans cette histoire, leur ami, Panoramix, a été enlevé par un Romain et alors qu'ils sont en train de le chercher, ils découvrent un pays inconnu, plein d'étranges créatures. Beaucoup de mes amis disent que c'est un film très amusant, mais à mon avis, ce n'est pas si bien que les premiers films d'Astérix. Quand même …
– Excellent – trois points.

118

4 Trouvez les paires

Students match the French phrases with their English equivalents to provide some useful vocabulary when describing films.

119

5 Des films de tous les genres

Although parts a and b of this task are simple matching activities in which students match up a film title first with its type and then with its description, part c also presents key expressions for narrating the plot of a film. The descriptions vary in length and complexity. Most are

Tricolore Total 4 Teacher's Book 161

6G Si on allait au cinéma?

written in the present tense, the most common tense for narrating a story.

a Students choose the right definition for each of the films listed (1–4).

> **Solution:** **1** *C'est un dessin aimé,* **2** *C'est un film d'amour,* **3** *C'est un film d'aventures/C'est un film historique,* **4** *C'est un film d'aventures*

b They then match each film to the right description (a–d).

> **Solution:** **1** *b,* **2** *d,* **3** *a,* **4** *c*

c Students find in the descriptions the French for the English phrases listed, which can later be adapted for use in their own descriptions of film or book plots.

> **Solution:**
> 1 *ça se passe à Rome*
> 2 *après la mort de l'empereur*
> 3 *Maximus échappe à ses assassins*
> 4 *dont le père est le roi*
> 5 *à la fin du film*
> 6 *il devient, lui-même, le roi*
> 7 *quelquefois très touchant*
> 8 *beaucoup d'effets spéciaux et de cascades*
> 9 *c'est un film classique*
> 10 *le réalisateur*
> 11 *avant la Première Guerre mondiale*
> 12 *ils tombent amoureux de*

221 Au choix

[10] Tu as vu ça?

a Students complete the film descriptions with the words supplied.

> **Solution:**
> **A 1** *parodie,* **2** *tueur en série,* **3** *précédente,* **4** *effrayant*
> **B 1** *psychologue,* **2** *patients,* **3** *connaissance,* **4** *terrifiants*
> **C 1** *interplanétaire,* **2** *personnages,* **3** *suivent,* **4** *spéciaux*

b They then choose the right title and type for each film described.

> **Solution: A** Scary Movie – *un film comique,*
> **B** Le Sixième Sens – *un film d'aventures,*
> **C** La Menace Fantôme – *un film de science-fiction*

119

6 À vous!

a Students work in pairs to ask and answer questions about the cinema.

b They then write out their answers.

119

7 Critique d'un film

Students write a review of a film they have seen. They could look at the earlier descriptions and list some useful phrases for describing a film. A more detailed description could also be prepared on the board of a film that is well known to the class. The *Pour vous aider* box provides a structure for this.

Follow-up activity:

Using a desktop publishing or word-processing package, students could lay out title, main stars, locations and dates and include some advertising slogan, perhaps using the superlative and genre type, e.g. best suspense film of the year.

6/7

On parle des films

This provides more practice of film and cinema vocabulary.

1 Un acrostiche

> **Solution:**
>
> | | | 1 | | | | | | | | |
> |---|---|---|---|---|---|---|---|---|---|---|
> | 1 | C | O | M | É | D | I | E | S | | |
> | | | N | | | | | | | | |
> | 2 | É | P | O | U | V | A | N | T | E | |
> | | | A | | | | | | | | |
> | 3 | | R | Ô | L | E | | | | | |
> | | | L | | | | | | | | |
> | 4 | S | É | A | N | C | E | | | | |
> | | | D | | | | | | | | |
> | 5 | V | E | D | E | T | T | E | | | |
> | | | S | | | | | | | | |
> | 6 | S | C | I | E | N | C | E | – | F | I | C | T | I | O | N |
> | | | I | | | | | | | | |
> | 7 | P | O | L | I | C | I | E | R | | |
> | | | M | | | | | | | | |
> | 8 | D | E | S | S | I | N | S | A | N | I | M | É | S |

2 La Jarre

This review of an Iranian film contains some unfamiliar vocabulary, which is explained on the worksheet. Students read the review and then select the six sentences which summarise the story.

> **Solution:** A, C, E, F, G, I

3 Un film que j'ai vu

Students could then describe a film which they have seen, following the guidelines on the sheet.

Activité (lire)

Au cinéma

This online activity provides further reading practice of talking about films.

162 Tricolore Total 4 Teacher's Book

6H Qu'as-tu fait?

6H Qu'as-tu fait? pages 120–121

Aims and objectives	Grammar and skills	Resources
• talk about an event in the past • make excuses and apologise • use the pluperfect tense	The pluperfect tense	**Key language:** see SB 124 **Online resource:** *Activité (grammaire)* **Copymasters:** 4/3 **CD:** 5/14 **GiA:** 54

SB 120

1 Un bon week-end ou un désastre?

This is a fairly straightforward reading task in which students attribute statements about a good weekend and a disastrous one to the right person.

Solution: **1** D, **2** B, **3** D, **4** B, **5** B, **6** D, **7** D, **8** B

SB 221 Au choix

[11] Un bon week-end?

Students complete descriptions of a party and a rock concert. This task provides practice in using the imperfect tense; it is also a suitable task to use as preparation for work on the pluperfect tense.

Solution:

a **1** était, **2** était, **3** connaissais, **4** étaient, **5** avait

b **1** était, **2** avait, **3** était, **4** faisait, **5** avait, **6** était, **7** pouvions

CM 4/3

Vendredi soir

This provides further practice of the imperfect tense, if it has not already been used in Unit 4. (see above, TB 102.)

SB 120 Dossier-langue

This deals with the use and formation of the pluperfect tense. Refer students as necessary to the paradigms in the *Grammaire* (SB 248).

Solution:

Find the French: *j'avais acheté, je m'étais entraîné(e), j'étais allé(e), mon ami avait promis*

Three more examples: *j'avais invité, j'avais oublié, mon copain me l'avait recommandé*

SB 120

2 Trouvez les paires

Students match pairs of French phrases to complete sentences in the pluperfect tense.

Solution: **1** c, **2** f, **3** e, **4** b, **5** d, **6** a

SB 120

3 Pas de chance

Students put the verb in the pluperfect tense to complete the sentences.

Solution: **1** elle était déjà sortie, **2** j'avais oublié, **3** (le film) avait déjà commencé, **4** (le bus) était tombé en panne, **5** il n'avait pas reçu, **6** ils n'avaient pas pris

GiA Examination grammar in action 54

Using the pluperfect tense

This provides further practice of the pluperfect tense.

SB 120

4 Des excuses

This item develops the theme of excuses from the previous task. Students match the French phrases with their English equivalents to provide some useful vocabulary for giving and responding to excuses.

Solution: **1** e, **2** c, **3** i, **4** a, **5** j, **6** b, **7** h, **8** d, **9** g, **10** f

SB 121 5. tr 14

5 Le week-end dernier

First, do some oral work based on the images, e.g.

– À votre avis, qui a fait de la peinture? Qui est allé au cinéma? Qui a fait du sport? Qui a vu une pièce de Shakespeare? etc.

Students then listen to the conversations and complete the sentences.

Solution:

Laurent et Julie: **1** h, **2** d, **3** c, **4** f, **5** i, **6** a

Daniel et Élodie: **1** e, **2** a, **3** d, **4** c, **5** b, **6** f

transcript

Le week-end dernier
Laurent et Julie

– Laurent, tu as fait du sport pendant le week-end, je suppose?
– Oui. Samedi après-midi, j'ai joué un match de basket.
– Et vous avez gagné?
– Non, malheureusement pas. Mais on a joué assez

Tricolore Total 4 Teacher's Book

Unité 6 Consolidation and assessment

- bien quand-même.
- Et tu as fait autre chose?
- Oui, dimanche je suis allé au match de football, Bordeaux contre Paris Saint-Germain.
- C'était bien?
- Oui, c'était un très bon match. Bordeaux a gagné deux à zéro. Et toi, Julie, tu es sortie pendant le week-end?
- Oui, je suis sortie samedi soir. Je suis allée au théâtre avec une amie.
- Qu'est-ce que tu as vu, comme pièce?
- On a vu une pièce de Shakespeare, *Macbeth*.
- Et c'était bien?
- Assez bien. Je n'aimais pas beaucoup l'acteur qui a joué Macbeth, mais dans l'ensemble, c'était bien.

Daniel et Élodie

- Daniel, tu as passé un bon week-end?
- Oui, j'ai passé un très bon week-end. J'ai participé à la Fête de la Peinture.
- Qu'est-ce que c'est exactement?
- Ben, ça a lieu pendant un week-end sur le Pont des Arts à Paris. Le but est d'encourager les gens à faire de la peinture. Alors c'est ouvert à tout le monde. Il y a de vrais artistes qui sont sur le pont pour te donner des conseils.
- Alors qu'est-ce que tu as fait comme peinture?
- Moi, j'ai peint la Seine et les bateaux. Alors, quand on a fini sa peinture, on l'expose sur le pont et si elle est vendue, l'argent va aux victimes du tremblement de terre en Turquie.
- C'est très intéressant.
- Et toi, Élodie, qu'est-ce que tu as fait pendant le week-end?

- Moi, je suis allée au cinéma. J'ai vu un film anglais qui s'appelle *Billy Elliot*.
- Ah? Je ne connais pas. C'était bien comme film?
- Oui. Enfin, moi, je l'ai beaucoup aimé.
- Et c'est quoi comme film? Un film d'aventures?
- Ah non, pas du tout. Ça se passe dans le nord de l'Angleterre. Billy est un garçon de onze ans qui apprend à faire de la boxe, mais il est attiré par un cours de danse qui a lieu dans le même bâtiment. Bref, il décide de devenir danseur, mais son père et son frère, qui sont mineurs en grève, sont tout à fait opposés à l'idée. Alors, c'est un peu l'histoire de sa détermination et de sa vie.
- Alors, c'était triste?
- Un peu, oui. C'était très émouvant et le jeune acteur qui faisait Billy jouait vraiment très bien.
- Et le film était en version française?
- Non, c'était en version originale, mais sous-titré en français.

sb 121

6 À bientôt!

This brings together some useful phrases for describing a recent event. Students read the email and write a reply describing an event they have attended, using the questions and possible answers as support.

Activité (grammaire)

Qu'est-ce que tu as fait?

This online activity practises the perfect, imperfect and pluperfect tenses.

6I Consolidation and assessment — pages 122–123

Aims and objectives	Grammar and skills	Resources
• practise exam assessment techniques • find out what you have learnt		**Key language:** see SB 124 **Online resource:** *Activités* **Copymasters:** 6/8, 6/9, 6/10; *Épreuves:* 6/11–6/16 **CD:** 5/15–25, SCD2/7–11

This spread provides assessment tasks that follow the style of assessment for speaking and writing offered by some awarding bodies. Teachers should adapt the tasks as necessary to suit the needs of their students. Board-specific examination practice, written by experienced examiners, is provided online.

sb 122 Contrôle oral

A Une conversation

This provides an outline for an assessed conversation about students' tastes in music. First, work through the requirements and build up some suggestions on the board for each point.

Préparation

Students could first think about the questions that might be asked, perhaps looking back through the unit for ideas.

sb 122 5, tr 15 SCD2, tr 7

La musique et moi

The example and related activities should provide ideas and support for the conversation task.

Unité 6 Consolidation and assessment

1 Students listen and answer questions in English.

Solution:

a *he doesn't like techno, it gets on his nerves*

b *his father prefers watching or listening to sport*

c *he has more than 400 songs on his MP3 player*

d *music helps him concentrate on his homework*

e *didn't like Vanessa Paradis' voice*

f *he likes the (extraordinary) music of* The English Patient

g *he used to play the violin*

h *he's been practising every weekend for 'Battle of the Bands'*

2 They then listen again and note down which expressions they hear.

Solution: all expressions except c, g, j are said

transcript

La musique et moi

– Tu aimes quelle sorte de musique?

– En général, j'aime le rock mais de temps en temps, j'écoute aussi de la musique classique. J'aime surtout la musique de Mozart. Ce que je déteste, c'est la techno. Ça m'énerve!

– Et les autres membres de la famille, qu'est-ce qu'ils aiment écouter?

– Ma mère adore l'opéra et elle l'écoute tout le temps, mais mon père n'écoute presque jamais de musique. Il préfère regarder le sport ou écouter un match à la radio.

– Et toi, où est-ce que tu écoutes ta musique?

– Le matin quand je me lève, j'écoute la radio. Ça me réveille un peu, et on dit souvent l'heure, alors je suis rarement en retard pour le collège. Et le soir, j'écoute mon baladeur. J'ai plus de 400 chansons, alors j'en ai un grand choix.

– Tu écoutes aussi de la musique quand tu fais tes devoirs?

– Ah oui, je me concentre beaucoup mieux quand il y a de la musique, mais il faut choisir la bonne musique pour chaque matière. Par exemple, je n'arrive pas à faire mes devoirs d'anglais si c'est de la musique classique. C'est marrant!

– Tu connais des artistes français?

– J'ai entendu Vanessa Paradis une fois, mais je n'ai pas tellement aimé sa voix. À part ça, je ne connais pas d'artistes français. À la radio, la plupart du temps, on ne passe que des groupes et des chanteurs américains et britanniques.

– Tu aimes la musique de film?

– Hmm … ça dépend. Il y a des films où la musique est vraiment bonne et elle crée une bonne ambiance. Par exemple, un des meilleurs films que j'ai vu est *Le Patient Anglais*, et la musique est extraordinaire. Je l'aime beaucoup. Par contre, il y a des films où la musique est trop forte, trop longue et absolument pas nécessaire.

– Est-ce que tu joues d'un instrument?

– Il y a quelques années, je jouais du violon, mais je n'étais pas très doué et je n'en joue plus. Je préfère jouer de la guitare électrique et je joue dans un groupe avec mes copains. Nous répétons chaque week-end et le mois prochain, il y aura un concours pour tous les collèges de la région. Ça s'appelle 'Battle of the Bands' – 'La Guerre des Groupes'! Nous allons y participer et, qui sait, on aura peut-être du succès. On verra.

– Alors, bonne chance!

sb 122

B Une présentation

An alternative (or additional) task would be to prepare a presentation on leisure activities, using similar language and content.

sb 122 Top Tips

This suggests including a wide range of vocabulary, structures and tenses.

Students prepare their own answers for a conversation with a partner or with you. This could be recorded and used for self- or peer assessment.

sb 123 Contrôle écrit

À la télé

This provides an outline for a written assessment of 200–300 words based on material in the unit.

Students read the sample article and do the task, which helps extract key vocabulary for their own work. Emphasise that this is just one example and should not dictate what students may choose to write.

Solution:

1 *les meilleures émissions de télévision*

2 *qui traitent des problèmes de société*

3 *en ce qui concerne les films sur la nature*

4 *comme quelques uns de mes copains*

5 *sans cesse*

6 *un concert qui aura lieu*

7 *je ferai un stage*

8 *J'ai hâte d'essayer quelque chose de différente.*

9 *dès le premier film*

10 *parfois*

sb 123 Top Tips

This advises students to ensure that all points are covered equally, to use a range of tenses and language, and to check their work.

Students then write their own article about TV preferences.

cm 6/8

C'était un désastre

This worksheet gives practice in using the perfect and imperfect tenses to talk about a disastrous weekend.

1 Un week-end raté

Solution: 1 *F,* **2** *C,* **3** *A,* **4** *B,* **5** *G,* **6** *E,* **7** *D*

Tricolore Total 4 Teacher's Book 165

Unité 6 Consolidation and assessment

6/9

Un week-end récent
The pictures and verbal cues provide the stimulus for a short narrative, either spoken or written. Students should cover all the events, but need not necessarily give all the details shown.

124–25 Sommaire
This is a summary of the main grammar and vocabulary of the unit.

Activité

Vocabulaire – Unité 6
This game provides practice of the vocabulary of the unit.

Activité

Quiz – Unité 6
An online quiz which tests the language and content of Unit 6.

6/10 5, tr 16–19 SCD2, tr 8–11

Tu comprends?
Students could do any or all of the four items on this worksheet – now or later as revision.

1 Un stage d'activités

Students listen and match each conversation to the right letter.

■ **Solution: 1** F, **2** A, **3** E, **4** D, **5** B, **6** G

transcript

Un stage d'activités
- Catherine, qu'est-ce que tu fais ce matin?
- Je vais faire de l'escalade. J'aime bien ça.
- Et toi, Karim, que fais-tu aujourd'hui?
- Moi, je fais de la planche à voile. J'adore tous les sports nautiques.
- Lise, tu fais quoi comme activité?
- Moi, je fais de l'équitation.
- Mathieu et Thierry, vous allez faire du VTT?
- Oui, moi, j'adore le cyclisme et le VTT.
- Émilie, qu'est-ce que tu vas faire?
- Moi, je vais faire du roller. Je trouve ça amusant.
- Et Daniel, que fais-tu?
- Je fais de la natation.
- Et toi, Sophie, est-ce que tu fais de la voile?
- Je vais faire de la voile. J'ai toujours voulu essayer ça.

2 On va au cinéma?

Students listen and tick the right boxes.

■ **Solution: 1** C, **2** B, **3** B, **4** A, **5** A, **6** C

transcript

On va au cinéma?
- Allô, cinéma Dragon.
- Bonjour, madame, qu'est-ce qu'on passe comme film, aujourd'hui?
- Il y a *Le Mexicain*.
- C'est quoi, comme film?
- C'est un film américain. C'est un film d'aventures avec Brad Pitt.
- C'est doublé?
- Non, c'est en version originale et c'est sous-titré en français.
- La prochaine séance commence à quelle heure?
- Ça commence à dix-sept heures trente.
- Et ça finit à quelle heure?
- À dix-neuf heures quarante-cinq.
- C'est combien, les places?
- Six euros.
- Est-ce qu'il y a une réduction pour les étudiants?
- Oui, pour les étudiants, c'est quatre euros cinquante.
- Bon, merci, madame.

3 Des projets pour le week-end

Students listen to the two conversations and complete the messages.

■ **Solution: 1** *après-midi, le bus, 14h30, la piscine,* **2** *cinéma, vendredi, le métro, 18h30, café, cinéma*

transcript

Des projets pour le week-end
1 – Salut, Élodie, ça va?
- Salut, Nicolas! Oui, ça va bien. Et toi?
- Oui, ça va. Tu es libre ce week-end?
- Oui, je suis libre samedi après-midi. Tu veux faire quelque chose ensemble?
- Oui, on pourrait peut-être aller à la piscine.
- Oui, je veux bien. Tu y vas comment?
- Moi, je vais prendre le bus.
- Moi aussi. Alors, rendez-vous où et à quelle heure?
- Si on se retrouvait à quatorze heures trente devant la piscine?
- Bon, d'accord. Alors, quatorze heures trente devant la piscine. Est-ce que Lucie veut venir aussi?
- Je vais lui laisser un mot.

2 – Salut, Catherine, ça va?
- Salut, Thomas, oui, ça va bien. Et toi?
- Oui, ça va. Tu es libre vendredi prochain?
- Oui, je suis libre. Tu veux faire quelque chose ensemble?
- Oui, on pourrait peut-être aller au cinéma.
- Oui, je veux bien. Tu y vas comment?
- Moi, je vais prendre le métro.

Tricolore Total 4 Teacher's Book

Unité 6 Consolidation and assessment

- Moi aussi. Alors, rendez-vous où et à quelle heure?
- Si on se retrouvait à dix-huit heures trente au café à côté du cinéma?
- Bon, d'accord. Alors, dix-huit heures trente au café à côté du cinéma.
- Est-ce que Roland veut venir aussi?
- Je vais lui envoyer un e-mail.

4 On parle des loisirs

Students listen to the conversations and complete the text.

Solution:

Jonathan: **1** H *nager,* **2** N *six,* **3** K *printemps,* **4** E *l'informatique,* **5** G *le livre*

Émilie: **6** B *chante,* **7** J *le piano,* **8** D *la flûte,* **9** L *prochain,* **10** M *des promenades,* **11** C *le chien,* **12** F *la lecture,* **13** A *bowling*

transcript

On parle des loisirs
Jonathan
- Quel est ton passe-temps préféré?
- J'aime tous les sports, surtout la natation et le ski.
- Quand est-ce que tu as appris à nager?
- J'ai commencé à l'âge de six ans.
- Et où est-ce que tu fais du ski?
- Je vais dans les Alpes avec mon père, pendant les vacances de printemps.
- Et à part le sport, qu'est-ce que tu aimes faire?
- J'aime l'informatique et le cinéma. La semaine prochaine je vais voir le film *Le Seigneur des Anneaux*. On dit que c'est un très bon film. J'ai déjà lu le livre et je l'ai bien aimé.

Émilie
- Qu'est-ce que tu as comme passe-temps?
- Moi, j'aime beaucoup la musique. Je joue du piano et de la flûte et je chante dans une chorale.
- Quand est-ce que tu as commencé à jouer d'un instrument?
- J'ai commencé à apprendre le piano à l'âge de sept ans et la flûte un peu plus tard, à l'âge de neuf ans. Je joue de la flûte dans l'orchestre du collège. Le mois prochain, nous allons donner un concert à l'hôtel de ville.
- Et à part la musique, qu'est-ce que tu fais? Du sport?
- Pas beaucoup. Je ne suis pas très sportive. Je fais des promenades quelquefois, le week-end, avec le chien, mais c'est tout. J'aime la lecture, surtout les livres de science-fiction. Récemment, j'ai lu *Les Royaumes du Nord* de Philip Pullman. C'est un très bon livre.
- Tu sors de temps en temps avec tes amis?
- Oui, le week-end, surtout. Le week-end dernier, j'ai fait du bowling avec des amis. C'était amusant.

Épreuves: Unité 6

These worksheets can be used for an informal test of listening and reading or for extra practice, as required. For general notes on administering the *Épreuves*, see TB 12.

6/11   5, tr 20–22

Épreuve 6: Écouter – Partie A

1 Des activités F

Students listen and, by each day of the week, write the letters representing the correct activities.

Solution:

Monday	**Ex.** G	
Tuesday	E	
Wednesday	I	
Thursday	(day) A	(evening) B
Friday	(day) free	(evening) C

[5 marks]

transcript

Des activités

Voilà, tout est organisé. On va vérifier le programme pour la semaine:

Lundi – on fait une randonnée à la campagne … euh … oui, c'est ça – une randonnée.

Mardi – il y a de l'équitation – si vous aimez monter à cheval.

Mercredi, maintenant. Ah oui, mercredi, on va à la nouvelle piscine. La natation est toujours très populaire quand il fait chaud.

Jeudi – pendant la journée, on peut aller à la patinoire, puis le soir, on va au cinéma. Donc, deux activités le jeudi: la patinoire et le cinéma.

Vendredi, pendant toute la journée, vous êtes libres, puis … voyons … ah oui, le soir, on va aller au théâtre. C'est ça, on va voir une pièce de théâtre.

2 Qu'est-ce que tu fais comme loisirs? F

Students listen and write the correct letter to show each person's favourite leisure activity.

Solution: 1 *Camille* A, F, **2** *Florent* D, C, **3** *Louise* B, E   [6 marks]

transcript

Qu'est-ce que tu fais comme loisirs?
- Alors, Martin, quels sont tes passe-temps favoris?
- Ben, moi, j'aime faire de la planche à voile et j'aime aussi la natation.
- La planche à voile et la natation, c'est bien.
- Et puis, Camille, qu'est-ce que tu fais quand tu as du temps libre?
- J'aime lire des bandes dessinées, comme *Tintin* et *Astérix*, et j'aime beaucoup faire la cuisine, surtout les gâteaux au chocolat.
- Ah bon. Tu aimes faire la cuisine, c'est très bien, ça!

Unité 6 Consolidation and assessment

- Et toi, Florent, quels sont tes passe-temps favoris?
- D'abord, le roller. Moi, j'adore ça! Et puis le vélo. Je fais du roller surtout en hiver et puis en été, je fais du vélo.
- Bonne idée!
- Louise, maintenant! Quels sont tes passe-temps, Louise?
- Je joue aux échecs – je suis fana du jeu d'échecs! Et puis, j'aime jouer à l'ordinateur, surtout avec notre nouveau PC.

3 On parle du cinéma F/H

Students listen to Maxime, Camille and Daniel discussing their favourite films. They complete the grid with the type and nationality of the film and two opinions given.

Solution:

Name	Type of film	Nationality of film	Opinions
Maxime	**(Ex.)** cartoon	French	1 super/great
			2 funny/amusing (1)
Camille	love story / romance (1)	French (1)	1 (sometimes) very funny (1)
			2 fantastic (1)
Daniel	crime / detective (1)	American (1)	1 exciting (1)
			2 (quite) original (1)

[9 marks]

[Total for Part A: 20 marks]

transcript

On parle du cinéma

- Dans cette édition de 'Ciné-mag', des jeunes, qui sont amateurs de cinéma, vous parlent de leurs films favoris. Maxime, d'abord. Tu nous parles de quel film, Maxime?
- Ben moi, j'adore les dessins animés – c'est une vraie passion et j'aime surtout Astérix.
- Et quel dessin animé as-tu choisi?
- Impossible de choisir! Tous les films français d'Astérix sont supers. Je n'ai vraiment pas de film favori – ils sont tous amusants.
- Merci, Maxime.
- Et toi Camille. Quel est ton film préféré?
- Pour moi, c'est un film français, très célèbre; c'est *Jules et Jim*, un film de François Truffaut.
- C'est un film d'amour, n'est-ce pas?
- Oui, mais c'est aussi un film très drôle quelquefois – à mon avis, un film fantastique.
- Et toi, Daniel, qu'est-ce que tu as choisi?
- J'ai choisi un film américain très populaire. C'est *Gangster 3*.
- Donc, un film policier?
- Oui, oui. C'est un film policier, bien sûr! Moi, j'ai vu ce film au moins trois fois et chaque fois, je l'ai trouvé passionnant. En plus, je crois que c'est un film assez original.

6/12 5, tr 23–25

Épreuve 6: Écouter – Partie B

1 Si on sortait? F/H

Students first look at the adverts and then listen to the discussion between David and Caroline. They note down the letters for the possibilities discussed and rejected and for the one selected. They also write the place and time arranged for meeting.

Solution: **1** *E*, **2** *D*, **3** *B*, **4** *I*, **5** *8:30 pm/20:30*

[5 marks]

transcript

Si on sortait?

- Ah, te voilà Caroline. Salut!
- Salut! Dis, tu es libre ce soir, David?
- Oui, je crois. Qu'est-ce qu'on fait? Tu veux jouer au tennis?
- Ah non. On fait ça tous les week-ends. Tu veux aller aux Championnats de Judo?
- Ah non, je n'ai pas tellement envie de voir ça. Il y a la soirée Rock dans la Salle des Fêtes; ça te dit quelque chose?
- Bof, si tu veux, mais il fait vraiment trop chaud pour le Rock. Tiens! C'est ce week-end où il y aura la fête foraine, non?
- Ah oui, je crois. Bonne idée, allons-y.
- D'accord. Si on se voyait sur la place à huit heures? Ça va?
- Disons huit heures et demie – on dîne assez tard le samedi chez nous.
- À huit heures et demie, entendu!

2 On parle de la télé F/H

Students listen to the conversation about television programmes and decide whether statements are true or false.

Solution: **1** *true*, **2** *true*, **3** *false*, **4** *false*, **5** *true*, **6** *false*, **7** *false*, **8** *true* [8 marks]

transcript

On parle de la télé

J: Tu es allée en ville ce matin, Laura, comme d'habitude?

L: Non, pas ce matin. Comme il pleuvait tant, j'ai regardé les dessins animés à la télé avec ma petite sœur. C'était amusant, quand même.

J: Oui, oui, moi aussi, j'adore les dessins animés.

J: Tu as vu le match de rugby hier soir?

L: Ah non. Le sport à la télé, ça ne me dit rien du tout. J'ai regardé le magazine sur les sciences, c'était vraiment bien. Puis il y avait 'Le jeu des vingt questions' – mais c'était nul!

L: Ce soir ce sera 'Madison'. C'est une nouvelle série canadienne. Tu vas regarder ça?

J: Certainement pas. Les feuilletons, les télé-romans, tous les trucs comme ça, je les trouve pénibles.

Tricolore Total 4 Teacher's Book

Unité 6 Consolidation and assessment

L: Dommage! Alors, tu ne veux pas regarder l'émission chez moi? Je voulais t'inviter.

J: Ça alors! Si, je veux bien le regarder avec toi, mais mes parents vont aller au cinéma et je dois faire du baby-sitting.

J: Mais attends, j'ai une bonne idée. Si tu venais chez moi? On pourrait faire du baby-sitting ensemble. Tu peux regarder la série et après, il y a un documentaire sur l'espace. Ça t'intéresse?

L: Bien sûr, ça m'intéresse. La série commence à vingt heures, alors j'arrive vers dix-neuf heures quarante-cinq.

J: D'accord. À ce soir alors.

3 Le week-end dernier [H]

Students listen to the conversation about the weekend's activities and answer questions in English.

Solution: **1** *5 kilometres*, **2** *One girl*, **3** *she went to a rugby match (Lille v Toulouse)*, **4** *Lille*, **5** *Toulouse 30 – Lille 27*, **6** *classical guitar*, **7** *excellent guitarists; any one of: friend didn't like choice of music/it was too long*

[7 marks]

[Total for Part B: 20 marks]

transcript

Le week-end dernier

– Émilie, tu as fait du sport ce week-end?
– Bien sûr que oui! Samedi après-midi, j'ai participé à un concours de VTT. Cinq kilomètres de terrain difficile dans la forêt – c'était dur!
– Et tu as gagné?
– Non, malheureusement pas. Mais j'ai fini en sixième place, et j'étais la deuxième des filles. J'ai reçu une belle médaille quand même.
– Très bien! Et tu as fait autre chose?
– Oui, dimanche je suis allée au match de rugby, Lille contre Toulouse.
– C'était bien?
– Oui, c'était un très bon match. À la mi-temps, c'est Lille gagnait, mais à la fin, Toulouse a gagné trente à vingt-sept. C'était passionnant. Et toi, Lucas, tu es sorti pendant le week-end?
– Oui, je suis sorti samedi soir. Je suis allé à un concert en ville avec une amie.
– Ah oui? C'était quoi comme concert?
– C'était un concert de guitare classique.
– Et c'était bien?
– Assez bien. Enfin, moi, je l'ai beaucoup aimé, et les joueurs de guitare étaient excellents. Mais mon amie n'aimait pas beaucoup le choix de musique, et à son avis, c'était trop long.

6/13

Épreuve 6: Lire – Partie A (1)

1 C'est quelle image? [F]

Students match the activity to the correct notice.

Solution: **1** *A*, **2** *E*, **3** *F*, **4** *B*, **5** *D* [5 marks]

2 À l'Aquaparc [F]

Students read the advertisement and decide which of the statements can be done.

Solution: Tick statements: 3, 4, 7, 8, 9 [5 marks]

6/14

Épreuve 6: Lire – Partie A (2)

3 La musique – c'est leur passion! [F/H]

Students complete the article with letters representing the words from the list.

Solution: **1** *g*, **2** *f*, **3** *j*, **4** *e*, **5** *h* [5 marks]

4 Infos-Jeunes [F/H]

Students read the contents page from this magazine for young people and choose the correct option from the statements that follow.

Solution: **1** *c*, **2** *c*, **3** *a*, **4** *a*, **5** *b* [5 marks]

[Total for Part A: 20 marks]

6/15

Épreuve 6: Lire – Partie B (1)

1 Arromanches 360 [F/H]

This is an interpreting task in which students find out details for friends planning a visit to France.

Solution:
1 *The price of freedom/liberty*
2 *18 minutes*
3 *The allied landings in Normandy (or any similar answer that shows they realise which event is referred to)*
4 *Any two of: nine screens/circular/makes you feel as if you are in it* (2 marks)
5 *nine synchronised cameras used/cameras placed on tanks, helicopters, boats, etc.* (2 marks)

[7 marks]

2 Les 400 coups [H]

Students read this description of the film and tick *vrai* or *faux* after each statement.

Solution: **1** *V*, **2** *V*, **3** *F*, **4** *F*, **5** *V*, **6** *V*, **7** *V*

[7 marks]

6/16

Épreuve 6: Lire – Partie B (2)

3 Jules Verne [H]

Students read the article about the famous Frenchman and answer the questions in English.

Solution: (accept similar correct answers)
1 *lawyer/solicitor*, **2** *not yet been invented*, **3** *car, submarine*, **4** *first journey to moon*, **5** *a journalist*, **6** *nobody has done it yet*

[6 marks]

[Total for Part B: 20 marks]

Tricolore Total 4
Unité 7 Nouveaux horizons pages 126–147

Aims and objectives	Grammar and skills	Vocabulary
7A À propos des vacances pages 126–127		
• talk about different types of holiday • say what you prefer in terms of location, activities etc.		Holidays At the seaside
7B Des vacances à l'étranger pages 128–129		
• use prepositions with towns, countries, continents • talk about holidays abroad	Revise the future tense Prepositions with towns, countries, continents	Countries and continents
7C Ce que je voudrais faire pages 130–131		
• talk about an ideal holiday • use the conditional	The conditional	
7D À l'hôtel pages 132–133		
• find out about hotels (location, facilities, services, etc.) • explain problems	Use *avoir lieu* to talk about events	At the hotel
7E En vacances pages 134–135		
• ask for tourist information • discuss camping		At the tourist office Camping Useful equipment
7F Des vacances actives pages 136–137		
• find out about activity holidays • talk about youth hostelling • use the perfect infinitive (*après avoir fait*, etc.)	Revision of the perfect and imperfect The perfect infinitive (*après avoir fait*, etc.)	At the youth hostel
7G Et maintenant . . . la météo pages 138–139		
• discuss weather conditions • use different tenses	Tense discrimination	The weather
7H On s'amuse … ou pas? pages 140–141		
• use different tenses and expressions of time	Tense discrimination	
7I Souvenirs de vacances pages 142–143		
• talk about previous holidays • express opinions		
7J Consolidation and assessment pages 144–145		
• practise exam assessment techniques • find out what you have learnt		
Sommaire pages 146–147		

Resources:

Student's Book 126–147

CD 5–6, Student CD 2

Copymasters

7/1 Jeux de vocabulaire – les vacances
7/2 À l'hôtel
7/3 À Amboise
7/4 Des vacances jeunes
7/5 Vive les vacances!
7/6 Les Alpes
7/7 Avez-vous passé de bonnes vacances?
7/8 Mots croisés – les vacances
7/9 Tu comprends?
7/10 Épreuve 7 Écouter – Partie A
7/11 Épreuve 7 Écouter – Partie B
7/12 Épreuve 7 Lire – Partie A (1)
7/13 Épreuve 7 Lire – Partie A (2)
7/14 Épreuve 7 Lire – Partie B (1)
7/15 Épreuve 7 Lire – Partie B (2)

Au choix SB 222–223

1 On parle des vacances
2 Sondage vacances
3 Vacances de Pâques
4 Savoir voyager
5 Mes vacances de rêve
6 À l'hôtel
7 Hôtel du château
8 Le jeu des définitions
9 Des questions
10 Voyage en Afrique
11 On consulte la météo
12 Des prévisions météorologiques

Examination Grammar in Action 56–64
Using prepositions with places
Using the future tense with *si* and *quand*
Using the conditional (1)
Using the conditional (2)
Using the perfect and imperfect tenses
Before and after
Using different verbs to describe weather
Referring to past, present and future (1)
Referring to past, present and future (2)

Tricolore Total 4 Teacher's Book

7A À propos des vacances

Kerboodle!
Les vacances (Activité – P)
L'Afrique francophone (Présentation)
Tu aimes les vacances à l'étranger? (Activité – É)
On pourrait faire ça (Activité – G)
Les monuments de France (Activité – L)
Au camping (Activité – P)
Des vacances à la neige (Activité – L)
La France d'outre-mer (Présentation)
Attention aux verbes! (Activité – G)
Avez-vous passé de bonnes vacances? (Activité – É)
Vocabulaire – Unité 7 (Activité)
Quiz – Unité 7 (Activité)

É = Écouter, L = Lire, P = Parler, G = Grammaire

7A À propos des vacances pages 126–127

Aims and objectives	Grammar and skills	Resources
• talk about different types of holidays • say what you prefer in terms of location, activities, etc.		**Key language:** see SB 146 **Online resource:** Activité (parler) **CD:** 5/26–27

sb 126

Point-info: La France, pays de vacances

This gives some general facts about tourism in France. Ask a few questions in French to check comprehension, e.g.

– Quel est le premier pays du monde pour le tourisme?
– De quels pays viennent les touristes?
– Un jour férié, qu'est-ce que c'est?
– Donnez-moi un exemple d'un jour férié.

Students might like to guess the top 10 countries by number of tourist visitors each year. The information is given on the UN World Tourism Organisation website. At the time of writing the list was as follows: **1** France **2** Spain **3** United States **4** China **5** Italy **6** United Kingdom **7** Mexico **8** Turkey **9** Germany **10** Russian Federation

Introduction

Start with a general discussion about the value of holidays and what people expect from them, listing some ideas on the board, e.g.

– À quoi servent les vacances? Pourquoi les gens partent-ils en vacances? Qu'est-ce qu'ils cherchent? Qu'est-ce qu'ils espèrent trouver?
– Souvent, on espère trouver le beau temps, le soleil, de belles plages, la mer, la montagne, la campagne …
– Quelquefois, on cherche surtout du repos, du calme, du temps libre, le temps de lire ou de se détendre.
– D'autres personnes préfèrent les vacances actives, par exemple apprendre un nouveau sport, visiter une région ou un pays différent.

sb 126   5, tr 26

1 Pourquoi partir en vacances?

First, go through the list of reasons and check that these are clearly understood, e.g.

a *avoir du beau temps – ça veut dire avoir du soleil, du ciel bleu sans nuage*
b *se reposer – qu'est-ce que ça veut dire? (ne rien faire, ne pas être pressé, ni stressé, se détendre, etc.)*
c *passer du temps avec la famille/des amis – ça, c'est important pour des gens qui travaillent et qui ne peuvent pas passer beaucoup de temps avec leur famille ou leurs amis normalement*
d *se dépayser – ça veut dire changer de pays, de milieu*
e *se faire bronzer – ça veut dire s'allonger au soleil pour avoir la peau bronzée, mais il faut faire attention à ne pas se brûler au soleil*
f *rencontrer de nouvelles personnes – ça, c'est important surtout pour les jeunes*
g *lire – on vend beaucoup de romans dans les aéroports aux gens qui partent en vacances*
h *faire du sport*
i *bien manger, bien boire – et aussi ne pas devoir faire la cuisine soi-même*
j *visiter des monuments, des musées, des expositions*
k *autre chose*

Then students listen to the recording and note down the letter by each reason mentioned.

Solution: **1** a, **2** h, **3** c, **4** a+i, **5** a+d, **6** f, **7** h, **8** j

transcript

Pourquoi partir en vacances?

Les vacances – ça, c'est important pour beaucoup de personnes. Mais qu'attend-on surtout des vacances? C'est ça qu'on veut découvrir, en posant des questions aux gens dans la rue. Qu'est-ce qui est important pour des vacances réussies?

1 – Bonjour, madame. Que cherchez-vous surtout quand vous partez en vacances?
– Pour moi, c'est le beau temps. J'adore les pays chauds, alors j'essaie toujours de passer mes vacances dans un pays ou une région où le beau temps est presque garanti.

2 – Et vous, monsieur? Le beau temps, est-il important pour vous?
– Oui et non. Bien sûr, je préfère le soleil à la pluie, mais je n'aime pas trop les pays chauds. Ce qui est important pour moi pendant les vacances, c'est de faire du sport, comme le ski

7A À propos des vacances

ou la voile. J'ai un travail assez stressant, donc j'ai besoin de vacances actives pour me détacher un peu de mon travail.

3 – Et vous, madame. Que cherchez-vous surtout quand vous partez en vacances?
  – Comme j'ai deux enfants et que je travaille à plein temps, les vacances, c'est pour profiter de la vie de famille. Donc, ce qui est important, c'est de passer du temps avec mes enfants. Normalement, nous partons à la plage ou nous faisons du camping.

4 – Et vous, monsieur? À votre avis, quelle est la condition la plus importante pour des vacances réussies?
  – Pour moi, d'abord, il y a le soleil. C'est ça qui compte le plus. Ensuite, j'aime bien aller dans de bons hôtels et manger dans de bons restaurants.

5 – Et vous, madame. Que cherchez-vous surtout, quand vous partez en vacances?
  – Moi, le soleil aussi. Puis j'aime me dépayser – changer de routine complètement, ne pas avoir d'horaires.

6 – Et vous, monsieur?
  – Pour moi, ce sont les vacances découvertes que j'aime le plus – rencontrer de nouvelles personnes et découvrir un autre pays.

7 – Et vous, madame. Quel type de vacances préférez-vous?
  – Moi, j'aime surtout des vacances actives, par exemple faire des sports nautiques, comme la plongée sous-marine.

8 – Et vous, monsieur. Que cherchez-vous pendant les vacances?
  – Moi, j'adore l'histoire et l'art. Alors j'aime bien visiter les monuments historiques et les musées. Je trouve ça passionnant.
  – Eh bien, voilà – on a entendu quelques avis différents sur des vacances réussies, mais on est tous d'accord sur un point: les vacances, ça, c'est important.

126

2 À vous!

Students should then discuss and note down factors that are important or not important for their own holidays. This could be followed by a quick poll in class to see which factors are considered most important.

126

3 Trouvez les paires

Students match the French phrases with their English equivalents to provide some useful holiday vocabulary.

Solution: 1 *h*, 2 *g*, 3 *m*, 4 *p*, 5 *f*, 6 *l*, 7 *n*, 8 *a*, 9 *j*, 10 *o*, 11 *d*, 12 *b*, 13 *c*, 14 *i*, 15 *k*, 16 *e*

222 Au choix   5, tr 27

[1] On parle des vacances

With able students the recording could be played first without the texts (SB 127) and students could do this *Au choix* task.

Solution: 1 *b*, 2 *c*, 3 *a*, 4 *c*, 5 *b*

126–127   5, tr 27

4 On parle des vacances

Students listen and follow the texts and then do the tasks, referring to the text as necessary.

a Students find in the texts the French for the English expressions listed, to use in their own work.

Solution:
1 *On va toujours au même endroit.*
2 *Ça doit être bien.*
3 *Tu aimes aussi faire autre chose?*
4 *Tu pars en vacances avec tes parents?*
5 *Ça sera amusant, non?*
6 *J'espère bien que oui.*
7 *Ça s'est bien passé?*

b They then choose the sentence which summarises each person's view.

Solution: 1 *e*, 2 *a*, 3 *b*, 4 *c*, 5 *d*

c They note something positive and something negative mentioned by each person.

transcript

On parle des vacances

1 – Djamel, qu'est-ce que tu fais généralement pendant les vacances?
  – Je passe mes vacances au Maroc avec mes parents. Nous allons chez mes grands-parents. Ils habitent à Marrakech. C'est bien parce que c'est au bord de la mer. J'adore y aller parce que j'aime nager. Il fait beau et il y a de belles plages. Mais on va toujours au même endroit. Ce serait bien de changer un peu et de voir quelque chose de différent.

2 – Et toi, Élodie, est-ce que tu vas à l'étranger aussi?
  – Non, normalement, nous restons en France. Mes parents louent un appartement dans les Alpes. J'aime bien être à la montagne et on peut faire beaucoup d'activités, comme des randonnées à VTT, du canoë-kayak et de l'escalade.
  – Ça doit être bien.
  – Oui, pour les activités sportives, c'est très bien, mais il n'y a pas beaucoup de choses à faire le soir. Il n'y a pas de discothèque, ni de cinéma.

3 – Et toi, Jonathan, tu préfères passer les vacances à l'étranger ou rester ici, en France?
  – Moi, je préfère aller à l'étranger. Normalement, nous allons en Italie ou en Grèce.
  – Ça doit être intéressant, non?
  – Oui et non. J'aime bien ces pays et il fait toujours beau, mais mes parents aiment visiter beaucoup de monuments et de musées et ça ne m'intéresse pas. Moi, j'aimerais mieux rester sur la plage.
  – Tu aimes aussi faire autre chose?
  – Oui, j'aime faire des photos.

4 – Stéphanie, tu pars en vacances avec tes parents?
– Oui, normalement, mais cette année, on ne part pas en famille. Alors, moi, je vais faire un camp d'adolescents avec une amie. Nous allons en Bretagne.
– Ça sera amusant, non?
– Oui, j'espère bien que oui. On va faire beaucoup d'activités – de la voile, de la planche à voile, de l'équitation, etc. Ça devrait être bien, mais le beau temps n'est pas garanti. Il pleut assez souvent en Bretagne et faire du camping sous la pluie, ce n'est pas très agréable!

5 – Et toi, Marc, tu passes les vacances en famille ou avec des amis?
– Normalement, je passe mes vacances avec ma famille, mais l'année dernière, je suis parti avec un copain dans les Pyrénées. C'était un voyage organisé et on a logé dans des auberges de jeunesse.
– Ça s'est bien passé?
– Oui, en général, c'était bien, mais les repas n'étaient pas toujours bons.
– Alors, qu'est-ce que tu préfères – les vacances en famille ou avec des amis?
– J'aime bien mes parents et on a passé de bonnes vacances ensemble. Mais c'était amusant de partir avec un copain et d'être un peu plus indépendant.

7B Des vacances à l'étranger

sb 127

5 Voilà pourquoi
Students complete the sentences with a suitable phrase or adjective, supported by the *Des idées* box.

sb 127

6 À vous!
Students work in pairs to talk about holidays in general and then write a short paragraph on similar lines. Students could then exchange their work for peer assessment, using appropriate criteria. A more structured version of this task is given in *Au choix* (SB 222, see below).

sb 222 Au choix

[2] Sondage vacances
This can be used as an alternative to *À vous!* (SB 127, see above) Students interview each other about their preferred holiday arrangements and note down the replies given, just as letters or as brief notes.

Activité (parler)

Les vacances
This online audio activity provides further speaking practice for talking about holidays.

7B Des vacances à l'étranger — pages 128–129

Aims and objectives	Grammar and skills	Resources
• use prepositions with towns, countries, continents • talk about holidays abroad	Revise the future tense Prepositions with towns, countries, continents	**Key language:** see SB 146 **Online resource:** *Présentation, Activité (écouter)* **CD:** 5/28–29 **GiA:** 56–57

Introduction
First, talk briefly about the adverts for different holidays, e.g.
– *Voici de la publicité pour des vacances à l'étranger.*
– *Le Sénégal, ça se trouve où? En Europe? En Amérique? C'est un pays francophone?* (Oui, au Sénégal, la langue officielle est le français, mais on parle aussi d'autres langues.)
– *Et le Maroc?* (Au Maroc, la langue officielle est l'arabe, mais on parle aussi français.)
– *La Guadeloupe se trouve aux Antilles. C'est près de quel continent?* (L'Amérique du Sud et L'Amérique du Nord.)
– *Et la Réunion. C'est une île aussi, mais pas aux Antilles.* (La Réunion se trouve sur l'Océan Indien, à l'est de l'Afrique.)
– *À votre avis, quel temps fait-il dans ces pays? Est-ce qu'il fait chaud ou froid?* (Dans tous ces endroits il fait chaud la plupart du temps, mais il y a une saison où il pleut beaucoup.)

sb 128 5, tr 28

1 Vous partez en vacances?
Students listen to the conversations and note with a tick or a cross whether the people are taking a holiday this year and, if so, where.

They could then listen again and find out the reason why the other people aren't taking a holiday (*pour faire des économies*).

Solution: 1 ✓ D *(au Maroc)*, 2 ✗, 3 ✓ A *(au Sénégal)*, 4 ✗ 5 ✓ B *(à La Réunion)*, 6 ✓ C *(en Guadeloupe)*

transcript

Vous partez en vacances?
1 – Partez-vous en vacances cet été?
– Oui, nous pensons aller au Maroc.

7B Des vacances à l'étranger

– Vous le connaissez déjà?
– Oui, nous y sommes allés il y a deux ans.

2 – Que pensez-vous faire pour les vacances?
– Cette année, je ne prends pas de vacances. L'année dernière, je suis allé au Canada. Alors cette année, je reste à la maison pour faire des économies.

3 – Partez-vous en vacances cet été?
– Oui. Au mois de juillet, je vais partir avec un groupe de jeunes au Sénégal.
– C'est bien, ça. Vous allez à Dakar?
– Oui, on prendra l'avion pour Dakar, puis on va partir en expédition pour découvrir le pays.

4 – Partez-vous en vacances cette année?
– Euh, cette année … non, je ne vais pas partir en vacances. Cette année, je fais des économies, car l'année prochaine, je voudrais aller au Vietnam. J'ai une amie qui travaille là-bas et elle m'a invitée chez elle.

5 – Que pensez-vous faire pour les vacances?
– Ça fait deux ou trois ans qu'on n'a pas pris de vacances, alors cette année, on fera quelque chose de spécial. On ira à La Réunion.
– Ah bon, c'est où ça?
– C'est sur l'Océan Indien, près de Madagascar. On dit que c'est une île très intéressante à découvrir à pied. Il y a des montagnes, des cirques, des volcans.

6 – Partez-vous en vacances cette année?
– Oui, nous allons aux Antilles. Ça fait longtemps qu'on a envie d'y aller … eh bien, on a finalement décidé d'y aller cette année, en juillet.
– Vous allez en Guadeloupe?
– Oui, nous prendrons l'avion pour la Guadeloupe et nous allons rester dans un hôtel là-bas, mais j'espère qu'on pourra aussi faire une petite croisière pour visiter d'autres îles pendant notre séjour.

128

2 Idées vacances

This provides some vocabulary practice based on the adverts for holidays.

a Students find in adverts specific items of vocabulary.

> **Solution:**
> 1 *le français;* any of: *Dakar, Marrakech, Casablanca, Rabat, Meknès, Fès; sénégalaise*
> 2 *le Sénégal, le Maroc; la Guadeloupe, la Réunion*
> 3 Any three of: *un singe, un buffle, une antilope, un hippopotame;* any three of: *la brousse, la plage, forêts tropicales, criques, montagnes, volcans*
> 4 Any four of: *le tennis, le volleyball, le ping-pong, la pétanque, la planche à voile, le golf, la plongée sous-marine*

b Students match up destinations with reasons to complete the sentences.

> **Solution:** 1 *d,* 2 *c,* 3 *b,* 4 *a*

c Students choose one of the four destinations that they are most interested in and note down some details about it in French.

d They then give reasons for their choice.

129 Dossier-langue

Remind students how to form the future tense and mention that several verbs which are irregular in the present tense, e.g. *prendre, partir, sortir* are regular in the future tense. The main irregular stems are also listed. Refer students as necessary to the *Grammaire* (SB 247).

222 Au choix

[3] Vacances de Pâques

This short task gives practice in using the future tense of different verbs, mainly common irregular ones.

> **Solution:** 1 *partiras,* 2 *ferai,* 3 *irons,* 4 *prendrons,* 5 *aura,* 6 *fera,* 7 *serons,* 8 *pourrons*

129

3 Des vacances à la neige

This gives practice in selecting the correct verb and using it in the future tense to complete a note about holidays.

> **Solution:** 1 *partiras,* 2 *ferai,* 3 *irons,* 4 *prendrons,* 5 *aura,* 6 *fera,* 7 *serons,* 8 *pourrons*

129 Dossier-langue

This summarises the use of prepositions with towns, countries and continents. Refer students as necessary to the *Grammaire* (SB 243).

Examination grammar in action 56

Using prepositions with places

If not already used, this provides further practice of using prepositions with places, if required.

Présentation

L'Afrique francophone

This online PowerPoint presentation gives information about French-speaking countries in Africa, in particular Senegal and Morocco.

Countries of the world

Revise the names of countries in the world by trying to think of a country for different letters of the alphabet, or with a brainstorming session. The following list gives some ideas, but only the main ones need to be learnt.

l'Angleterre, l'Autriche, l'Allemagne, l'Australie, l'Afrique du Sud
la Belgique
le Canada
le Danemark
l'Espagne, les États-Unis
la France
la Grèce
la Hollande, la Hongrie
l'Irlande, l'Italie
le Japon
le Kenya
le Luxembourg
Malte
la Norvège
l'Ouganda
le Portugal

174 Tricolore Total 4 Teacher's Book

7B Des vacances à l'étranger

le Québec (pas un pays mais une province du Canada)
la Russie
la Suisse
la Turquie
l'Uruguay
le Viêtnam
le Yemen
le Zaïre

sb 129

4 Où iront-ils?

This task gives practice in using the future tense and the correct preposition with countries and cities.

> **Solution:**
> 1 *Samedi prochain, je partirai à Vienne en Autriche.*
> 2 *Nous passerons le week-end prochain à Madrid en Espagne.*
> 3 *La semaine prochaine, mon frère ira à San Francisco aux États-Unis.*
> 4 *Pendant les vacances, je travaillerai à Montréal au Canada.*
> 5 *Cette année, notre classe fera un voyage scolaire à Bruxelles en Belgique.*
> 6 *En août, ma famille ira à Cape Town en Afrique du Sud.*
> 7 *L'année prochaine, vous partirez à Sydney en Australie?*
> 8 *Dans deux ans, ma sœur fera un stage à Rome en Italie.*

g/a Examination grammar in action 57

Using the future tense with *si* and *quand*

This provides further practice of the future tense with *si* and *quand*.

sb 222 Au choix

[4] Savoir voyager

a Students complete the advice with the missing words.

> **Solution:** 1 *correctement, chemise, longue, oubliez,* 2 *chaussures,* 3 *thé, verres, soif,* 4 *mains, mangent,* 5 *guide*

b Then they read through the completed advice and identify the country it relates to (*le Maroc*). Some further clues could be given, e.g.
- *C'est un pays de tradition musulmane. C'est un pays arabe.*
- *La médina, c'est un marché où on peut acheter toutes sortes de choses – des tapis, des articles en cuir, etc.*

sb 129   5, tr 29

5 Tu aimes les vacances à l'étranger?

The recorded conversations present the language needed to discuss some of the advantages and disadvantages of travel abroad.

a Students listen to each speaker and note the letter for each reason given. Explain that there are two reasons mentioned each time.

> **Solution:** 1 *non*, g, j, 2 *oui*, a, b, 3 *oui*, e, f, 4 *non*, l, k, 5 *non*, h, i, 6 *oui*, c, d

transcript

Tu aimes les vacances à l'étranger?

1 – Tu aimes partir à l'étranger?
 – Moi, non, pas tellement. Je n'aime pas faire de longs voyages et je ne suis pas forte en langues, alors je préfère rester en France.

2 – Et toi, tu aimes voyager à l'étranger?
 – Oui, moi, j'adore visiter des pays différents. Il est toujours intéressant de découvrir d'autres pays et j'aime essayer d'apprendre d'autres langues. Je voudrais visiter un pays de chaque continent.

3 Quant à moi, j'adore voyager surtout à la montagne ou dans le désert. J'aime voir des paysages impressionnants. Faire du snowboard dans les montagnes Rocheuses au Canada, ce seraient des vacances idéales pour moi.

4 Alors moi, en revanche, je n'aime pas beaucoup aller à l'étranger. D'abord, je n'aime pas les pays où il fait très chaud – je ne supporte pas bien la chaleur. Et en plus, je n'aime pas beaucoup la cuisine étrangère. On mange quelquefois des plats bizarres dans certains pays.

5 – Et toi, tu aimes voyager à l'étranger?
 – Non, pas beaucoup. D'abord, prendre l'avion, c'est mauvais pour l'environnement. Et puis, il y a des pays où le mode de vie et les coutumes sont très différents des nôtres et je trouve ça difficile. J'aimerais mieux rester en France.

6 – Aller à l'étranger, ça t'intéresse ou pas?
 – Ah oui, ça m'intéresse beaucoup. J'adore le soleil, alors j'aime bien voyager dans les pays où le beau temps est presque garanti, comme la Grèce et la Turquie. Et en plus, j'aime bien goûter à la cuisine étrangère. C'est très intéressant, même si ce n'est pas toujours délicieux!

b Students write about their own views, using similar language.

Activité (écouter)

Tu aimes les vacances à l'étranger?

This online listening activity provides further practice of this text.

7C Ce que je voudrais faire

7C Ce que je voudrais faire   pages 130–131

Aims and objectives	Grammar and skills	Resources
• talk about an ideal holiday • use the conditional	The conditional	**Key language:** see SB 146 **Online resource:** *Activité (grammaire)* **Copymasters:** 7/1 **CD:** 5/30 **GiA:** 58–59

SB 130   5, tr 30

1 Des vacances de rêve

Students listen to the recording and choose the correct words to complete each of the texts.

1 This text is a straight transcript of the first conversation on the recording.

> **Solution: 1** *croisière,* **2** *bateau,* **3** *piscine,* **4** *pays,* **5** *mois*

2 This is a modified version of the second conversation, without questions.

> **Solution: 1** *soleil,* **2** *plage,* **3** *mer,* **4** *natation,* **5** *bars,* **6** *Espagne,* **7** *soir*

3 This is a résumé of the third conversation, using the 3rd person.

> **Solution: 1** *Égypte,* **2** *île,* **3** *quatre,* **4** *avion,* **5** *croisière,* **6** *mois,* **7** *plage,* **8** *grande,* **9** *part*

transcript

Des vacances de rêve

1 – Magali, pourrais-tu décrire tes vacances de rêve?
 – Mes vacances de rêve, ce serait une croisière autour du monde. Ce serait à bord d'un grand bateau avec une superbe vue sur l'océan. Et il y aurait tous les conforts – une belle piscine, de bons restaurants, etc. Et on ferait des escales dans les principaux pays, comme la Chine, le Japon, l'Amérique.
 – Et tu partirais combien de temps en croisière?
 – Trois mois. Oui, ça serait parfait.

2 – Et toi, André, tu peux nous parler de tes vacances idéales?
 – Alors, pour moi, les vacances idéales seraient des vacances au soleil, là où il fait chaud, avec la plage, la mer, des vagues. Comme ça, le jour, je pourrais faire de la planche à voile ou de la natation; et le soir, je pourrais sortir dans les bars et dans les discothèques.
 – Oui, et ça serait où, par exemple?
 – Ça pourrait être en Espagne ou au Portugal.
 – Et ça se passerait comment exactement?
 – Bon, le matin, je dormirais tard; l'après-midi, j'irais à la plage et le soir, je sortirais avec mes amis.

3 – Et toi, Dominique, si tu avais beaucoup d'argent où voudrais-tu aller?
 – Moi, je voudrais visiter plusieurs pays, particulièrement l'Égypte, l'Australie, et je voudrais terminer mes vacances sur une île des Antilles.
 – Alors ces vacances de rêve dureraient assez longtemps?
 – Bien sûr, j'aimerais bien partir de trois à quatre mois.
 – Alors, tu commencerais en Égypte?
 – Oui, je prendrais l'avion jusqu'au Caire et j'irais voir les Pyramides. Puis je ferais une croisière sur le Nil pour visiter les temples anciens et prendre beaucoup de photos.
 – Et ensuite, tu irais en Australie?
 – Oui, alors je passerais peut-être un mois en Australie pour visiter un peu de tout.
 – Et puis tu prendrais l'avion pour les Antilles?
 – Oui, j'irais peut-être en Guadeloupe pour pouvoir me reposer pendant un mois sur la plage.
 – C'est fantastique. Et dis-moi, est-ce qu'il y a une différence entre tes vacances de rêve et les vacances que tu passeras cette année?
 – Oui, il y en a une grande. Cet été, je ne pars pas en vacances!
 – Oh!

SB 130

2 Des vacances de rêve à la neige

Students complete the text for a dream skiing holiday.

> **Solution:** (possible) **1** *neige,* **2** *pistes,* **3** *descentes,* **4** *soleil,* **5** *repas,* **6** *ski*

Follow-up activity:

Some students could design a similar picture with thought bubbles for a dream adventure holiday.

SB 131 Dossier-langue

This explains the use of the conditional. With some students it will be sufficient just to practise a few key phrases, e.g. *je voudrais* – I would like, *j'aimerais* – I would like, *on pourrait* – one/we could, *ce serait* – it would be. Refer students as necessary to the *Grammaire* (SB 248).

SB 131

3 Des expressions utiles

Students match the French phrases with their English equivalents to provide some useful phrases using the conditional.

> **Solution: 1** *g,* **2** *e,* **3** *h,* **4** *a,* **5** *b,* **6** *d,* **7** *f,* **8** *c*

7D À l'hôtel

4 Un week-end idéal

Students complete the two accounts by putting the verbs in the correct form of the conditional.

Solution:
a 1 *passerais*, 2 *prendrait*, 3 *voyagerait*, 4 *logerait*, 5 *visiterait*, 6 *mangerait*, 7 *irions*, 8 *goûterions*, 9 *ferait*, 10 *achèterais*
b 1 *serait*, 2 *commencerait*, 3 *sortirais*, 4 *irions*, 5 *ferait*, 6 *ferais*, 7 *mangerais*, 8 *irais*, 9 *voudrais*, 10 *ferais*, 11 *irais*, 12 *serait*, 13 *gagnerait*, 14 *prendrais*

5 Mon week-end idéal

First, have a brainstorming session to see how many different suggestions students can make for spending an ideal weekend. Some suggestions are also supplied on the page.

Students then write a few sentences about their ideal weekend.

6 Mes vacances idéales

As for the previous task, ideas can be collected from the class before students write their own account of how they would spend their ideal holiday, giving their reasons.

222 Au choix

[5] Mes vacances de rêve

This gives a more structured framework for describing an ideal holiday.

Activité (grammaire)

On pourrait faire ça

This online activity provides further practice of the conditional.

7/1

2 Jeux de vocabulaire – les vacances

This provides further practice of holiday vocabulary and can be used at any appropriate point.

1 Ça commence par un 's'

Students read the definition and find a suitable answer beginning with 's'.

Solution: 1 *le sable*, 2 *le soleil*, 3 *une semaine*, 4 *une saison*, 5 *le sud*, 6 *la Suisse*, 7 *un short*, 8 *une serviette*

2 Trouvez les synonymes

Students find the words that mean the same as each of those listed.

Solution: 1 e, 2 c, 3 b, 4 f, 5 a, 6 d

3 Mots croisés

Solution:

(crossword grid with answers: pâques, avril, mai, fête, un, en, férié, été, bal, noël, pays, séjour)

Examination grammar in action 58–59

Using the conditional (1) and (2)

These pages provide further practice of the conditional, as required.

7D À l'hôtel pages 132–133

Aims and objectives	Grammar and skills	Resources
• find out about hotels (location, facilities, services, etc.) • explain problems		**Key language:** see SB 146 **Online resource:** *Activité (lire)* **Copymasters:** 7/2 **CD:** 5/31–34

Introduction

Check what students know about French hotels from earlier work or personal experience. If wished, some background information could be given, e.g.

– *Tous les hôtels sont obligés d'afficher leurs prix à la réception et dans les chambres. Souvent, on paie presque le même prix si la chambre est occupée par une, deux ou trois personnes, donc il est moins cher de partager une chambre, si possible. Il y a des chaînes d'hôtel qui offrent des chambres standardisées dans tous leurs hôtels. Connaissez-vous les noms de quelques chaînes d'hôtels?*

Some names of these could be written on the board and any available publicity could be shown to the class, e.g.

– *Il y a les hôtels Sofitel et les hôtels Novotel – ce sont de*

Tricolore Total 4 Teacher's Book

7D À l'hôtel

grands hôtels 3 ou 4 étoiles. Il y a des hôtels plus économiques, comme des hôtels Ibis et des hôtels Arcade qui sont classés 2 ou 3 étoiles. Et il y a des hôtels Formule 1 (une des chaînes les moins chères) qui offrent des chambres pour trois personnes à des prix très raisonnables. Ces hôtels sont souvent situés en dehors des grandes villes, donc ils sont plutôt pour les touristes en voiture, et ils fonctionnent 24 heures sur 24 avec une carte de crédit. Et il y a les Logis de France – ce n'est pas une chaîne, mais une association d'hôtels à gestion familiale qui offrent un accueil personnalisé.

There are several websites that give details of different hotels, sometimes offering discounts to registered users.

sb 132

1 Hôtels au choix

This introduces the topic of hotels and some sources of hotel information. The adverts from different French hotels present the language used to describe the situation and facilities offered.

First, talk briefly about what you might look for when choosing a hotel.

– *Quand on choisit un hôtel, on doit penser à ce qui est important, par exemple, le tarif peut être important si on n'a pas beaucoup d'argent. Si on voyage en voiture, on va peut-être choisir un hôtel avec un parking. Si on n'a pas de voiture, on va peut-être choisir un hôtel au centre-ville. Si on prend l'avion, on va peut-être choisir un hôtel près de l'aéroport.*

Then ask some quick oral questions, e.g.

– *Trouvez un hôtel près d'un aéroport. (Hôtel Sofitel, Hôtel Ibis) Trouvez un hôtel trois étoiles. (Hôtel des Arènes)*
– *Quel hôtel n'accepte pas d'animaux? (Hôtel des Arènes)* etc.

The task itself entails choosing a suitable hotel for different visitors.

> **Solution:** 1 A *(Hôtel Sofitel),* 2 C *(Hôtel Ibis),*
> 3 B *(Hôtel des Arènes),* 4 C *(Hôtel Ibis),*
> 5 A *(Hôtel Sofitel)*

sb 132   cm 7/2   5, tr 31

2 On téléphone à l'hôtel

Students listen to the four messages and note down the details of accommodation. A grid for recording answers is given on CM 7/2.

Solution:

	1	2	3	4
a	2	1	1	2
b	3	4	3	1
c	4	2 ad. 1 enf.	1	5
d	23 mars	13 avril	23 oct.	14 juillet
e	demi-pension	r.d.c ou 1er étage	balcon + vue s. mer	fax pour confirmer
f	Lacan	Renard	Padfield	Jones
g	01 54 82 39 67	02 48 25 16 91	00 44 11 89 74 63 25	00 44 20 85 64 15 16

transcript

On téléphone à l'hôtel

– Hôtel de Paris, bonjour. Il n'y a personne au bureau en ce moment. Veuillez donner votre nom, votre numéro de téléphone et la raison de votre appel après le signal sonore.

1 Bonsoir. Je voudrais faire une réservation. Je voudrais réserver deux chambres à deux lits avec douche ou salle de bains. C'est pour quatre personnes. Nous arriverons le 23 mars et nous voulons rester trois nuits. Nous voudrions prendre la demi-pension, si possible. C'est au nom de Lacan, L–A–C–A–N. Mon numéro de téléphone est le 01 54 82 39 67.

2 Bonsoir. Je voudrais faire une réservation. Je voudrais réserver une chambre pour deux personnes et un enfant de neuf ans. Nous arriverons le 13 avril et nous voulons rester quatre nuits. Nous voudrions une chambre au rez-de-chaussée ou au premier étage, si possible. C'est au nom de Renard, R–E–N–A–R–D. Mon numéro de téléphone est 02 48 25 16 91.

3 Bonjour, monsieur. Je voudrais réserver une chambre pour une personne, si possible avec balcon et vue sur mer. J'arriverai le 23 octobre pour trois nuits. C'est au nom de Padfield, P–A–D–F–I–E–L–D. Je téléphone de l'Angleterre, c'est donc le 00 44 11 89 74 63 25.

4 Bonjour. Je voudrais réserver deux chambres. C'est pour cinq personnes au total. Alors, je voudrais une chambre à deux lits avec douche et une chambre à trois lits avec douche. C'est pour une nuit seulement, le 14 juillet. C'est au nom de Jones, J–O–N–E–S. Vous pouvez m'envoyer un fax pour confirmer la réservation. Le numéro de fax est le 00 44 20 85 64 15 16. Merci et au revoir.

sb 132   5, tr 32

3 Pour trouver l'hôtel

In this task students listen and complete the written directions to each hotel.

> **Solution:** 1 *cinq (direction centre-ville), droite et continuer tout droit, votre gauche, centre sportif, derrière,* 2 *centre-ville, gauche, droite, station-service,* 3 *port, prochaine, coin*

transcript

Pour trouver l'hôtel

1 – Bonjour, madame. Pouvez-vous me donner des directions pour arriver à l'hôtel?
– Oui, alors de l'autoroute, vous prenez la sortie cinq, direction centre-ville. Puis au rond-point, tournez à droite. Continuez tout droit et vous verrez l'hôtel à votre gauche, en face du centre sportif.
– Est-ce qu'il y a un parking à l'hôtel?
– Oui, il y a un parking derrière l'hôtel.
– Alors, c'est la sortie cinq, puis à droite et l'hôtel est à gauche, en face du centre sportif. Merci.

178 Tricolore Total 4 Teacher's Book

7D À l'hôtel

2 – Bonjour, monsieur. Pouvez-vous me donner des directions pour arriver à l'hôtel?
– Oui, alors suivez la direction du centre-ville. Puis au carrefour, tournez à gauche. Continuez tout droit et vous verrez l'hôtel à droite, en face d'une station-service.
– Est-ce qu'il y a un parking à l'hôtel?
– Ah non, je regrette, il n'y a pas de parking à l'hôtel, mais vous pouvez stationner dans la rue.
– Alors, il faut suivre le centre-ville, puis au carrefour, on tourne à gauche et c'est un peu plus loin à droite, en face d'une station-service. Merci.

3 – Bonjour, madame. Pouvez-vous me donner des directions pour arriver à l'hôtel?
– Oui, alors du centre-ville, vous prenez la direction du port. Vous arriverez à des feux. Continuez tout droit aux feux et prenez la prochaine rue à gauche. Vous verrez l'hôtel au coin de la rue.
– Et est-ce qu'il y a un parking à l'hôtel?
– Oui, il y a un parking à côté de l'hôtel.
– Alors, c'est la direction du port, tout droit aux feux, puis la prochaine rue à gauche et l'hôtel est au coin de la rue. Merci, madame.

sb 133

4 On fait des réservations

Students work in pairs to practise a dialogue about booking hotel accommodation. The basic dialogue could be varied, changing first one detail, then two, etc.

sb 133

5 Un e-mail à l'hôtel

Students write a suitable email to a hotel for one of the people listed or for themselves.

sb 222 Au choix

[6] À l'hôtel

Students complete sentences about hotel accommodation.

> **Solution:** **1** *chambre*, **2** *salle de bains, douche*, **3** *combien*, **4** *petit déjeuner*, **5** *voir*, **6** *prends*, **7** *remplir*, **8** *confirmer*, **9** *réservé*, **10** *complet*

cm 7/2

À l'hôtel

1 On téléphone à l'hôtel
This is a grid for use with task 2, SB 132.

2 Inventez des conversations
Students work in pairs to make up conversations for booking accommodation.

3 Un acrostiche
This provides practice of hotel vocabulary.

Solution:

	6						
1 e	s	c	a	l	i	e	r
	s						
	2 c	i	n	t	r	e	
	e						
3 s	a	v	o	n			
	s						
4 s	e	r	v	i	e	t	t	e
	u						
5 o	r	e	i	l	l	e	r

sb 133   5, tr 33–34

6 À la réception d'un hôtel

a Des questions

First, go through the pictures and check that students understand what they represent. Students then listen to the conversations and note down the letter of the appropriate picture in each case.

> **Solution:** **1** *F*, **2** *A*, **3** *B*, **4** *E*, **5** *G*, **6** *C*, **7** *D*

transcript

À la réception d'un hôtel

a Des questions

1 – Bonjour, madame. Le petit déjeuner est servi à quelle heure, s'il vous plaît?
– Entre sept heures et neuf heures et demie.
– Peut-on le prendre dans la chambre?
– Oui, si vous voulez.

2 – Monsieur, madame?
– Nous avons fait une réservation au nom de Laroche.
– Ah oui. C'est la chambre vingt-trois au deuxième étage. Voici la clef.
– Merci … y a-t-il un ascenseur?
– Oui, c'est un peu plus loin à droite.

3 – Bonjour, madame. C'est à quelle heure, le dîner, s'il vous plaît?
– À partir de dix-neuf heures, monsieur.
– Faut-il réserver une table?
– Non, ce n'est pas nécessaire.

4 – L'hôtel ferme à quelle heure la nuit, s'il vous plaît?
– À minuit. Si vous rentrez plus tard, demandez une clef à la réception.

5 – Est-ce que je peux mettre ce paquet dans le coffre?
– Oui … attendez je vais vous donner un reçu.

6 – Est-ce qu'il y a un parking à l'hôtel, madame?
– Non, mais vous pouvez stationner en face de l'hôtel jusqu'à neuf heures du matin.
– Bon, est-ce que je peux laisser mes bagages là?
– Oui, bien sûr.

Tricolore Total 4 Teacher's Book

7D À l'hôtel

7 – Nous partons ce matin. Pouvez-vous préparer la note, s'il vous plaît?
– Oui, monsieur. La voilà.
– Merci. Est-ce que vous acceptez les cartes de crédit?
– Oui, monsieur.

b Des problèmes

This is a similar task but, in addition, students have to note down the mood of each customer – calm (C) or angry (F). They could also note which problem illustrated is not mentioned in the recording.

> Solution: **1** *M* (C), **2** *K* (C), **3** *J* (F), **4** *I* (F), **5** *H* (C), **6** *P* (F), **7** *O* (F), **8** *L* (F)
> (Not mentioned: N – *il n'y a pas de cintres*)

transcript

À la réception d'un hôtel

b Des problèmes

1 – On peut vous aider?
– Le chauffage dans ma chambre ne marche pas.
– C'est quelle chambre?
– La chambre seize.
– Bon, on va s'en occuper.

2 – Il n'y a pas de savon dans notre chambre.
– C'est quelle chambre?
– La chambre cinq.
– Bon, on va s'en occuper.

3 – Madame?
– La douche dans ma chambre ne marche pas.
– C'est quelle chambre?
– La chambre huit.
– Bon, on va s'en occuper, madame.
– Est-ce que vous pouvez organiser ça tout de suite. Je voudrais prendre une douche.
– Oui, oui, madame.

4 – Je peux vous aider?
– La télévision dans ma chambre ne marche pas.
– C'est quelle chambre?
– La chambre quinze.
– Bon, on va s'en occuper.
– Ça va être long, parce que je voudrais regarder l'émission de dix-huit heures.
– Non, on va essayer de régler ça dans une demi-heure.

5 – Bonjour, on peut vous aider?
– Il n'y a pas de serviettes dans notre chambre.
– Je suis désolé. C'est quelle chambre, s'il vous plaît?
– La chambre numéro vingt-quatre.
– Bon. On va s'en occuper. Il n'y a pas d'autre problème?
– Non, c'est tout.

6 – Monsieur, madame?
– Nous avons fait une réservation.
– C'est à quel nom?
– Lefèvre.

– Ah oui. Une chambre à un grand lit avec douche.
– Ah non, madame. Nous avons réservé une chambre à deux lits avec salle de bains.
– Ah bon. Attendez un moment.
– Voilà la confirmation – c'est bien marqué – une chambre à deux lits avec salle de bains.
– Oui, oui, je vois. Il y a eu une erreur de notre part. Je fais venir le patron.

7 – Nous partons ce matin. Pouvez-vous préparer la note, s'il vous plaît.
– Oui, madame. La voilà.
– Bon, merci. … Excusez-moi, madame. Il y a une erreur – nous sommes restés deux nuits, pas trois.
– Laissez-moi voir.
– Ici, c'est marqué trois nuits, mais nous sommes arrivés le vingt-deux et nous partons aujourd'hui – donc ça fait deux nuits seulement.
– Oui, vous avez raison. C'est une erreur de notre part. Excusez-nous, madame.
– Hmm.

8 – Bonjour, madame. Serait-il possible de changer de chambre? Il y avait beaucoup de bruit hier soir et on ne pouvait pas dormir.
– Bon, je vais voir. Oui, je peux vous donner la chambre dix-neuf à l'arrière de l'hôtel. Ça devrait être plus tranquille.
– Merci.
– Alors, dès que la chambre est prête, je vous appellerai.
– Ce sera dans combien de temps?
– Une heure, environ.

c Students read through the sentences and decide which relate to each picture. They can then be listed in their exercise books in two sections: *des questions*; *des problèmes*. Explain to students that two pictures have no corresponding sentences. They should identify the pictures and make up a suitable question or statement.

> Solution: **1** *A*, **2** *J*, **3** *P*, **4** *B*, **5** *C*, **6** *H*, **7** *O*, **8** *K*, **9** *I*, **10** *L*, **11** *M*, **12** *E*, **13** *D*, **14** *G* (Pictures F and N have no corresponding sentences.)
> Des questions: 1, 4, 5, 12, 13, 14;
> Des problèmes: 2, 3, 6, 7, 8, 9, 11

223 Au choix

[7] Hôtel du château

This reading text is based on the sort of general information often listed in hotels and is followed by a *vrai ou faux?* task.

> Solution: **1** *F*, **2** *V*, **3** *V*, **4** *V*, **5** *F*

Activité (lire)

Les monuments de France

This online reading activity could be used here for general reading practice, linked to tourism.

Tricolore Total 4 Teacher's Book

7E En vacances

7E En vacances   pages 134–135

Aims and objectives	Grammar and skills	Resources
• ask for tourist information • discuss camping	Use *avoir lieu* to talk about events	**Key language:** see SB 146 **Online resource:** *Activité (parler)* **Copymasters:** 7/3 **CD:** 6/2–5

Introduction

Start with a general discussion about the sort of printed tourist information that can often be freely obtained from local tourist offices, e.g.

– *Que peut-on obtenir comme documentation touristique d'un office du tourisme? Un plan de la ville, une liste des hôtels*, etc.

If possible, show actual examples of tourist material. List suggestions on the board.

sb 134, 6, tr 2

1 À l'office de tourisme

a Check that the visuals are clearly understood before students listen to the conversations and do the matching task.

   Solution: 1 C, 2 H, 3 G, 4 A, 5 E, 6 F, 7 D, 8 B

b Students then do the *vrai ou faux?* task.

   Solution: a F *(trois kilomètres de la ville)*, **b** F *(chaque samedi)*, **c** V, **d** V, **e** F *(à 21h00)*, **f** V

transcript

À l'office de tourisme

1 – Pouvez-vous me donner une petite documentation sur la ville, s'il vous plaît?
   – Voilà un dépliant sur la ville. Vous y trouverez tous les renseignements nécessaires. Et là, vous avez un plan de la ville.

2 – Bonjour, madame, est-ce qu'il y a un camping près d'ici?
   – Voilà une liste des terrains de camping dans la région. Il y a un grand camping à trois kilomètres de la ville.

3 – Qu'est-ce qu'on peut faire le soir ici? Est-ce qu'il y a des spectacles?
   – Chaque samedi, il y a un spectacle 'son et lumière' dans la cour du château. Là, vous avez une petite fiche avec tous les détails. Sinon, la vieille ville est très animée le soir. Il y a des acteurs, des jongleurs, etc.

4 – Je passe quelques jours dans la région. Qu'est-ce qu'il y a d'intéressant à voir?
   – Les musées, les monuments historiques, ça vous intéresse?
   – Oui.
   – Alors, voilà un dépliant sur les principaux musées et les monuments historiques dans la région.

5 – Est-ce qu'on peut faire des excursions en car?
   – Oui, voilà une liste des excursions en car avec tous les détails.

6 – Bonjour, madame. Je suis ici avec ma famille. Nous cherchons une piscine pour les enfants. Est-ce qu'il y a une piscine dans la ville?
   – Oui, il y a une grande piscine de loisirs qui s'appelle Aquarive avec des toboggans et des saunas.
   – Ah bon. C'est ouvert tous les jours?
   – Oui, en été, c'est ouvert tous les jours de dix heures à vingt et une heures.

7 – Bonjour, madame. Nous voudrions faire une promenade à vélo dans la région. Est-ce qu'on peut louer des vélos quelque part?
   – Oui, voici le dépliant d'un magasin de cyclisme qui loue des vélos.

8 – Bonjour, madame. Nous venons d'arriver ici et nous cherchons une chambre pour trois nuits. Pouvez-vous nous recommander quelque chose qui n'est pas très cher.
   – Nous ne faisons pas de réservation ici, mais je peux vous donner une liste des hôtels et chambres d'hôte de la région avec tous les détails.

sb 134

2 C'est à vous

Students make up a suitable question for each visual.

sb 134

3 Des questions et des réponses

The questions cover the sort of language which students might need when requesting information at a tourist office. Students read through the questions and find the appropriate answer for each question. This could also be done in pairs, with one student reading the question and the other finding and reading the appropriate answer.

   Solution: 1 h, 2 j, 3 e, 4 a, 5 g, 6 i, 7 b, 8 d, 9 f, 10 c

sb 134 6, tr 3

4 Des idées loisirs

Students listen to the announcements and note down details of the different excursions.

Tricolore Total 4 Teacher's Book   181

7E En vacances

Solution:
1 Au Parc Astérix **a** *samedi 27 juillet*, **b** *8h30, gare routière*, **c** *pique-nique + boisson, prenez imperméable*
2 Au Mont Saint-Michel **a** *vendredi 12 juin*, **b** *9h15, office de tourisme*, **c** Any two of: *en car de luxe climatisé, arrêt pour repas en route, n'oubliez pas appareil photo*
3 Au Futuroscope **a** *mercredi 10 août*, **b** *8h15, place du marché*, **c** *pique-nique + boisson; chapeau de soleil + crème solaire*
4 À Versailles **a** *jeudi 8 mai*, **b** *14h, hôtel de ville*, **c** *visite du château et des jardins; spectacle son et lumière, 20h30*

transcript

Des idées loisirs

1 La visite au Parc Astérix aura lieu le samedi vingt-sept juillet. Départ à huit heures trente de la gare routière. Il faut prévoir un pique-nique et une boisson pour la route. En cas de mauvais temps, prenez aussi un imperméable.

2 La visite au Mont Saint-Michel aura lieu le vendredi douze juin. Inscrivez-vous à l'office de tourisme. Départ à neuf heures quinze de l'office de tourisme. Le voyage s'effectuera en car de luxe climatisé. On va s'arrêter en route pour prendre un repas. N'oubliez pas votre appareil photo.

3 La visite au Futuroscope aura lieu le mercredi dix août. Départ à huit heures quinze de la place du marché. Apportez un pique-nique et une boisson pour la route. N'oubliez pas un chapeau, pour le soleil, et de la crème solaire.

4 La visite à Versailles aura lieu le jeudi huit mai. Inscrivez-vous à l'office de tourisme. Départ à quatorze heures de l'hôtel de ville. La visite comprend la visite du château et des jardins et le spectacle son et lumière qui aura lieu à vingt heures trente.

sb 134 Stratégies

This explains the phrase, *avoir lieu* – to take place, with examples in the future and perfect tenses.

cm 7/3

À Amboise

This provides practice in understanding tourist information. Students consult the leaflet to do the tasks.

Solutions:
1 **Des activités**
   a, b, d, f, g, i
2 **Vrai ou faux?**
   1 *PM*, 2 *V*, 3 *V*, 4 *F*, 5 *V*, 6 *V*, 7 *F*, 8 *PM*

3 Un acrostiche

2 l u m i è r e
3 p i s c i n e
4 c h â t e a u
5 r é g i o n
6 s p e c t a c l e
7 m u s é e
8 d i s t r a c t i o n s

Camping

Introduce the theme of camping by asking students for their opinions and impressions. Mention that camping is very popular in France and that there are a large number of sites.

Some students may have been camping with youth organisations such as the guides or scouts. *Le scoutisme* is less common in France but there are *des camps d'ado*, which are like *colonie de vacances* but for teenagers.

sb 134 6, tr 4

5 Aimez-vous faire du camping?

Students listen to the recording, read through the opinions about camping and decide which corresponds most closely to each speaker. Mention that students will not need to allocate all of the opinions listed.

Solution: 1 *b*, 2 *g*, 3 *d*, 4 *f*, 5 *c*

transcript

Aimez-vous faire du camping?

Quels sont les avantages et les inconvénients du camping? Pour les découvrir, notre reporter, Pierre Lefèvre, est allé interroger d'abord les Français qui aiment le camping et ensuite, ceux qui préfèrent une autre formule d'hébergement.

1 **Paul Martin**

Moi, j'aime beaucoup faire du camping. On est libre, on est près de la nature et puis on s'amuse bien. Aux terrains de camping où j'ai été, il y a toujours eu beaucoup de choses à faire – natation, pêche, cyclisme, tennis, etc. On rencontre beaucoup de gens, souvent des étrangers, et on se fait facilement des amis.

2 **Marie Ferry**

J'aime faire du camping, mais je préfère aller dans une ferme plutôt que d'aller dans un de ces grands terrains de camping, qui ressemblent à un hôtel et où il y a beaucoup de gens. Si on fait du camping à la ferme, il n'y a jamais plus de quatre ou cinq tentes. Souvent, on peut visiter la ferme et faire la connaissance du fermier et de sa famille, voir les animaux de la ferme, etc. Pour moi, ça c'est plus intéressant.

182 Tricolore Total 4 Teacher's Book

7E En vacances

3 Yves Lambert
À mon avis, le camping est un excellent moyen de passer des vacances sans dépenser beaucoup d'argent. J'ai voyagé dans plusieurs pays et j'ai fait du camping un peu partout en Europe. On trouve des terrains qui sont très confortables avec douches, piscine, restaurant, terrain de jeux, etc. ou des terrains de camping plus simples, mais il y a toujours un minimum de confort.

4 Carole Duverger
Le camping, ça va quand il fait beau, mais quand il pleut – ou quand il y a trop de vent – non, ça ne me plaît pas.

5 Madeleine Morand
Moi, je préfère aller à l'hôtel. C'est plus confortable et on dort beaucoup mieux.

sb 135

6 Trouvez les paires
Students match French and English vocabulary.

> **Solution:** 1 *l*, 2 *j*, 3 *e*, 4 *d*, 5 *b*, 6 *g*, 7 *h*, 8 *f*, 9 *a*, 10 *k*, 11 *i*, 12 *c*

sb 135

7 Un terrain de camping
a Students complete the description of the campsite using the words listed.

> **Solution:** 1 *près*, 2 *plus*, 3 *ouvert*, 4 *bicyclettes*, 5 *nager*, 6 *l'équitation*, 7 *acheter*, 8 *la lessive*

b Students decide whether the campsite would meet the requirements in each case.

> **Solution:** The campsite would meet all needs except those mentioned in 2 and 4.

sb 135   6, tr 5

8 On arrive au camping
a Students listen to the conversations at the campsite office and note down the number of nights, the number of people and whether they need a pitch for a tent or a caravan. Able students could also note down what other information was requested, if any.

Solution:

	nuits	personnes	caravane/tente
1	4	3	caravane
2	2	2	tente
3	7	5	caravane
4	5	6	3 tentes
5	1	1	tente
6	(3)	(2)	(caravane) complet

b Students practise reading a similar conversation and then invent different ones, changing some details.

transcript

On arrive au camping

1 – Bonjour, monsieur. Avez-vous de la place, s'il vous plaît?
   – C'est pour une caravane ou une tente?
   – Une caravane.
   – Et c'est pour combien de nuits?
   – Quatre nuits.
   – Oui, il y a de la place. C'est pour combien de personnes?
   – Un adulte et deux enfants.
   – Alors, une caravane, trois personnes, pour quatre nuits.
   – Est-ce qu'il y a des jeux pour enfants au camping?
   – Oui, monsieur, c'est derrière le bureau.

2 – Bonjour, monsieur. Avez-vous de la place, s'il vous plaît, pour une tente?
   – C'est pour combien de nuits?
   – Deux nuits.
   – Oui. C'est pour combien de personnes?
   – Deux personnes.
   – Alors, un emplacement, deux nuits, deux personnes.
   – Le village, c'est loin d'ici?
   – Non, c'est à trois kilomètres environ.

3 – Bonjour, monsieur. Nous avons réservé un emplacement pour une caravane.
   – C'est à quel nom, s'il vous plaît?
   – Masson.
   – Ah oui. Vous voulez rester une semaine, n'est-ce pas?
   – Oui, c'est ça.
   – Et vous êtes combien de personnes?
   – Deux adultes et trois enfants.
   – Alors, une caravane, cinq personnes, sept nuits.

4 – Bonjour, monsieur. Nous avons fait une réservation.
   – C'est à quel nom, s'il vous plaît?
   – Roland.
   – Ah oui. Vous voulez trois emplacements pour six personnes. C'est pour trois tentes?
   – Oui, trois tentes.
   – Et vous restez cinq nuits?
   – C'est ça.
   – Vous voulez être à l'ombre ou au soleil?
   – À l'ombre.
   – Alors, trois emplacements, six personnes, pour cinq nuits.

5 – Bonjour, monsieur. Avez-vous de la place pour une tente, s'il vous plaît?
   – C'est pour combien de nuits?
   – Une nuit seulement.
   – C'est pour combien de personnes?

7F Des vacances actives

- Une personne seulement.
- Oui, je vous donne un emplacement là-bas, à droite.
- C'est à l'ombre?
- C'est assez ombragé, oui.
- Est-ce qu'il y a une piscine au camping?
- Non, mais vous pouvez vous baigner dans la mer.
- Ah bon, et la plage, c'est loin?
- Non, c'est à un kilomètre environ.

6 – Bonjour, monsieur. Avez-vous de la place pour une caravane et deux adultes pour trois nuits, s'il vous plaît?
- Vous avez réservé?
- Non.
- Je suis désolé, madame, mais maintenant, nous sommes complets.

sb 223 Au choix

[8] Le jeu de définitions

Students read the definitions and give the correct answer.

> **Solution: 1** *un sac de couchage*, **2** *un matelas pneumatique*, **3** *une lampe de poche*, **4** *des piles*, **5** *des allumettes*, **6** *un ouvre-boîtes*, **7** *un sac à dos*

sb 135

9 À vous!

a Students can then discuss their own experiences and opinions of camping holidays in pairs or small groups, e.g.

- *Parlez du camping à deux ou en groupes. Avez-vous fait du camping? Ça vous a plu? Quels sont les avantages et les inconvénients?*

Exemple:
- As-tu fait du camping?
- Oui. L'année dernière, j'ai fait du camping avec ma famille.
- Est-ce que ça te plaît?
- Oui. Et toi?
- Moi, je n'ai jamais fait ça. Quels sont les avantages du camping?
- Ça ne coûte pas cher.
- Oui, et on rencontre souvent des gens intéressants.

They can also use the questions as a framework for their discussion or written work.

b They then write a message to a friend about camping experiences.

Activité (parler)

Au camping

This online audio activity provides further speaking practice of questions and answers relating to camping.

7F Des vacances actives pages 136–137

Aims and objectives	Grammar and skills	Resources
• find out about activity holidays • talk about youth hostelling • use the perfect infinitive (*après avoir fait*, etc.)	Revision of perfect and imperfect The perfect infinitive (*après avoir fait*, etc.)	**Key language:** see SB 146 **Online resource:** *Activité (lire)* **Copymasters:** 7/4 **CD:** 6/6–8 **GiA:** 60–61

sb 136

1 Idées vacances

a Students read the letters (1–4) and then extract useful French expressions for use in their own work.

> **Solution: 1** *j'adore la mer*, **2** *pas cher*, **3** *Qu'est-ce que c'est exactement?*, **4** *J'aimerais bien en savoir plus.*

b They then complete the replies (a–d).

> **Solution:**
> **a** 1 *pied*, 2 *sport*, 3 *nager*
> **b** 1 *offrent*, 2 *avez*, 3 *randonnées*
> **c** 1 *séjour*, 2 *bâtiment*, 3 *logé*
> **d** 1 *auberges*, 2 *prix*, 3 *trouverez*

c They find the reply which corresponds to each enquiry.

> **Solution: 1** *b*, **2** *a*, **3** *d*, **4** *c*

d Finally, they extract some more useful French expressions from the replies.

> **Solution: 1** *tous ceux qui sont en bonne santé physique*, **2** *qui comprend*, **3** *des balades en VTT*, **4** *un chantier*, **5** *faire un sentier*, **6** *un travail bénévole*, **7** *gratuitement*, **8** *l'hébergement*

sb 136

2 Les auberges de jeunesse

a Students match the French words with their English equivalents, to provide useful vocabulary that they can reuse.

> **Solution: 1** *i*, **2** *d*, **3** *f*, **4** *e*, **5** *b*, **6** *h*, **7** *a*, **8** *g*, **9** *c*

7F Des vacances actives

b First, go through the questions orally to see if anyone knows the answers from earlier work or from personal experience. If anyone has stayed in a youth hostel, ask them a few questions, e.g.
- Y a-t-il quelqu'un qui est allé dans une auberge de jeunesse?
- C'était où?
- C'était bien?
- Tu étais avec ta famille ou avec un groupe?

Students then choose the correct answer to each question.

Solution: 1 c, 2 f, 3 g, 4 a, 5 b, 6 e, 7 d

Further information about youth hostels can be obtained from FUAJ, 27 rue Pajol, 75018 Paris, France (www.fuaj.org).

sb 137 6, tr 6

3 À l'auberge de jeunesse

First, check that students understand the questions in French. These are listed for use with the listening task and also to give students a reference list of useful questions.

Students then listen and answer the three questions about each conversation.

Solution:
1 **a** 3 personnes, **b** 3 euros, **c** oui
2 **a** au premier étage, **b** dans un garage derrière/près de l'auberge, **c** à 23h30
3 **a** 2 personnes, **b** 5 nuits, **c** entre 7h30 et 9h
4 **a** non, **b** non, **c** à côté du magasin

transcript

À l'auberge de jeunesse

1 – Bonjour, nous avons réservé trois places pour une nuit.
   – Bon. C'est à quel nom?
   – Danièle Legrand.
   – Ah oui. C'est pour deux filles et un garçon.
   – Oui, c'est ça.
   – Alors, les filles sont au dortoir quatre et le garçon au dortoir sept. Vous voulez louer des draps?
   – Oui, pour une personne, s'il vous plaît.
   – Alors, ça coûte trois euros pour la location des draps.
   – Bon. Et pour les douches, est-ce qu'il faut payer un supplément?
   – Non, c'est compris.
   – Bon. Est-ce qu'on peut prendre des repas à l'auberge?
   – Oui, vous voulez prendre le dîner et le petit déjeuner?
   – Oui. Ça coûte combien?
   – Le dîner, c'est neuf euros et le petit déjeuner, c'est trois virgule cinquante euros.

2 – Bonjour. Avez-vous de la place, s'il vous plaît?
   – C'est pour combien de personnes?
   – Deux filles.
   – Et c'est pour combien de nuits?
   – Une nuit seulement.
   – Oui, il y a de la place. Alors, vous êtes au dortoir six, au premier étage.
   – D'accord. Et où est-ce que nous pouvons mettre nos vélos?
   – Il y a un garage derrière l'auberge.
   – Bon, merci. Et l'auberge ferme à quelle heure, le soir?
   – On ferme ici à vingt-deux heures trente. Si vous avez l'intention de rentrer plus tard, il faut demander une clef au bureau.

3 – Bonjour. Nous avons réservé deux places pour cinq nuits.
   – Bon. Vous avez la lettre de confirmation et vos cartes?
   – Oui, voilà.
   – Merci. Vous voulez louer des draps?
   – Non, merci.
   – Bon, vous êtes au dortoir cinq au premier étage. Vous voulez prendre les repas?
   – Seulement le petit déjeuner.
   – Bon, alors, le petit déjeuner est servi entre sept heures trente et neuf heures.
   – Bon, merci.

4 – Bonjour. Avez-vous de la place pour trois garçons, s'il vous plaît?
   – Avez-vous réservé?
   – Non.
   – Je suis désolé, mais nous sommes complets. Il y a un petit hôtel dans le village à trois kilomètres d'ici, ou il y a un terrain de camping à huit kilomètres.
   – Bon. On va téléphoner à l'hôtel. Vous avez les coordonnées?
   – Oui ... voilà.
   – Et il y a un téléphone public ici?
   – Oui, c'est à côté du magasin.
   – Bon, merci.

sb 223 Au choix

[9] Des questions

This gives practice in asking questions when staying at a youth hostel.

Solution:
1 *Vous avez de la place pour deux personnes pour trois nuits?*
2 *Vous faites des repas?*
3 *Le petit déjeuner est à quelle heure?*
4 *L'auberge ferme à quelle heure?*

7F Des vacances actives

7/4

Des vacances jeunes
This covers vocabulary linked to camping, youth hostelling and work camp holidays.

1 Un acrostiche

Solution:

				7				
1	p	o	u	b	e	l	l	e
				m				
2	c	o	m	p	l	e	t	
				l				
3	p	e	r	m	a	n	e	n	t
				c				
4	r	o	b	i	n	e	t	
				m				
5	o	m	b	r	e			
				n				
6	p	o	t	a	b	l	e	

2 Trouvez les contraires

Solution: **1** a *(à l'ombre/au soleil)*, **2** c *(fermé/ouvert)*, **3** f *(saisonnier/permanent)*, **4** a *(réserver/annuler)*, **5** g *(chambres disponibles/complet)*, **6** d *(en retard/en avance)*, **7** b *(l'arrivée/le départ)*, **8** e *(jour férié/jour ouvrable)*

3 Complétez les groupes
Students find a fourth word to go with other words in a group.

Solution: **1** b *(l'équitation)*, **2** e *(une pizzeria)*, **3** d *(pluvieux)*, **4** f *(au bord de la mer)*, **5** a *(les jeux d'enfants)*, **6** c *(Pâques)*

4 Si on faisait un chantier?
This gives information about a workcamp, with questions in English.

Solution:
1. Any of: *not expensive, meet people, community work, valuable experience, opportunity to visit region, take part in sport,* etc.
2. *half the time for work (half for leisure)*
3. *renovating the interior of the youth hostel*
4. *youth hostel*
5. Any three of: *walks, mountain biking, summer skiing, swimming, ice skating, tennis*
6. *28 August or 28/08*

Activité (lire)

Des vacances à la neige
Use this online reading activity to extend the topic of holidays to winter sports.

sb 137 6, tr 7

4 On loue des vélos
The recording provides practice in understanding the main language used when hiring something, in this case, bikes. Students listen to the recording and complete the sentences.

Solution: **1** *louer*, **2** *château*, **3** *trois; deux, un*, **4** *18*, **5** *50*, **6** *assurance*, **7** *mercredi*, **8** *deux*, **9** *carte de crédit*

transcript

On loue des vélos
- Est-ce qu'on peut louer des vélos ici?
- Non, on ne fait pas de location ici à l'auberge, mais il y a un magasin de cyclisme dans la rue du Château où on peut louer des vélos.
- Bon, merci. Alors, c'est la rue du Château.

Au magasin
- Bonjour, monsieur. Je voudrais louer des vélos, s'il vous plaît. Nous sommes en vacances et nous aimerions visiter la région à vélo.
- Oui, alors vous voulez combien de vélos?
- Trois; deux pour femme et un pour homme.
- Alors, un VTT, c'est dix-huit euros la journée. Il faut payer une caution de cinquante euros pour chaque vélo. Ça va?
- Oui. Et est-ce qu'il faut prendre une assurance?
- Non, l'assurance est comprise.
- Bon, alors, je voudrais louer trois vélos pour deux jours, à partir de mercredi.
- Oui, je vais réserver les trois vélos. Le magasin est ouvert à neuf heures.
- Très bien. Est-ce que je peux payer avec une carte de crédit?
- Oui, on accepte les cartes de crédit.
- Bon, merci. À mercredi alors.

sb 137 6, tr 8

5 Vacances à vélo
Students listen to the conversation and then do the tasks.

a They choose the correct answer to complete each sentence.

Solution: **1** *b*, **2** *a*, **3** *a*, **4** *a*, **5** *c*, **6** *c*, **7** *a*, **8** *b*, **9** *b*, **10** *b*

b They then find and correct the error in each of the sentences.

Solution:
1. *Après avoir pris le train, les filles ont pris le bateau à Belle-Île.*
2. *Après être arrivées sur l'île, elles ont loué des vélos.*
3. *Ensuite elles ont fait le tour de l'île.*
4. *Après le premier jour, ça allait bien.*
5. *Après avoir fait du vélo toute la journée, elles sont allées à l'auberge de jeunesse pour la nuit.*

transcript

Vacances à vélo
- Salut, Laure. Tu as passé de bonnes vacances?
- Oui, merci.

Unité 7

186 Tricolore Total 4 Teacher's Book

7F Des vacances actives

– Qu'est-ce que tu as fait?
– Je suis allée à Belle-Île avec Charlotte.
– Belle-Île, c'est où, ça?
– C'est en Bretagne, c'est une île à l'ouest de Quiberon.
– Alors, comment avez-vous voyagé?
– Nous avons pris le train jusqu'à Quiberon, puis le bateau.
– Et qu'est-ce que vous avez fait sur l'île?
– Nous avons loué des vélos et nous avons fait le tour de l'île.
– C'était fatigant?
– Le premier jour, c'était un peu fatigant, mais après, ça allait mieux.
– Il y avait beaucoup de voitures?
– Non, il n'y avait pas beaucoup de circulation.
– Le paysage, c'était comment?
– C'était magnifique.
– Est-ce qu'il a fait beau?
– Heureusement oui, il a fait beau, mais un peu trop chaud.
– Qu'est-ce que vous avez vu?
– Un jour, nous avons visité le phare de Goulphar. On a grimpé jusqu'en haut. C'était intéressant.
– Et la nuit, vous avez logé à l'hôtel?
– Non, nous avons logé à l'auberge de jeunesse.
– C'était bien?
– Oui, c'était très sympa.

Using the perfect and imperfect tenses

At this point, it might be appropriate for some students to revise the use of the two main past tenses. Ask them which past tenses they know and write these on the board. Then ask them to find examples of each tense and to work out which is used for general description in the past and which for completed actions. Use this as a starting point to summarise the different uses of the imperfect and perfect tenses. Students can then read through the explanation in *Grammaire* (SB 245–47).

223 Au choix

[10] Voyage en Afrique

This task involves deciding whether the imperfect or perfect tense should be used and producing the correct form. It can be prepared orally in class before students write out the correct verbs.

Solution:

1 *Quand j'avais 21 ans, j'ai gagné un concours de photos.*
2 *Avec l'argent, j'ai décidé de faire un voyage en Afrique.*
3 *Pendant le voyage, j'ai fait la connaissance d'un Américain, James, qui faisait le tour du monde.*
4 *Nous avons décidé de voyager ensemble.*
5 *Pendant que nous étions en Tunisie, James a acheté un véhicule tout terrain.*
6 *Au début, tout allait bien.*
7 *Nous avons fait un safari et j'ai pris des photos superbes.*
8 *Le paysage, les animaux – tout était magnifique.*
9 *Mais pendant que nous traversions le désert, le véhicule est tombé en panne.*
10 *Finalement, nous avons réparé le véhicule et nous sommes arrivés à un petit hôtel.*
11 *Mais pendant que nous déjeunions à l'hôtel, on m'a volé mon passeport.*
12 *James, qui avait été piqué par des moustiques, est tombé malade.*
13 *Enfin, James a récupéré et a décidé de continuer son voyage.*
14 *Et moi, je suis rentré en France.*

Examination grammar in action 60

Using the perfect and imperfect tenses

This provides further practice of the perfect and imperfect tenses. The preceding direct object is covered in Unité 9 *Au choix* (SB 226).

137 Dossier langue

This covers *après avoir/être* + past participle, which can be a useful structure for able students. Refer students as necessary to the *Grammaire* (SB 251).

137

6 Vacances en Provence

Students combine pairs of sentences using the past infinitive.

Solution:

1 *Après avoir quitté Paris, nous avons pris l'autoroute du sud.*
2 *Après être arrivés à Nîmes, nous avons trouvé un terrain de camping.*
3 *Après avoir installé la tente, je suis allé à la piscine.*
4 *Après avoir acheté des provisions, nous avons fait la cuisine.*
5 *Après avoir loué des vélos, nous avons fait le tour de la région.*
6 *Après avoir joué au volley, mon frère a perdu ses lunettes de soleil.*
7 *Après avoir mangé, ils sont allés au cinéma.*
8 *Après avoir joué au tennis, j'ai fait un pique-nique.*
9 *Après être rentrés à Paris, nous avons regardé des photos.*

Examination grammar in action 61

Before and after

This provides practice in using *avant de* and *après avoir*, as required.

137

7 À vous!

Students discuss activity holidays and then write their responses.

7G Et maintenant … la météo

7G Et maintenant … la météo   pages 138–139

Aims and objectives	Grammar and skills	Resources
• discuss weather conditions • use different tenses	Tense discrimination	**Key language:** see SB 146 **Online resource:** *Présentation* **CD:** 6/9–11 **GiA:** 62

Introduction

First, revise weather expressions in the present tense, using flashcards or referring to actual weather conditions, e.g.
- *Quel temps fait-il?*
- *Est-ce qu'il fait froid/beau/chaud?*
- *Est-ce qu'il pleut/neige?*
- *Y a-t-il du brouillard/du vent?* etc.

Students could consult a website, e.g. the one for *Météo France* (www.meteo.fr) to look at weather conditions in France or one of the major cities of the world.

SB 138   6, tr 9

1 La météo

This presents the symbols and weather expressions often found on weather maps. First, check that students recognise the corresponding weather condition. With less able students, the symbols can be used to practise the basic weather expressions in pairs, with one student saying a weather expression and the other pointing to the appropriate symbol, e.g. *il neige* (C), *il y a du soleil* (A).

Alternatively, describe a sequence of weather conditions, with students writing down the corresponding letters. Start with the basic weather expressions, as revised above, and then move on to the expressions more frequently found in weather forecasts, e.g.
- *Il fait un temps ensoleillé/nuageux/pluvieux.*
- *Le ciel est couvert.*
- *Il y a un risque d'orages.*
- *Averses et belles éclaircies.*

The recording can then be played; students note down the appropriate letter for the different times and days listed.

■ **Solution:** 1 F, 2 A, 3 H, 4 J, 5 I, 6 D   *(E)*

transcript

La météo

Ce matin, il y a du brouillard sur toute la région, mais l'après-midi, le temps sera beau et ensoleillé. Demain matin, le ciel sera couvert et il y aura des averses. Le mauvais temps va continuer dans l'après-midi avec un risque d'orages plus tard dans la journée. Après-demain, il fera nettement plus froid avec un vent fort venant de l'est. La nuit, il va geler. Mais le beau temps va retourner pour le week-end avec de belles éclaircies et des températures normales pour la saison.

SB 138

Pour vous aider: Pour décrire le temps

This sets out the main language for describing weather conditions in different tenses.

To practise using weather expressions with different tenses, write some weather descriptions (*averses, belles éclaircies, pluie, brume, vents forts, orages, neige,* etc.) on the board. Ask about the weather in the past, present or future, and point to one of the descriptions. Students should use the correct tense to describe the weather that matches the description, e.g.
- *Quel temps a-t-il fait hier?* (averses)
- *Hier, il a plu/il y a eu des averses.*
- *Quel temps fera-t-il demain?* (belles éclaircies)
- *Demain, il fera beau.*

GiA Examination grammar in action 62

Using different verbs to describe weather

This provides more practice in using different verbs, including *faire*, for describing weather.

SB 138   6, tr 10

2 On parle du temps

Students first listen to the conversations to note down the weather described. This could be done in French or by referring to the symbols in *La météo*. They then listen again and note down whether the speakers are referring to the past, present or future.

■ **Solution:** 1 froid, **Présent**, 2 beau, **Passé**, 3 pluie, **Passé**, 4 neige, **Futur**, 5 temps splendide/beau, **Passé**, 6 froid, **Futur**, 7 pluie/averses, **Futur**, 8 brouillard, **Passé**

transcript

On parle du temps

1 – Il fait froid, hein?
   – Oui, il fait très froid pour la saison.
2 – Il faisait beau pendant vos vacances au Maroc?
   – Oui, il faisait beau et il faisait chaud, même trop chaud, souvent trente degrés.
3 – Vous avez eu du beau temps en Bretagne?
   – Non, malheureusement pas – il a plu presque tous les jours.

188   Tricolore Total 4 Teacher's Book

7G Et maintenant ... la météo

4 – On dit qu'il neigera demain.
– Oui, c'est embêtant. Je dois aller à Strasbourg demain en voiture. J'espère qu'il n'y aura pas de problèmes sur les routes.

5 – Vous avez eu de la chance, non, avec le temps?
– Oui, c'est vrai. Il a fait un temps splendide.

6 – Selon la météo, le temps va changer.
– Oui, on dit qu'il fera plus frais.

7 – N'oubliez pas votre parapluie. On dit qu'il pleuvra plus tard.
– Ah oui, c'est vrai, on a prévu des averses pour ce soir.

8 – Vous êtes bien arrivés à Montréal?
– Oui ... enfin, il y a eu un petit retard à cause du temps.
– Ah bon? Qu'est-ce qui s'est passé?
– Il y avait du brouillard ce matin, donc on a roulé très lentement.

SB 138

3 Quel temps!

Students complete the text with a verb in the imperfect.

Solution:
1 **1** *il faisait,* **2** *il pleuvait*
2 **1** *nous vivions,* **2** *nous prenions,* **3** *le temps était,* **4** *c'était*
3 **1** *il faisait,* **2** *il roulait,* **3** *les rails se déformaient,* **4** *c'était*
4 **1** *c'était,* **2** *il faisait,* **3** *la mer était,* **4** *on ne pouvait pas,* **5** *il y avait*

SB 138 **SB 223 Au choix**

4 and [11] On consulte la météo

In this pair-work task, which practises different tenses, one student asks about the weather in different places (*Au choix* SB 223 task 11); the other refers to the appropriate weather map to reply (SB 138).

SB 139

5 Alerte au cyclone

This gives information about extreme weather conditions on the island of Réunion, off Madagascar in the Indian Ocean.

When students have read the article, check that the main points have been understood, e.g.

– *De quoi parle cet article? De ce qu'il faut faire en cas de ... ?*
– *Où y a-t-il des risques de cyclones? (Dans des régions tropicales, comme par exemple l'île de la Réunion.)*
– *Un cyclone, ça peut être dangereux?*

Explain any difficult vocabulary, e.g.

- **un cyclone:** *c'est une tempête, c'est quand il y a des vents très forts;*
- **des dégâts effroyables:** *ça veut dire beaucoup de dommages;*
- **des zones inondables:** *ça veut dire des zones qui risquent d'être couvertes d'eau;*
- *lorsque tout danger est écarté: ça veut dire qu'il n'y a plus de danger.*

a Students read the statements and decide whether they are true or false. Some students could also correct the false statements.

Solution: **1** *V,* **2** *V,* **3** *V,* **4** *F – c'est 36 heures avant,* **5** *V,* **6** *F – les bateaux doivent rentrer au port,* **7** *F – ils doivent fermer les fenêtres et les volets,* **8** *V*

b Students match up pairs of sentences to give reasons why certain actions need to be taken.

Solution: **1** *d,* **2** *e,* **3** *b,* **4** *a,* **5** *c*

SB 139 Stratégies

Some students may be interested in these proverbs and expressions linked to the weather. When they have been matched to their explanations, students could be asked for the English equivalent.

Solution:
1 b – *Après la pluie, le beau temps.* (Every cloud has a silver lining.)
2 a – *Il est toujours dans les nuages.* (He's got his head in the clouds.)
3 c – *Quand je l'ai vu(e), c'était le coup de foudre.* (When I saw him/her, it was love at first sight.)

Students could find the French for their own preferred proverb on a proverb website.

SB 139

6 Quel temps fera-t-il?

Students consult an authentic weather report to describe the weather forecast. This is most suitable for able students. Explain *dicton: Un dicton, c'est une maxime ou un proverbe, comme par exemple, 'En avril, ne te découvre pas d'un fil'.*

Solution: (possible)
1 *Il y aura du soleil, mais il y aura peut-être un peu de vent.*
2 *Le temps sera brumeux le matin, mais il y aura du soleil l'après-midi.*
3 *Il pleuvra/Il y aura des averses.*
4 *Le temps sera un peu brumeux et nuageux.*
5 *Le temps sera brumeux et nuageux le matin, mais il y aura du soleil en fin de matinée.*
6 *Le temps sera nuageux et il y aura peut-être des averses.*

SB 223 Au choix **6, tr 11**

[12] Des prévisions météorologiques

Students listen to the recording and answer the questions in French. For additional help, the correct answers could be written on the board in jumbled order. Explain that *le mistral* is a strong, cold wind that blows in the south of France.

Solution:
1 *Il y a du vent et il pleut.*
2 *Oui, ça va continuer.*

Tricolore Total 4 Teacher's Book 189

7H On s'amuse … ou pas?

3 *Oui, le soleil brillera.*
4 *Oui, il y aura aussi de la pluie.*
5 *Il fera un temps variable (belles éclaircies, suivies d'averses orageuses).*
6 *Oui, il neigera dans les Alpes (à partir de 800 m).*

transcript

Des prévisions météorologiques

– Et maintenant, la météo avec Claude Dubois. Le vent et la pluie toujours au programme?
– C'est ça, oui. À côté de la Manche et de la Bretagne, le vent sera fort jusqu'à dimanche soir. Et près de la Méditerranée, le mistral se maintiendra encore jusqu'à lundi. Le mistral amènera un grand rafraîchissement, mais aussi un ciel assez dégagé, le soleil brillera, mais il y aura aussi des averses. Donc, du temps variable dans la région méditerranéenne. Les températures seront proches des valeurs normales pour la saison, mais la présence du vent donnera une sensation de fraîcheur assez marquée. Dans tout le reste du pays, ce sera du temps très variable: parfois de belles éclaircies suivies, une demi-heure plus tard, par une violente averse de caractère orageux. Les averses seront plus nombreuses dans l'après-midi.
– Et en montagne?
– Dans les Alpes, il y aura des giboulées de neige à partir de 800 mètres et à partir de 1200 mètres dans les Pyrénées.

Présentation

La France d'outre-mer

Use this online PowerPoint presentation to give information about two overseas French *départements*, *La Guadeloupe* and *La Réunion*.

7H On s'amuse … ou pas?   pages 140–141

Aims and objectives	Grammar and skills	Resources
• use different tenses and expressions of time	Tense discrimination	**Key language:** see SB 146 **Online resource:** *Activité (grammaire)* **Copymasters:** 7/5, 7/6 **CD:** 6/12 **GiA:** 63–64

SB 140

1 Une lettre pour rassurer les parents

Students read through the letter about a holiday and look at the pictures to see what actually happened. They then find the correct ending for each sentence (1–7) to give a more accurate description of the holiday.

The letter also presents examples of how different tenses and expressions of time are used to describe events in the past, present and future.

Solution: 1 *g*, 2 *e*, 3 *a*, 4 *f*, 5 *b*, 6 *d*, 7 *c*

SB 140 Dossier-langue

This summarises different ways of talking about the future, the present and the past. Go through the captions to the cartoons and the explanation with the class, looking for examples of each tense in the letter to parents.

Talented students could then try making up their own cartoons showing the sequence of tenses. Refer students as necessary to the *Grammaire* (SB 245).

7/5

Vive les vacances!

This worksheet provides further practice in recognising and using the past and future tenses.

1 Vacances à venir ou vacances passées?

In this task, students have to note whether each sentence refers to a past or future holiday.

Solution: *Vacances à venir:* 1, 4, 5, 8, 9, 12; *Vacances passées:* 2, 3, 6, 7, 10, 11

For further practice, students could be asked to imagine that the person describing a future holiday has now returned from that holiday and is describing how it was, i.e. changing the sentences in the future tense to the past tense.

2 Vacances à Saint-Malo

This links holiday activities to weather.

a Que fera-t-on?

Students use the future tense to reply to questions about the programme of events.

Solution:

1 *Lundi, on fera un tour des remparts ou on visitera l'aquarium.*
2 *On ira au Mont Saint-Michel jeudi.*
3 *On fera une excursion en bateau mardi, s'il fait beau.*
4 *S'il pleut, on visitera le musée de cire et le château.*
5 *On fera du shopping vendredi.*
6 *Oui, on ira à la plage mercredi, s'il fait beau.*

Tricolore Total 4 Teacher's Book

7H On s'amuse ... ou pas?

b Quel temps a-t-il fait?

Students describe the weather on each day using the perfect tense.

> **Solution:**
> **lu.** il a fait (assez) beau
> **ma.** il a plu/il y avait de la pluie
> **me.** il a fait beau/du soleil
> **je.** il a fait mauvais/était couvert
> **ve.** il a fait beau/du soleil

c Qu'a-t-on fait?

Finally, they describe the week's activities in the light of the weather, using the past tenses.

sb 141   6, tr 12

2 De quand parle-t-on?

a Students listen to the eight conversations and note whether the conversation mainly refers to the future (F), present (Pr) or past (P).

b They also note which expressions of time (a–q) are used in each conversation.

> **Solution:** 1 a *F*, b *a*; 2 a *Pr*, b *b*; 3 a *F*, b *f*; 4 a *P*, b *i*; 5 a *F*, b *d*; 6 a *P*, b *m*; 7 a *Pr*, b *l*; 8 a *P*, b *e*

c They then categorise the expressions of time according to which time frame they refer to. In the case of *ce soir* and *aujourd'hui*, explain that these can be used with different tenses to refer to the present, future or even past.

> **Solution:** *futur:* a, d, j, k, n, p, q; *présent:* b, g; *passé:* c, e, h, i, m, o; *variable:* f, l

transcript

De quand parle-t-on?

1 – Et pour demain, le ciel restera couvert et nuageux sur l'ensemble du pays. Seule, la région méditerranéenne verra un peu de soleil avec quelques éclaircies en fin d'après-midi.

2 – Je travaille pour la chaîne d'hôtels Novotel. En ce moment, je suis réceptionniste à l'hôtel Paris, Gare de Lyon. C'est un nouvel hôtel, assez grand avec environ 250 chambres et une piscine.

3 – Allô. L'hôtel du Château.
   – Bonsoir, monsieur. Madame Duval à l'appareil. Je vous téléphone parce que nous arriverons plus tard que prévu ce soir ... vers vingt heures. Ça va?
   – Oui, madame. Ne vous inquiétez pas. Nous garderons votre chambre. Merci d'avoir téléphoné.

4 – Est-ce que tu es déjà parti à l'étranger?
   – Oui ... il n'y a pas longtemps, c'était à Pâques, l'année dernière.
   – Et c'était où?
   – En Angleterre, en voyage scolaire.
   – Ça s'est bien passé?
   – C'était bien, oui. On a visité Oxford, Londres, Windsor. C'était très intéressant.

5 – La fête de la science, c'est quoi exactement?
   – C'est un week-end où on organise beaucoup d'activités à thème scientifique, des jeux, des expositions, etc.
   – Et ça commence quand?
   – Le 2 juin.
   – Dans cinq jours alors?
   – Oui, c'est ça.
   – Et tu y vas?
   – Oui, j'y vais avec le club de maths.

6 – Avez-vous déjà visité La Cité des Sciences à la Villette?
   – Oui, on y est allés avant hier.
   – Et comment l'avez-vous trouvée?
   – C'était très bien, mais un peu fatigant.

7 – Bonjour, tout le monde et bienvenue au Camping Beau Soleil! Aujourd'hui, nous organisons un tournoi de tennis pour les jeunes de douze à seize ans. Ça va commencer tout de suite. Alors, tous les jeunes amateurs de tennis, rendez-vous immédiatement aux courts de tennis.

8 – Ça fait longtemps que vous êtes rentrés de vacances?
   – Ça fait une semaine. Nous sommes rentrés samedi dernier.
   – Et ça s'est bien passé à La Réunion?
   – Ah oui, très bien. C'était vraiment magnifique.
   – Vous n'avez pas eu de problèmes?
   – Non, aucun problème.

Follow-up activity:

Students could work in pairs, groups or teams. One side says an expression of time; the other has to complete the sentence using a verb in an appropriate tense. They then give a different expression for the other side to complete.

Activité (grammaire)

Attention aux verbes!

This online activity provides further practice of tenses.

sb 141

3 Un problème à l'aéroport

Students read the text and then complete the résumé.

> **Solution:** 1 *décembre*, 2 *cinq*, 3 *temps*, 4 *se reposer*, 5 *passeport*, 6 *billet*, 7 *clés*, 8 *obtenir*, 9 *photocopie*, 10 *été*

sb 141

4 Un e-mail

This gives practice in writing about a holiday using different tenses.

> **Solution:** 1 *sommes arrivés*, 2 *louons*, 3 *est*, 4 *fait*, 5 *faisait*, 6 *sommes restés*, 7 *a perdu*, 8 *nageait*, 9 *a joué*, 10 *(n)'a (pas) été*, 11 *fera*, 12 *irons*, 13 *espère*, 14 *passes*

71 Souvenirs de vacances

141

5 À vous!

Students practise asking and answering questions about a day in the holiday when an incident occurred and then write a message on a similar theme.

It might be appropriate to use the recording *Des vacances récentes* (SB 142, task 1) here to give further ideas.

7/6

Les Alpes

This provides optional reading for pleasure. It consists of a quiz about the Alps and information about the work of a ski instructor, mountain guide and hotel receptionist.

Solutions:

1 **Six questions sur les Alpes**
   1 C, 2 A, 3 B, 4 B, 5 C, 6 A

2 **Je travaille dans la région**
   1 Élisabeth, 2 Anne, 3 Anne, 4 Élisabeth, 5 Pierre, 6 Élisabeth, 7 Pierre, 8 Pierre

Examination grammar in action 63–64

Referring to past, present and future (1) and (2)

This provides more practice of time expressions and the use of different tenses.

---

71 Souvenirs de vacances   pages 142–143

Aims and objectives	Grammar and skills	Resources
• talk about previous holidays • express opinions		**Key language:** see SB 146 **Online resource:** *Activité (écouter)* **Copymasters:** 7/7 **CD:** 6/13–15

142   6, tr 13

1 Des vacances récentes

Students listen to the recording and do the multiple-choice task.

Solution:

a 1 *a*, 2 *b*, 3 *c*, 4 *b*, 5 *a*, 6 *b*, 7 *a*
b 1 *b*, 2 *a*, 3 *b*, 4 *c*, 5 *b*, 6 *a*, 7 *c*

transcript

Des vacances récentes

Magali

J'ai passé mes vacances avec ma famille, en Espagne. Malheureusement, le jour de notre départ, il y avait des problèmes à l'aéroport et notre vol a eu un retard de cinq heures. Mais enfin, quand nous sommes arrivés à l'hôtel, tout allait bien. On était tout près de la mer. Il y avait une belle piscine et une discothèque était organisée tous les soirs. Il y avait du monde à l'hôtel et quelquefois, on a dû attendre assez longtemps au restaurant. On a passé des super vacances. Il a fait très beau et on s'est baignés tous les jours.

Nicolas

J'ai passé mes vacances avec un copain en Bretagne. Nous avons fait du camping. Un jour, nous avons décidé de faire une promenade à vélo. Nous avons laissé les vélos contre un mur pendant deux minutes pendant que nous faisions des achats dans un magasin. Hélas, quand nous sommes sortis du magasin, mon vélo avait disparu, mais celui de mon copain, Kévin, était toujours là. On est allés directement au commissariat. On nous a expliqué que beaucoup de vélos étaient volés en été, mais que la plupart sont retrouvés, abandonnés plus tard. En effet, c'est ce qui s'est passé. Au bout de trois jours, on m'a averti qu'on avait retrouvé mon vélo. Malheureusement, la roue était tordue, mais à part ça, le vélo n'était pas fortement endommagé. À part ça, j'ai passé de bonnes vacances, car j'adore être en plein air et on a eu du beau temps.

142

2 Forum des jeunes: Les vacances, les voyages

a Students find in the text the French for the English phrases listed, to use in their own work.

Solution:

1 après être arrivé à Paris …
2 par contre
3 ce que j'ai aimé le plus (c'étaient) …
4 pour la première fois de ma vie
5 sous peine d'amende
6 il y a un mélange de cultures
7 grâce à ce travail, j'ai pu me faire plein d'amis
8 le seul gros problème était …

b They then identify to which person each question relates.

Solution: 1 *Paul*, 2 *Lise*, 3 *Ibrahim*, 4 *Stéphanie*, 5 *Paul*, 6 *Ibrahim*, 7 *Stéphanie*, 8 *Lise*

7I Souvenirs de vacances

7/7   6, tr 14

Avez-vous passé de bonnes vacances?

1 Students listen to Louise and Simon talking about recent holidays and answer the questions in English.

Solution:

a **Louise** **1** *Rhodes in Greece*, **2** *very pretty*, **3** *August*, **4** *good weather, sun*, **5** *by plane*, **6** *with friends in a house*, **7** *a fortnight/15 days*, **8** *on the beach, swimming in the sea*

b **Simon** **1** *Spring*, **2** *Montreal, Quebec*, **3** *rained a lot, wasn't fine*, **4** *in centre of Montreal*, **5** *10 days*, **6** *visited the town, museums, Olympic tower, the region of Quebec*, **7** *very interesting*

transcript

Avez-vous passé de bonnes vacances?
Louise Beauchamp
– Où êtes-vous partis en vacances?
– En Grèce … Nous sommes allés en Grèce, cette année.
– Ah bon? Et dans quel endroit exactement?
– À Rhodes. Vous connaissez?
– Non. C'est joli?
– Oui, c'est très joli.
– Vous y êtes allés quand?
– En août … nous sommes partis le douze août et nous sommes rentrés le vingt-six.
– Et vous avez eu du beau temps?
– Ah oui, du beau temps, du soleil.
– Et comment avez-vous voyagé?
– En avion. Mon mari n'aime pas beaucoup prendre l'avion … mais, bon, il n'y avait pas d'autre moyen et … en tout cas, il n'y avait aucun problème.
– Et vous êtes allés à l'hôtel?
– Non, chez des amis. Nous avons des amis grecs qui ont une maison à Rhodes, donc on est allés chez eux.
– Et vous y avez passé combien de temps?
– Quinze jours.
– Et qu'est-ce que vous avez fait?
– Eh bien, on est allés à la plage tous les jours, on s'est baignés dans la mer … voilà.
– C'était donc très agréable?
– Ah oui, on a passé des vacances merveilleuses.

Simon Duval
– Et vous, vous êtes partis en vacances?
– Oui … mais c'était plus tôt, au printemps. Nous sommes allés au Québec.
– Ah bon? Et vous êtes allés où exactement … dans quel endroit?
– À Montréal.
– À Montréal – c'est une grande ville, non?
– Oui, assez grande.
– Et vous y êtes allés quand?
– Au printemps … en avril.
– Et vous avez eu du beau temps?
– Hmm, non … pas tellement. Il a plu assez souvent et il n'a pas fait beau.
– Et comment avez-vous voyagé?
– En avion. Ça s'est bien passé.
– Et vous êtes allés à l'hôtel?
– Oui, nous sommes allés dans un hôtel au centre de Montréal.
– Et vous y avez passé combien de temps?
– Dix jours.
– Et qu'est-ce que vous avez fait?
– Eh bien, on … on a visité la ville, les musées, la tour Olympique, tout ça, et on a visité un peu la région de Québec.
– Alors malgré le temps, vous avez passé de bonnes vacances?
– Oui, c'était très intéressant.

2 Faites des conversations
Students work in pairs to create their own conversations.

Activité (écouter)

Avez-vous passé de bonnes vacances?

This online listening activity could be used here as an alternative or in addition to the task on CM 7/7.

sb 143   6, tr 15

3 C'était comment, les vacances?

a Students listen to the conversation and read through phrases 1–9. They then listen again and note down which ones they hear.

Solution: 1, 3, 4, 5, 7, 8, 9

transcript

C'était comment, les vacances?
– Tu as passé de bonnes vacances?
– Non, franchement, non.
– Mais pourquoi? Qu'est-ce qui s'est passé?
– Bon, d'abord, l'hôtel était assez loin du centre-ville … puis tout était très cher.
– Et les plages … il y avait de belles plages?
– Non, les plages n'étaient pas très propres et en plus, il y avait trop de monde.
– Alors, tu as pu visiter la région peut-être, faire des excursions?
– Non, pas vraiment … on avait besoin d'une voiture pour visiter la région … il n'y avait pas d'excursions en car. C'était vraiment décevant. Et toi, qu'est-ce que tu as fait pendant les vacances?
– Moi, je suis allée en Corse … dans un petit village au bord de la mer.
– Et qu'est-ce qu'il y avait à faire?
– Eh bien, à part la plage, il n'y avait pas grand-chose à faire. Mais comme moi, j'adore l'eau, j'ai passé tous les jours sur la plage. J'ai fait de la planche à voile et du ski nautique.
– Et l'eau était bonne?
– Ah oui … c'est la Méditerranée, alors la mer était bonne.
– Et vous avez eu du beau temps?
– Oui, il a fait un temps splendide.

Tricolore Total 4 Teacher's Book   **193**

Unité 7 Consolidation and assessment

b Students read phrases 1–9 and a–i and find the pairs which are opposite in meaning.

Solution: **1** g, **2** e, **3** f, **4** h, **5** b, **6** i, **7** c, **8** a, **9** d

143

4 Vos vacances – succès ou désastre?

In this pair-work task, one student asks the questions, the other describes first a successful holiday, then a disastrous one. Students then change roles.

143

5 À vous!

a Students work in pairs to talk about a recent holiday.

b They then write a more general article about holidays, using a range of tenses.

Follow-up activity:

For further practice, students could work in pairs to make up a long conversation using the questions about holidays in other tasks. Each should try to be the last person to speak.

7J Consolidation and assessment   pages 144–145

Aims and objectives	Grammar and skills	Resources
• practise exam assessment techniques • find out what you have learnt		**Key language:** see SB 146 **Online resource:** *Vocabulaire, Quiz* **Copymasters:** 7/8, 7/9; *Épreuves:* 7/10–7/15 **CD:** 6/16–27, SCD2/12

This spread provides assessment tasks that follow the style of assessment for speaking and writing offered by some awarding bodies. Teachers should adapt the tasks as necessary to suit the needs of their students. Board-specific examination practice, written by experienced examiners, is provided online.

7/8

Mots croisés – les vacances

This holiday crossword brings together many of the themes of this unit and could be completed at this point.

Solution:

¹p	l	a	g	e	²e	³s		⁴v	i	⁵l	l	a	⁶g	e
l						o				i			î	
⁷a	p	p	a	r	e	i	l			g			t	
n						e				n		⁸t	e	s
⁹c	¹⁰e		¹¹é	c	l	a	i	r	c	i	¹²e	s		
h		¹³l		h				l		¹⁴i	¹⁵c	i		
e		a		e					¹⁶n		a		¹⁷c	
à		v		r		¹⁸v	¹⁹	²⁰s	é	j	o	u	r	a
v		a		a				t			m		a	r
²¹o	m	b	²²r	e		l		é		²⁴d	v	u	t	
i		o	²³n	u	i	t				d	o	u	a	n	e
l		²⁵i			s		²⁶l		i			n		
²⁷e	m	p	l	a	c	e	m	e	n	t		²⁸e	a	u

144 Contrôle oral

A Une conversation

This provides an outline for an assessed conversation about holidays. First, work through the requirements and build up some suggestions on the board for each point.

Préparation

Students could think about the questions that might be asked, perhaps looking back through the unit for ideas.

144   6, tr 16   SCD2/12

Cécile parle de ses vacances

The example (in three parts) and related activities should provide ideas and support for the conversation task.

A Students listen to Part A and answer questions in English.

Solution: **1** rent an apartment or go camping, **2** the seaside, **3** there are four of them and a dog and lots of luggage, **4** a, b, f, g

transcript

Cécile parle de ses vacances: Partie A

– Qu'est-ce que tu fais généralement pendant les grandes vacances?

– D'habitude, nous partons en famille et nous louons un appartement ou nous faisons du camping en France.

– Où allez-vous normalement?

– Nous allons souvent en Dordogne ou au bord de la mer, en Bretagne.

– Comment voyagez-vous?

– Nous prenons la voiture parce que nous sommes quatre personnes et un chien et il y a toujours beaucoup de bagages. Ça marche bien en général, mais quelquefois il y a des embouteillages sur l'autoroute et alors ça c'est vraiment pénible.

– Qu'est-ce que tu aimes faire comme activités?

Tricolore Total 4 Teacher's Book

Unité 7 Consolidation and assessment

– Au début des vacances, j'aime me relaxer, faire la grasse matinée, m'allonger sur le sable. Puis au bout de quelques jours, j'aime être plus active – jouer au volley ou au badminton, nager dans la mer, faire de la planche à voile etc. Ma sœur aime visiter les villes et faire du shopping mais ça ne m'intéresse pas.

B Students listen to Part B and write down the missing words. These should all be familiar and are not listed on the page but could be written on the board, in jumbled order, if necessary.

Solution: 1 *deux ans,* 2 *une semaine,* 3 *un hôtel,* 4 *excursions,* 5 *car,* 6 *beau,* 7 *petits pois,* 8 *circulation,* 9 *moins,* 10 *séjour*

transcript

Partie B
– Tu es déjà partie à l'étranger?
– Oui, il y a deux ans je suis allée en Angleterre en voyage scolaire.
– Où êtes-vous allés?
– Nous sommes allés à York pendant une semaine. Nous avons logé dans un hôtel près du centre-ville et nous avons fait des excursions dans le Yorkshire.
– Ça s'est bien passé?
– Oui, c'était bien. Le voyage était long. Nous avons voyagé en car de Paris à York.
– Et quel temps a-t-il fait?
– Quand nous sommes arrivés à Douvres, il pleuvait beaucoup. Mais après deux jours ça a changé et nous avons eu du beau temps.
– Quelles ont été tes impressions de ce pays?
– Il y avait des différences, bien sûr, par exemple la nourriture. Un jour on a mangé du 'yorkshire pudding', c'était assez bon. Mais j'ai trouvé que les repas n'étaient pas très variés, par exemple on a mangé les mêmes légumes presque tous les jours – des petits pois et des carottes.
– Et à part la cuisine?
– Il y avait beaucoup de circulation sur les routes. J'ai bien aimé aller dans les magasins et j'ai trouvé que les vêtements étaient moins chers que chez nous en France. C'était amusant de parler anglais dans les magasins. En général ça m'a plu comme séjour.

C Students listen to find out which questions are asked.

Solution: a, d, e, f

transcript

Partie C
– De manière générale, que penses-tu des vacances à l'étranger?
– C'est bien de visiter d'autres pays de temps en temps, mais moi, personnellement, je préfère passer mes vacances en France.
– Est-ce qu'il y a un pays que tu voudrais visiter un jour?
– Oui, je voudrais aller en Italie, parce que j'aime la cuisine italienne et que je voudrais voir Venise.

– Comment seraient tes vacances idéales?
– Pour mes vacances de rêve, j'irais dans une belle villa près de la mer. Je ferais un stage de plongée sous-marine parce que j'ai toujours voulu faire ça. J'inviterais tous mes meilleurs amis et on ferait la fête!
– Et dernière question: à ton avis les vacances, c'est important?
– Ah oui, les vacances, c'est très important. Tout le monde a besoin de se relaxer de temps en temps et de changer de routine.

Students then prepare their own answers for a conversation with a partner or with you. This could be recorded and used for self- or peer assessment.

sb 144

B Une présentation
An alternative (or additional) task would be to prepare a presentation about a school trip.

sb 145 Contrôle écrit

Un voyage à l'étranger

This provides an outline for a written assessment of 200–300 words based on material in the unit.

Students read the sample article and do the tasks, which help extract key vocabulary for their own work. Emphasise that this is just one example and should not dictate what students may choose to write.

1 Students reply to questions in English.

Solution:
1 *He goes canoeing on the river and wanted to try kayaking at sea*
2 *on the internet*
3 *by plane*
4 *fog at the airport, which delayed departure by two hours*
5 *by shuttle, metro and bus*
6 *They had a picnic on the beach.*
7 *It was fine and sometimes a bit too hot.*
8 *They had dinner together and then everyone did what they wanted; one evening they went for a walk along the beach to see the sunset.*
9 *He likes practising languages and finds it interesting to see other countries.*
10 *to go skiing in the Rockies in Canada*

2 Students find in the article the French for the English phrases listed, to use in their own work.

Solution:
1 *j'ai toujours voulu faire …*
2 *nous avons cherché sur l'internet*
3 *on a annoncé un retard de deux heures*
4 *après être arrivés à Marseille*
5 *c'était un peu long comme trajet*
6 *il y avait huit personnes en tout*
7 *on s'entendait bien*

Tricolore Total 4 Teacher's Book

Unité 7 Consolidation and assessment

   8 *avec des lits superposés*
   9 *voici ce qui s'est passé chaque jour*
 10 *j'ai remarqué que …*
 11 *tout coûtait assez cher*
 12 *ça serait mes vacances de rêve*

Students then write their own article about a holiday in a foreign country, real or imaginary.

146–47 Sommaire

This is a summary of the main grammar and vocabulary of the unit.

Activité

Vocabulaire – Unité 7

This game provides practice of the vocabulary of the unit.

Activité

Quiz – Unité 7

An online quiz which tests the language and content of Unit 7.

7/9   6, tr 17–20   SCD2, tr 13–16

Tu comprends?

Students could do any or all of the four items on this worksheet, now or later as revision.

1 La météo

Students listen and note down the appropriate letters.

Solution:

lundi	matin après-midi	A A
mardi	matin après-midi	C G
mercredi	matin après-midi	F B
jeudi	matin après-midi	E H

transcript

La météo

Voici la météo pour aujourd'hui, lundi seize mars, et pour le début de la semaine.

Il pleut depuis tôt ce matin, et cet après-midi, il va continuer à pleuvoir sur toute la région. Mardi matin, le temps sera nuageux. L'après-midi, il neigera en montagne, et plus tard, sur l'ensemble de la région. Mercredi matin, il y aura du brouillard, mais le beau temps va revenir et l'après-midi, il fera beau et il y aura du soleil. Jeudi, il y aura du vent fort le matin, et il fera très froid l'après-midi.

2 On téléphone à l'hôtel

Students listen and complete the details.

Solution:

Nom: *Duval*
Date d'arrivée: *11 avril*
Heure approx. d'arrivée: *18h00*
Nuits: *3*
Chambre: Personnes: *2*
Tarif: chambre avec balcon: *64 euros*   chambre sans balcon: *50 euros*
Hôtel: parking ✓ restaurant ✗

transcript

On téléphone à l'hôtel

– Allô, hôtel Saint-Nicolas.
– Bonjour, je voudrais réserver une chambre pour deux personnes, s'il vous plaît.
– Oui, c'est pour quelle date et pour combien de nuits?
– C'est pour le onze avril, pour trois nuits.
– Nous avons une chambre à soixante-quatre euros avec balcon et vue sur la mer.
– Avez-vous quelque chose de moins cher?
– Oui, nous avons d'autres chambres à l'arrière de l'hôtel, sans balcon, à cinquante euros. Vous préférez ça?
– Oui, s'il vous plaît, et je voudrais une chambre non-fumeurs, si possible.
– Oui, j'ai noté. C'est à quel nom?
– Duval. Ça s'écrit D–U–V–A–L.
– Et vous arriverez vers quelle heure?
– On arrivera en fin d'après-midi, vers dix-huit heures. Est-ce qu'il y a un parking à l'hôtel?
– Oui, il y a un parking à l'arrière de l'hôtel.
– Est-ce qu'il y a un restaurant à l'hôtel?
– Ah non, monsieur, je regrette, il n'y a pas de restaurant.
– Merci, madame. Au revoir.

3 Des vacances récentes

Students listen to a conversation about a holiday and tick the appropriate boxes.

Solution: 1 *A*, 2 *C*, 3 *B*, 4 *A*, 5 *B*, 6 *B*, 7 *C*

transcript

Des vacances récentes

– L'année dernière, je suis allé en France avec ma famille. Nous avons passé une semaine à Nice, où nous avons loué un appartement. Il a fait un temps splendide, mais l'après-midi, il faisait trop chaud pour aller sur la plage. Nice est une belle ville avec un joli marché.
– Est-ce que vous avez fait des excursions?
– Oui, un jour, nous avons fait une excursion à Monte-Carlo et nous avons visité l'aquarium.
– Qu'est-ce que tu as acheté comme souvenirs?

Tricolore Total 4 Teacher's Book

Unité 7 Consolidation and assessment

– J'ai acheté un t-shirt.
– Vous êtes rentrés directement à Bruxelles?
– Non, avant de rentrer, nous avons passé deux nuits dans un camping à Annecy.
– Vous voudriez retourner à Nice?
– Oui, nous avons bien aimé Nice et la région et nous allons y retourner l'année prochaine.

4 Les vacances en questions

Students listen and complete the text.

Solution: 1 K *(tennis)*, 2 I *(nager)*, 3 A *(Alpes)*, 4 F *(excellent)*, 5 G *(famille)*, 6 B *(amie)*, 7 E *(examens)*, 8 H *(montagne)*, 9 D *(États-Unis)*, 10 J *(paysage)*

transcript

Les vacances en questions

– Qu'est-ce que tu fais pendant les vacances, d'habitude?
– Ça dépend – pendant les grandes vacances, je pars en vacances avec ma famille. D'habitude, nous faisons du camping en France, pendant deux semaines. Autrement, je sors avec mes amis, je vais au cinéma, je joue au tennis ou je joue sur l'ordinateur.
– Où préfères-tu passer des vacances?
– Je préfère aller au bord de la mer, parce que j'adore nager et les sports nautiques.
– Quel genre de vacances préfères-tu?
– Moi, je préfère des vacances actives et sportives; par exemple, l'année dernière, je suis partie en voyage scolaire aux Alpes. Nous avons fait beaucoup d'activités sportives – c'était vraiment excellent.
– Tu préfères passer les vacances en famille ou avec des amis?
– Je m'entends bien avec ma famille, mais j'aime avoir un peu d'indépendance aussi. C'est bien si peux emmener une amie avec nous.
– Qu'est-ce que tu vas faire pendant les prochaines vacances?
– Pendant les vacances de Pâques, je dois réviser, parce que, en juin, je dois passer des examens importants.
– Est-ce que tu as des projets de vacances cet été?
– Non, pas encore, mais je voudrais partir avec mes amis. Nous pensons aller à la montagne pour quelques jours.
– Est-ce qu'il y a un pays que tu voudrais visiter un jour?
– Oui, j'aimerais beaucoup aller aux États-Unis. Je voudrais visiter New York et aussi la Californie. J'ai vu beaucoup de photos de la Californie et le paysage est très impressionnant.

Épreuves: Unité 7

These worksheets can be used for an informal test of listening and reading or for extra practice, as required. For general notes on administering the *Épreuves*, see TB 12.

7/10, 6, tr 21–24

Épreuve 7: Écouter – Partie A

1 À l'office de tourisme F

Students match short conversations with pictures of the items requested. Key items are repeated in the course of the conversations.

Solution: 1 F, 2 C, 3 E, 4 B, 5 D, 6 G [6 marks]

transcript

À l'office de tourisme
Exemple:
– Bonjour, madame. Je voudrais un plan de Nice, s'il vous plaît.
– Un plan de Nice – oui, monsieur. Le voilà.
1 – Bonjour, madame. Nous sommes en vacances ici, à Nice. Avez-vous une liste des restaurants ici?
– Bien sûr, monsieur. Voici une liste des restaurants.
2 – Vous voudriez autre chose – une liste des musées, peut-être?
– Avez-vous un dépliant sur le musée des trains miniatures? Ça m'intéresse beaucoup.
– Certainement. Voilà, monsieur. Le musée des trains miniatures est très intéressant.
3 – Bonjour, madame. Nous voudrions passer quelques jours à Nice. Avez-vous une liste des terrains de camping, s'il vous plaît?
– Oui, monsieur. Les listes des campings sont par là. Servez-vous!
4 – Pardon, madame. Je suis en voiture et il est très difficile de se garer. Avez-vous une liste des parkings à Nice?
– Une liste des parkings – bien sûr! La voilà!
5 – Bonjour, madame. Avez-vous un horaire des trains, Nice à Paris, s'il vous plaît?
– Un horaire Nice–Paris … voyons … Ah oui. Voilà, mademoiselle.
6 – Bonjour, madame. Nous sommes en vacances ici et nous voudrions aller à un concert ou un spectacle. Avez-vous une liste des concerts et des autres événements?
– Bien sûr, monsieur. Voici un dépliant de tout ce qu'on peut voir ce mois-ci.
– Ah, merci bien, madame.

2 La météo F

Students listen to the weather forecast and write the correct letter for each announcement.

Solution: 1 A, 2 E, 3 B, 4 G, 5 H, 6 D [6 marks]

Tricolore Total 4 Teacher's Book 197

Unité 7 Consolidation and assessment

transcript

La météo

C'est aujourd'hui, le neuf avril. Voici la météo pour le week-end.

Exemple:

Cet après-midi, le temps restera nuageux sur toute la France. Alors du temps nuageux pour tout le monde.

1 Ce soir, il y aura probablement quelques averses, surtout dans le nord-ouest. Alors, attention, il va pleuvoir ce soir.
2 Demain matin, il y aura du vent dans beaucoup de régions. On prévoit du vent demain matin.
3 Mais le temps va changer et l'après-midi, il y aura du soleil sur toute la France. Alors samedi après-midi, on va avoir du beau temps et du soleil.
4 Dimanche matin, il fera froid avec une température de cinq degrés. Il va faire froid dimanche matin.
5 L'après-midi, il y aura de la neige dans les Alpes. Tous les skieurs, faites attention: il va neiger dimanche après-midi.
6 Dans le sud de la France, il risque d'y avoir des orages. Alors dimanche soir, on prévoit des orages dans le sud de la France.

3 Projets de vacances F/H

Students listen to Alex talking about his holiday plans and answer the questions in English.

Solution: 1 *by train,* **2** *Italy, Greece* (½ mark each), **3** *youth hostels,* **4** one of: *cheap, nice/fun*

[4 marks]

transcript

Projets de vacances

– Alex, tu penses aux vacances cette année? Tu as fait des projets?
– Oui, je vais partir à l'étranger pendant les grandes vacances.
– Ah bon. Tu vas en vacances avec ta famille?
– Non je vais partir avec deux amis du lycée.
– Qu'est-ce que vous allez faire?
– Nous allons faire un tour d'Europe en train.
– Vous allez voyager en train. Vous visiterez beaucoup de pays alors?
– Oui, nous avons l'intention de commencer notre voyage dans le sud de l'Europe, en visitant l'Italie et la Grèce, puis de continuer notre voyage dans le centre et le nord de l'Europe.
– Vous aurez du beau temps je pense en Italie et en Grèce. Et vous allez loger où?
– On va loger dans des auberges de jeunesse. Ce n'est pas cher et c'est sympa.

4 Souvenirs de vacances F/H

Students listen to the comments about past holidays and choose the statement which best reflects what they say.

Solution: 1 *h,* **2** *d,* **3** *f,* **4** *b* [4 marks]

[Total for Part A: 20 marks]

transcript

Souvenirs de vacances

Magali
Je suis allée en Guadeloupe et j'ai eu des vacances très réussies.

Stéphane
Le premier jour au camping, je me suis cassé le doigt en tombant de mon vélo!

Nicolas
Il y avait des milliers de visiteurs sur la plage, il n'y avait pas de place pour s'asseoir!

Daniel
Je m'intéresse beaucoup aux bateaux et en vacances, j'ai appris à faire du kayak.

Laurent
Il n'y avait rien à faire le soir et en plus, il n'y avait même pas de télé dans l'appartement.

7/11, 6, tr 25–27

Épreuve 7: Écouter – Partie B

1 À l'hôtel F/H

Students listen to a recorded message booking a room at the hotel and write down the details in figures and in French.

Solution: 1 *deux,* **2** *12 juillet,* **3** *deux nuits,* **4** *b avec salle de bains,* **5** *8 pm/20h00,* **6** *four,* **7** *Martin* [7 marks]

transcript

Un message enregistré

Allô. Je voudrais réserver une chambre pour samedi prochain, le douze juillet, jusqu'au lundi matin, s'il vous plaît. On partira lundi matin, assez tôt.

Je voudrais une chambre à deux lits pour deux personnes avec salle de bains, si possible

En plus, je voudrais réserver une table au restaurant pour quatre personnes pour le dîner à huit heures du soir. Nous aurons des invités.

C'est au nom de Martin. Ça s'écrit M–A–R–T–I–N. Merci et au revoir.

2 Vélos à louer H

Students listen to the conversations about hiring bikes and complete the sentences, using figures or in English.

Solution: 1 *visit the region,* **2** *four,* **3** *50 euros, deposit* (½ mark for each), **4** *Insurance,* **5** *8h30,* **6** *by credit card* [6 marks]

transcript

Vélos à louer
À l'office de tourisme

– Pardon, madame. Est-ce qu'on peut louer des vélos ici?
– Non, on ne peut pas les louer ici, à l'office de tourisme, mais il y a un magasin de cyclisme en ville où il y en a.

198 Tricolore Total 4 Teacher's Book

Unité 7 Consolidation and assessment

– C'est où, le magasin?
– C'est tout près du parc. Vous le trouverez sans problème. C'est marqué 'Location de vélos'.
– Ah, bon. Merci, madame.

Au magasin
– Bonjour, monsieur. Nous sommes en vacances ici et nous voudrions louer des vélos pour visiter la région.
– Oui, alors vous êtes combien?
– Mon frère et moi, ma femme et notre fils qui a quatorze ans.
– Donc, quatre vélos en tout, c'est ça?
– Oui, c'est ça.
– Alors, un VTT, c'est dix-huit euros la journée. Il faut payer une caution de cinquante euros pour chaque vélo. Ça va?
– Oui. Et l'assurance? Il faut payer l'assurance en plus?
– Non, l'assurance est comprise.
– Bon, alors, je voudrais louer quatre vélos pour deux jours pour demain. C'est possible?
– Oui, je vais réserver les quatre vélos. C'est à quel nom?
– Michel. Je m'appelle David Michel.
– Alors, le magasin sera ouvert demain matin à huit heures et demie.
– Très bien. Vous acceptez les cartes de crédit ou je pourrais payer avec des chèques de voyage?
– Non, non, ça va, on accepte les cartes de crédit.
– Bon, merci. À demain alors.
– Entendu!

3 Luc parle de ses vacances H

Students listen to Luc talking about his recent holiday and answer the questions in English.

Solution:
1 *his parents and his sister* (all needed for 1 mark)
2 *they went every year*
3 *gone camping with his friends*
4 *sunny*
5 *foggy*
6 *had to cancel the regatta/boat/yacht races*
7 *disappointed/not a success* [7 marks]
[Total for Part B: 20 marks]

transcript

Luc parle de ses vacances

Au mois de mai, pour la fête de l'Ascension, je suis allé avec mes parents et ma sœur passer cinq jours à La Rochelle. Ce n'est pas mal, mais on y va tous les ans et ça ne change pas beaucoup; franchement, c'est un peu ennuyeux. Mes parents sont gentils, mais de préférence, j'aimerais partir avec mes copains, faire du camping, par exemple.

En plus, cette année, à La Rochelle, on avait des problèmes avec le temps. D'habitude, il y a du soleil et on peut se bronzer, mais malheureusement, cette année, il y a eu beaucoup de brouillard et on a dû annuler les régates et les courses de bateaux à voile. Nous étions tous très déçus à cause du temps et on ne peut pas dire que c'étaient des vacances très réussies.

7/12

Épreuve 7: Lire – Partie A (1)

1 Au camping F

Students match the picture with each sign and write the correct letter.

Solution: 1 *B,* **2** *A,* **3** *H,* **4** *F,* **5** *C,* **6** *G,* **7** *D*
[7 marks]

2 Forum des jeunes F/H

Students read the contributions to an internet discussion about holidays. They then read the questions and write the initial of the person who matches each of them. The names can be used more than once.

Solution: 1 *L,* **2** *F,* **3** *R,* **4** *J,* **5** *S,* **6** *R* [6 marks]

7/13

Épreuve 7: Lire – Partie A (2)

3 Quel hôtel? F/H

Students read the letter and tick the correct boxes for each question.

Solution: 1 *a,* **2** *c,* **3** *d,* **4** *b,* **5** *a,* **6** *c,* **7** *d*
[7 marks]
[Total for Part A: 20 marks]

7/14

Épreuve 7: Lire – Partie B (1)

1 Un message de confirmation F/H

Students read the message from a hotel and fill in the grid.

Solution: 1 *T,* **2** *?,* **3** *F,* **4** *T,* **5** *T* [5 marks]

2 La météo F/H

Students read the weather forecast and write the correct letter for each place listed.

Solution: 1 *C,* **2** *H,* **3** *D,* **4** *A,* **5** *F* [5 marks]

7/15

Épreuve 7: Lire – Partie B (2)

3 Des vacances pour tous les goûts H

Students read the article and do the two tasks. In part A, they choose the correct answers. In part B, they match the titles to each course description.

Solution:
A: 1 *c,* **2** *c,* **3** *windsurfing, mountain-biking, cooking* (1 mark each)
B: 1 *B,* **2** *F,* **3** *C,* **4** *A,* **5** *E* [10 marks]
[Total for Part B: 20 marks]

Tricolore Total 4 Teacher's Book   199

Tricolore Total 4
Unité 8 À votre santé! pages 148–169

Aims and objectives	Grammar and skills	Vocabulary
8A Votre santé en vacances pages 148–149		
• talk about holiday health • use expressions with *avoir*	*Il vaut mieux, Il (ne) faut (pas)* + infinitive Expressions with *avoir*	Expressions with *avoir*
8B A la pharmacie pages 150–151		
• find out about a chemist's shop • describe minor symptoms • use *qui* and *que*	*qui* and *que*	At the chemist's
8C Le corps humain pages 152–153		
• revise parts of the body • describe pain or injury	Reflexive verbs with parts of the body *avoir mal* + *à/à la/aux*	Parts of the body
8D En faisant du sport pages 154–155		
• describe two things that happened at once • use the present participle • find out about emergency services	The present participle Expressions with *n'importe (qui/où/quand)*	Emergencies, warnings, instructions
8E Il y a eu un accident pages 156–157		
• understand descriptions of an accident • give details and location of an accident	The perfect and imperfect tenses	Emergencies, warnings, instructions
8F Ça fait mal pages 158–159		
• make an appointment for the doctor or dentist • describe symptoms		At the dentist's At the doctor's
8G C'est dur d'être ado pages 160–161		
• talk about personal feelings and problems		
8H Le tabac, l'alcool et la drogue pages 162–163		
• discuss smoking, drugs, alcohol and addiction		
8I Forme et santé pages 164–165		
• discuss and compare lifestyles		Healthy and unhealthy lifestyles
8J Consolidation and assessment pages 166–167		
• practise exam assessment techniques • find out what you have learnt		
Sommaire pages 168–169		

Resources:

Student's Book 148–169
CD 6–7, Student CD 2

Copymasters
8/1 Jeux de vocabulaire
8/2 Le corps humain
8/3 Sur l'ordinateur
8/4 Un accident
8/5 Comment cesser de fumer?
8/6 Tu comprends?
8/7 Épreuve 8 Écouter – Partie A
8/8 Épreuve 8 Écouter – Partie B
8/9 Épreuve 8 Lire – Partie A
8/10 Épreuve 8 Lire – Partie B (1)
8/11 Épreuve 8 Lire – Partie B (2)

Au choix SB 224–225
1 Je me sens un peu malade
2 De quoi s'agit-il?
3 Autres pays, autres mœurs
4 Ça me fait mal
5 Comment a-t-il fait ça?
6 Pour avoir de belles dents
7 Le sida
8 Charles Martin

Examination Grammar in Action 65–68
Using the verb *avoir*
Using *qui* and *que*
Using *avoir mal* and *se faire mal*
Using *en* + present participle

Kerboodle!
Des phrases avec *avoir* (Activité – G)
Une interview avec un pharmacien (Activité – É)
Qui et que (Présentation)
Le corps humain (Présentation)
Votre santé dans les pays chauds (Activité – L)
Quel voyage! (Activité – G)
Chez le médecin (Activité – P)
Ça va ou ça va pas? (Activité – É)
L'alcool, qu'en savez-vous? (Activité – L)
La forme, c'est important? (Activité – P)
Vocabulaire – Unité 8 (Activité)
Quiz – Unité 8 (Activité)

É = Écouter, L = Lire, P = Parler,
G = Grammaire

8A Votre santé en vacances

8A Votre santé en vacances   pages 148–149

Aims and objectives	Grammar and skills	Resources
• talk about holiday health • use expressions with *avoir*	*Il vaux mieux, Il (ne) faut (pas)* + infinitive Expressions with *avoir*	**Key language:** see SB 168 **Online resource:** *Activité (grammaire)* **CD:** 6/28 **GiA:** 65

Introduction

Introduce the topic of health in summer and write some of the key vocabulary on the board, e.g.

En été, d'habitude on va bien, on n'a pas beaucoup de problèmes de santé. Cependant, il faut faire attention à certaines choses:

- **le soleil:** *ça fait du bien mais ce n'est pas bien de rester longtemps au soleil surtout à midi quand le soleil est très fort car on risque de se brûler. Les personnes qui sont blondes ou rousses et qui ont la peau claire doivent faire très attention;*
- **boire:** *il est important de boire surtout si on fait du sport;*
- **les guêpes et les abeilles:** *ce sont des insectes qui piquent. Si les insectes posent un grand problème on peut mettre une crème anti-insecte;*
- **se baigner:** *nager, ça fait du bien aussi mais ne vous baignez pas tout de suite après un grand repas – vous risquez d'avoir des crampes.*

sb 148

1 La santé l'été

Students read the article from a teenage magazine and then do the tasks.

a Students choose an appropriate title for each paragraph.

> **Solution:** **1** *E,* **2** *A,* **3** *D,* **4** *C,* **5** *B*

b They then complete the advice about sun protection.

> **Solution:** **1** *une crème solaire,* **2** *un chapeau et des lunettes de soleil,* **3** *de l'eau régulièrement,* **4** *dormir/s'endormir sur la plage en plein soleil,* **5** *15 heures*

c Finally, they reply to questions in French according to the information in the article.

> **Solution:** **1** *en fin d'après-midi (ou tôt le matin),* **2** *pour récupérer l'eau et les sels minéraux perdus et éviter crampes et courbatures,* **3** *un produit antiseptique,* **4** *mettre une crème anti-moustique et se couvrir,* **5** *une heure,* **6** *après avoir bu de l'alcool/si la baignade est interdite*

sb 148 Stratégies

This covers the impersonal expressions *il vaut mieux* and *il (ne) faut (pas)* + infinitive. You could incorporate these in classroom discussion for further practice.

sb 149   6, tr 28

2 Les problèmes de l'été

Students listen to the recording, which is in two parts, and then do the tasks.

a Students note the five symptoms mentioned in the recording.

> **Solution:** **b** *(On a le visage très rouge.)* **d** *(On a mal à la tête.)* **e** *(On a envie de vomir.)* **g** *(On se sent fatigué.)* **h** *(On a soif).*

b They then choose the correct option to complete each of the sentences.

> **Solution:** **1** *a,* **2** *b,* **3** *a,* **4** *b,* **5** *a,* **6** *a*

transcript

Les problèmes de l'été

a Un coup de chaleur

– Bonjour et bienvenue aujourd'hui au Docteur Lagarde qui va nous renseigner sur les problèmes de l'été. D'abord, le coup de chaleur. Docteur, un coup de chaleur, qu'est-ce que c'est exactement? Quand est-ce que ça peut arriver?

– Un coup de chaleur, ça peut arriver si on reste longtemps en plein soleil par exemple, si on assiste à un match ou si on est sur la plage et il fait très chaud.

– Quels sont les symptômes?

– Si une personne a le visage très rouge, si elle a mal à la tête et a envie de vomir. Si elle se sent fatiguée et a soif, c'est, sans doute, un coup de chaleur.

b Les insectes

– Passons maintenant à un autre problème de l'été – les piqûres d'insectes. Est-ce qu'il y a des choses qu'on peut faire pour éviter les piqûres d'insectes?

– Oui, on peut utiliser un produit anti-insectes, comme une crème qu'on peut acheter à la pharmacie. Et puis, le soir et la nuit, il faut bien se couvrir, car les moustiques sont plus nombreux le soir et la nuit ... alors on doit protéger ses bras et ses jambes en portant un vêtement à manches longues et un pantalon ou une jupe longue au lieu d'un short.

– Donc, le soir et la nuit, couvrez-vous bien.

8B À la pharmacie

– Oui, c'est ça. Et évitez les couleurs foncées – le noir et le bleu marine. Mettez de préférence des couleurs claires. Et ne mettez pas de parfum – les moustiques sont attirés par ça.
– Bon, alors pour résumer. Pour éviter les piqûres de moustiques, utilisez une crème anti-insectes, évitez les couleurs foncées et le parfum et le soir et la nuit, couvrez-vous bien. C'est bien ça? Et maintenant, la dernière question – qu'est-ce qu'il faut faire si on se fait piquer par une guêpe ou une abeille?
– Bon, s'il s'agit d'une abeille, il faut retirer le dard d'abord. Puis pour toutes les piqûres, il faut nettoyer la blessure avec de l'eau ou un produit antiseptique. On peut aussi appliquer des glaçons pour calmer la douleur.
– Bon, merci, docteur. Maintenant, on est bien renseigné sur le coup de chaleur et les piqûres d'insectes. C'est tout pour notre émission d'aujourd'hui.

149 Dossier-langue

This looks at some common expressions with *avoir*. Refer students as necessary to the *Grammaire* (SB 250).

149

3 Expressions utiles

Students complete the list of useful expressions with *avoir*.

Solution: 1 *to be hot,* 2 *avoir froid,* 3 *to be hungry,* 4 *avoir soif,* 5 *to need,* 6 *to be lucky,* 7 *to take place,* 8 *to be afraid (of)*

149

4 En vacances

a Students complete sentences with the verb indicated by the words in English.

Solution: 1 *on a le droit,* 2 *ils ont chaud,* 3 *tu as raison,* 4 *ils ont tort,* 5 *il a de la fièvre*

b They then complete each sentence with the correct part of the appropriate verb.

Solution: 1 *j'ai peur,* 2 *j'ai soif,* 3 *elle a faim,* 4 *nous avons besoin,* 5 *vous avez de la chance*

Examination grammar in action 65

Using the verb *avoir*

This gives more practice in using the verb *avoir* in the present and perfect tenses and with different expressions.

Activité (grammaire)

Des phrases avec *avoir*

This online activity provides further practice of expressions with *avoir*.

149

5 Une trousse de premier secours

This presents the vocabulary for various first aid items. If easily available, bring in some examples to help introduce and practise the words for the various items shown. An imaginary problem could be described, e.g. *J'ai mal à la tête. Il y a beaucoup d'insectes ici. Je me suis fait piquer par une abeille*, etc. and students suggest which item(s) might be needed.

Students then write a list of the items shown, along with their English equivalents.

Solution: 1 *du sparadrap* – sticking plaster, 2 *des ciseaux* – scissors, 3 *des comprimés* – tablets, 4 *un pansement* – dressing/bandage, 5 *une crème anti-insecte* – insect repellent cream, 6 *un produit antiseptique* – antiseptic cream, 7 *de l'aspirine* – aspirin

224 Au choix

[1] Je me sens un peu malade

Students complete a conversation and could then practise it in pairs, varying the symptoms and advice.

Solution: 1 *sens,* 2 *mal,* 3 *envie,* 4 *chaud,* 5 *j'ai,* 6 *fatigué(e),* 7 *médecin*

149

6 À vous!

In this open-ended task, students take it in turn to give a piece of holiday health advice and then write down a list of useful tips. Specify how many points should be given.

8B À la pharmacie   pages 150–151

Aims and objectives	Grammar and skills	Resources
• find out about a chemist's shop • describe minor symptoms • use *qui* and *que*	*qui* and *que*	**Key language:** see SB 168 **Online resource:** *Activité (écouter)* **Copymasters:** 8/1 **CD:** 6/29 **GiA:** 66

Introduction

Introduce the topic of *la pharmacie* with a quick quiz to see what students remember from earlier work, e.g.

– *Où est-ce qu'on peut acheter des médicaments en France? (À la pharmacie.)*
– *Quel signe voit-on souvent à l'extérieur d'une pharmacie? (Une croix verte.)*

Tricolore Total 4 Teacher's Book

8B À la pharmacie

- *Comment s'appelle la personne qui s'occupe de la pharmacie et qui prépare les médicaments sur ordonnance? (Le pharmacien/La pharmacienne.)*
- *Qui écrit une ordonnance? (Le médecin.)*
- *Qu'est-ce qu'on peut acheter dans une pharmacie? (Des médicaments comme par exemple de l'aspirine, des comprimés, des crèmes, des produits antiseptiques, etc.)*
- *Il y a toujours une pharmacie qui est ouverte la nuit et le dimanche. Ça s'appelle la pharmacie de … ? (garde)*

sb 150

1 Les pharmacies en France

First, explain that French people have to pay for items bought on prescription, although they can reclaim between 35% and 65% of the cost. The cost of common remedies and items such as bandages are refunded at the lower rate. In order to reclaim the cost, a small detachable label (*la vignette*) showing the name and price of the contents has to be stuck to the *feuille de soins* (obtained from the doctor). Students might also be interested to know that the chemist can be consulted about various things, including the identification of wild mushrooms!

Students then complete the sentences.

> **Solution:** 1 g *(verte)*, 2 b *(payer)*, 3 f *(un rhume ou une toux)*, 4 c *un médecin* 5 a *(des pastilles, des sirops, des pommades)*, 6 d *(une ordonnance)*, 7 e *(une pharmacie)*

sb 150 Point-Info

This gives some information about a prescription (*une ordonnance*) and the green cross sign (*la croix verte*), indicating a pharmacy.

sb 150

2 Lexique

Students complete the list of vocabulary for minor ailments and remedies.

> **Solution:** *une ordonnance* – prescription, *le savon* – soap, *du sparadrap* – sticking plaster, *vomir* – to be sick

8/1

Jeux de vocabulaire

This provides practice of the vocabulary used in spreads 8A and 8B.

1 Mots croisés *(see opposite)*

2 Trouvez les synonymes

> **Solution:** 1 e, 2 d, 3 a, 4 f, 5 b, 6 c

3 Chasse à l'intrus

> **Solution:**
> 1 *du déodorant – ce n'est pas un médicament*
> 2 *du chaleur – ce n'est pas un produit de beauté*
> 3 *une piqûre – ce n'est pas un insecte*
> 4 *la pilule – ce n'est pas un problème de santé*
> 5 *un ingénieur – ce n'est pas un métier médical ou paramédical*

Solution:

	1	2	3	4				
1	p	h	a	r	m	a	c	i	e
	i		p		é		o			5 d
	q		r	7 d	o	u	l	e	u	r	8
	û		è		i		p		s		h
	r	9 s	e	c					10 b	u
	e			11 a	12 s					m
	13 c	r	è	m	e		14 t	ê	t	e
15 s				e			o			
16 o	r	d	o	n	n	a	n	18 c	e
	i			t			i		h	
19 f	a	i	m	20					a	
				a			21 t	o	u	x
		22 m	a	l	a	d	e			

sb 150 6, tr 29

3 Chez le pharmacien

Read through the list of items (a–h), so students recognise the pronunciation.

a Students listen to the conversations and find the appropriate items purchased each time.

> **Solution:** 1 c, 2 b, 3 g, 4 d, 5 a, 6 e, 7 a, f, 8 h

b They then reply to questions in English.

Able students could be asked to note down as much other information as possible.

> **Solution:** 1 *a cold*, 2 *blackcurrant and lemon*, 3 *one*, 4 *a cough*, 5 *cut finger, slicing bread*, 6 *quarter of an hour*, 7 *stung by a wasp*, 8 *sunstroke, rest, stay out of the sun, drink a lot*

transcript

Chez le pharmacien

1 – Ah, je suis très enrhumée. Pouvez-vous me conseiller quelque chose?
 – Vous pouvez prendre de l'aspirine. Avez-vous mal à la gorge aussi?
 – Non, la gorge, ça va. Bon, je prendrai un paquet d'aspirines, s'il vous plaît, et donnez-moi aussi une boîte de mouchoirs en papier.
 – Voilà, madame.

2 – Je voudrais des pastilles pour la gorge, s'il vous plaît.
 – Oui, il y a celles-ci au cassis ou celles-là au citron.
 – Je prendrai celles au citron.
 – Bon, un grand paquet ou un petit paquet?
 – Un grand paquet, s'il vous plaît.

3 – Avez-vous quelque chose contre la diarrhée?
 – Oui, nous avons ce médicament-là.
 – Bon, je prends ça.
 – Vous voulez autre chose?
 – Non, c'est tout.

Tricolore Total 4 Teacher's Book

8B À la pharmacie

4 – Je tousse beaucoup. Pouvez-vous me conseiller quelque chose contre la toux?
– Oui, ce sirop est très bon.
– Très bien.
– Et avec ceci?
– C'est tout, merci.

5 – Je me suis coupé le doigt. Pouvez-vous me mettre un pansement?
– Faites voir votre main. Oh là là! Comment avez-vous fait ça?
– En coupant du pain.
– Bon, je vais m'occuper de ça … Voilà, c'est fini. Ça vous fait toujours mal?
– Non, ça va beaucoup mieux.
– Vous vouliez autre chose?
– Oui, un tube de crème antiseptique.
– Comme ça, ou comme ça?
– Le plus grand, s'il vous plaît.

6 – J'ai une ordonnance. La voilà.
– Merci, monsieur. Vous voulez revenir dans un quart d'heure?
– Non, je préfère attendre.
– Très bien. Asseyez-vous, on en aura pour cinq minutes …

7 – Mon fils s'est fait piquer par une guêpe. Est-ce que vous pouvez le soigner?
– Oui madame. Allez, jeune homme. Laisse-moi voir. Ça t'a fait mal, n'est-ce pas? On va te mettre une crème et ça ira mieux. Ce n'est pas grave, madame. Je vais lui mettre un peu de crème. Vous vouliez autre chose?
– Euh … oui, du lait ou une crème anti-moustiques.

8 – Avez-vous une crème solaire qui donne une très bonne protection?
– Oui, prenez une crème numéro 15 ou plus.
– Bon, je prendrai celle-ci. Et pouvez-vous me donner des conseils pour ma sœur. Elle est restée longtemps au soleil hier et aujourd'hui elle a mal à la tête et elle a vomi.
– Oui, c'est sûrement un coup de chaleur. Elle devrait se reposer et rester hors du soleil et boire beaucoup. Si ça ne va pas mieux dans deux jours, il faut consulter un médecin.

150

4 Des expressions utiles

Students complete the sentences in French to provide useful expressions that they can refer to as they work through the unit.

Solution:
1 *Je suis très enrhumé(e)*
2 *Je voudrais des pastilles pour la gorge, s'il vous plaît.*
3 *Pouvez-vous me conseiller quelque chose?*
4 *J'ai mal au cœur et j'ai vomi pendant la nuit.*
5 *Le médecin m'a donné une ordonnance pour des médicaments.*
6 *Avez-vous un médicament contre la diarrhée?*

7 Je me suis coupé le doigt. Pouvez-vous me mettre un pansement?

8 Mon fils s'est fait piquer par une guêpe. Est-ce que vous pouvez le soigner?

150

5 Vous êtes l'interprète

Students have to describe other people's symptoms and ask the chemist for advice. Five different situations are given.

Some students might like to make up short sketches taking place in the chemist's or a doctor's surgery, or based on an incident in the street where someone is suddenly taken ill or starts behaving in a strange way.

Activité (écouter)

Une interview avec un pharmacien

This online listening activity could be used here to give more information about the work of a dispensing chemist in France.

Présentation

Qui et que

This online PowerPoint presentation can be used to present the structures *qui*, *que*, *ce qui* and *ce que*.

151

6 Jeu des définitions

This quiz provides examples of *qui* used as a relative pronoun within longer sentences.

Solution: 1 *une abeille*, 2 *la pharmacie*, 3 *le pharmacien/la pharmacienne*, 4 *le médecin*, 5 *une crème solaire*

151 Dossier-langue

Students read through this summary of *qui* used as a relative pronoun and then do the tasks. Refer them as necessary to the *Grammaire* (SB 242)

151

7 En une phrase

Students link pairs of sentences together using *qui*.

Solution:
a 1 *C'est le docteur Laval qui m'a soigné quand j'étais malade.*
2 *C'est le poisson qui m'a rendu malade.*
3 *On va d'abord à la pharmacie, qui se trouve près de l'hôtel.*
4 *Prenez ce médicament, qui est très efficace contre l'indigestion.*

b 1 *C'est votre fils qui a été piqué par une guêpe?*
2 *Va chercher la trousse de médicaments, qui se trouve dans le coffre de la voiture.*
3 *Il y a une crème qui est très bonne pour les piqûres d'insectes.*

8C Le corps humain

151 Dossier-langue

This explains the use of *que*. Encourage students to make up a rule for themselves about when to use *qui* and when to use *que*. Refer them as necessary to the *Grammaire* (SB 242).

151

8 Un jeu sur la santé

When students have completed the statements/questions, they could be used in a class or group quiz.

> **Solution:** (possible) **1** d *(de l'eau)*, **2** e *(les lunettes de soleil)*, **3** a *(une crème antiseptique)*, **4** c *(de l'aspirine)*, **5** b *(des ciseaux)*

224 Au choix

[2] De quoi s'agit-il?

a Students link the pairs of sentences correctly and then work out the answers.

> **Solution:**
> 1 C'est une boisson chaude qu'on boit souvent avec du lait, mais quelquefois avec du citron. *(le thé)*
> 2 C'est un sport individuel qu'on pratique à la montagne en hiver. *(le ski)*
> 3 C'est un gros animal gris avec de grandes oreilles qu'on voit souvent dans les zoos. *(un éléphant)*
> 4 C'est un sandwich grillé au fromage et au jambon qu'on vend dans les cafés. *(un croque-monsieur)*

b They then make up definitions for each of the objects shown, following the same model.

> **Solution:** (possible)
> 1 *Un dictionnaire – c'est un livre qu'on peut consulter pour la traduction ou le sens d'un mot.*
> 2 *Une tomate – c'est un fruit qu'on mange souvent en salade.*
> 3 *Un avion – c'est un moyen de transport qu'on prend pour arriver vite à sa destination.*
> 4 *Un iPod – c'est un appareil qu'on utilise pour écouter des émissions et de la musique.*

151

9 Un accident d'équitation

Students have to decide whether to use *qui* or *que* (*qu'*) to complete each sentence. Go through the task first to check that students understand when to use *qui* and when to use *que*.

> **Solution:** 1 *qui*, 2 *qu'*, 3 *qui*, 4 *qui*, 5 *qui*, 6 *que*

Examination grammar in action 66

Using *qui* and *que*

This provides further practice in using *qui* and *que*, if required.

8C Le corps humain   pages 152–153

Aims and objectives	Grammar and skills	Resources
• revise parts of the body • describe pain or injury	Reflexive verbs with parts of the body *avoir mal* + *à/à la/aux*	**Key language:** see SB 168 **Online resource:** *Présentation* **Copymasters:** 8/2, 8/3 **CD:** 6/30–32 **GiA:** 67

152

1 Le corps humain

The labelled visual provides a reference for vocabulary, colour-coded to provide help with *avoir mal à*, etc. in later activities.

Présentation

Le corps humain

This online PowerPoint presentation can be used to present and revise vocabulary for parts of the body.

8/2

Le corps humain

The visual could be labelled by students and filed for reference.

2 L'abc du corps

Students could say or write appropriate words to complete the list.

> **Solution:** (possible) **A** *l'abdomen*, **B** *le bras*, **C** *le cou, la coude*, **D** *la dent*, **E** *l'estomac*, **F** *le front*, **G** *le genou*, **H** *la hanche*, **L** *la lèvre*, **M** *le menton*, **N** *le nez*, **O** *l'oreille*, **P** *le pied*, **S** *les sourcils*, **T** *le talon*, **V** *le ventre*, **Y** *les yeux*

8C Le corps humain

📖 152 💿 6, tr 30

2 Une machine magnifique!

This fairly light-hearted quiz about the human body provides further practice of vocabulary. Students should guess the answers then listen to check them.

Alternatively, read through the questions and explain any new terms, e.g. *les dents de sagesse* (wisdom teeth). There could be a show of hands for each reply, or students could write down their choice.

Solution:

1 b *206 (Le plus gros se trouve dans la jambe, le plus petit se trouve dans l'oreille.)*
2 c *32 (On a 20 dents de lait.)*
3 a *entre 4 et 5 litres*
4 a *660*
5 b *37°C*
6 b *entre 13 et 17 fois (… quand on ne fait pas d'exercice. Quand on fait de l'exercice on peut respirer jusqu'à 80 fois en une minute.)*
7 c *les dents (… ou plus exactement l'émail des dents.)*

transcript

Une machine magnifique!

– Bonjour et bienvenue à notre jeu: la vie en questions. Aujourd'hui, ce sont des questions sur le corps humain. Comme toujours, vous allez entendre une question et trois réponses possibles. Vous devez choisir la bonne réponse. Après une petite pause, vous entendrez la bonne réponse. Vous êtes prêts? Bon, on commence. Question un: il y a combien d'os en moyenne dans le corps humain?

  a) 112, b) 206, c) 324.

– La bonne réponse est b. Il y a 206 os dans le corps humain. Le plus gros se trouve dans la jambe et le plus petit se trouve dans l'oreille.

– La deuxième question: un (ou une) adulte a combien de dents, normalement (y compris les dents de sagesse)?

  a) 16, b) 24, c) 32.

– Vous l'avez trouvé? Eh bien, la réponse correcte est c. Un adulte a 32 dents.

– Troisième question: on a combien de litres de sang?

  a) entre 4 et 5 litres, b) entre 6 et 7 litres, c) plus de 8 litres.

– Et la bonne réponse est a. Il y a entre 4 et 5 litres de sang dans le corps humain.

– Question quatre. Plus de la moitié du corps humain se compose de muscles. Il y a environ combien de muscles en tout ?

  a) 660, b) 770, c) 880.

– La réponse correcte est a – il y a 660 muscles en tout.

– Et voici une question plus facile, la question cinq: quelle est la température du corps humain, normalement?

  a) 32°, b) 37°, c) 100°.

– La bonne réponse est b – 37°C.

– Alors, question six: on respire combien de fois par minute, en moyenne?

  a) entre 5 et 10 fois, b) entre 13 et 17 fois, c) plus de 100 fois.

– La réponse correcte est b. On respire entre 13 et 17 fois, normalement, mais quand on fait de l'exercice, on respire beaucoup plus vite, jusqu'à 80 fois par minute.

– Et maintenant, la dernière question, question sept: quelle est la partie la plus dure du corps?

  a) les os, b) la tête, c) les dents.

– Vous le savez? La bonne réponse est c – les dents, ou plus exactement, l'émail des dents.

– Voilà c'est la fin de l'émission. J'espère que vous avez eu beaucoup de réponses correctes. À demain pour une autre émission du jeu: La vie en questions.

📖 152

3 Qu'est-ce qu'on dit?

Students have to give the correct name for parts of the body in order to complete these idiomatic expressions. They can then guess the meanings and check them in the glossary or a dictionary.

Solution:

1 *C'est casse-pieds.* – It's a pain in the neck.
2 *trempé jusqu'aux os* – soaked to the skin
3 *Ça coûte les yeux de la tête.* – It costs an arm and a leg.
4 *à vue de nez* – under your nose
5 *se lever du mauvais pied* – to get out of the wrong side of bed
6 *On s'est cassé la tête pour trouver une solution.* – We racked our brains to find an answer.
7 *Voyager en car, ça me donne mal au cœur.* – Travelling in a coach makes me sick.

📖 224 Au choix

[3] Autres pays, autres mœurs

This is an optional task about body language in different cultures. Students complete the sentences with different parts of the body.

Solution: 1 *la main*, 2 *la tête*, 3 *la tête, la tête*, 4 *les pieds, pieds*, 5 *la tête*, 6 *les mains*

📖 153 💿 6, tr 31

4 J'ai mal partout!

a Students first listen to the recording and match the speakers with the pictures.

Solution: 1 *F*, 2 *C*, 3 *H*, 4 *K*, 5 *G*, 6 *E*, 7 *B*, 8 *J*, 9 *L*, 10 *D*, 11 *I*, 12 *A*

b Then they describe each person's problem in the 3rd person. In the recording, both *j'ai mal* and *je me suis fait mal* are used, but students need only use *j'ai mal* when describing the problem.

8C Le corps humain

transcript

J'ai mal partout!

1 J'ai joué un match de tennis très long hier. Ça a duré trois heures et aujourd'hui, j'ai mal au bras.
2 J'ai porté ma grosse valise à la gare et puis ce soir, j'ai joué au squash. Maintenant, j'ai mal à l'épaule.
3 J'ai dû trop manger à midi. J'ai mal à l'estomac. C'est probablement un peu d'indigestion.
4 Nous avons eu un accident de la route en rentrant à Lyon. Heureusement, ce n'était pas grave, mais depuis l'accident, j'ai mal au cou.
5 J'ai joué au football hier et je suis tombé plusieurs fois. Je me suis fait mal au genou.
6 Je suis tombée de mon vélo et je me suis fait une entorse de la cheville. J'ai très mal à la cheville.
7 Je suis allé au gymnase hier et aujourd'hui j'en souffre. J'ai mal au coude.
8 J'ai marché pendant des heures à Paris. Je suis très fatiguée et j'ai mal aux pieds.
9 En faisant la cuisine, je me suis coupé le doigt et ça fait mal.
10 Je suis très enrhumé – c'est peut-être la grippe et en plus j'ai mal à l'oreille.
11 J'ai fait du ski ce week-end et je tombais tout le temps. Hélas, j'ai fait une très mauvaise chute et je me suis cassé la jambe.
12 J'ai bien travaillé dans le jardin hier, mais j'ai dû en faire trop. Aujourd'hui, j'ai mal au dos.

Follow-up activity:

For further oral practice of *avoir mal* + parts of the body, use a tissue with a red stain which can be put on the hand, finger, arm, head, etc. to cue *J'ai mal à la main/au doigt/au bras/à la tête*, etc.

sb 153   6, tr 32

5 Sur l'ordinateur

First, go through the text and explain that all the missing words are parts of the body. Students then listen to the recording to note down the missing words.

Solution: **1** *épaules*, **2** *dos*, **3** *poignets*, **4** *doigts*, **5** *bras*, **6** *yeux*, **7** *yeux*, **8** *yeux*, **9** *yeux*, **10** *dos*, **11** *pieds*, **12** *genoux*, **13** *coudes*, **14** *bras*, **15** *poignets*, **16** *épaules*, **17** *mains*

transcript

Sur l'ordinateur

– Vous vous servez d'un ordinateur? Voici quelques conseils pour protéger votre santé.
– Si vous vous asseyez devant un ordinateur pendant de longues périodes, ça peut vous donner mal aux épaules et mal au dos.
– Et le travail sur clavier peut contribuer à certains problèmes de poignets, de doigts et de bras.
– Il est important aussi de se reposer les yeux de temps en temps.

Les yeux
– Si possible, fixez un écran anti-reflets au moniteur.
– Toutes les dix minutes, éloignez vos yeux de l'écran et regardez quelque chose d'autre.
– Toutes les heures, prenez une pause de dix minutes pour vous reposer les yeux.

Le corps
– Si possible, asseyez-vous sur une chaise réglable, qui soutient le dos.
– Mettez les deux pieds à plat sur le plancher. Les genoux et les coudes doivent faire un angle de quatre-vingt-dix degrés.
– Le clavier doit être au même niveau que les bras.
– Quand vous tapez, gardez les poignets plats et détendus.
– De temps en temps, haussez les épaules et secouez les mains.

cm 8/3

Sur l'ordinateur

Alternative tasks using similar text are provided on this worksheet. The advice is useful for all people using computers.

Solutions:

1 Vous avez bien compris?
a **A** *shoulders*, **C** *eyes*, **F** *back*, **G** *arms*, **H** *hands*, **I** *wrists*
b **1** *d*, **2** *c*, **3** *a*, **4** *e*, **5** *b*
2 Devant l'ordinateur **1** *C*, **2** *F*, **3** *B*, **4** *A*, **5** *E*, **6** *D*

sb 153 Dossier-langue

This explains the use of *se faire mal* and reflexive verbs with parts of the body. Refer students as necessary to the *Grammaire* (SB 249).

If wished, you could add the following explanation:
In the perfect tense, the past participle does not agree with the subject. This is because the reflexive pronoun (me, te, se, etc.) is the indirect object and mal is the direct object.

You could go through *J'ai mal partout!* orally with the class, changing the sentences to practise *il s'est fait mal* … etc.

sb 224 Au choix

[4] Ça me fait mal

This provides practice of *se faire mal* with parts of the body.

Solution:

1 *Il s'est fait mal au pied.*
2 *Elle s'est fait mal à la jambe.*
3 *Il s'est fait mal à la main.*
4 *Elle s'est fait mal au dos.*
5 *Il s'est fait mal au bras.*
6 *Ils se sont fait mal à la cheville.*
7 *Ils se sont fait mal au genou.*
8 *Elle s'est fait mal à l'œil.*

g/a Examination grammar in action 67

Using *avoir mal* and *se faire mal*

This provides further practice of parts of the body, *avoir mal* and reflexive verbs with parts of the body, if required.

8D En faisant du sport

8D En faisant du sport pages 154–155

Aims and objectives	Grammar and skills	Resources
• describe two things that happened at once • use the present participle • find out about emergency services	The present participle Expressions with *n'importe (qui/où/quand)*	**Key language:** see SB 168 **Online resource:** *Activité (lire)* **CD:** 6/33 **GiA:** 68

sb 154   6, tr 33

1 Ça s'est passé comment?

This task provides further practice in using reflexive verbs with parts of the body and introduces examples of the present participle. Go through the visuals in the Student's Book, asking about the different injuries, e.g.

– *Le garçon/Le monsieur, qu'est-ce qu'il a fait?*
– *La fille/La dame, qu'est-ce qu'elle a fait?*

Students then listen to the recording and find the corresponding activity linked to each injury. Depending on the level of your class, you may prefer to omit item 7 of the recording, which is more difficult.

Solution: **1** *d,* **2** *a,* **3** *c,* **4** *g,* **5** *b,* **6** *e,* **7** *f*

transcript

Ça s'est passé comment?

1 – Bonjour monsieur, qu'est-ce que vous avez fait?
– Je me suis fait mal au genou.
– Ah oui, je vois. Comment avez-vous fait ça?
– En jouant au rugby.

2 – Oui, mademoiselle. Qu'est-ce qui s'est passé?
– Je me suis coupé le doigt en coupant du pain. Ça saigne beaucoup.
– Faites voir votre main … Oui. Ça saigne toujours. On va la traiter, puis on va mettre un pansement.

3 – Oui monsieur. Qu'est-ce qui vous amène?
– J'ai très mal au dos, docteur.
– Vous vous êtes exercé trop?
– Oui, je crois. J'ai fait beaucoup de jardinage, c'est peut-être à cause de ça.

4 – Bonjour madame. Qu'est-ce qui ne va pas?
– Je suis tombée en descendant l'escalier et j'ai très mal à la cheville.
– Ah oui, c'est probablement une entorse. Oui, vous vous êtes fait une entorse de la cheville.

5 – Alors, mademoiselle, qu'est-ce qui est arrivé?
– Je me suis fait piquer par une guêpe dans la bouche.
– Ah oui, c'est désagréable ça. Comment ça s'est passé?
– En buvant du coca. Il y avait une guêpe dans la canette. Et quand j'ai bu, ça m'a piquée. Alors j'ai sucé un glaçon tout de suite.
– Vous avez bien fait.

6 – Oui, monsieur. Qu'est-ce qui ne va pas?
– Je me suis brûlé la main, docteur.
– Ah oui. Comment avez-vous fait ça?
– En faisant la cuisine.

7 – Oui monsieur. Qu'est-ce qui vous amène?
– Je me suis fait mordre par un chien … ici à la jambe.
– Ah oui. On va nettoyer ça. Vous avez été vacciné contre le tétanos?
– Oui.
– Ça s'est passé où, exactement?
– Je m'approchais d'une maison dans le village pour livrer un paquet, puis le chien m'a attaqué.

sb 154 Dossier-langue

This explains the use of *en* + present participle. For additional help, write some commonly used verbs on the board and get students to form the present participle.

At the end of the explanation students could redo the task *Ça me fait mal* (*Au choix*, SB 224), but this time using the present participle to explain the cause of the problem.

Refer students as necessary to the *Grammaire* (SB 248).

sb 154

2 Un bon conseil

Students give a suitable reply to each of the questions, using the present participle. Some possible verbs are given to help.

Solution: (possible)
1 *En buvant de l'eau.*
2 *En consultant le journal régional.*
3 *En mettant une crème anti-moustique.*
4 *En restant à l'ombre.*
5 *En téléphonant au secours.*
6 *En allant à la pharmacie.*

For further practice, ask some more general questions, e.g.

– Comment peut-on … avoir de bons résultats? (*En travaillant bien en classe.*)
… faire plaisir au prof? (*En faisant ses devoirs à l'heure.*)
… trouver un petit job? (*En contactant un supermarché.*)

Tricolore Total 4 Teacher's Book

8E Il y a eu un accident

225 Au choix

[5] Comment a-t-il fait ça?
Students describe how each incident occurred, using the present participle. If wished, write the following list of verbs on the board.
- lire la lettre; descendre l'escalier; consulter l'annuaire; faire la vaisselle; nettoyer la salle à manger; jouer au tennis

> Solution:
> 1 En nettoyant la salle à manger
> 2 En jouant au tennis.
> 3 En lisant la lettre.
> 4 En faisant la vaisselle.
> 5 En consultant l'annuaire.
> 6 En descendant l'escalier.

Follow-up activity:
Some students might like to draw cartoons with captions containing a present participle, e.g. (drawing of jam stuck on book) *Elle a fait ses devoirs en mangeant une tartine de confiture.*

Examination grammar in action 68

Using *en* + present participle
This provides further practice in using *en* with the present participle, if required.

154

3 Point-info
This gives details of emergency telephone numbers and the SAMU service. Further details about the European emergency number are given in a later item.

Students find in the text the French for the English phrases listed, to use in their own work.

> Solution: 1 *n'importe qui*, 2 *un témoin*, 3 *(le) secours*, 4 *en composant*, 5 *les pompiers*, 6 *gratuit*, 7 *un lieu public*

155 Stratégies
This explains the expression *n'importe ...* and encourages students to work out the French for 'anyhow' (*n'importe comment*).

155

4 Qui faut-il contacter?
Students have to work out the correct number for each situation. For practice of numbers (and in reading out telephone numbers in pairs of digits), this can be corrected orally, perhaps in pairs.

> Solution: **1** D, **2** C, **3** A, **4** D, **5** E

155

5 112 – le numéro d'urgence
Students find the missing words to complete the text.

> Solution: 1 *numéro*, 2 *seulement*, 3 *anglaise*, 4 *compose*, 5 *secours*, 6 *alertée*, 7 *rapide*, 8 *blessés*

155

6 Un problème
This provides cues and a structure for writing a short account of an incident and a visit to the chemist.

Activité (lire)

Votre santé dans les pays chauds
This online reading activity extends the topic of holiday health to cover precautions while travelling in hot countries.

8E Il y a eu un accident   pages 156–157

Aims and objectives	Grammar and skills	Resources
• understand descriptions of an accident • give details and location of an accident	The perfect and imperfect tenses	**Key language:** see SB 168 **Online resource:** *Activité (grammaire)* **Copymasters:** 8/4 **CD:** 6/34–36

156   6, tr 34

1 En ville
Start by looking at the cartoon pictures and describing what has happened in each case, e.g.

A *Une voiture a changé de file sans signaler.*
B *Une voiture attendait au rond-point quand une autre voiture l'a heurtée à l'arrière.*
C *Un camion a reculé et est rentré dans un mur.*
D *Une moto a grillé un feu rouge et deux voitures sont entrées en collision.*
E *Une voiture a freiné très brusquement.*
F *La voiture a heurté un arbre.*

Alternatively, use two or more toy cars to demonstrate some of the vocabulary, e.g.

– *La voiture roulait lentement/très vite quand elle a vu un obstacle dans la rue et elle a freiné brusquement.*
– *La voiture reculait quand elle est rentrée dans un mur.*

Tricolore Total 4 Teacher's Book

8E Il y a eu un accident

– *La voiture a fait demi-tour.*

Students could also refer to the *Pour vous aider* box so they are familiar with the new vocabulary before listening to the recording.

a Students then listen to the conversations and find the correct picture for each one.

> **Solution: 1** A, **2** B, **3** C, **4** F, **5** E, **6** D

b They then match each of the statements (1–6) to the appropriate picture (A–F).

> **Solution: 1** B, **2** D, **3** A, **4** C, **5** F, **6** E

transcript

En ville

1 – Comment l'accident est-il arrivé?
  – Moi, je descendais la rue tout doucement quand la voiture devant moi a changé de file sans signaler.

2 – Mais qu'est-ce qui s'est passé?
  – Eh bien, moi, j'attendais pour sortir du rond-point quand soudain, une voiture m'a heurté à l'arrière.

3 – Alors, votre mur de jardin – qu'est-ce qui s'est passé?
  – Eh bien, un camion faisait demi-tour. Le camion a reculé et a fait tomber le mur. Voilà.

4 – Vous avez vu l'accident? Qu'est-ce qui s'est passé?
  – L'automobiliste roulait très vite, puis au virage, il a quitté la route et il a heurté un arbre.
  – Il y avait des blessés?
  – Oui, l'automobiliste … on l'a transporté à l'hôpital.
  – Et la voiture?
  – La voiture? … Eh bien, la voiture était bonne pour la casse.

5 – Vous avez eu un accident? Qu'est-ce qui s'est passé?
  – Eh bien, je descendais la rue normalement quand soudain, la voiture devant moi a freiné très brusquement. J'ai freiné aussi, mais je ne pouvais pas éviter une collision.

6 – Alors, qu'est-ce qui s'est passé exactement?
  – Une moto a grillé le feu rouge. La voiture bleue a viré pour l'éviter et est entrée en collision avec une autre voiture.
  – Il y avait des blessés?
  – Heureusement non.

156 Pour vous aider

This lists some useful vocabulary for reference.

156

2 Ce n'était pas de ma faute

Briefly revise the use of the perfect and imperfect, then students put the verbs in the correct tense to complete the driver's account of an accident.

> **Solution: 1** *je descendais*, **2** *je roulais*, **3** *j'allais*, **4** *avait*, **5** *je voulais*, **6** *j'ai signalé*, **7** *j'ai changé*, **8** *je suis entré*, **9** *était*

156

3 Être témoin

Students work in pairs to give details about a road accident.

8/4

Un accident

1 Un extrait du journal

Students read the report of the road accident and answer the questions in English.

> **Solution: 1** C, **2** *a car and a moped/motorised bike*, **3** *Yes (the person on the moped)*, **4** *he didn't stop*, **5** *witnesses*

2 Un témoin

Students could work on this in pairs for speaking practice or it could be done as a written task.

> **Solution:** (possible)
> 1 *Il était cinq heures et demie.*
> 2 *Il pleuvait.*
> 3 *Non, il n'y avait pas beaucoup de circulation.*
> 4 *Un cycliste descendait la rue Bonaparte quand il est entré en collision avec une voiture. L'automobiliste ne s'est pas arrêté.*
> 5 *Non, je ne l'ai pas pris.*
> 6 *C'était une Renault blanche.*
> 7 *C'était un homme. Il avait les cheveux bruns et une barbe. Il portait des lunettes.*

Activité (grammaire)

Quel voyage!

This online activity provides further practice of the imperfect and perfect tenses.

157

4 Des conséquences heureuses

Students read a newspaper article and answer questions in English.

> **Solution: 1** *to get a divorce*, **2** *crashed into another car coming from the right*, **3** *badly damaged*, **4** *broke left arm + cuts to face*, **5** *no*, **6** *broke left leg*, **7** *it was his wife*, **8** *hospital*, **9** *decided not to get divorced*

For additional practice, they could correct the mistakes in the following list of statements in French. The correct words are given in brackets.

1 *Monsieur X a percuté une cycliste en roulant à Toul.* (*une voiture*)
2 *Les deux véhicules n'ont pas été endommagées.* (*ont été fortement endommagés.*)
3 *Monsieur X s'est cassé le bras droit et a subi quelques blessures au visage.* (*s'est cassé le bras gauche*)
4 *La conductrice de l'autre voiture, en fait Madame X, s'est cassé le pied gauche.* (*s'est cassé la jambe gauche*)
5 *En arrivant à l'hôtel, Monsieur et Madame X ont été placés dans la même chambre.* (*En arrivant à l'hôpital …*)

Tricolore Total 4 Teacher's Book

… **8E** Il y a eu un accident

6 *Après une semaine de discussions, il n'était plus question de mariage. (de divorce)*

---
sb 157   6, tr 35

5 Allô, les secours

Students listen to the recording and correct the statements in their books.

> **Solution:**
> 1 *Un jeune homme s'est brûlé la jambe en faisant un barbecue.*
> 2 *Il y a eu un accident près de la route D40. Un cycliste est tombé et s'est coupé la main et ça saigne beaucoup.*
> 3 *Un skieur s'est fait mal à la jambe sur la piste rouge, près de la balise 7.*
> 4 *Une fille s'est fait mordre par un serpent à 5 kilomètres environ de Die. Les secours arriveront dans une demi-heure.*

Able students could be asked to find out more details e.g. what kind of accident occurred (2 details); where the accident happened; what the caller is asked to do to help the victim, etc. Finally, students should go back over their answers and say what kind of accident has happened, using the phrase *il s'agit d'*, e.g.
1 *Il s'agit d'un accident à la maison.*
2 *Il s'agit d'un accident de vélo.*
3 *Il s'agit d'un accident de ski.*
4 *Il s'agit d'un accident à la campagne.*

transcript

Allô, les secours
1 – Bonjour. Ici le Camping des Sapins. Je vous téléphone parce qu'un jeune homme s'est brûlé la jambe en faisant un barbecue. Pouvez-vous envoyer un médecin?
– Oui, on arrive tout de suite. En attendant notre arrivée, il faut refroidir la brûlure avec de l'eau froide pendant au moins dix minutes.
– Oui, c'est ce qu'on fait.

2 – Allô, les secours? Il y a eu un accident près de la route D40.
– Oui, vous téléphonez d'où?
– De la maison; le numéro est le 05 27 12 09 60.
– Et qu'est-ce qui s'est passé?
– Un cycliste est tombé de son vélo et s'est coupé la main. Il saigne beaucoup.
– Est-ce qu'il y a quelqu'un avec le blessé?
– Oui, une dame essaie d'arrêter l'hémorragie en appuyant sur la plaie avec la main.
– Bon, c'est ce qu'il faut faire. On vient tout de suite.

3 – Service de secours, bonjour.
– Bonjour, un skieur a fait une mauvaise chute et s'est fait mal à la jambe. Il ne peut pas la bouger.
– Bon, il est où exactement?
– Sur la piste rouge qui s'appelle Faust, près de la balise 7.
– Bon, pouvez-vous rester avec la victime et lui dire de ne pas bouger? On arrive le plus tôt possible.

4 – Bonjour. Je vous téléphone parce que … parce qu'il y a eu un accident à la campagne.
– Bon, donnez-moi votre numéro de téléphone.
– Euh … je téléphone d'une cabine publique près de Die … ah, voici le numéro, c'est le 05 34 61 09 42.
– Et qu'est-ce qui s'est passé?
– Nous faisions une promenade dans la campagne et ma copine s'est fait mordre par un serpent.
– Vous avez vu le serpent?
– Moi, non, mais ma copine, elle croit que c'était peut-être une vipère.
– Et l'accident a eu lieu où?
– À cinq kilomètres environ de Die, près de la route de St-Roman.
– Bon, écoutez-moi bien. Il faut allonger la victime sur le dos et lui demander de ne pas bouger pour ne pas diffuser trop de venin dans le corps. On arrivera dans une demi-heure.

---
sb 157   6, tr 36

6 Vous êtes journaliste

a Students listen to an account of a skiing accident and complete the summary. For support, the missing words could be written on the board in jumbled order.

> **Solution:** 1 *après-midi*, 2 *mauvais*, 3 *neigeait*, 4 *alerté*, 5 *suivi*, 6 *la jambe*

b They then listen to an account of an accident at sea and find seven things that differ with the printed version.

> **Solution:** 1 *à 14h30*, 2 *à La Rochelle*, 3 *19 ans*, 4 *planche à voile*, 5 *mauvais*, 6 *sa planche*, 7 *mais elle a récupéré*

transcript

Vous êtes journaliste
Accident de montagne
Un accident s'est produit hier après-midi à Val d'Isère. Un skieur a décidé de faire du ski hors-piste malgré le mauvais temps. Il neigeait et les conditions étaient difficiles. Comme il n'est pas revenu au chalet en fin d'après-midi, on a alerté le service de sécurité. Les guides ont suivi des traces de ski et ils ont trouvé le skieur par terre. Il s'était cassé la jambe.

Accident en mer
Hier, à quatorze heures trente, un accident s'est produit à La Rochelle. Une jeune fille de dix-neuf ans faisait de la planche à voile en mer. Il faisait mauvais. La jeune fille est tombée à l'eau et n'a pas pu regagner sa planche. Le service de sécurité est venu à son aide. La jeune fille souffrait du choc, mais elle a récupéré plus tard.

---
sb 157

7 Il y a eu un accident

Students work in pairs to ask about and give details of an accident selecting from the options given. They can choose numbers, throw a dice or use the ideas for a *dialogue à conséquences*. Students then write a short report of one accident.

Tricolore Total 4 Teacher's Book

8F Ça fait mal

8F Ça fait mal pages 158–159

Aims and objectives	Grammar and skills	Resources
• make an appointment for the doctor or dentist • describe symptoms		**Key language:** see SB 168 **Online resource:** *Activité (parler)* **CD:** 7/2–4

Introduction
Start with a class discussion to find out what students already know about health care in France. If possible, show students a European Health card.

– Est-ce qu'il faut payer pour consulter un médecin en France ou est-ce que c'est gratuit? Et dans d'autres pays?
– En France et dans beaucoup d'autres pays il faut payer pour consulter le médecin, le dentiste, pour une ambulance et pour des médicaments. Mais si vous avez la carte européenne, la Sécurité Sociale vous remboursera environ 75% de vos frais. Il vous restera donc environ 25% à payer vous-même. Mais si vous avez un accident grave ou si vous devez faire un séjour à l'hôpital, 25% des frais peuvent toujours être une somme énorme. Voilà pourquoi la plupart des Français ont une assurance privée pour payer la différence.
– Alors qu'est-ce qu'on conseille aux touristes de faire avant de voyager à l'étranger?
– On leur conseille d'obtenir la carte européenne avant de partir et, pour être plus sûr, à prendre aussi une assurance de voyage. Cela ne coûte pas cher, et, souvent, cela couvre aussi les pertes d'argent, de bagages, etc.
Si vous devez consulter un médecin ou un dentiste, il faut vérifier qu'ils soient conventionnés. La plupart le sont, mais s'ils ne sont pas conventionnés, la Sécurité Sociale ne vous remboursera pas les frais.
Et si vous souffrez d'une maladie à long terme ou si vous devez prendre des médicaments régulièrement, allez voir votre médecin avant de partir.

SB 158

1 Pour se faire soigner en France
Students complete information about health care in France.

Solution: 1 *h*, 2 *e*, 3 *c*, 4 *b*, 5 *a*, 6 *g*, 7 *d*, 8 *f*

SB 158 7, tr 2

2 C'est quand, votre rendez-vous?
Students listen to the recording and note the day and time of each appointment.

Solution: 1 *(ce soir) mercredi à 19h00*, 2 *vendredi à 14h00*, 3 *le mercredi 12 avril à 10h15*, 4 *mardi à 15h30*, 5 *le 23 mai à 9h15*, 6 *mardi à 16h45*

transcript

C'est quand, votre rendez-vous?

1 – Allô.
– Bonjour, madame. Est-ce que je peux avoir un rendez-vous avec le dentiste? J'ai mal aux dents et j'aimerais voir un dentiste le plus tôt possible.
– Demain matin, ça ira?
– Ce n'est pas possible aujourd'hui?
– Voyons … aujourd'hui, on est mercredi … oui, si vous venez à dix-neuf heures …
– Entendu. Merci, madame.
– C'est à quel nom, monsieur?
– Duhamel.
– Alors, ce soir à dix-neuf heures.

2 – Bonjour. Je voudrais prendre un rendez-vous avec le docteur.
– Oui, vendredi à quatorze heures, ça vous va?
– Ce n'est pas possible jeudi?
– Non, je regrette, il n'y a pas de consultation le jeudi.
– Ah, bon.
– Alors, vendredi à quatorze heures, ça va?
– Oui, très bien.

3 – Allô, bonjour, madame. Je voudrais prendre un rendez-vous avec la dentiste, Madame Hervé.
– Oui, madame … Voyons, le mercredi douze avril, ça vous va?
– Ce n'est pas possible avant? La semaine prochaine, par exemple?
– Ah non. Madame Hervé est en vacances la semaine prochaine.
– Bon, alors, d'accord. Le mercredi douze avril à quelle heure?
– Le matin, à dix heures quinze.
– Oui, dix heures quinze. Bon, merci, madame. Au revoir.

4 – Bonjour, madame. Est-ce que je peux avoir un rendez-vous avec le docteur Lebrun? J'ai mal au pied. Je dois avoir une infection et je voudrais voir le docteur le plus tôt possible.
– Oui, monsieur. Alors, mardi, à quinze heures trente.
– Mardi? Ce n'est pas possible aujourd'hui?
– Non, je regrette, le docteur Lebrun n'est pas ici cet après-midi.

Tricolore Total 4 Teacher's Book

8F Ça fait mal

– Bon alors, mardi, à quinze heures trente. Entendu.
– C'est à quel nom, monsieur?
– Bresson.

5 – Bonjour, madame. Est-ce que je peux avoir un rendez-vous avec le dentiste … le matin avant dix heures, si possible?
– Euh … oui, je peux vous donner un rendez-vous le vingt-trois mai, à neuf heures quinze.
– Oui, très bien. Le vingt-trois mai, à neuf heures quinze.
– C'est à quel nom, madame?
– Duval.

6 – Bonjour, madame. Je voudrais prendre un rendez-vous avec le docteur … après seize heures si possible.
– Oui, bon … lundi, à dix-sept heures vingt, ça vous va?
– Ce n'est pas possible mardi?
– Si, mardi, c'est possible. Je peux vous donner un rendez-vous à seize heures quarante-cinq.
– Oui, ça m'arrange mieux.
– Alors, mardi, à seize heures quarante-cinq.

sb 158

3 Des expressions utiles

Students complete a list of vocabulary and expressions for visiting the dentist.

Solution: 1 *toothbrush*, 2 *to brush*, 3 *dentist*, 4 *toothpaste*, 5 *treatment*, 6 *un rendez-vous*, 7 *aux dents*, 8 *mal*

sb 158   7, tr 3

4 Mal aux dents

a Students listen to the recording and follow the text at the same time. They then note the differences between what they read and what they hear.

Solution: *Selon l'enregistrement, Monsieur Moreau a mal aux dents depuis deux jours. Il croit qu'il a perdu un plombage. La dentiste dit, 'Je vais la replomber.' Il doit payer 200 euros.*

transcript

Mal aux dents
– Bonjour, Monsieur Moreau. Alors, qu'est-ce qui ne va pas?
– Bonjour, madame. J'ai mal aux dents.
– Depuis combien de temps?
– Depuis deux jours.
– Et c'est quelle dent qui vous fait mal?
– Celle-ci. Je crois que j'ai perdu un plombage.
– Laissez-moi voir. Oui, en effet. Je vais la replomber tout de suite. Vous voulez une piqûre?
– Oui, s'il vous plaît.
– Voilà, c'est fait.

– Merci, madame. Je vous dois combien?
– Ce sera 200 euros. Vous payerez à la réception.
– Merci, madame. Au revoir.

b Students practise the conversation in pairs.

sb 225 Au choix

[6] Pour avoir de belles dents

Students complete advice about dental care.

Solution: 1 *soir*, 2 *dents*, 3 *deux*, 4 *dentiste*, 5 *santé*, 6 *vite*, 7 *éliminer*, 8 *brosse*

sb 158   7, tr 4

5 Dans le cabinet du médecin

Students listen to four conversations at the doctor's and do a different comprehension activity for each one.

a Students listen and do the *vrai ou faux?* activity. Able students could also correct the false statements.

Solution: 1 *faux – elle a mal au ventre*, 2 *faux – elle a vomi deux fois*, 3 *vrai*, 4 *faux – il lui a dit de revenir dans trois jours*

b They correct the mistake in each of the sentences.

Solution:
1 *L'homme a mal au dos.*
2 *Il a fait des exercices de gym récemment.*
3 *Le docteur lui a conseillé de faire un autre sport comme, par exemple, la natation.*
4 *Il lui a donné une ordonnance.*

c Students answer questions in French.

Solution:
1 *À la cheville.*
2 *Une entorse.*
3 *Rester à la maison et marcher le moins possible. Elle doit essayer de ne pas se mettre sur son pied.*

d Finally, they complete the summary with the right words.

Solution:
1 *Un garçon anglais a eu un accident en faisant du ski.*
2 *Il s'est fait mal à la jambe.*
3 *On lui a fait faire une radio.*
4 *Il a la jambe cassée.*
5 *On va lui mettre la jambe dans le plâtre.*

transcript

Dans le cabinet du médecin
1 – Bonjour, docteur.
– Bonjour, mademoiselle. Alors, qu'est-ce qui ne va pas?
– J'ai mal au ventre, docteur, et j'ai vomi deux fois hier.
– Bon. Ça fait longtemps que vous avez mal au ventre?

Tricolore Total 4 Teacher's Book   213

8F Ça fait mal

- Depuis deux jours.
- Avez-vous mangé quelque chose que vous ne mangez pas d'habitude?
- Non, je ne crois pas.
- Avez-vous la diarrhée?
- Oui, un peu.
- Bon, je vais vous donner une ordonnance. Si ça ne va pas mieux au bout de trois jours, revenez me voir.
- C'est grave?
- Non, je ne crois pas.
- Merci, docteur.

2
- Bonjour, docteur.
- Bonjour, monsieur. Qu'est-ce qui ne va pas?
- J'ai mal au dos, docteur, et je ne dors pas bien.
- Vous avez mal au dos depuis longtemps?
- Oui, je souffre beaucoup du dos. Mais c'est plus grave depuis samedi.
- Bon. Allongez-vous sur le lit, s'il vous plaît. Je vais vous examiner. Avez-vous d'autres symptômes?
- Je suis un peu constipé.
- Ça vous fait mal quand j'appuie ici?
- Un peu. Aïe! Là, surtout, ça me fait mal.
- Bon. Vous avez fait du sport ou des exercices récemment?
- Oui, j'ai fait des exercices de gym. Je voulais me remettre en forme.
- Je vois. Il faut faire très attention, à votre âge. Il ne faut pas vous forcer trop. Si vous voulez vous mettre en forme, commencez très doucement, sinon vous risquez de vous faire mal.
- Oui, docteur.
- Vous faites de la natation?
- Non, docteur.
- La natation est un bon sport pour les personnes d'un certain âge. Vous ne risquez pas de vous dépenser de la même façon. Bon, je vais vous donner une ordonnance pour une pommade.
- Merci, docteur. Au revoir.

3
- Bonjour, madame.
- Bonjour, docteur.
- Qu'est-ce qui ne va pas?
- Je suis tombée et je me suis fait mal à la cheville.
- Laissez-moi voir. Oui, elle est assez enflée. Vous vous êtes fait une entorse, probablement.
- C'est grave?
- Non, ce n'est pas grave, mais ça va être douloureux pendant quelques jours. On va vous mettre un pansement et un bandage pour immobiliser le pied. Il faut rester à la maison et marcher le moins possible. Essayez de ne pas vous mettre sur votre pied.
- Merci, docteur.

4
- Bonjour, docteur. Mon ami a eu un accident de ski. Il est anglais et il ne parle pas bien le français.
- Bon. L'accident est arrivé comment?
- Il descendait la piste quand il est tombé.
- Oui, et il a mal à la jambe?
- Oui, il a très mal, surtout en bas du genou.
- Bon. On va lui faire une radio.
- Oui, comme je le soupçonnais, il a la jambe cassée. Il va falloir mettre la jambe dans le plâtre.
- Mon Dieu! Il doit rentrer en Angleterre la semaine prochaine. Est-ce que ce sera possible?
- Oui, probablement. S'il n'y a pas de complications, il pourra marcher avec des béquilles.
- Ah bon.
- Expliquez-lui que je vais lui donner quelque chose contre la douleur et qu'ensuite, on va lui mettre la jambe dans le plâtre.

sb 159

6 Trouvez les paires

Students match the French phrases with their English equivalents to provide some useful vocabulary linked to medical care.

Solution: 1 *c*, 2 *i*, 3 *g*, 4 *f*, 5 *a*, 6 *h*, 7 *b*, 8 *d*, 9 *e*, 10 *j*

sb 159

7 Qui dit ça?

Students copy the phrases in two lists: what the doctor might say; what the patient might need to say.

sb 159

8 Qu'est-ce qui ne va pas?

Students work in pairs to practise describing symptoms to a doctor.

Activité (parler)

Chez le médecin

This online audio activity provides further speaking practice of describing symptoms.

sb 159

9 À l'hôpital

Students choose the correct words to complete the letter.

Solution: 1 *hôpital*, 2 *cassé*, 3 *épaule*, 4 *trois*, 5 *écoute*, 6 *viennent*, 7 *cartes*, 8 *ennuyeux*, 9 *rentrer*

sb 159

10 À vous!

Students write a similar message to a friend.

8G C'est dur d'être ado

8G C'est dur d'être ado pages 160–161

Aims and objectives	Grammar and skills	Resources
• talk about personal feelings and problems		**Key language:** see SB 168 **Online resource:** Activité (écouter) **CD:** 7/5–6

SB 160

1 Heureux, mais stressés

This short article introduces the topic of the health and specific problems of young people. Students should read through the article and do the *vrai ou faux?* task.

Solution: 1 V, 2 V, 3 F, 4 V, 5 F, 6 V

SB 160 7, tr 5

2 Ça va ou ça va pas?

Present some of the expressions orally first and write these in two columns on the board, e.g.

positive: *ça va bien, je me sens bien dans ma peau, je suis en pleine forme*

negative: *j'ai le moral à zéro, j'en ai marre, j'ai le cafard, je me sens mal dans ma peau*

Explain the expression *se sentir/être bien/mal dans sa peau* (to feel at ease with oneself/uncomfortable). Students then listen to the recording and note whether the speaker is on form (✓) or not (✗) and why.

Solution:

1 ✗ *Il a eu de mauvaises notes.*
2 ✗ *Elle s'est disputée avec sa mère.*
3 ✓ *Il vient de passer des vacances super.*
4 ✗ *Elle a des boutons et se sent moche.*
5 ✓ *Il a reçu une lettre de sa copine/amie. Elle l'a invité chez elle pour Pâques.*
6 ✓ *Elle a gagné son match de tennis et on l'a invitée à aller au cinéma.*
7 ✗ *Il vient d'apprendre qu'un copain a eu un accident de moto.*
8 ✗ *Elle se sent seule.*

transcript

Ça va ou ça va pas?

1 – Salut, Philippe, ça va?
– Non, pas tellement.
– Pourquoi? Qu'est-ce qui ne va pas?
– J'ai vraiment le moral à zéro. J'ai eu de mauvaises notes en anglais; pourtant, j'ai bien travaillé. Et nous avons un examen la semaine prochaine. Moi, j'ai toujours le trac avant les examens … j'ai peur de rater.

2 – Bonjour, Émilie, ça va?
– Bof … non, ça ne va pas bien aujourd'hui. J'en ai marre.
– Pourquoi? Qu'est-ce qui s'est passé?

– Eh bien, je me suis disputée encore avec ma mère. Elle me critique toujours. Elle n'aime pas mes vêtements, elle trouve que je n'aide pas assez à la maison. C'est vraiment pénible.

3 – Tiens, David, comment ça va?
– Moi, ça va bien. Je suis bien content. Je viens de passer des vacances super dans les Alpes. On a eu un temps magnifique et on a fait du ski tous les jours.

4 – Mais Hélène, qu'est-ce qui ne va pas?
– J'ai le cafard. J'ai des boutons et de l'acné. Chaque fois que je me regarde dans la glace, je me trouve affreuse, moche.
– Mais, ce n'est pas vrai. Ne t'inquiète pas pour ça.

5 – Bonjour, Pierre, comment vas-tu?
– Très bien. Je me sens vraiment bien dans ma peau aujourd'hui. Oui … j'ai reçu une lettre de ma copine en Angleterre. Elle m'a invité chez elle pour Pâques. Voilà … tout va bien!

6 – Salut, Sophie, ça va?
– Oui, très bien. Je suis en pleine forme.
– Ah bon?
– Oui, tu sais, j'ai passé un excellent week-end. J'ai gagné mon match de tennis samedi, et puis après le match, j'ai discuté un peu avec les autres jeunes du club, puis Dominique m'a invitée à sortir avec lui. On ira au cinéma mercredi. Ça va être chouette.

7 – Ça va, Clément?
– Non, pas tellement … je viens de recevoir de mauvaises nouvelles.
– Ah bon? Qu'est-ce qui s'est passé?
– C'est un copain qui a eu un accident de moto. Il est à l'hôpital.
– C'est grave?
– Oui, il paraît que oui.

8 – Alors, Claire, ça va mieux maintenant à Lille?
– Un peu … mais il me manque mes amis de Paris. Ici, je suis souvent seule … je ne connais presque personne. Je n'ai pas d'amis. Je voudrais sortir plus souvent, mais je suis trop timide.

Activité (écouter)

Ça va ou ça va pas?

This online listening activity provides an additional or alternative task using the same recording.

8G C'est dur d'être ado

sb 160

3 Des expressions utiles

Students complete the useful expressions with a word from the box.

> **Solution:** **1** *forme,* **2** *bonne,* **3** *idées,* **4** *bien,* **5** *peau,* **6** *sens,* **7** *moral,* **8** *triste,* **9** *humeur*

sb 161

4 Ça va?

Students could be offered the choice of doing either part a or part b of this task, or half the class could do one part and the rest the other.

Students have to write six reasons to explain why they are feeling (a) depressed and fed up or (b) in a really good mood. To help them, you could have a brainstorming session in class or in groups and any ideas could be written on the board. Encourage students to use as many different tenses as possible, e.g.

– *Je suis fatigué(e). Nous avons un contrôle de maths demain. Je n'ai pas fait mes devoirs. Il fait mauvais. Je n'ai pas de projets pour le week-end. On ne m'a pas invité(e) à une fête …*

– *J'ai bien dormi. J'ai eu une bonne note en maths. J'ai reçu une lettre de mon ami(e) …*

Then they could choose two to copy from the board and write four more on their own.

sb 160

5 À discuter

Students work in pairs or small groups to discuss how they overcome feelings of depression, anger, etc.

sb 161 7, tr 6

6 Le stress

Students listen to this interview about stress and then answer the questions in English.

> **Solution:**
>
> **1** yes, both children and adults
>
> **2** society is more complex, life is more rushed, there's never enough time, fear of unemployment
>
> **3** it can be stimulating, it can push you to do more.
>
> **4** increase in irritability, anxiety, distress, tiredness
>
> **5** taking part in sport, doing something relaxing, having a sense of humour

transcript

Le stress

– Docteur, on parle beaucoup de stress. Est-ce que les gens sont vraiment plus stressés de nos jours?

– Oui, certainement. Les gens sont de plus en plus stressés à tous les niveaux – les enfants et les adultes.

– Quelles sont les origines de ce stress?

– La société est plus complexe. Ça va de plus en plus vite … on a l'impression qu'on n'a jamais assez de temps. Dans un foyer, les deux parents travaillent et il y a toujours la peur du chômage. Il y a souvent des problèmes.

– Est-ce que le stress est toujours négatif?

– Non, le stress n'est pas forcément quelque chose de mauvais … il y a aussi des aspects positifs … ça stimule, ça vous permet de faire un peu plus.

– Quels sont les symptômes du stress?

– On peut noter une augmentation de l'irritabilité, de l'anxiété, de l'angoisse. Mais le symptôme le plus courant, c'est la fatigue.

– Qu'est-ce qu'on peut faire pour réduire ou éliminer le stress?

– Tous les médecins sont d'accord – il n'existe pas de pilule anti-stress. En France, on prend de plus en plus de tranquillisants ou on a recours à l'alcool ou au tabac. Hélas, ce n'est pas le remède idéal. Quand on est stressé, le traitement physique est peut-être le plus efficace – ça peut être le sport ou la relaxation. Tout ce qui permet de décharger les tensions en douceur ou en force. Certaines personnes pensent que l'humour, la plus vieille recette anti-stress, est très efficace.

sb 161

7 Des lettres

Students read three letters to a teenage magazine and then do the tasks.

a Students find in the text the French for the English phrases listed, to use in their own work.

> **Solution:** **1** *je me sens moche,* **2** *chaque fois,* **3** *rien ne me va,* **4** *À quoi je sers?,* **5** *je ne sais pas comment m'en sortir,* **6** *je m'en fiche,* **7** *tant pis,* **8** *je croque la vie à pleines dents*

b They then choose an appropriate title for each from those listed.

> **Solution:** **1** *b,* **2** *e,* **3** *f*

b Students find a synonym for each word listed.

> **Solution:** **1** *des fringues,* **2** *ça me démoralise,* **3** *totalement,* **4** *tellement,* **5** *lorsque,* **6** *c'est ça l'essentiel*

sb 161

8 Des réponses

a Students complete the replies with the missing words.

> **Solution:**
>
> **1** **1** *sentent,* **2** *prendre,* **3** *trouverez,* **4** *voyez,* **5** *mettre*
>
> **2** **1** *trouvez,* **2** *peau,* **3** *parce que,* **4** *importance,* **5** *donnent*

b They then decide which reply goes with each letter (task 7) and which letter has no reply.

> **Solution:**
>
> *Pour la lettre numéro 1, la réponse est numéro 2.*
>
> *Pour la lettre numéro 2, la réponse est numéro 1.*
>
> *La lettre numéro 3 n'a pas de réponse.*

8H Le tabac, l'alcool, la drogue

If wished, students could write their own short letters to a teenage magazine. These could just cover general opinions about adolescence or imaginary personal problems. It is probably best to avoid real problems. Some phrases could be written on the board, e.g.

- *Je ne m'entends pas avec mes parents.*
- *Je suis content(e) d'être adolescent.*
- *Je suis mal dans ma peau.*
- *Personne ne m'écoute.*

8H Le tabac, l'alcool, la drogue pages 162–163

Aims and objectives	Grammar and skills	Resources
• discuss smoking, drugs, alcohol and addiction		**Key language:** see SB 168 **Online resource:** *Activité (lire)* **Copymasters:** 8/5 **CD:** 7/7–10

SB 162   7, tr 7

1 On parle du tabac

Students listen to a series of interviews and do the tasks.

a Students answer questions in French.

> **Solution:** **1** *une,* **2** *deux,* **3** *deux*

b They then note in which order expressions are used and reasons for and against smoking.

> **Solution:**
>
> **1** B, H, C, A, G, D, I, E, J, F
>
> **2 Pour fumer**
> Any two of: *pour faire comme les autres, c'est calmant, ça donne de l'assurance, ça fait adulte, par curiosité, ça m'aide à me détendre, c'est chic*
>
> **3 Pour ne pas fumer**
> Any three of: *un mauvais goût dans la bouche; c'est mauvais pour la santé; la fumée, c'est gênant pour les non-fumeurs; ça gêne pour le sport; fumer n'est ni chic ni romantique; c'est une mauvaise habitude qui peut tuer*

transcript

On parle du tabac

1. – Est-ce que tu fumes?
   – Non.
   – Est-ce que tu n'as jamais fumé?
   – Non, pas vraiment. J'ai essayé une cigarette une fois, mais ça ne me plaisait pas – j'avais un mauvais goût dans la bouche.

2. – Est-ce que tu fumes?
   – Oui, de temps en temps.
   – Quand as-tu commencé à fumer?
   – Quand j'avais quatorze ans. J'ai allumé ma première cigarette au réveillon du Nouvel An.
   – Et pourquoi as-tu décidé de fumer?
   – Pour faire comme les autres … par curiosité … pour voir comment c'était.
   – Et tu fumes beaucoup?
   – Non, je sais que c'est mauvais pour la santé, mais je fume quelquefois, en soirée, quand je suis avec des copains qui fument. C'est calmant. Ça m'aide à me détendre.

3. – Est-ce que tu fumes?
   – Non, je suis asthmatique, donc je supporte très mal la fumée.
   – Tu n'as jamais fumé alors?
   – Non.
   – Que penses-tu de la loi anti-tabac?
   – Il y a eu plein de débats là-dessus. Il y a des gens qui sont vraiment contre et ça doit être dur quand même pour les fumeurs, mais je crois que c'est bon dans un certain sens. C'est vrai que la fumée, c'est gênant pour les non-fumeurs, surtout pour les asthmatiques.

4. – Est-ce que tu fumes?
   – Non, je ne fume plus maintenant.
   – Et tu fumais avant?
   – Oui, quand j'avais quinze ans.
   – Pourquoi?
   – Pour faire adulte … ça me donnait de l'assurance.
   – Et quand as-tu décidé d'arrêter?
   – Il y a deux ans. J'aime faire du sport et peu à peu, je remarquais que j'avais du mal à courir. J'étais très vite essoufflée. Je me rendais compte que fumer, ça gêne pour le sport. Alors j'ai décidé d'arrêter de fumer. Ça a été dur, mais quand j'ai réussi, je me sentais tellement mieux.

5. – Est-ce que tu fumes?
   – Non.
   – Est-ce que tu n'as jamais fumé?
   – Si, je fumais avant, mais maintenant je ne fume plus.
   – Et quand as-tu commencé?
   – J'ai allumé ma première cigarette quand j'avais seize ans … c'était pendant les vacances.
   – Pourquoi est-ce qu'on fume, à ton avis?
   – Il y en a qui pensent que ça fait adulte, que c'est chic. Mais c'est faux … fumer n'est ni chic ni romantique, c'est une mauvaise habitude qui peut tuer.

Tricolore Total 4 Teacher's Book   **217**

8H Le tabac, l'alcool, la drogue

📖 162

2 Le tabac en questions

Students find the correct answer to each question.

Solution: 1 *f*, 2 *c*, 3 *a*, 4 *b*, 5 *d*, 6 *e*

📖 162

3 À discuter

The following activities could be done in addition to or instead of those suggested in the Student's Book.

1 Brainstorming

Have a brainstorming session, with students giving reasons for smoking or not smoking. Write these on the board. Then see how many they can remember when the list has been rubbed off.

2 Débat – pour ou contre?

Students work in groups or pairs. One student or group gives a reason for smoking, the other gives a reason for not doing so. See who can continue for the longest, e.g.

Pour: *on veut faire comme les autres, c'est une habitude, ça me calme, ça fait adulte, ça me donne de l'assurance,* etc.

Contre: *c'est mauvais pour la santé, ça coûte cher, ça gêne pour le sport, ça dérange les autres,* etc.

🎧 8/5   💿 7, tr 8

Comment cesser de fumer?

When students have listened to the recording and/or read the text they can do one or both tasks.

Solutions:

1 Un résumé

1 B *depuis*, 2 L *trois*, 3 K *trente*, 4 C *deux*, 5 E *jour*, 6 H *quelques*, 7 F *médecin*, 8 I *réduit*, 9 A *ans*, 10 D *eau*, 11 G *pomme*, 12 J *sans*

2 Un acrostiche

2 presque
3 longtemps
4 milieu
5 complètement
6 pendant
7 même
8 avant

(down: *presque* – p-r-e-s-q-u-e with stem spelling out the theme)

transcript

Comment cesser de fumer?

– Monsieur François Clia a arrêté de fumer, il y a trois ans. Il fumait depuis l'adolescence et aujourd'hui il a quarante ans. Ça n'a pas été facile: il avait déjà essayé d'arrêter de fumer trois fois avant de s'arrêter pour de bon.

– Monsieur Clia, racontez-nous votre premier arrêt.

– C'était il y a une dizaine d'années, quand j'avais trente ans. Je travaillais avec deux copains dans le même bureau. Nous fumions chacun deux paquets par jour. Un matin, l'un d'entre nous, Henri, a lancé un pari: qui tiendrait le plus longtemps sans cigarette? C'était en milieu de semaine. On s'est arrêté pendant deux, trois jours, puis après le week-end, tout le monde refumait.

– Alors, vous vous êtes arrêté pendant quelques jours seulement. Et la deuxième fois?

– C'était à la suite d'une bronchite. Mon médecin m'a conseillé d'arrêter. J'ai diminué 'ma dose' de dix cigarettes par jour à cinq, mais ensuite, c'est devenu plus difficile. Et après, j'ai repris comme avant.

– Puis la troisième fois?

– C'était quand ma femme attendait son second enfant. Elle a arrêté de fumer et je me suis senti un peu obligé de faire comme elle. C'était dur, mais j'ai tenu pendant deux ans.

– Enfin, vous vous êtes arrêté pour de bon. Pouvez-vous nous raconter ça?

– Cette fois-là, je voulais vraiment en finir avec le tabac. Tous les dimanches matin, avec mon fils de douze ans, nous avions pris l'habitude de courir pendant trois quarts d'heure. Et régulièrement, il me distançait: j'arrivais après lui complètement essoufflé. Je me suis décidé d'arrêter. J'ai prévenu mes collègues de bureau, la famille. Tous m'ont donné un coup de main.

– Et comment avez-vous donc réussi, cette fois?

– Il n'existe pas de remède miracle. Cependant, il y a certains petits trucs qui m'ont aidé. Je me suis mis au chewing-gum. J'ai bu un verre d'eau ou j'ai croqué une pomme quand j'avais envie de fumer. J'ai fait aussi des exercices de respiration. Au début, j'étais plus irritable et, à d'autres moments, fatigué et apathique. Puis j'ai réorganisé un peu ma vie. Je me suis mis au sport: le jogging le dimanche matin avec mon fils, et la natation une fois par semaine. Au bout d'un an sans tabac, je me sentais beaucoup mieux et j'ai fait le calcul de ce que j'avais économisé: suffisant pour un beau petit voyage!

📖 162

4 L'alcool est-il un problème?

a Students complete the text by choosing a word from those listed.

Solution: 1 *boivent*, 2 *boit*, 3 *la bière*, 4 *un verre*, 5 *sociable*, 6 *vendent*, 7 *l'alcool*, 8 *les maladies*

218 Tricolore Total 4 Teacher's Book

8H Le tabac, l'alcool, la drogue

b They then find in the text the French for the English phrases listed, to use in their own work.

> **Solution:** 1 *faire comme les autres*, 2 *pour paraître plus rassuré(e)*, 3 *moins timide*, 4 *à des prix réduits*, 5 *qui entraîne*, 6 *l'ivresse*, 7 *à court et à long terme*

Activité (lire)

L'alcool, qu'en savez-vous?
This online reading activity could be used to support work on this topic.

sb 163

5 Les drogues, on s'informe
First, go through the list of specialised vocabulary with students, who then read the article and do the tasks.

a Students find an appropriate title for each paragraph.

> **Solution:** 1 C, 2 F, 3 E, 4 B, 5 A, 6 D

b They then answer questions in English.

> **Solution:**
> 1 To understand why people take drugs, what are the risks, how you can help someone who takes drugs.
> 2 Adolescence is a sensitive time because adolescents are concerned about the meaning of life, want to be independent and choose a way forward but are ill at ease with themselves.
> 3 Mostly it's for pleasure or out of curiosity. Others take drugs to feel better in themselves.
> 4 When they try to stop, they are physically and psychologically ill and become obsessed with finding drugs or money to serve their addiction.
> 5 Aids.
> 6 Help is free and anonymous. You can speak to specialists to find a form of treatment that is adapted to the problems and personality of each person.

sb 163 **7, tr 9**

6 Il n'y a pas de drogués heureux
Students listen to the two interviews and complete the details.

> **Solution:**
> **a** 1 *quatorze*, 2 *la vie*, 3 *croyais*, 4 *pu*, 5 *journée*, 6 *prends*, 7 *faire*, 8 *déprimée*, 9 *pensais*, 10 *difficile*
> **b** 1 *dix*, 2 *était*, 3 *seul*, 4 *poudre*, 5 *corps*, 6 *tête*, 7 *faisait*, 8 *perdu*, 9 *centre*, 10 *rencontré*, 11 *long*, 12 *dur*

transcript

Il n'y a pas de drogués heureux
Témoignage A: Une toxicomane

– Quand avez-vous commencé à consommer de la drogue?
– J'ai commencé à fumer quand j'avais quatorze ans.
– Pourquoi?
– Je ne sais pas exactement. La première fois, c'était pendant une fête … avec des copains. Puis je m'ennuyais dans la vie.
– Étiez-vous consciente des risques?
– Oui et non. Je croyais être capable de m'arrêter quand je le voulais, mais je n'ai pas pu.
– Est-ce que vous prenez toujours de la drogue?
– Oui, je fume à longueur de journée et je prends de la coke. J'ai envie de ne plus rien faire d'autre.
– Quand vous n'avez pas de produit, comment vous sentez-vous?
– Quand je n'ai plus de produit, je suis complètement déprimée. Je ne pensais pas qu'il serait si difficile de s'en passer.
– Voulez-vous arrêter?
– Oui, mais je ne me sens pas du tout capable d'arrêter toute seule. J'ai besoin d'aide.

Témoignage B: Un ancien toxicomane

– Vous étiez toxicomane pendant combien de temps?
– Pendant dix ans.
– Qu'est-ce que vous preniez?
– De l'héroïne … j'étais accro de l'héroïne.
– Et vous viviez comment?
– J'étais seul. Tout ce qui comptait pour moi, c'était de me procurer ma poudre. J'étais malade dans mon corps, dans ma tête. Il n'y avait plus de plaisir, plus rien que le vide et la solitude. Je croyais que j'avais tout perdu – mes copains, ma famille.
– Alors, qu'est-ce qui s'est passé?
– Après un coma pour surdose, on m'a admis au centre de désintoxication. Là, j'ai rencontré un psychiatre qui m'a beaucoup aidé. Il y a eu un déclic. Ça a été long et dur, mais maintenant, je respire.

sb 225 Au choix **7, tr 10**

[7] Le sida
This is an optional extended reading item about Aids. Students read the article then match the appropriate question to each numbered section. They could check their answers by listening to the recorded text.

> **Solution:** 1 *b*, 2 *d*, 3 *c*, 4 *e*, 5 *a*, 6 *f*

Tricolore Total 4 Teacher's Book

8I Forme et santé

transcript

Le sida

- Qu'est-ce que le sida?
- Le sida est la forme la plus grave d'une maladie due à un virus: le VIH (HIV en anglais). Ce virus détruit les défenses naturelles qui protègent le corps de beaucoup de maladies, comme la grippe, la pneumonie, le cancer.
- Que veut dire être 'séropositif'?
- Quand une personne possède le virus dans ses cellules, on dit qu'elle est séropositive. Une personne séropositive n'est pas malade du sida, mais elle peut avoir le sida dans les années qui suivent. Et une personne séropositive peut transmettre la maladie.
- Comment est-ce qu'on attrape le sida?
- Il y a quatre modes de transmettre le sida:
  - les rapports sexuels avec une personne infectée;
  - l'utilisation des seringues et aiguilles contaminées;
  - une femme séropositive peut transmettre la maladie à son bébé;
  - les transfusions sanguines avant 1985.
- Aujourd'hui, les dons de sang sont contrôlés systématiquement. Les risques de contamination sont devenus exceptionnels pour le receveur et nuls pour la personne qui donne son sang.
- Est-ce qu'il y a un risque à travailler à côté d'une personne séropositive?
- Non. On peut, en toute sécurité, travailler à côté d'une personne infectée, travailler avec elle, la toucher, lui serrer la main, se baigner dans la même piscine, etc.
- Est-ce que le sida existe dans tous les pays?
- Oui, le sida est présent dans le monde entier et se développe rapidement.
- Comment savoir si l'on est séropositif?
- Si on a l'impression d'avoir pris un risque, on peut faire un test de dépistage pour savoir si l'on est séropositif.

Follow-up activity:

Different groups in the class could research on the internet the various themes covered in the spread (Aids, tobacco, alcohol, drugs).

8I Forme et santé   pages 164–165

Aims and objectives	Grammar and skills	Resources
• discuss and compare lifestyles		**Key language:** see SB 168 **Online resource:** *Activité (parler)* **CD:** 7/11

SB 164   7, tr 11

1 Pour avoir la forme

a In this task, students listen to a series of street interviews and note down the responses, according to the categories listed (a–f).

Solution:

	1	2	3	4	5	6
a	✓	✓		✓		✓
b					✓	
c	✓				✓	✓
d		✓				
e					✓	✓
f			✓			

b They then write a short summary of the views given.

transcript

Pour avoir la forme

- Bonjour, monsieur. On fait un sondage sur la forme. À votre avis, qu'est-ce qu'il faut faire pour avoir la forme?
- La forme … bon, bien manger … c'est-à-dire manger régulièrement et équilibré … et en plus, il faut faire de l'exercice régulièrement.
- Bon, merci. Et vous, madame, qu'en pensez-vous?
- Bon alors, suivre un régime équilibré avec toutes les vitamines nécessaires … eh bien … éviter le stress, savoir se détendre.
- Merci, madame. Et vous, monsieur, à votre avis, qu'est-ce qu'on doit faire pour avoir la forme?
- Bon – il faut avoir une attitude positive, oui, être optimiste – c'est ça surtout.
- Merci. Et vous, madame, quel est votre avis?
- Pour avoir la forme, on doit … on ne doit pas fumer … ça c'est clair … et pas trop manger non plus … mais manger régulièrement et équilibré … voilà.
- Merci. Passons à vous, monsieur?
- Bon, à mon avis, il faut faire de l'exercice … faire du sport assez régulièrement … et bien dormir, ça, c'est important – si on ne dort pas bien on est fatigué, on n'a vraiment pas la forme.
- Et vous, madame. On fait un sondage sur la forme. À votre avis, qu'est-ce qu'il faut faire pour avoir la forme?
- Alors, je dirais … bon … il faut bien manger, ça, c'est important et puis faire du sport, puis ne pas fumer. Ça c'est mon avis.

Unité 8 Consolidation and assessment

sb 164

2 C'est bon pour la santé?
Students read through the list of actions and classify them accordingly.

> Solution: **1** ✓, **2** ✗, **3** ✗, **4** ✓, **5** ✗, **6** ✓, **7** ✗, **8** ✓, **9** ✗, **10** ✓, **11** ✓, **12** ✗, **13** ✓, **14** ✓

sb 164

3 J'ai changé mon mode de vie
Students complete this letter to a health magazine by writing the verbs in the correct tense.

> Solution: **1** *je mène*, **2** *je fumais*, **3** *je ne faisais pas*, **4** *je vivais*, **5** *je trouvais*, **6** *je pensais*, **7** *je le trouvais*, **8** *je me suis décidée*, **9** *je me suis inscrite*, **10** *j'ai décidé*, **11** *je fume*, **12** *je me sens*

sb 225 Au choix

[8] Charles Martin
In this task, students have to describe how Charles Martin's life has changed. This can be prepared orally first, e.g.
– *Charles, fumait-il autrefois?*
– *Comment mangeait-il?*
– *Est-ce qu'il avait la forme?*
Some of the answers could be written on the board and the task could then be completed for homework.

sb 165

4 En forme, le jour J
This contains advice about being on good form when taking exams. The text is followed by questions in English.

> Solution:
> 1 eat a bit of everything, without overdoing it
> 2 after a week or a fortnight
> 3 fruit and vegetables
> 4 when under stress or pressure
> 5 Any two of: *try to diagnose the cause; speak to someone else about it, such as an adult or a teacher; do breathing exercises; try to keep things in perspective*

Activité (parler)

La forme, c'est important?
This online audio activity provides further speaking practice of questions and answers relating to health and fitness.

sb 166

5 À vous!
a Students work in pairs to ask and answer questions about health and general fitness.
b They then write a few sentences to describe their general fitness.

8J Consolidation and assessment   pages 166–167

Aims and objectives	Grammar and skills	Resources
• practise exam assessment techniques • find out what you have learnt		**Key language:** see SB 168 **Online resource:** *Activités (Vocabulaire, Quiz)* **Copymasters:** 8/6; *Épreuves:* 8/7–8/11 **CD:** 7/12–22, SCD2/17–20

This spread provides assessment tasks that follow the style of assessment for speaking and writing offered by some awarding bodies. Teachers should adapt the tasks as necessary to suit the needs of their students. Board-specific examination practice, written by experienced examiners, is provided online.

sb 166 Contrôle oral

A Une conversation
This provides an outline for an assessed conversation. First work through the requirements and build up some suggestions on the board for each point.

Préparation
Students could think about the questions that might be asked, perhaps looking back through the unit for ideas. This could be done as a brainstorming session with suggestions written on the board.

sb 166   7, tr 12   SCD2/17

Lucas parle de la forme et du sport
The example (in three parts) and related activities should provide ideas and support for the conversation task.
Students listen to Part A and answer questions in English.

> Solution: **1** *a, b, d, e*, **2** *tennis, badminton, swimming*, **3** *twice a week*, **4** *his mother*

transcript

Lucas parle de la forme et du sport: Partie A
– *Qu'est-ce qu'il faut faire pour avoir la forme?*
– *À mon avis, il faut faire de l'exercice, manger régulièrement, ne pas être trop gros, ne pas être trop maigre. Personnellement, je trouve que le sport est très important pour garder la forme.*

Tricolore Total 4 Teacher's Book

Unité 8 Consolidation and assessment

– Qu'est-ce que tu fais comme sport?
– Je fais du tennis, du badminton et de la natation, mais le plus souvent je joue au badminton.
– Quand fais-tu du sport?
– C'est surtout le mercredi et le samedi. Je joue au badminton ou on va à la piscine avec des amis. J'essaie de faire du sport deux fois par semaine.
– Est-ce que ta famille fait du sport?
– Mon père, non, pas tellement. Ma mère va au gymnase une fois par semaine et elle fait du yoga. Mon frère est comme mon père; il ne fait pas beaucoup de sport. Il n'aime pas les sports d'équipe, mais il fait quelquefois du vélo.

B Students listen to Part B and write down the missing words. These should all be familiar and are not listed on the page but could be written on the board, in jumbled order, if necessary.

Solution: 1 *faisais*, **2** *une fois*, **3** *temps libre*, **4** *essayer*, **5** *serait*, **6** *pourquoi*, **7** *réduit*, **8** *faisant*

transcript

Partie B

– Qu'est-ce que tu faisais comme sport quand tu étais plus jeune?
– Quand j'allais à l'école primaire, je faisais du judo une fois par semaine et je jouais au football. Je fais moins de sport maintenant parce que je n'ai pas beaucoup de temps libre.
– Est-ce qu'il y a un sport que tu voudrais essayer un jour?
– J'aimerais bien faire de la plongée sous-marine, surtout dans un pays chaud comme l'Égypte, mais ça coûte cher. Ce serait merveilleux de voir des poissons tropicaux et des tortues de mer.
– À ton avis, pourquoi le sport est-il important?
– Pour moi, ça m'aide à me relaxer et ça réduit le stress. Quand j'ai des problèmes, je me détends en faisant du sport.

C Students listen to find out which questions are asked and to work out which was the unexpected question.

Solution: a, c, d, e (The unexpected question is d: *Est-ce que tu grignotes entre les repas?*)

transcript

Partie C

– Manger bien, qu'est-ce que ça veut dire?
– Pour manger bien, on doit prendre des repas réguliers, manger beaucoup de fruits et de légumes, ne pas manger trop de sucreries.
– Qu'est-ce que tu aimes comme fruits et légumes?
– Comme fruits, j'aime les pommes et les bananes, mais je n'aime pas beaucoup les oranges. Je n'aime pas beaucoup les légumes, mais je mange des petits pois et des carottes.
– Est-ce que tu grignotes entre les repas?
– Quelquefois mais je sais que ce n'est pas bien. Quand même, de temps en temps, je mange du chocolat ou un paquet de chips.
– Qu'est-ce qu'on peut faire pour éviter le stress?
– Ça dépend. Si on a des difficultés au collège, par exemple, c'est bien de parler de ses problèmes avec un ami. Il est important aussi de bien dormir. Si on est fatigué, tout est plus difficile.

166

B Une présentation

An alternative (or additional) task would be to prepare a presentation for an anti-smoking campaign.

Students then prepare their own answers for a conversation about a healthy lifestyle with a partner or with you. This could be recorded and used for self- or peer assessment.

Top Tips

This suggests using link words and expressions to make presentations flow more smoothly, and practising pronunciation and intonation with a friend.

167 Contrôle écrit

Être en forme

This provides an outline for a written assessment of 200–300 words based on material in the unit.

Students read the sample article and do the task, which helps extract key vocabulary for their own work. Emphasise that this is just one example and should not dictate what students may choose to write.

Solution:

1. *j'ai de la chance*
2. *presque toujours*
3. *j'ai manqué une semaine de collège*
4. *je mangeais tout le temps*
5. *tout ce qui est sucré*
6. *j'essaie d'éviter*
7. *je dois avouer*
8. *quand j'allais à l'école primaire*
9. *je ne cours pas vite*
10. *en revanche*
11. *je n'ai pas aimé le goût*
12. *je ris*

Top Tips

This suggests using as many different tenses as possible, a range of vocabulary and structures, and including opinions and reasons.

168–169 Sommaire

This is a summary of the main grammar and vocabulary of the unit.

Activité

Vocabulaire – Unité 8

This game provides practice of the vocabulary of the unit.

Activité

Quiz – Unité 8

An online quiz which tests the language and content of Unit 8.

Unité 8 Consolidation and assessment

8/6 • 7, tr 13–15 • SCD2, tr 18–20

Tu comprends?

1 Il y a un problème

Students listen and choose the correct letter in each case.

Solution: 1 G, 2 D, 3 H, 4 A, 5 C, 6 F, 7 E

transcript

Il y a un problème

Exemple: Mon père est tombé dans l'escalier et il s'est fait mal à la jambe.

1 Il y a eu un accident. Il faut appeler les secours.
2 Mon fils a mal à la main. Il s'est fait piquer par une guêpe.
3 Je suis désolée, je ne peux pas sortir ce soir. Ma mère est au lit. Elle est malade.
4 Je dois aller à la pharmacie pour acheter des médicaments.
5 Je suis très enrhumée et j'ai mal à la gorge. Passe-moi un mouchoir, s'il te plaît.
6 Mon frère est allé à l'hôpital. Il s'est cassé le bras.
7 Ma sœur a très mal aux dents. On va téléphoner au dentiste.

2 Chez le médecin

Students listen and tick the right boxes.

Solution: 1 A, 2 C, 3 B, 4 B, 5 B, 6 B

transcript

Chez le médecin

– Bonjour, qu'est-ce qui ne va pas?
– J'ai mal à l'estomac. J'ai la diarrhée et j'ai vomi pendant la nuit.
– Quand est-ce que ça a commencé?
– Ça a commencé hier soir. À midi, j'ai mangé au restaurant avec des amis.
– Qu'est-ce que vous avez mangé au restaurant?
– J'ai mangé des crevettes. C'est peut-être ça.
– Oui, c'est possible. Bon, avez-vous pris quelque chose?
– Non, je n'ai rien pris.
– Avez-vous des allergies?
– Non, je n'ai pas d'allergies.
– Bon, aujourd'hui, ne mangez rien, mais buvez beaucoup d'eau. Je vais vous donner une ordonnance aussi. Quand est-ce que vous allez rentrer chez vous?
– Je vais rentrer dans deux jours.
– Si ça ne va pas mieux dans trois jours, allez voir votre médecin, chez vous.

3 On parle de la santé

a Students listen and complete the text.

Solution: 1 F *natation*, 2 A *bonbons*, 3 H *repas*, 4 B *cyclisme*, 5 D *exercice*, 6 C *danse*, 7 G *ordinateur*

transcript

L'exercice et la nourriture

– Marc, qu'est-ce que tu fais pour être en forme?
– Moi, pour garder la forme, je fais du sport … deux, trois fois par semaine, en général.
– Quel genre de sport?
– Alors, du tennis, du badminton, de la natation. Mais le plus souvent, du badminton. Normalement, je joue avec mes amis, le samedi après-midi.
– Et toi, Stéphanie, tu fais du sport aussi?
– Moi, non, je ne suis pas très sportive. Mais je fais attention à ce que je mange. J'essaie de ne pas manger trop de bonbons ni de chocolat. Je mange beaucoup de fruits et de légumes et j'essaie de manger des repas réguliers.
– Et toi, Laurent?
– Moi aussi, je mange comme il faut et je fais un peu de sport – du cyclisme et du jogging surtout – alors, plutôt des sports individuels.
– Julie, est-ce que tu fais de l'exercice régulièrement?
– Oui, je fais de la danse et je marche beaucoup. Je trouve que l'exercice est très important. Aujourd'hui, on a tendance à passer trop de temps assis devant son ordinateur.

b Students listen and answer questions in English.

Solution:

1 because he likes doing sport and found that he had difficulty running
2 it's expensive; it's bad for your health
3 they smoked to see what it was like and then found it hard to stop; they smoke to relax
4 she drinks very little herself; she thinks drinking is okay in moderation
5 aggressive behaviour

transcript

Le tabac et l'alcool

– Marc, tu fumes?
– Non, je fumais avant, mais il y a six mois, j'ai décidé d'arrêter. J'aime faire du sport et peu à peu, je remarquais que j'avais du mal à courir. J'ai décidé d'en finir avec les cigarettes. Ça a été dur, mais quand j'ai réussi, je me suis senti tellement mieux.
– Et Julie, tu fumes?
– Non, moi, je ne fume pas. Ça coûte cher et c'est mauvais pour la santé. Mais j'ai des amis qui fument.
– Pourquoi fument-ils, à ton avis?
– Ils ont fumé quelques cigarettes pour essayer, puis ils ont trouvé que c'était difficile d'arrêter. J'ai un copine qui fume et elle dit que ça l'aide à se détendre, mais à mon avis, il vaut mieux trouver d'autres moyens de se relaxer.
– Julie, beaucoup de jeunes boivent au week-end ou en soirée. Qu'en penses-tu?

Unité 8 Consolidation and assessment

– Moi, personnellement, je bois très peu d'alcool. Je préfère l'Orangina. Mais je connais des garçons qui boivent de la bière. Ça va, si on boit avec modération, mais quelquefois, on voit quelqu'un qui a trop bu et qui commence à être agressif et je n'aime pas ça.

Épreuves: Unité 8

These worksheets can be used for an informal test of listening and reading or for extra practice, as required. For general notes on administering the *Épreuves*, see TB 12.

8/7   7, tr 16–19

Épreuve 8: Écouter – Partie A

1   À la pharmacie   F

Students listen to the conversations at the chemist's and write the correct letter for each customer. Key words are repeated within each dialogue.

Solution: **1** D, **2** A, **3** E, **4** C, **5** H   [5 marks]

transcript

À la pharmacie

Exemple:
– Je voudrais de l'aspirine, s'il vous plaît. Un paquet comme ça.
– Voilà, madame. Voici un petit paquet d'aspirine.

1 – Un tube de dentifrice, s'il vous plaît, comme ça.
– Un grand tube ou un petit?
– Un grand, s'il vous plaît.

2 – Du sirop, s'il vous plaît. Du sirop contre la toux. Qu'est-ce que vous recommandez?
– Ce sirop est très bon, monsieur.
– Alors, je prends ça.

3 – Avez-vous des pastilles pour la gorge, s'il vous plaît?
– Oui, il y a un grand choix de pastilles. Regardez!
– Alors, donnez-moi ce paquet de pastilles-là. Oui, celui-là. Merci.

4 – Je vais partir en vacances, donc j'ai besoin d'une crème anti-insecte, s'il vous plaît.
– Une crème.
– Oh, en tube, s'il vous plaît.
– Voilà, un grand tube de crème. Les insectes n'aiment pas ça!

5 – Une brosse à dents, s'il vous plaît.
– Une brosse à dents. De quelle couleur?
– Voyons, euh … rouge, je crois, oui, rouge. Celle-là en rouge!

2   Ça fait mal?   F

Students listen to people complaining about their various aches and pains, and write the correct letter by the appropriate picture.

Solution: **1** H, **2** A, **3** F, **4** B, **5** D   [5 marks]

transcript

Ça fait mal?
Exemple:
Regarde ma main gauche! Je me suis brûlé en faisant la cuisine et ça me fait très mal.

1 Mon pied me fait très mal – je vais enlever mes chaussures.

2 J'ai travaillé à l'ordinateur toute la journée et maintenant, j'ai très mal au cou.

3 – J'ai mal à l'épaule, je ne sais pas pourquoi.
– Ton épaule? C'est parce que tu as porté cette valise lourde hier.

4 Je suis très enrhumé et mon nez me fait très mal.

5 Aïe! Je mangeais des bonbons et je me suis cassé une dent! Maintenant, il faut aller chez le dentiste.

3   Qu'est-ce qui ne va pas?   F/H

Students listen to Sarah's conversation with the doctor and answer the questions in English.

Solution: **1** *played tennis all afternoon*, **2** *stay in bed, drink water*, **3** *whether it's serious/ whether she should go to hospital* (accept either), **4** *return in three days if not better*   [5 marks]

transcript

Qu'est-ce qui ne va pas?
– Bonjour, docteur.
– Bonjour. Alors qu'est-ce qui ne va pas?
– J'ai mal à la tête et j'ai de la fièvre.
– Avez-vous passé beaucoup de temps au soleil?
– Oui, hier, j'ai joué au tennis dans le parc pendant tout l'après-midi.
– Il faut faire attention. Le soleil est très fort en ce moment. Bon. Pour l'instant, je ne vais pas vous donner de médicaments. Il faut surtout rester au lit et boire de l'eau.
– C'est grave? Je dois aller à l'hôpital?
– Non, non, je ne pense pas. Mais si ça ne va pas mieux dans trois jours, revenez me voir.
– Merci, docteur. Au revoir.

4   Pour avoir la forme   F/H

Students listen to the discussion and select the statement that best represents the opinions of each speaker.

Solution: **1** f, **2** c, **3** h, **4** g, **5** d   [5 marks]

transcript

Pour avoir la forme
Exemple:
– Qu'est-ce qu'il faut faire pour avoir la forme? Qu'est-ce que vous en pensez, madame?
– Pas de stress. Essayez d'éviter le stress. C'est tout ce qu'il faut!
– Très bien.

1 – Et vous, monsieur. À votre avis, qu'est-ce qu'il faut faire pour avoir la forme?

224   Tricolore Total 4 Teacher's Book

Unité 8 Consolidation and assessment

– Euh, il faut faire de l'exercice. Ça, c'est essentiel!

2 – Mademoiselle, pour avoir la forme, il faut faire quoi, à votre avis?

– La forme? Euh… il faut bien manger, c'est-à-dire manger beaucoup de fruits et de légumes, des produits riches en vitamines, etcétera, et manger régulièrement.

3 – Monsieur, on discute de la forme. Pour avoir la forme, qu'est-ce qu'il faut faire, à votre avis?

– Eh bien … bien dormir, ça, c'est important. On ne peut pas rester en forme si on ne dort pas bien.

4 – Merci. Et vous, madame. À votre avis, pour avoir la forme, qu'est-ce qu'on doit faire?

– Alors, on ne doit pas fumer. Ça, c'est évident!

5 – Et vous, monsieur, quel est votre avis?

– Quoi, pour avoir la forme? Ben, il faut s'amuser avec ses amis, être heureux, se relaxer et rire beaucoup!

– Merci.

8/8   7, tr 20–22

Épreuve 8: Écouter – Partie B

1 Ça s'est passé comment? F/H

Students listen to each person describing how something happened and choose the correct answer.

Solution: 1 *a,* **2** *c,* **3** *b,* **4** *a,* **5** *c*   [5 marks]

transcript

Ça s'est passé comment?
Exemple: Marie
Je me suis cassé la jambe. Hier, je faisais une promenade à cheval lorsqu'une moto s'est arrêtée juste devant moi et je suis tombée de mon cheval.

1 Charles
Je me suis fait mal à la main gauche. Je grimpais sur les rochers et j'ai glissé – c'est comme ça que je l'ai fait.

2 Christophe
Je me suis coupé le doigt. J'étais en train de préparer le dîner et j'utilisais un nouveau couteau pour préparer les légumes.

3 Sandrine
Je me suis fait piquer par une guêpe. Je travaillais dans le jardin et je n'avais pas remarqué qu'il y avait une guêpe sous une feuille.

4 José
Je me sens vraiment malade – c'est peut-être un coup de chaleur. Je me suis allongé sur la plage et je me suis endormi.

5 Lucie
Je me suis brûlé le bras et ça me fait très mal. Avec mon frère on grillait des saucisses sur notre barbecue et je n'ai pas fait assez attention.

2 Attention sur les routes! H

Students listen to the report of the two accidents and answer the questions in English.

Solution: 1 *fallen trees on the road,* **2** *3 (driver and two passengers)* (number only needed for mark), **3** *motorcyclist,* **4** *two,* **5** *two,* **6** *no,* **7** *van not going very fast*   [7 marks]

transcript

Attention sur les routes!

Les conditions sur les routes sont particulièrement dangereuses en ce moment à cause du mauvais temps d'hier soir. Les routes sont très glissantes à cause de la pluie et beaucoup d'arbres sont tombés sur les routes.

Près de Boulogne, une voiture qui transportait trois personnes est rentrée dans un arbre qui était tombé en travers de la route. Un motocycliste a trouvé le véhicule et a alerté les secours. On a transporté l'automobiliste et les deux passagers à l'hôpital. L'automobiliste et un des passagers sont dans un état grave, mais stable; l'autre passager souffrait du choc, mais n'a pas eu d'autres blessures.

Dans un autre accident, aux environs de Calais, un automobiliste a freiné pour éviter un arbre sur la route, mais a perdu le contrôle de son véhicule et est entré en collision avec une camionnette. Heureusement, la camionnette ne roulait pas vite et les deux conducteurs ne sont pas grièvement blessés.

3 La vie des jeunes H

Students listen to three teenagers talking about their state of mind and morale and select the option that is most appropriate.

Solution: 1 *b,* **2** *c,* **3** *b,* **4** *c,* **5** *a,* **6** *a,* **7** *c,* **8** *b*   [8 marks]

transcript

La vie des jeunes
Conversation un: Daphné

– Ça va mieux, Daphné?

– Oui, oui, beaucoup mieux! En effet, cette semaine je suis en pleine forme.

– Tant mieux, parce que l'autre jour, tu avais le moral à zéro!

– C'est vrai, j'en avais ras le bol. Mais dimanche j'ai eu un coup de téléphone d'un ancien ami, Bertrand, et on est sortis ensemble dimanche après-midi et on a beaucoup rigolé – ça m'a fait du bien.

Conversation deux: Mathieu

– Salut, Mathieu, ça va?

– Non, en fait, pour le moment, ça ne va pas très bien.

– Pourquoi?

– Je ne sais pas vraiment. Je ne dors pas bien la nuit et pendant la journée, je suis toujours très fatigué.

Tricolore Total 4 Teacher's Book   225

Unité 8 Consolidation and assessment

- Tu ne dors pas bien? Tu sais pourquoi?
- Je suis très stressé à cause des examens et donc, je travaille très tard la nuit – c'est sans doute ça qui m'empêche de dormir.
- Alors, après les examens, ça ira mieux.
- Tu crois? Après les examens, il y aura les résultats – c'est ça qui me rend vraiment stressé!

Conversation trois: Marie-Claire
- Dis, Marie-Claire, comment va ta sœur, Céline? On a toujours des ennuis avec elle et son petit ami?
- Oui, toujours, c'est vraiment pénible.
- Mais je croyais que tu t'entendais bien avec ta petite sœur.
- Oui, oui, je m'entends bien avec elle, en principe. Mais je m'entends bien avec mes parents aussi et ma mère et ma sœur se disputent tout le temps.
- À cause de quoi?
- Surtout à cause de son petit ami. Elle se laisse influencer par lui et quand il est là, elle fume et elle boit trop – elle n'a que seize ans, tu sais!

8/9

Épreuve 8 Lire – Partie A

1 Le corps humain F
Students note the letter for the different parts of the body.

■ Solution: **1** D, **2** F, **3** A, **4** G, **5** H   [5 marks]

2 Attention! F
Students choose the correct picture for each phrase.

■ Solution: **1** F, **2** B, **3** C, **4** G, **5** D   [5 marks]

3 Un coup de soleil F/H
Students pick the right letter to complete the article.

■ Solution: **1** e, **2** c, **3** d, **4** b, **5** g   [5 marks]

4 Allô parents, ici ados F/H
Students read the article and answer the questions in English.

■ Solution: **1** c, d, **2** c, **3** a, **4** b   [5 marks]
[Total for Part A: 20 marks]

8/10

Épreuve 8 Lire – Partie B (1)

1 Êtes-vous bien dans votre assiette? F/H
Students read the article and find the correct word to fill each gap.

■ Solution: **1** a, **2** e, **3** i, **4** d, **5** f, **6** c, **7** b, **8** j
[8 marks]

2 Le portable fait un tabac F/H
Students read the article about the theory that using a mobile phone discourages smoking in teenage girls. They answer questions in English.

■ Solution: **1** *it looks grown-up, shows individuality and rebellion and it reinforces the feeling of belonging to a group* (2 marks for any two points), **2** *it has decreased*, **3** *on mobile phones*   [4 marks]

8/11

Épreuve 8 Lire – Partie B (2)

3 Le tabagisme H
Students read the opinions and then write the name of the appropriate person to complete the sentences that follow.

■ Solution: **1** *Nita*, **2** *Cécile*, **3** *Sophie*, **4** *Fatima*, **5** *Karim*, **6** *Paul*, **7** *Marc*, **8** *Roland*   [8 marks]
[Total for Part B: 20 marks]

Tricolore Total 4
Unité 9 Projets d'avenir pages 170–189

Aims and objectives	Grammar and skills	Vocabulary
9A Que ferez-vous? pages 170–171		
• talk about exams • discuss plans for the future	Expressing intention	Exams Future plans
9B Spécial examens pages 172–173		
• discuss exam preparation and revision	Two verbs together (verb + infinitive; verb + à + infinitive; verb + de + infinitive) si + present + future Words with different meanings	Exams
9C Un stage en entreprise pages 174–175		
• exchange information and opinions about work experience	Preceding direct object agreement (*Au choix*)	Work experience placement
9D Mon métier pages 176–177		
• discuss your choice of further education and career • tips for finding a job and avoiding unemployment	Exam tips Asking and advising (verb + à + person + de + infinitive)	Jobs, The world of work Unemployment Aspects of work
9E Au travail pages 178–179		
• understand job advertisements • discuss different aspects of a job	quand + future tense	The world of work Aspects of work
9F Pour gagner de l'argent pages 180–181		
• discuss pocket money • discuss part-time jobs		Pocket money and part-time work
9G Un job pour l'été pages 182–183		
• find out about holiday work • prepare a CV • apply for jobs and prepare for interviews		Aspects of work
9H On peut rêver pages 184–185		
• discuss what you would do • discuss marriage and the future	Revise the conditional si + imperfect + conditional	Future plans
9I Consolidation and Assessment pages 186–187		
• practise exam assessment techniques • find out what you have learnt		
Sommaire pages 188–189		

Resources:

Student's Book 170–189
CD 7–8, Student CD 2

Copymasters
9/1 Deux verbes dans une phrase (1)
9/2 Deux verbes dans une phrase (2)
9/3 Deux verbes dans une phrase (3)
9/4 Des métiers
9/5 Jeux de mots – les métiers
9/6 On cherche des renseignements
9/7 Les 7 piliers du CV
9/8 Tu comprends?
9/9 Épreuve 9: Écouter – Partie A
9/10 Épreuve 9: Écouter – Partie B
9/11 Épreuve 9: Lire – Partie A (1)
9/12 Épreuve 9: Lire – Partie A (2)
9/13 Épreuve 9: Lire – Partie B (1)
9/14 Épreuve 9: Lire – Partie B (2)

Au choix SB 226–227
1 À l'avenir
2 Trouvez le français
3 Comment se préparer
4 Les examens et moi
  Dossier-langue: preceding direct object (perfect tense)
5 Complétez les phrases
6 En stage au bureau
7 Un e-mail à écrire
8 On cherche du travail
9 Petites annonces
10 Les jobs

Examination Grammar in Action 69–71
Using the verb *savoir*
Using the verbs *pouvoir* and *vouloir*
Using two verbs together

Kerboodle!
Les examens et après (Activité – P)
Deux verbes dans une phrase (Présentation)
Le stage de Chantal (Activité – É)
Il y a beaucoup à faire (Activité – G)
Au travail (Présentation)
J'ai suivi vos conseils (Activité – L)
Argent et boulot (Activité – P)
Le piston: c'est quand même utile! (Activité – L)
Si possible (Activité – G)
On parle de l'avenir (Activité – É)
Vocabulaire – Unité 9 (Activité)
Quiz – Unité 9 (Activité)

É = Écouter, L = Lire, P = Parler, G = Grammaire

9A Que ferez-vous?

9A Que ferez-vous? pages 170–171		
Aims and objectives	**Grammar and skills**	**Resources**
• talk about exams • discuss plans for the future	Expressing intention	**Key language:** see SB 188 **Online resource:** Activité (parler) **CD:** 7/23–24

sb 170

1 Les examens en France

This item serves both as background information and as revision of some of the vocabulary for exams and subjects studied.

Remind students of the pattern of secondary education in France (l'entrée en 6 ème at about 11, collège – 5ème, 4ème, 3ème – changing to lycée – seconde, première, terminale). It could be helpful to use the online PowerPoint presentation from Unit 4: L'éduction en France. (See above, TB p93.) Perhaps have a short brainstorming session to cover as much information as possible about education in France, names of school subjects, differences from the British system, e.g. redoublement, holidays, etc.

Students then read the information from Adeline and complete the sentences, either orally or in writing.

Solution: 1 la terminale, **2** le baccalauréat, **3** le bac de français, **4** l'anglais et l'allemand, **5** la biologie

sb 170

2 Trouvez les paires

This French/English matching task provides a useful vocabulary list for the topic.

Solution: 1 d, **2** i, **3** b, **4** f, **5** g, **6** a, **7** h, **8** c, **9** e

sb 170 Dossier-langue

The six ways of expressing intention are summarised here and then practised on this spread. Refer students as necessary to the Grammaire (SB 247–48, 250–52).

sb 226 Au choix

[1] À l'avenir

Students complete the sentences with expressions of intent, etc., as indicated.

Solution: 1 quitter, **2** résultats, **3** travailler, **4** Je voudrais, **5** matières, **6** L'année prochaine, **7** j'espère, **8** rêve, **9** ai l'intention, **10** projets

sb 170

3 Que ferez-vous?

Students complete the conversations with the correct part of the verbs. When the verbs have been checked, they could practise the conversations in pairs.

Solution: 1 ferez, **2** viendra, **3** pourra, **4** arrivera, **5** ferons, **6** aurez, **7** feras, **8** sauras, **9** partirai, **10** reviendrai, **11** travaillerai, **12** feras, **13** quitteras, **14** quitterai

sb 170 7, tr 23

4 Une interview avec Pierre

Students listen to the interview and complete the text. The answers contain examples of the different ways of expressing intention.

Solution: 1 espère, **2** serai, **3** voudrais, **4** pense, **5** l'intention, **6** voudrais

transcript

Une interview avec Pierre
- Pierre, as-tu l'intention de continuer tes études après l'école?
- Oui, oui. J'espère faire des études à l'Université de Paris.
- Qu'est-ce que tu aimerais faire plus tard?
- Si j'ai de bonnes notes à l'université, je serai peut-être prof d'histoire-géo.
- Et, sinon, qu'est-ce que tu voudrais faire?
- Sinon, je pense travailler comme photographe ou comme journaliste.
- As-tu l'intention de voyager?
- Oui, bien sûr, je voudrais voyager, surtout aux États-Unis.
- Merci, Pierre et à bientôt!

sb 171

5 Qu'est-ce que vous faites comme études?

Students read through the summaries of the courses of study and future plans of five students. They then match the statements with the correct students, writing the full name or just the initial.

Solution: 1 Boris (B), **2** Pauline (P), **3** Boris (B), **4** Nadège (N), **5** Ludovic (L), **6** Pauline (P), **7** Nadège (N), **8** Michel (M)

Some useful phrases could be picked out in a 'find the French' task, e.g.

1 he has gone in for sciences (il s'est orienté vers les sciences)
2 enough money to travel (assez d'argent pour voyager)
3 when he gets back (quand il reviendra)
4 first of all (d'abord)
5 his/her dream is to go (son rêve est d'aller)

228 Tricolore Total 4 Teacher's Book

9A Que ferez-vous?

6 to get qualifications in ... *(pour obtenir des diplômes en ...)*
7 when he leaves university *(quand il sortira de l'université)*
8 at least a year *(au moins un an)*
9 she hopes to go to university *(elle espère aller à la fac)*
10 to teach *(enseigner)*
11 a law course/degree *(une fac de droit)*
12 for the first year *(pour la première année)*

For further practice, students could work in pairs: one assumes the identity of one of the students, the other asks a maximum of four questions, to which the answer can only be *oui* or *non*, in order to identify the student.

7, tr 24

On parle des examens et après

As an additional task, able students could listen to two students talking about future plans and note down in English whether the speakers intend to continue with their studies and their chosen career. The second interview is more difficult.

> **Solution:**
>
> Didier: *will continue with studies, wants to be a lawyer* (avocat)
>
> Marilyn: *may continue unless she gets a job. Was intending to teach English, but now thinks she will teach French to foreigners*

transcript

On parle des examens et après

1 – Didier, quelle est la prochaine étape dans tes études?
– Eh bien, ce sont les examens en juin, puisque je suis actuellement en deuxième année de droit et il y aura donc une sélection importante.
– Hmm, hmm. Et, supposons que tu sois reçu à tes examens. Euh, est-ce que tu penses continuer?
– Oui. Il me faudrait encore à peu près quatre ans pour faire avocat.
– Donc le projet professionnel que tu as, c'est de devenir avocat, c'est ça?
– Tout à fait. C'est mon but, oui.
– Et quelles sont les possibilités pour toi de devenir avocat?
– Je pense que j'ai les facultés pour arriver à ce niveau-là, mais je sais que c'est difficile, puisqu'en France, vingt-cinq pour cent des jeunes sont au chômage.

2 – Marilyn, quelle est la prochaine étape dans tes études?
– Comme chaque année, les examens, sessions de mai et juin.
– Hmm, hmm. Et après ces examens, est-ce que tu penses continuer?
– Oui et non. En fait, j'ai ... j'ai plusieurs projets ... soit travailler ... ou continuer.
– Hmm, hmm. Donc tu ne sais pas exactement ce que tu vas faire après, pour le moment?

– Pas vraiment, parce que ... enfin, tout dépendra, si je reçois ... si j'ai ... si j'ai été acceptée pour le travail. Sinon, j'ai la possibilité de continuer des études.
– Hmm, hmm. Supposons que tu ... sois reçue à tes examens, est-ce que, à partir de là, tu as un projet professionnel?
– Si, euh, de ... depuis que j'ai commencé, j'ai voulu enseigner l'anglais.
– Hmm, hmm.
– Mais ... finalement, à cause de ... l'expérience que j'ai en ce moment de ... d'être assistante française dans un lycée anglais, j'ai trouvé cela très ... très intéressant finalement de ... d'enseigner le français à des étrangers. Donc, je pense que c'est ce que je ferai.

sb 171

6 Témoignage

Students read the account of education in a developing country and decide whether the statements are true or false. They should correct the false sentences.

Similar articles can be found at:
www.campaignforeducation.org/fr/leducation-pour-tous-pourquoi/temoignages

> **Solution:** (possible) **1** F *(Il a passé une grande partie de sa vie sans éducation.)*, **2** V, **3** V, **4** F *(Il n'y a pas de bâtiment, leur école est sous un arbre.)*, **5** V, **6** F *(Ils doivent se réfugier quand il pleut et leurs cahiers sont mouillés.)*, **7** V, **8** F *(Leur éducation est beaucoup affectée par la guerre.)*

sb 226 Au choix

[2] Trouvez le français

For further exploitation, students find in the text (SB 171) the French for the English phrases listed. Encourage them to use similar phrases in their own work.

> **Solution: 1** *j'ai de la chance,* **2** *pendant deux ans,* **3** *une fois,* **4** *rien à manger,* **5** *rien du tout,* **6** *ça, c'est embêtant!,* **7** *j'espère devenir,* **8** *j'aimerais pouvoir conduire*

sb 171

7 À vous!

a Students work in pairs, asking and answering the questions and referring to the opinions on the page if necessary.

b Students write a paragraph about their future plans, using the questions as a framework.

Activité (parler)

Les examens et après

This online audio activity provides further speaking practice for talking about exams and future plans.

Tricolore Total 4 Teacher's Book

9B Spécial examens

9B Spécial examens	pages 172–173	
Aims and objectives	**Grammar and skills**	**Resources**
• discuss exam preparation and revision	Two verbs together (verb + infinitive; verb + à + infinitive; verb + de + infinitive) si + present + future	**Key language:** see SB 188 **Online resource:** Présentation **Copymasters:** 9/1, 9/2, 9/3 **CD:** 7/25–26 **GiA:** 69–71

sb 172

1 Les examens approchent

a Students read through the different views on revising for exams and find the French for some key phrases.

> **Solution:**
> 1 je préfère travailler avec un copain
> 2 on pourra discuter
> 3 il faut bien préparer son bureau
> 4 n'hésite pas à t'acheter quelques nouveaux trucs
> 5 quand je suis en train de réviser
> 6 je réussis à travailler sans interruption
> 7 ce n'est pas marrant de réviser
> 8 n'oublie pas de tout sauvegarder
> 9 avant d'éteindre l'ordinateur

b Students read through the article again and match up each of the opinions listed with the correct writer.

Many items contain examples of verbs followed directly by an infinitive or by à or de, and these are explained and used further in subsequent items.

> **Solution:** 1 E *(Éric)*, 2 P *(Philippe)*,
> 3 M *(Mélanie)*, 4 C *(Céline)*, 5 C *(Céline)*,
> 6 M *(Mélanie)*

sb 173 Stratégies

This item looks at words with different meanings. This could be extended to other prepositions (e.g. 'to', 'from', 'by' in English, or à, de, par in French).

sb 226 Au choix   7, tr 25

[3] Comment se préparer

This listening item contains further revision tips, this time from 'professionals'. Students listen to the advice and match statements to speakers.

> **Solution:** 1 J-P G *(Jean-Pierre Guérin)*,
> 2 FG *(François Gauger)*, 3 SM *(Suzanne Mélun)*,
> 4 FG *(François Gauger)*, 5 SM *(Suzanne Mélun)*,
> 6 J-P G *(Jean-Pierre Guérin)*

transcript

Comment se préparer

> Les examens approchent, mais quelle est la meilleure méthode de se préparer aux examens? Nous avons demandé à quelques 'professionnels'.

> **Jean-Pierre Guérin – médecin:**
> Le plus important, c'est de bien dormir. Je vous conseille de vous coucher tôt le soir et de vous lever de bonne heure le matin. En plus, essayez de prendre un bon petit déjeuner le matin, surtout le matin des examens.

> **Suzanne Mélun – professeur et conseillère d'orientation:**
> N'essayez pas de vous concentrer pendant de très longues périodes. Il vaut mieux réviser pendant une demi-heure, quarante minutes au plus. Puis il faut prendre dix minutes de repos: écoutez de la musique, buvez un jus d'orange avant de retourner à votre travail.

> **François Gauger – psychiatre:**
> Préparez-vous bien en avance. Faites un plan que vous pouvez afficher sur le mur de la chambre où vous travaillez et cochez chaque jour les choses que vous avez apprises – ça va vous encourager! Mais ne continuez pas à réviser jusqu'au dernier moment! La veille de l'examen, arrêtez de travailler et essayez de vous relaxer un peu.

sb 173 Dossier-langue

This item includes a task in which students find the French for the verbs listed and divide them into three groups according to whether they are followed directly by an infinitive, by à or by de.

Point out that some of the constructions include the word '(to) someone', listed in the French as qqn or à qqn.

Fuller lists and explanations are provided in *Grammaire* (SB 251–52) and there is more detailed practice of each type of sequence on three separate worksheets (see below).

Présentation

Deux verbes dans une phrase

This PowerPoint presentation supports work on using two verbs together.

sb 173

2 Trouvez les paires

Students match the pairs to find examples of the three kinds of verb.

> **Solution:** 1 c, 2 f, 3 b, 4 e, 5 a, 6 d

9B Spécial examens

sb 173

3 Des 'astuces' pour les révisions

After some oral practice, students write their own list of revision tips, adapting or inventing new ones. The teacher could suggest how many they should prepare.

More able students could also use the material as a starting point for discussion, e.g.
- À mon avis, il vaut mieux réviser jusqu'au dernier moment.
- Ce n'est pas une bonne idée de réviser en écoutant de la musique. (etc.)

cm 9/1

Deux verbes dans une phrase (1)

First, students read through the short *Dossier-langue* and then do the activities that follow.

1 Complétez le lexique

Students complete the *Lexique* and learn any new words.

> **Solution: 1** aimer, **2** to go, **3** to want/to desire, **4** to hope, **5** penser, **6** to be able (I can), **7** préférer, **8** to come, **9** to want/to wish

2 Complétez les bulles

Students complete the cartoon captions with the words in the box.

> **Solution: 1** envoyer, **2** passer, **3** faire, **4** manquer, **5** nager

3 Trouvez les paires

Students match up the two parts of each sentence.

> **Solution: 1** j, **2** b, **3** i, **4** c, **5** f, **6** e, **7** g, **8** h, **9** d, **10** a

4 À vous!

This activity is open-ended. In the first part students reply to questions about their future plans and in the second part they complete statements about their likes and dislikes.

cm 9/2

Deux verbes dans une phrase (2)

1 Complétez le lexique

Students complete the *Lexique* and learn any new words.

> **Solution: 1** to learn to, **2** commencer à, **3** continuer à, **4** to encourage someone to (do sth.), **5** to hesitate to, **6** inviter, **7** to start to, **8** passer, **9** to succeed in

2 Complétez les phrases

Students complete the sentences with the words in the box and translate them into English.

> **Solution:**
> **1** C – *I helped him (to) change the tyre.*
> **2** A – *Are you learning to drive?*
> **3** B – *What a disaster! I have spent the whole weekend doing my homework.*
> **4** G – *I like cooking and I enjoy trying out new recipes.*
> **5** D – *It's my birthday and I'm inviting you to come to the café after lessons.*
> **6** E – *Have you succeeded in finishing the crossword?*
> **7** F – *I have put on my raincoat because it has started to rain.*

3 Un message

Students read the email from a penfriend and write a reply on a separate sheet. Make sure that they first identify the questions and check that they answer all these in their reply.

cm 9/3

Deux verbes dans une phrase (3)

1 Complétez le lexique

> **Solution: 1** cesser de, **2** décider de, **3** to try to, **4** oublier de, **5** refuser de, **6** to risk

2 Complétez les phrases.

Students complete the sentences with the words in the box and translate them into English.

> **Solution:**
> **1** H – *It's stopped snowing.*
> **2** A – *This morning, my brother decided to leave earlier.*
> **3** G – *Because of the bad weather, we had to (were obliged to) stay here until morning.*
> **4** E – *My friend phoned this morning, but I didn't have time to talk to him.*
> **5** B – *I must find a job. I need to earn some money.*
> **6** F – *My friend is going by boat. She is afraid of travelling by air.*
> **7** D – *I refuse to do all this homework. I'm fed up with it!*
> **8** C – *Don't forget to send me a message.*

3 Des résolutions

Students read the letters about making new resolutions and do the *vrai ou faux?* activity. Then they go on to write about their own resolutions.

> **Solution: 1** V, **2** F, **3** F, **4** F, **5** F, **6** V, **7** V, **8** V

sb 173 7, tr 26

4 Les examens et moi

For further consolidation, students listen to the recording and take notes or do the task in *Au choix*.

Students then write their own personal summary, based on the résumé supplied.

> **transcript**
>
> **Les examens et moi**
>
> **1 Laura – une jeune Française qui habite en Angleterre**
>
> Je prépare le GCSE en neuf matières: anglais (langue et littérature), français, histoire, maths, deux sciences, c'est à dire physique et chimie, musique et informatique. Ma matière préférée est l'informatique, mais j'aime aussi la musique et les maths.

Tricolore Total 4 Teacher's Book

9C Un stage en entreprise

Pour m'aider à réviser, j'ai préparé un très grand emploi du temps que j'ai affiché sur le mur de ma chambre et chaque soir, je coche les choses que j'ai finies.

Tout de suite après les examens, j'espère partir en vacances avec mes trois amis. On va passer deux semaines à faire du camping en Normandie.

L'année prochaine, j'irai au 'Further Education College' pour faire des études commerciales.

Quand j'aurai fini mes études au 'Further Education College', j'ai l'intention de continuer mes études à l'université et plus tard, je voudrais travailler à l'étranger dans une entreprise internationale.

2 Daniel – un jeune Anglais qui a une mère Française

Moi, je déteste les examens, mais je fais le GCSE en français, anglais, musique, géo, biologie, physique, mathématiques, informatique, technologie et éducation physique – c'est trop! Je suis sûr que je vais rater l'anglais et la géo, mais j'espère être reçu dans les autres matières.

Pour m'aider à réviser, j'enregistre des notes et je les écoute dans l'autobus sur mon baladeur.

Après les examens, je travaillerai au supermarché, puis j'espère partir en vacances à Ténériffe avec une bande de copains.

L'année prochaine, si je suis reçu aux examens, j'entrerai en première et j'étudierai la musique, la physique et l'informatique.

Quand je quitterai l'école, je pense travailler et voyager pendant une année, puis aller à l'université et plus tard, je voudrais être ingénieur du son.

226 Au choix   7, tr 26

[4] Les examens et moi

Students listen to the same recording as above and do the *vrai ou faux?* activity.

Solution:
Laura: 1 *V*, 2 *F*, 3 *V*, 4 *F*, 5 *F*, 6 *V*
Daniel: 7 *V*, 8 *F*, 9 *F*, 10 *V*

Examination grammar in action 69–71

Using the verbs *savoir*, *pouvoir* and *vouloir*
Using two verbs together

This provides further practice of using these verb structures, if required.

9C Un stage en entreprise   pages 174–175

Aims and objectives	Grammar and skills	Resources
• exchange information and opinions about work experience	Preceding direct object agreement (*Au choix*)	**Key language:** see SB 188 **Online resource:** *Activités (écouter, grammaire)* **CD:** 7/27

Schools do work experience at different points, so some students may have already done this while others may be planning to do a work placement in a year's time.

174

1 Un stage en entreprise

First, check that students understand the meaning of *un stage en entreprise* and discuss experiences, if appropriate, e.g.
– *Qui a fait un stage en entreprise? Quand? Richard, c'était intéressant, ton stage?*

Students can then read through this introductory section and answer some questions, e.g.
– *Est-ce que les jeunes Français font un stage en entreprise?*
– *À quel âge, d'habitude?*
– *À votre avis, c'est une bonne idée pour des Britanniques de faire un stage en France?*
– *Est-ce que ces jeunes sont contents de leur stage?*

Students now do the *vrai ou faux?* activity, writing a corrected version of the false sentences.

Solution: (possible) **1** *V*, **2** *V*, **3** *F (Normalement, ils ont déjà fait un échange scolaire/une visite en France.)*, **4** *F (Ils sont logés dans une famille française.)*, **5** *F (Pour les Anglais en France, les stages durent d'habitude cinq ou six jours.)*, **6** *F (Ils passent une partie de leur temps avec leurs correspondants.)*, **7** *V*, **8** *V*

174–75

2 On fait un stage en France

Students read the accounts of work experience, written by four young people. These could be allocated to different students or groups, who then report back to the others. Plenty of useful oral work could be based on this material.

a Students find in the accounts the French for the English phrases listed, to provide vocabulary support.

Solution:
1 *en plus, j'ai appris comment …*
2 *le plus intéressant, c'était …*
3 *ce que je faisais*
4 *j'ai choisi de faire mon stage*
5 *celui que j'ai préféré était …*
6 *on m'a tout expliqué*
7 *une chose qui m'a surprise, c'est que …*
8 *tout le monde a été très accueillant*
9 *une occasion à ne pas manquer*

232   Tricolore Total 4 Teacher's Book

9C Un stage en entreprise

b They then complete the sentences. They only need to write the initials, but whole sentences should be read out if the answers are checked orally.

Questions 1–8 test comprehension, but for questions 9 and 10, students express their own preferences for the descriptions and for the jobs themselves. This could be followed by a quick class survey to see which jobs seemed the most interesting.

> **Solution:** 1 *L*, 2 *K*, 3 *I*, 4 *I*, 5 *K*, 6 *L+H*, 7 *I*, 8 *H*

226 Au choix

Dossier-langue

The work experience accounts contain several examples of preceding direct object agreement. If appropriate, refer students to this optional *Dossier-langue* and the short activity that follows, and also the *Grammaire* (SB 240–41). The agreement with the relative pronoun *que* is more complicated and could be omitted for most students.

226 Au choix

[5] Complétez les phrases

This provides practice of preceding direct object agreement.

> **Solution:** 1 *écrite*, 2 *aidés*, 3 *mises*, 4 *passée*, 5 *les ai aimés*

175   7, tr 27

3 Mon stage en entreprise

Students first read through the questions and suggested answers, then listen to the recordings of young French people talking about their work experience.

Students could write their answers in a copy of the grid shown in the Student's Book. When checking their answers, they should read them aloud as a complete reply, e.g.

J'ai travaillé dans un magasin de photos.

> **Solution:** *See transcript.*

transcript

Mon stage en entreprise

1 Alain
– Bonjour, Alain. Bien … ton stage en entreprise, tu l'as fait où?
– J'ai travaillé dans un magasin de photos en ville – il s'appelle Photo-Presse – c'est un grand magasin.
– Et quels étaient tes horaires?
– Tous les jours sauf lundi et dimanche, de neuf heures à cinq heures de l'après-midi et avec une heure pour le déjeuner – de midi à une heure.
– Qu'est-ce que tu as fait comme travail?
– J'ai servi les clients, j'ai utilisé une machine pour imprimer les photos et deux ou trois fois, j'ai aidé un des photographes qui avait pour spécialité de photographier les enfants.
– Ça t'a plu comme travail?
– C'était un peu ennuyeux, mais j'ai beaucoup aimé le travail avec le photographe.
– Tu voudrais faire cette sorte de travail toi-même, plus tard?
– Devenir photographe – oui, j'aimerais beaucoup ça. Mais travailler dans un magasin – absolument pas!

2 Laura
– Dis-moi, Laura, où as-tu fait ton stage en entreprise?
– J'ai travaillé dans le bureau d'un journal régional.
– L'Info-Midi – c'est un hebdomadaire. J'ai eu de la chance d'y aller. C'est que mon oncle fait partie de la rédaction de ce journal et c'est lui qui m'a trouvé cette place.
– Quels étaient tes horaires?
– J'ai travaillé de huit heures et demie du matin jusqu'à quatre heures de l'après-midi, mais pas tous les jours. Comme le journal paraît le vendredi soir, on ne travaille pas au bureau le samedi, et le lundi aussi, c'est assez calme. Donc, je travaillais de mardi à vendredi seulement.
– Et qu'est-ce que tu as fait?
– Un peu de tout! J'ai surtout travaillé à la réception, avec les clients qui demandent des renseignements ou qui apportent les petites annonces, tout ça. Des fois, j'ai fait du classement et puis … euh … en plus j'ai répondu au téléphone quand on était très pressé.
– C'était bien, ton stage? Comment l'as-tu trouvé?
– Ben oui, c'était bien. Le travail était varié et les gens étaient assez gentils … oui, oui, enfin, c'était intéressant … la plupart du temps.
– Et plus tard, est-ce que tu voudrais faire un travail comme ça?
– Non, pas vraiment … surtout pour un petit journal comme ça. Être journaliste et travailler pour un quotidien national, peut-être, mais je ne voudrais pas passer ma vie au bureau.

Activité (écouter)

Le stage de Chantal

This online listening activity is based on a similar interview about work experience.

Follow-up activities:

a Using their notes, students could work in pairs and read out the questions and answers, like an interview. The actual wording of the questions varies in the interviews, but students could use the ones in task 3 (*Mon stage en entreprise*), e.g.

1 – Qu'est-ce que tu as fait comme stage (en entreprise)?
– J'ai travaillé dans un magasin de photos.

b Students could choose just one of the teenagers interviewed and write a short account of what they did and their opinions, e.g.

Laura a fait son stage dans le bureau d'un journal régional. Elle a travaillé de … à … Comme travail, elle a …, etc.

9D Mon métier

📖 175

4 À vous!

This pair-work task is in two alternative parts:
- for those who have done their work experience
- for those still to do it.

In each case students discuss what they have done or wish to do, before writing down details as a list of preferences. Alternatively, students could write these as a letter or as the script for a short presentation. In case students do not wish to describe their own experiences, for any reason, their account could be imaginary.

Varying degrees of help will be needed and, with less able students, you could suggest that they base their work closely on the outline for the listening item above and then go through this with them in stages.

A writing frame could be produced, based on the prompts in the Student's Book.

Able students could be encouraged to refer to the information available, but also to go beyond the basic facts, adding information and details of their own, e.g.

- *Pour vous aider, vous pouvez regarder encore les descriptions des élèves, écouter encore les jeunes Français et utiliser des phrases de l'activité précédente.*
- *En plus, si vous voulez, vous pouvez raconter quelque chose qui est arrivé pendant votre stage ou que vous avez trouvé amusant ou étonnant. Si possible, ajoutez des réflexions, par exemple:*
- *Pour faire cet emploi, il vaut mieux (être patient/aimer les animaux/savoir travailler sur l'ordinateur/avoir un sens de l'humour/ne pas être trop égoïste/s'intéresser à la médecine, etc.)*

If able students choose to do a presentation, they could be encouraged to prepare and work from a 'cue card', e.g.

Où?	dans une station-service
Horaires	8h30 à 16h30, pendant 2 semaines
Travail	J'ai servi les clients, j'ai répondu au téléphone.
Description	assez dur, un peu ennuyeux
Réflexions	Je ne voudrais pas faire ça comme métier.

Check with your exam syllabus what notes are permissible (number of words? full sentences? finite verbs? etc.) and adapt the above as appropriate.

📖 227 Au choix

[6] En stage au bureau

This item gives practice in recognising the conditional. Students match the pairs to make some requests and statements that might be of practical use in a work situation in France.

Solution: 1 c, 2 e, 3 h, 4 f, 5 b, 6 g, 7 a, 8 d

Activité (grammaire)

Il y a beaucoup à faire

This online activity practises some key conditional phrases and could be used in conjunction with the previous activity (*Au choix* task 6).

9D Mon métier — pages 176–177

Aims and objectives	Grammar and skills	Resources
• discuss your choice of further education and career • tips for finding a job and avoiding unemployment	Exam tips Asking and advising (verb + à + person + de + infinitive)	**Key language:** see SB 188 **Online resource:** *Présentation, Activité (lire)* **Copymasters:** 9/4, 9/5 **CD:** 7/28–29

📖 176   7, tr 28

1 Comment choisir un métier

Discuss points to consider when choosing a job. Students read through the 12 reasons, and then listen to the recording and jot down the numbers of the reasons in the order in which they are mentioned. For further practice, they could suggest a job that matches each reason, referring to the *Lexique* for help.

Solution: 2, 6, 1, 4, 5, 3, 7, 8, 12, 11, 10, 9

transcript

Comment choisir un métier
- Quelles sont, pour vous, les raisons qui comptent pour choisir un métier?
- Un métier qui est intéressant, c'est très important!
- Et un travail qui donne du contact avec le public.
- Moi, je cherche surtout un métier bien payé.
- Et prestigieux, je voudrais un métier prestigieux.
- Et, si possible, où on aura beaucoup de vacances.
- Oui, beaucoup de vacances, et un métier où on peut voyager à l'étranger …
- Tout ça, c'est très égoïste. Moi, je cherche un métier qui permet d'aider les gens ou d'aider à protéger l'environnement.
- Moi, je voudrais travailler en équipe; j'aime les métiers où on rencontre beaucoup de gens.
- Ah non, pour moi, je choisirais plutôt un travail où on pourra prendre ses propres décisions.
- Et en plus, il faut penser à l'avenir – moi, je voudrais quelque chose qui offre beaucoup de débouchés.

9D Mon métier

– Alors moi, je cherche un travail qui m'aidera à acquérir de nouvelles compétences.
– Oui, ça aussi, c'est une bonne raison.

Follow-up activities:
Ask students which reasons they think are important and why. They could discuss this in pairs or groups, carry out *sondages*, and choose and write down in order of preference the three reasons they think are most important.

Présentation

Au travail
This online PowerPoint presentation practises the masculine and feminine versions of some jobs.

176

2 Il y a beaucoup de métiers!
This provides more detailed practice of career and work vocabulary. Students find an example of any 10 (or more) of the categories.

The class could be split into groups or pairs to do this, with results collated.

9/4

Des métiers

1 Complétez le lexique
This provides a list of jobs with gaps for completion. Students could add any other jobs that are appropriate to their situation.

> **Solution:** See Sommaire, SB 188.

2 Un jeu de définitions
Students identify the jobs from the definitions and some students could make up further definitions. Remind students that the article is not used with jobs.

> **Solution:** 1 *Il est fonctionnaire,* 2 *Il est épicier,* 3 *Il/Elle est (C'est un) mannequin,* 4 *Elle est infirmière,* 5 *Elle est ouvrière,* 6 *Elle est avocate,* 7 *Il est pilote,* 8 *Il est étudiant.*

9/5

Jeux de mots – les métiers
This worksheet provides further practice of vocabulary linked with jobs.

1 Toutes sortes de métiers
Students find examples from the box, to match the listed categories.

> **Solution: a** *médecin, pharmacien(ne),* **b** *professeur, instituteur,* **c** *hôtesse de l'air, chauffeur(-euse) de taxi,* **d** *jardinier, maçon,* **e** *boulanger, restaurateur,* **f** *secrétaire, informaticien,* **g** *banquier, comptable*

2 Quel métier?
Students find a suitable career for each of the people listed, looking at the illustrations for ideas.

> **Solution: 1** *Marc – représentant,* **2** *Hélène – institutrice,* **3** *Jean-Pierre – mécanicien,* **4** *Noémie – pharmacienne,* **5** *Alice – assistante sociale,* **6** *Sophie – esthéticienne,* **7** *Luc – électricien,* **8** *Anne – diététicienne,* **9** *Pierre – comptable,* **10** *Christine – journaliste*

176   7, tr 29

3 Je voudrais faire ça
Students should copy the grid, then listen and fill in details. They could just make brief notes for the reasons for each choice of job, but these could be explained more fully when giving answers orally.

> **Solution:** (possible)

Nom	Métier	Raison(s)
Élisabeth	maquilleuse	est assez artistique; aimerait travailler dans le théâtre; pas dans un salon de beauté; trop ennuyeux
Antoine	vétérinaire	adore les animaux (surtout les animaux de ferme); aime être en plein air; métier varié et intéressant
Klara	institutrice	aime beaucoup les petits enfants; ne voudrait pas être prof dans un collège/lycée; grandes classes de jeunes
Mathieu	pilote d'avion	adore voyager; bien payé; pas pilote de guerre – trop dangereux, il est pacifiste
Kévin	journaliste	beaucoup de concurrence et mal payé, mais un métier passionnant; voudrait être indépendant, prêt à travailler dur

The recording includes some useful phrases which could be developed as a 'find the French' or a matching activity, e.g.

on the other hand, I wouldn't like …	par contre, je ne voudrais pas …
that would be too boring	ce serait trop ennuyeux
… which interests me a lot	… ce qui m'intéresse beaucoup
in any case, …	de toute façon, …
on the other hand, …	en revanche, …
I'm definitely not interested in …	je ne m'intéresse absolument pas à …
that doesn't appeal to me at all	ça ne me dit rien
from the age of eight	depuis l'âge de huit ans
on the one hand, … on the other hand	d'une part, … d'autre part
what's more	en plus
there's a lot of competition	il y a beaucoup de concurrence
I'm prepared to work hard	je suis prêt à travailler dur

9D Mon métier

transcript

Je voudrais faire ça

- Moi, je m'appelle Élisabeth. Comme métier, je voudrais être maquilleuse parce que je suis assez artistique et, en plus, j'aimerais travailler dans le théâtre. Par contre, je ne voudrais pas travailler dans un salon de beauté – ce serait trop ennuyeux.

- Je suis Antoine et le métier que je voudrais faire, c'est vétérinaire. J'aimerais faire ça parce que j'adore les animaux, surtout les chevaux, les vaches et les animaux de ferme. Comme ça, je travaillerais souvent en plein air, ce qui m'intéresse beaucoup. De toute façon, ce serait un métier très varié et intéressant.

- Je m'appelle Klara, je suis belge. Comme métier, j'espère devenir institutrice. Je sais que ce n'est pas un métier bien payé, mais j'aime beaucoup les petits enfants. En revanche, je ne m'intéresse absolument pas à l'enseignement dans un collège ou un lycée. Être prof devant une grande classe de jeunes, ça ne me dit rien!

- Je suis Mathieu et mon rêve est d'être pilote d'avion. Je veux être pilote depuis l'âge de huit ans. D'une part, c'est parce que j'adore voyager, surtout en avion, et d'autre part, c'est parce que les pilotes sont très bien payés. Mais je serais pilote civil, pas pilote de guerre parce que ça, c'est trop dangereux, et en plus, je suis pacifiste.

- Je m'appelle Kévin et j'aimerais travailler comme journaliste. Je sais qu'il y a beaucoup de concurrence pour ce métier, et c'est souvent très mal payé, ce qui est un grand désavantage. Quand même, je trouve que c'est un métier passionnant et je suis sûr que je pourrai y réussir. Je voudrais être indépendant et je suis prêt à travailler dur.

176

4 Du pour et du contre

This item provides practice in giving reasons for and against a selection of jobs. Students read through the advantages and disadvantages and choose those that they consider appropriate for each one.

227 Au choix

[7] Un e-mail à écrire

a Students read this relatively demanding email and focus first on the verbs, finding examples of several tenses.

Solution:

6 verbes au présent: *mon père vient, ma mère … est, nous sommes, ils font, tu espères, je ne sais pas*

5 verbes au passé composé avec 'avoir': *j'ai (bien) reçu, tu m'as demandé, on a eu, l'école a décidé, elle a dû*

4 verbes au futur: *il sera, il commencera, je devrai, je réussirai*

3 verbes à l'imparfait: *il travaillait, il n'y avait pas, mon père/elle était*

2 verbes au conditionnel: *tu voudrais, j'aimerais*

1 verbe au passé composé avec 'être': *il est allé*

b They then write a reply. Some help may be needed, e.g. spotting questions to be answered and points to which reference could be made, and 'recycling' phrases from the email itself. (To avoid any embarrassment, allow students to give real or invented answers regarding their family's jobs.)

177

5 Le chômage – peut-on l'éviter?

This item touches on unemployment, but treats the subject as constructively as possible, linking it with positive suggestions about planning for the future, most of which are relevant to the students now.

Students read the comments and could make notes about the advice given. Finally, they match the titles (A–F) to the comments (1–6).

Solution: 1 *E*, 2 *D*, 3 *B*, 4 *F*, 5 *A*, 6 *C*

177 Dossier-langue

Students read through the *Dossier-langue* on asking and advising, and then match the verbs to their meanings. Refer students as necessary to the *Grammaire* (SB 252).

Solution: 1*c*, 2 *f*, 3 *a*, 4 *e*, 5 *d*, 6 *b*

They then find examples of the patterns on the page.

Activité (lire)

J'ai suivi vos conseils

This online activity provides further practice of jobs and reasons for doing them.

177

6 À vous!

a Students take turns to ask each other questions about their future plans and choice of jobs and the reasons for their choice.

b They then write down their own answers to the questions.

177 Stratégies

This is a short piece of advice about exam technique, and a reminder that no article is used with professions.

9E Au travail

9E Au travail pages 178–179

Aims and objectives	Grammar and skills	Resources
• understand job advertisements • discuss different aspects of a job	*quand* + future tense	**Key language:** see SB 188 **Copymasters:** 9/6 **CD:** 7/30–31

178–79

1 Petites annonces: Offres d'emploi

This task introduces the language of adverts. Students could be allocated different adverts to work on in detail or could read through them all, just to get the gist at first. For understanding of the details of the advertisements, students could first do task 2 and look words up in the *Glossaire* or a dictionary. Make sure that they understand any unfamiliar words, such as *la formation, le SMIC, animateur/animatrice*, etc.

Some initial oral work could be based on these adverts, e.g.
– *Qui s'intéresse à cet emploi?*
– *À ton avis, es-tu matinal(e)/souriant(e)/dynamique?*
– *Es-tu disponible au mois de juillet?*
– *Veux-tu travailler dans une équipe?* etc.

a They then read the statements and link each to the correct advert.

> **Solution:** **1** D, **2** E, **3** D, **4** D, **5** B, **6** B, **7** D, **8** A, **9** B, **10** B

b They then read the statements and decide on the most suitable advertised job for each student.

> **Solution:** **1** B, **2** A, **3** E, **4** D, **5** A (B also possible), **6** C

c Finally, they find in the text the French for the English phrases listed, to use in their own work.

> **Solution:** **1** pendant l'été, **2** ça va sans dire, **3** j'avoue, **4** à temps partiel, **5** ma propre voiture, **6** quelque chose de sportif, **7** pendant un an

179

2 Trouvez les paires

This matching activity provides useful job-related vocabulary.

> **Solution:** **1** j, **2** c, **3** e, **4** l, **5** a, **6** h, **7** n, **8** k, **9** g, **10** b, **11** m, **12** i, **13** d, **14** f

179 Dossier-langue

This looks at the use of the future tense with *quand*. Very able students might be able to use the future perfect in phrases like *quand j'aurai terminé mes études, …* Refer students as necessary to the *Grammaire* (SB 247).

179 7, tr 30

3 C'est comme ça, le travail

In this item the speakers are four of the young people from task 1b who have obtained the work they wanted. Students listen to the recording and match the descriptions of the work being done (a–d in section A *Le travail*) with the names of the successful candidates.

They also select, from the opinions given (section B *L'opinion*), the ones that represent the attitudes and views of each of the speakers. More able students could also write down other details.

> **Solution:** (other answers are possible)
> **a** Kémi – *mal payé, mais intéressant*
> **b** Charlotte – *dur, ennuyeux*
> **c** Jean-Michel – *très dur, assez bien payé*
> **d** Hélène – *fatigant, intéressant, amusant*

transcript

C'est comme ça, le travail

Kémi
Je suis drôlement content parce que j'ai trouvé un travail très satisfaisant. J'organise des activités sportives dans un club de vacances pour les enfants. C'est mal payé, ça va sans dire, mais c'est très, très intéressant!

Charlotte
J'ai trouvé une situation dans la restauration rapide, mais je ne crois pas que je vais rester ici. Je sais qu'il faut travailler dans le restaurant pour apprendre, mais le travail est très dur et très ennuyeux.

Jean-Michel
Je me lève très tôt – vers cinq heures au plus tard! Puis il faut livrer des tas, des tas de journaux dans les kiosques de Paris. Comme travail, il est très, très dur – mais assez bien payé, quand même.

Hélène
J'ai vraiment eu de la chance de trouver ce travail pour l'été. J'adore la musique et ici, je travaille surtout avec des enfants qui jouent d'un instrument. En plus, je parle italien avec une famille qui est ici en visite. C'est fatigant, mais c'est intéressant et quelquefois amusant aussi.

Tricolore Total 4 Teacher's Book

9E Au travail

4 Mon ami fait ça

a Students listen to two people, each describing the work of a friend, and note down the details in English according to the headings 1–5.

The first description is easier and follows the order of the five headings. Students might need to hear the second speaker several times since the information is not as clearly matched to the headings.

Solution:

Christophe:
1. in a pharmacy/at the chemist's
2. He serves the customers and helps the chemist.
3. He had to study at university for a long time.
4. He doesn't like the fact that he can't make up prescriptions.
5. He likes being in contact with the public and the job is very varied.

Viviane:
1. in Senegal
2. She works as a teacher in a collège/secondary school.
3. She did special training in Paris.
4. She can't visit the country because there is hardly any public transport.
5. She likes working with children and she gets on well with the other teachers.

b They then choose one of the people from this page (tasks 3 and 4) and write, in French, three or four sentences about their job.

transcript

Mon ami fait ça

1 Marc parle de Christophe

Mon ami Christophe travaille dans une pharmacie et pour ça, il a dû faire de longues études à l'université. Il sert les clients qui achètent des choses dans le magasin et il aide le pharmacien, mais il n'a pas encore le droit de préparer les médicaments pour les ordonnances.

C'est la seule chose qu'il n'aime pas, car il voudrait préparer les ordonnances lui-même, mais il doit passer un autre diplôme avant de faire ça. À part ça, il aime beaucoup ce travail, parce qu'il est en contact avec le public et c'est très varié.

2 Élise parle de Viviane

Ma correspondante Viviane prend une année sabbatique. Elle passe une année à l'étranger avant de commencer ses cours à l'université. Elle travaille au Sénégal, en Afrique, comme professeur dans un collège et elle fait un peu de tout – des maths, du français, des sciences et de l'éducation physique.

Avant de commencer, elle a fait un stage spécial à Paris. Elle aime beaucoup travailler avec les enfants et elle s'entend bien avec les autres profs. Quand même, elle voudrait visiter un peu le pays, mais il n'y a presque pas de transport en commun dans la région où elle travaille.

[8] On cherche du travail

This activity and CM 9/6 are both about writing formal letters asking for information about jobs. They could be used now or, if preferred, in spread 9G *Un job pour l'été*.

Students match up pairs of French and English phrases, all linked with requesting information or applying for jobs.

Solution: 1 *b*, 2 *g*, 3 *j*, 4 *h*, 5 *d*, 6 *f*, 7 *i*, 8 *a*, 9 *c*, 10 *e*

On cherche des renseignements

This item provides students with a standard formula for writing a letter asking for information and application forms.

They first read through the annotated model letter and complete the list (*Un lexique à faire*), which includes some of the core expressions for formal letter writing. They could then use the model letter as a basis for writing for similar details to one of the jobs advertised on CM 9/6 or on SB 178.

Some students could try writing the letter from memory, or just with reference to the completed *lexique*, rather than the model letter.

Solution:

1 Un lexique à faire

suite à …

je vous écris pour vous demander …

pourriez-vous …?

auriez-vous l'amabilité de m'envoyer …?

des renseignements sur …

En quoi consiste le travail?

poser sa (ma) candidature

Follow-up activities:

If time, the adverts could be exploited further with students ringing up and asking about jobs or being interviewed for them by the teacher. Very able students could discuss whether they would apply or be qualified for these jobs, giving reasons.

Students could also conduct a web search for job opportunities. There are many sites offering jobs but a lot ask for you to complete a CV and submit it. Looking for jobs on search engine sites may be best. See spread 9G *Un job pour l'été* for more work on job applications and CVs.

9F Pour gagner de l'argent

9F Pour gagner de l'argent   pages 180–181

Aims and objectives	Grammar and skills	Resources
• discuss pocket money • discuss part-time jobs		Key language: see SB 188 Online resource: Activité (parler) CD: 7/32–33

SB 180

1 Forum des jeunes: L'argent de poche

Students read the items about pocket money and match the statements to the correct writer.

Solution: 1 *Sandrine*, 2 *David+Daniel*, 3 *Daniel*, 4 *Lucie*, 5 *David+Sandrine*, 6 *Jean-François*, 7 *Lucie+Sandrine*, 8 *David*, 9 *Jean-François*

SB 180   7, tr 32

2 Sondage: des petits emplois

This item is based on a survey of part-time jobs, carried out at a school. Students read the questions, listen to the interviews with Denis and Camille, then write their replies using complete sentences.

Solution:
(See transcript – accept any correct variations of language)

transcript

Sondage: des petits emplois

- Quel âge avez-vous, Denis?
- J'ai dix-sept ans.
- Avez-vous un job ou voudriez-vous en avoir un?
- Oui. J'ai un job.
- C'est quoi comme travail?
- Je travaille dans un café, mais j'aimerais mieux travailler dans une ferme, car j'aime le plein air et les animaux.
- Quels jours travaillez-vous et quels sont vos horaires de travail?
- Je travaille le samedi, toute la journée, et deux soirs pendant la semaine de six heures à neuf heures.
- En quoi consiste le travail?
- Je dois ramasser les verres et les tasses et essuyer les tables. Quelquefois, je travaille au bar. Je préfère ça, car on gagne plus et on vous donne des pourboires.
- Lequel de ces mots décrit le mieux votre job? Intéressant, satisfaisant, varié, ennuyeux, amusant, fatigant, dur ou une autre expression.
- Mmm … je dirais fatigant – le travail est très fatigant, surtout le samedi.
- Merci, Denis … Et maintenant, Camille. Quel âge avez-vous Camille?
- J'ai dix-huit ans.
- Avez-vous un job ou voudriez-vous en avoir un?
- Oui. J'ai un job.
- C'est quoi comme travail?
- Je fais du baby-sitting.
- Quels jours travaillez-vous et quels sont vos horaires de travail?
- Ça dépend. Je travaille deux ou trois soirs pendant la semaine, mais les heures sont variables.
- En quoi consiste le travail?
- Je dois jouer avec les enfants, les laver et les mettre au lit.
- Lequel de ces mots décrit le mieux votre job? Intéressant, satisfaisant, varié, ennuyeux … ?
- Oh, c'est très satisfaisant – j'adore les enfants.

SB 180

3 Mon job

Students match some core questions with possible answers.

Solution: 1 *b*, 2 *f*, 3 *a*, 4 *c*, 5 *d*, 6 *e*

SB 181   7, tr 33

4 Pour gagner de l'argent

a First, students read the opinions (1–10) and decide whether each is positive or negative.

Solution: 1 *N*, 2 *P*, 3 *P*, 4 *P*, 5 *N*, 6 *P*, 7 *N*, 8 *N*, 9 *N*, 10 *P*

b They then listen to five young people talking about their part-time jobs and match each of them to the correct opinions.

Solution: Maxime 3, 5, Camille 6, 9; Denis 10, 1; Manon 2, 8; Kévin 7, 4

transcript

Pour gagner de l'argent

- Je m'appelle Maxime. Pour gagner de l'argent, je travaille le samedi dans une grande surface avec des amis. Nous allons chercher les chariots abandonnés. C'est dur, mais on s'amuse ensemble!
- Moi, je suis Camille et je fais surtout du baby-sitting. Je ne gagne pas trop, mais j'adore les enfants.

9G Un job pour l'été

– Je suis Denis et je travaille dans un café. Le travail est très fatigant, mais je m'entends bien avec les autres employés.

– Moi, je m'appelle Manon. Pendant les vacances, je travaille dans une boutique en ville. J'aime beaucoup ce travail, car on y vend tous les vêtements à la mode, mais l'inconvénient, c'est qu'il faut travailler le samedi.

– Je suis Kévin et je travaille dans le bureau d'objets trouvés à la gare SNCF. C'est intéressant comme travail, mais quelquefois, il y a des clients difficiles.

sb 181

5 Du travail ou des devoirs?

Students read this article about the conflict of part-time jobs and then study and answer the questions in English. Check comprehension of key phrases and write some on the board. Some oral work could be done in preparation for task 6.

Solution:

1 *give Spanish tuition; babysit*
2 *bilingual French/Spanish; likes children and has years of experience; available during week and at weekends*
3 *after school (4 pm)*
4 *serious/hard-working, dynamic, motivated, good with children*

5 *to fund their hobbies; for going out at night; to buy clothes; to buy a scooter*
6 *their school work suffers; too tired and no time to do homework; education is very important and they need to concentrate*

sb 228 Au choix

[9] Petites annonces

Students look again at the two job adverts (SB 181, task 5) and use them as a model to write their own advert. Go through the prompts orally first if necessary.

sb 181

6 À vous!

a Students work in pairs to ask and answer questions about jobs, pocket money and school work.
b They then write out their own answers.

Activité (parler)

Argent et boulot

This online audio activity provides further speaking practice for talking about jobs and pocket money.

9G Un job pour l'été   pages 182–183

Aims and objectives	Grammar and skills	Resources
• find out about holiday work • prepare a CV • apply for jobs and prepare for interviews		**Key language:** see SB 188 **Online resource:** *Activité (lire)* **Copymasters:** 9/7 **CD:** 7/34–35

sb 182

1 Qu'est-ce qu'il y a comme travail?

Students read the information in the *Point-info* and the four adverts and then find out details of the four possible jobs. This could be done with students working in pairs, one asking the questions and the other supplying the information.

Solution:

1 **a** *17 ans,* **b** *18 ans,* **c** *17 ans,* **d** *18 ans*
2 **a** *entre 24 et 30 heures,* **b** *20 heures*
3 **a** *B (animateur),* **b** *B (animateur) + C (fast-food),* *C (fast-food)*
4 **a** *B,* **b** *D,* **c** *C,* **d** *A,* **e** *vendre des choses sur la plage*

Follow-up activity:

Students could do a guided pair-work activity, based on the adverts. Each person chooses one of the jobs and asks questions to discover which job the other has chosen. Answers to the questions can only be *oui, non* or *je ne sais pas*.

Display some possible questions, e.g.

Vous serez nourri(e) et logé(e)?
C'est un travail avec les enfants/en plein air?
C'est pour filles et garçons (ou on ne sait pas)?

Est-ce qu'il faut   *avoir 18 ans?*
                    suivre une formation?
                    se lever de bonne heure?

sb 182   7, tr 34

2 Des petits emplois

a Students listen to five young people talking about holiday jobs and write notes in English about each speaker, saying (1) what they did, (2) whether they liked the job or not and why.

Solution:

1 1 *sold doughnuts, toys and crisps on beach in Cannes*

240   Tricolore Total 4 Teacher's Book

9G Un job pour l'été

    2 *didn't earn much, but made lots of friends*
2 **1** *sold newspapers in kiosk at station*
    2 *had to get up really early, didn't earn much, had to stay in town*
3 **1** *au pair in Spain*
    2 *ideal for improving foreign language; get food, accommodation and pocket money*
4 **1** *grape picking*
    2 *hard work, 10 hours a day, very hot*
5 **1** *worked in holiday camp for seven- to nine-year-olds in Montreal, cooking and playing*
    2 *fantastic, got food and accommodation (but not air fare), wants to do it again next year*

b Students then choose one of the jobs described and ask and answer questions about it, referring to the *Pour vous aider* table.

c Finally, they write (in French) about whether they would like to do the job or not, giving reasons.

transcript

Des petits emplois

Voici des témoignages de quelques membres d'un club des jeunes.

1 Je m'appelle Sébastien. Moi, pendant le mois d'août, j'ai fait la vente 'à la criée' sur la plage à Cannes. J'ai dix-huit ans et j'ai dû obtenir un permis à la mairie. J'ai vendu des beignets, des petits jouets et des chips. Je n'ai pas fait fortune, mais je me suis fait beaucoup d'amis.

2 Je suis Anton et j'ai travaillé comme vendeur de journaux dans un kiosque à la gare. J'ai dû me lever très, très tôt. Je n'ai pas gagné beaucoup d'argent et j'ai dû rester en ville. L'année prochaine, je voudrais travailler à la campagne ou au bord de la mer.

3 Je m'appelle Karine et comme boulot, j'ai travaillé comme jeune fille au pair en Espagne. Pour ça, il faut être célibataire et âgée de 18 ans, au moins, et naturellement, j'ai dû parler espagnol. À mon avis, c'est un job idéal si on veut se perfectionner dans une langue étrangère – on est logée et nourrie et on reçoit de l'argent de poche.

4 Je m'appelle Jean-François et l'an dernier, j'ai fait les vendanges au mois de septembre. C'était très dur comme travail. J'ai fait dix heures par jour et il faisait très chaud!

5 Je suis Alexandra et j'ai dix-sept ans. Comme boulot de vacances, j'ai travaillé à Montréal, dans un camp pour les enfants de sept à neuf ans. J'étais nourrie et logée, mais j'ai dû payer le voyage moi-même. J'ai des amis qui habitent à Montréal et ils m'ont trouvé ce job. C'était fantastique! J'ai fait la cuisine et j'ai joué avec les enfants. On s'est déguisé et on a inventé toutes sortes de jeux. Je voudrais le faire encore une fois l'année prochaine.

227 Au choix

[10] Les jobs

This activity is based on an interview about a holiday job. Students first answer according to the cues, then, if they have had a job, they answer for themselves.

Job applications

Some teachers may prefer to treat the writing of CVs and job application letters as optional. However, even if this aspect of the topic area is not part of a particular exam syllabus, it is an important element which practises useful language such as personal details, hopes, aspirations, opinions, likes and dislikes.

183

3 Ce job m'intéresse

This item deals with applying for a holiday job and includes a CV and a letter of application for a job. This could equally be done as an email.

a Students read Joseph's CV and then discuss it in class, using the 3rd person, e.g.
 – *Joseph habite où? Qu'est-ce qu'il a comme diplômes?* etc.

They then go on to plan and write their own CV, based on the model.

b Students first study the letter of application written by Joseph for the job of *animateur*. This provides a model for students' own letters. They can apply for the same or a different job, but the main emphasis should be on the details about themselves.

Some students will be able to write this letter unaided but, for many, detailed preparation will be needed, such as 'analysing and annotating' the letter so that the writers include each part, e.g.

– introduction stating the purpose of the letter and the job applied for
– reason for interest in this job
– personal details: age, future plans
– leisure interests
– work experience
– dates when available
– formula for signing off.

An annotated version could be displayed on the whiteboard.

9/7

Les 7 piliers du CV

This provides extra support for preparing a CV. The text is based on official advice via links from the CIDJ website (www.cidj.fr) where a wealth of good job-related material can be found.

1 Trouvez les paires

Solution: 1 *d*, **2** *o*, **3** *i*, **4** *g*, **5** *a*, **6** *l*, **7** *n*, **8** *h*, **9** *k*, **10** *e*, **11** *b*, **12** *m*, **13** *j*, **14** *c*, **15** *f*

9G Un job pour l'été

sb 183   7, tr 35

4 Un entretien

This item is an interview with a French girl also wanting to work as an *animatrice*. Students read through the questions listed, then listen to the interview, noting down her answers and finding out whether she gets the job.

Solution: *She does get the job.*

1 *J'aime les enfants.*
2 *Oui. L'année dernière, j'ai travaillé dans un supermarché à Sheffield.*
3 *Oui, je travaille dans un supermarché le samedi. C'est fatigant.*
4 *L'anglais et l'italien.*
5 *L'Angleterre, Montréal (le Québec) et l'Italie*
6 *J'aime le cinéma et je m'intéresse à l'informatique.*
7 *Oui, je fais de la natation, de la voile en été et du ski en hiver.*
8 *Oui, l'année dernière. J'ai travaillé dans une école primaire. C'était très intéressant.*
9 *28 juin*

transcript

Un entretien

– Bonjour, Nathalie.
– Bonjour, madame.
– Alors, Nathalie. Pourquoi voudriez-vous faire ce travail?
– Ben, surtout parce que j'aime les enfants.
– Mmm … très bien. Et avez-vous déjà travaillé pendant les vacances?
– Oui, madame.
– Parlez-moi un peu de ce que vous avez fait.
– L'année dernière, j'ai travaillé dans un supermarché à Sheffield, en Angleterre, parce que je voulais perfectionner mon anglais.
– C'était sans doute intéressant de travailler à l'étranger.
– Ah oui, très intéressant. J'ai beaucoup appris.
– Est-ce que vous avez un petit job le soir ou le week-end?
– Oui, le samedi, je travaille dans un supermarché, près de chez moi.
– Ça vous plaît?
– C'est un peu fatigant, mais j'ai des amis qui travaillent avec moi et on se débrouille.
– Quelles langues vivantes avez-vous étudiées à l'école?
– L'anglais, bien sûr, et puis l'italien aussi, mais je préfère l'anglais.
– Et quels pays étrangers avez-vous visités?
– L'Angleterre, naturellement, puis je suis allée à Montréal, au Québec, et en plus, en Italie, en voyage scolaire.
– Alors, vous avez beaucoup voyagé … euh … attendez … Ah oui, que faites-vous pendant votre temps libre?
– J'aime le cinéma et je m'intéresse à l'informatique.
– Faites-vous du sport?
– Oui, je fais de la natation, puis de la voile en été et du ski en hiver.
– Avez-vous fait un stage en entreprise?
– Ah, oui. L'année dernière.
– Parlez-moi un peu de ce stage.
– J'ai travaillé dans une école primaire. C'était très intéressant.
– C'est très bien, Nathalie.
– Si on vous offre ce job, est-ce que vous pourrez commencer le vingt-huit juin? C'est le stage de formation.
– Oui, oui, madame. Ça serait idéal!
– Bon. Alors Nathalie, je suis heureuse de vous dire qu'on va vous donner un job comme animatrice cet été.
– Ah merci, madame, je suis très contente.

sb 183

5 À vous!

Students now work in pairs, using a selection of the questions and interviewing each other for a job of their choice. Fewer than the nine questions (task 4) could be used, as appropriate. With less able students, it may be helpful for them to listen again to the recorded interview and to make some written notes as preparation for the interview.

sb 183

6 Un job de vacances

Students write about their own true or imaginary holiday job experiences, using the example outline as guidance. The account could be illustrated and could perhaps form the basis of an oral presentation.

Activité (lire)

Le piston: c'est quand même utile!

This online reading activity provides further practice of talking about holiday jobs.

Unité 9

242   Tricolore Total 4 Teacher's Book

9H On peut rêver

9H On peut rêver   pages 184–185

Aims and objectives	Grammar and skills	Resources
• discuss what you would do • discuss marriage and the future	Revise the conditional *si* + imperfect + conditional	**Key language:** see SB 188 **Online resource:** *Activités (grammaire, écouter)* **CD:** 7/36 **GiA:** 58–59

sb 184   7, tr 36

1 Si c'était possible …

This recording is in two sections. Students read through the introduction and the two questions and look at all the possible answers, the first of which are given in the form of five options printed in full. Pictorial clues are provided for the second set of answers.

Solution:

1 Pierre (P) *a*, Vivienne (V) *c*, Michel (M) *d*, Camille (C) *e*, Ludovic (L) *b*

2 a Pierre (P) *1*, **b** Vivienne (V) *5*, **c** Michel (M) *2*, **d** Camille (C) *3*, **e** Ludovic (L) *4 ou 6*

For further practice as a class discussion, ask which famous person students would like to meet:

– *Si tu pouvais faire la connaissance de n'importe quelle personne célèbre, qui aimerais-tu rencontrer?*

A list of celebrities (French, if possible) could be displayed, along with key phrases, e.g.

– *je rencontrerais le/la célèbre sportif/sportive, …*
– *je choisirais mon auteur préféré, …*
– *j'aimerais rencontrer le chanteur/la chanteuse/le groupe …*

transcript

Si c'était possible …
Première partie

– Bon. On continue … on discute des métiers. Pierre, si tu pouvais faire n'importe quel métier, lequel choisirais-tu?
– Je serais réalisateur de films – j'aime bien le cinéma.
– Et toi, Vivienne, tu ferais quoi?
– Moi, je ferais la médecine … je voudrais devenir médecin, mais c'est difficile, la formation, et c'est très long en plus!
– Très bien. Et toi, Michel?
– Moi, si je pouvais faire n'importe quel métier … ben, je serais astronaute.
– Astronaute! Mon Dieu! Tu voudrais être astronaute, toi aussi, Camille?
– Moi, jamais de la vie! Moi, je serais couturière – la mode, ça m'intéresse beaucoup.
– Et puis toi, Ludovic. Quel métier choisirais-tu?
– Pilote … je serais pilote, voilà mon rêve!

Deuxième partie

– Maintenant, on va parler des endroits où on voudrait habiter. Toi, Pierre, si tu pouvais vivre n'importe où dans le monde, où vivrais-tu?
– Ça dépend. Je voudrais visiter beaucoup de pays … voyager beaucoup c'est mon rêve! J'irais certainement aux États-Unis et j'ai déjà visité l'Angleterre. Mais j'aime beaucoup la France, donc, finalement, si je pouvais choisir, j'ai l'impression que je vivrais dans le Midi de la France.
– Très bien, moi aussi, j'adore le Midi. Et toi Vivienne? Toi aussi tu préfères la France, non?
– La France, oui, et pour les vacances, j'aime bien le Midi, et la Bretagne aussi. Mais pour vivre, c'est différent. Pour vivre, si j'avais le choix, je choisirais toujours de rester à Paris!
– Donc, deux personnes qui préfèrent vivre en France. Et toi, Michel, quel pays choisirais-tu?
– Pour moi, je n'hésite pas. J'ai déjà passé un an au Canada et j'ai visité plusieurs pays de l'Europe, mais pour vivre je choisirais toujours les États-Unis. Si on veut devenir astronaute, c'est essentiel!
– Et toi, Camille. Ça t'attire … euh … New York?
– Pas trop! Moi, j'ai toujours aimé les pays chauds, l'Espagne, l'Afrique, la Tunisie. Mais comme j'ai toujours voulu habiter dans une île, si je pouvais vivre n'importe où, je crois que je vivrais à la Martinique.
– Quelle bonne idée! Je passerai mes vacances chez toi! Puis toi, Ludovic, c'est toi qui voudrais habiter en Australie, non?
– En Australie? Ah non, pas moi! C'est au Canada que je voudrais vivre.
– Ah bon, au Canada … c'est décidé, alors?
– Euh … oui … euh … presque! Au Canada, ou bien peut-être en Irlande – c'est un autre pays que j'aime et beaucoup de mes cousins y habitent. Je ne suis pas certain – j'irais peut-être au Canada, ou peut-être en Irlande.

sb 184 Dossier-langue

This explains the pattern for 'if' clauses – *si* + imperfect, + conditional. Refer students as necessary to the *Grammaire* (SB 248).

gia Examination grammar in action 58–59

Using the conditional (1) and (2)

If not already used in Unit 7, these pages provide further practice of the conditional if required.

Follow-up activity:

Students could now work in pairs and answer the questions from task 1 for themselves. This could be followed by class oral work, e.g.

– *Quel métier choisirais-tu? Est-ce que quelqu'un d'autre a choisi cela? Qui voudrait être astronaute? Pourquoi pas?*

Eventually students could write their own answers.

Tricolore Total 4 Teacher's Book

Unité 9 Consolidation and assessment

sb 184

2 Inventez des phrases

This gives practice of the construction *si* + imperfect, + conditional. Some support is provided.

Sentences in part a require a verb in the imperfect tense, those in part b require a verb in the conditional.

Activité (grammaire)

Si possible

This online activity practises the use of *si* + imperfect, + conditional.

sb 184

3 Que feriez-vous?

Students read through the answers given by Pierre and Vivienne.

a They first work in pairs, taking turns to ask and answer the four questions.

b They then use these as a prompt for writing their own views.

sb 185

4 Forum des jeunes: Une année sabbatique

Students read the views on a gap year and then find in the text the French for the English phrases listed.

This could be followed by a class discussion with students giving their own views as preparation for part of task 6 *À vous!*

Solution:
1. *j'aimerais vraiment m'élargir les horizons*
2. *avant d'aller à l'université*
3. *comment vivent les autres*
4. *j'apprendrais à parler la langue*
5. *une occasion à ne pas manquer*
6. *c'est une perte de temps*
7. *le plus tôt possible*
8. *il faut profiter de sa jeunesse*
9. *je ne travaillerais jamais*
10. *je voudrais prendre une année sabbatique*
11. *je ne sais pas quoi faire*
12. *le temps de réfléchir*
13. *je ferais la même chose*
14. *je ne voudrais pas être comme mes parents*

sb 185

5 Deux e-mails

These two emails cover the topic of marriage and future relationships. Go through the text and explain any unfamiliar vocabulary before students do the *vrai, faux ou pas mentionné?* activity.

This could be followed by class discussion of the issues in preparation for task 6, perhaps displaying the pros and cons on the board. Point out that *se marier* is reflexive.

Solution: 1 *F,* **2** *PM,* **3** *V,* **4** *F,* **5** *V,* **6** *F,* **7** *PM,* **8** *F*

sb 185

6 À vous!

a Students ask and answer the questions which cover the topics of this spread.

b They then summarise work on this spread, and indeed the whole unit, by writing about their hopes and aspirations for the next 10 years.

Activité (écouter)

On parle de l'avenir

This online listening activity provides further practice in talking about hopes and aspirations for the future. It is most suitable for able students.

9I Consolidation and assessment   pages 186–187

Aims and objectives	Grammar and skills	Resources
• practise exam assessment techniques • find out what you have learnt		**Key language:** see SB 188 **Online resource:** *Activités (Vocabulaire, Quiz)* **Copymasters:** 9/8; *Épreuves:* 9/9–9/14 **CD:** 8/2–13, SCD2/21–25

This spread provides assessment tasks that follow the style of assessment for speaking and writing offered by some awarding bodies. Teachers should adapt the tasks as necessary to suit the needs of their students. Board-specific examination practice, written by experienced examiners, is provided online.

sb 186 Contrôle oral

A Une conversation

This provides an outline for an assessed conversation. First work through the requirements and build up some suggestions on the board for each point.

Tricolore Total 4 Teacher's Book

Unité 9 Consolidation and assessment

Préparation
Students could think about the questions that might be asked, perhaps looking back through the unit for ideas.

SB 186 • 8, tr 2 • SCD2, tr 21

Alex parle des examens

The example (in three parts) and related activities should provide ideas and support for the conversation task.

1 First, students listen to all three parts of the conversation and note the order in which the questions are asked.

Solution: 1 *c*, 2 *g*, 3 *j* 4 *e*, 5 *b*, 6 *h*, 7 *a*, 8 *i*, 9 *f*, 10 *d;* the unexpected question is *h*

transcript

Alex parle des examens: Partie A
– Tu passes quels examens cet été, Alex?
– Mes examens s'appellent les GCSE et il y en a beaucoup! Je fais maths, sciences, et informatique, ce qui est intéressant et assez facile pour moi. Puis il y a anglais – on passe deux examens parce qu'on fait la langue et la littérature.
– Tu aimes la littérature?
– Oui, j'aime bien. Nous faisons *Le Marchand de Venise* de Shakespeare. J'aime la pièce, mais je n'aime pas les dissertations sur les personnages et le texte.
– Tu fais une langue vivante, à part le français?
– Oui, j'apprends l'allemand depuis trois ans. C'est ma matière préférée. Pour me préparer, je suis allé à Berlin pendant les vacances. C'était très intéressant et très utile pour l'histoire aussi parce que nous étudions la Deuxième Guerre mondiale. Le seul problème, c'est que je n'ai pas assez révisé d'autres matières. Alors, j'ai dû travailler très dur après les vacances.
– Tu as passé beaucoup de temps à réviser?
– J'ai essayé de faire trois heures de révision par jour, et un peu plus le week-end, mais ce n'est pas toujours facile.

2 This gap-fill activity focuses on Part B of the conversation.

Solution: 1 *détend*, 2 *concentrer*, 3 *silence*, 4 *prochain*, 5 *apprendre*, 6 *compliqué*, 7 *spécialiser*, 8 *regarder*, 9 *boulot*, 10 *argent*, 11 *études*, 12 *assez*

transcript

Partie B
– À ton avis, quels sont les meilleurs moyens de réviser?
– Alors, moi, j'aime écouter de la musique en travaillant. Ça me détend et si la musique n'est pas trop forte, elle m'aide à me concentrer. Ça dépend aussi de la matière. Par exemple, pour les sciences, je préfère travailler en silence.
– Tu trouves qu'il y a trop de stress pour les jeunes?
– Oui, dans une certaine mesure, c'est vrai. Quand on a beaucoup d'examens à la fois, c'est stressant et j'ai encore des examens à réviser. Vendredi prochain, je passe un examen en sport …
– Ça, c'est facile, n'est-ce pas?
– Pas du tout! Il faut apprendre les parties du corps, les muscles et ce qu'ils font, la bonne alimentation et beaucoup de choses comme ça. C'est intéressant, mais c'est compliqué. Et en plus, il faut se spécialiser en une activité sportive. Moi, je fais une présentation sur le tennis, et après un prof doit me regarder jouer.
– Tu as raison, c'est compliqué et ça prend du temps! Tu as du temps libre pour un petit boulot le soir ou le week-end?
– J'aimerais bien avoir un peu plus d'argent, mais je n'ai pas de temps libre pour un petit boulot. À vrai dire, je suis contre les jobs pendant l'année scolaire parce que les études sont beaucoup plus importantes. Je vais travailler dans le magasin de ma tante pendant les vacances – après les examens. J'espère gagner assez d'argent pour le reste de l'année!

3 Students read the phrases and listen again to all three parts of the conversation to identify which ones are used.

Solution: These expressions are used: a, c, f, g, i, j

transcript

Partie C
– Qu'est-ce que tu veux faire comme métier?
– Une chose est évidente: je n'envisage pas de travailler dans un magasin pour toujours! Je ne sais pas encore ce que je voudrais faire, mais j'ai fait un stage en entreprise dans une banque internationale et ça m'intéresse beaucoup. Si j'y travaillais plus tard, je pourrais utiliser mes langues vivantes et peut-être travailler à l'étranger. J'aimerais ça.
– Tu vas aller à l'université?
– Bien sûr que oui. Il faut avoir une licence pour faire ce travail. Mais je crois que je prendrai une année sabbatique avant d'aller à la fac. J'espère voyager en Afrique et passer quelques mois dans une école africaine. J'ai vu un documentaire sur le travail bénévole, et cela m'a tellement intéressé que j'ai fait des recherches sur l'internet pour trouver le nom des organisations qui organisent des stages de travail bénévole en Afrique. On peut aussi aller en Asie ou en Amérique latine, mais pour moi, l'Afrique est passionnante et j'ai envie d'y travailler.
– Tes parents sont d'accord?
– Je ne sais pas. Je ne leur ai pas encore parlé de mes projets, mais en général, ils me conseillent d'élargir mes horizons. Beaucoup de mes amis ont l'intention de faire quelque chose comme ça et ils m'ont encouragé à y penser.
– Très bien. Alors bonne chance quand tu en parleras à tes parents!

Tricolore Total 4 Teacher's Book

Unité 9 Consolidation and assessment

4 Finally, they choose eight or more of the expressions to translate.

> **Solution:** (possible)
> Any 8 of:
> a *there are lots of them*
> b *which is very easy*
> c *essays on the characters*
> d *I've been learning Spanish for three years*
> e *World War I*
> f *I (have) had to work very hard*
> g *I'm really interested in that*
> h *I could speak French*
> i *you have to have a degree*
> j *they have encouraged me to think about it*

Students then prepare their own answers for a conversation about exams and the future with a partner or with you. This could be recorded and used for self- or peer assessment.

186

B Une présentation

An alternative (or additional) task would be to prepare a presentation on pocket money and part-time jobs.

187 Contrôle écrit

Un stage en entreprise

This provides an outline for a written assessment of 200–300 words based on material in the unit.

Students read the sample article and do the task, which helps extract key vocabulary for their own work. Emphasise that this is just one example and should not dictate what students may choose to write.

> **Solution:** 1 *je vous remercie (beaucoup) de*, 2 *le travail … me plaira*, 3 *travailleuse*, 4 *je livre des journaux*, 5 *j'espère m'améliorer en français*, 6 *le commerce*, 7 *travailler à l'étranger*, 8 *j'attends … avec impatience*

Students then write their own letter of acceptance.

Top Tips

Advice here includes using/adapting the expressions on the page in their own work and ensuring that all elements of the assessment task have been covered.

188–189 Sommaire

This is a summary of the main grammar and vocabulary of the unit.

Activité

Vocabulaire – Unité 9

This game provides practice of the vocabulary of the unit.

Activité

Quiz – Unité 9

An online quiz which tests the language and content of Unit 9.

9/8   8, tr 3–6   SCD2, tr 22–25

Tu comprends?

Students could do any or all of the four items on this worksheet – now, or later as revision.

1 C'est quel métier?

Students write the correct letter for each statement.

> **Solution:** 1 *F*, 2 *G*, 3 *A*, 4 *B*, 5 *E*, 6 *H*, 7 *C*

transcript

C'est quel métier?
Exemple:
– Que faites-vous dans la vie, monsieur?
– Je suis vétérinaire.

1 – Que faites-vous dans la vie?
– Je suis garçon de café.
– Ah, oui. Vous travaillez au Restaurant du Parc, non?
– Oui, c'est ça.

2 – Que faites-vous dans la vie?
– Je travaille dans un bureau. Je suis employée de bureau.

3 – Et vous, monsieur, que faites-vous dans la vie?
– Moi, je suis coiffeur.
– Ah, bon. Je vois que vous êtes bien coiffé!

4 – Et vous, monsieur, que faites-vous dans la vie?
– Je suis maçon. Je travaille dans la construction.
– Maçon – c'est un travail difficile!

5 – Et vous, mademoiselle, vous avez un métier très intéressant, non?
– C'est vrai. Je suis hôtesse de l'air, donc je voyage beaucoup.

6 – Bonjour, madame. Vous êtes médecin dans cet hôpital, non?
– Oui, je suis médecin.

7 – Et vous, mademoiselle. Vous travaillez à l'hôpital aussi. Que faites-vous?
– Je suis pharmacienne. Je travaille dans la pharmacie à l'hôpital.

2 Mon emploi pour les vacances

Students listen to the young people talking about their holiday jobs and write V, F or PM.

> **Solution:**
> 1 **A** *V*, **B** *V*, **C** *PM*, **D** *V*
> 2 **A** *V*, **B** *V*, **C** *F*, **D** *PM*
> 3 **A** *V*, **B** *V*, **C** *F*, **D** *V*
> 4 **A** *F*, **B** *F*, **C** *V*, **D** *PM*, **E** *V*

246 Tricolore Total 4 Teacher's Book

Unité 9 Consolidation and assessment

transcript

Mon emploi pour les vacances

1 Anaïs

Pendant les vacances, j'ai travaillé comme vendeuse dans un magasin de musique. C'était assez amusant et j'aimais beaucoup écouter les CD. Mais on n'avait pas le droit de s'asseoir et à la fin de la journée, j'étais très fatiguée.

2 Marc

Moi, j'ai fait les vendanges l'année dernière, au mois de septembre – c'est le mois où on cueille les raisins. On faisait environ dix heures par jour et c'était dur comme travail, surtout quand il y avait du soleil. Quand même, on était nourri et logé et assez bien payé.

3 Francine

Mon frère travaille dans un supermarché et il m'a trouvé un poste là aussi, pour les vacances. C'était bien. Je faisais un peu de tout – je rangeais les rayons, j'aidais les clients et vers la fin, j'ai travaillé quelques heures par jour à la caisse. C'est ça que j'ai trouvé le plus intéressant.

4 Nicolas

Moi, j'ai cherché partout. Je voulais travailler dans un magasin, dans un bureau ou à la SNCF, mais je n'ai rien trouvé. Finalement, j'ai trouvé du travail dans un restaurant où je faisais la vaisselle. C'était absolument pénible comme travail, et je faisais huit ou neuf heures par jour. Le seul avantage, c'est que j'ai gagné assez d'argent pour me payer des vacances en Italie avec mes copains!

3 Sondage: L'argent de poche

Students listen to young people talking about their pocket money and tick the grid as appropriate.

Solution:

nom	1 Laure	2 Alex	3 Jessica	4 Nassim	5 Stéphanie
vêtement	Ex. ✓				✓
CD			✓	✓	
jeux vidéo		✓			
bonbons/snacks		✓			✓
sorties			✓		
magazines	✓			✓	
tél. portable		✓	✓		✓

transcript

Sondage: L'argent de poche

– Laure, ton argent de poche, tu en fais quoi?
– Ben, j'achète quelquefois des vêtements, un pull, par exemple, ou un t-shirt. Et puis des magazines.
– Et toi, Alex. Tu achètes quoi?
– Des bonbons et des chips pour la récré, et puis je dois payer les frais de mon téléphone portable et j'essaie de faire des économies pour acheter des jeux vidéo.
– Jessica maintenant. Qu'est-ce que tu fais avec ton argent de poche?
– J'aime bien sortir, alors je me paie mes sorties, mais s'il me reste de l'argent, j'achète des CD.
– Tu n'as pas de téléphone portable, toi?
– Oh, si. C'est vrai, je dois payer ça aussi.
– Et toi, Nassim. Qu'est-ce que tu achètes avec ton argent de poche?
– Moi, pas beaucoup. Je fais des économies. Mais quelquefois, je m'achète un CD et même un magazine sur l'informatique.
– Puis Stéphanie, tu dépenses ton argent ou tu le gardes?
– Les deux. Je m'achète des vêtements et aussi des bonbons, mais j'essaie de mettre la moitié à la banque pour mes vacances. Le seul problème, c'est que maintenant, j'ai un téléphone portable et ça coûte cher!

4 Projets d'avenir

The questions and answers in these three conversations provide good practice for the listening and speaking tests for this unit. Students listen to them and tick the correct answers. They could use the corrected versions later as scripts to practise conversations in pairs. It will probably be best to concentrate on just one of the conversation topics at a time.

Solution:

1 **1** *C*, **2** *B*, **3** *A*
2 **1** *B*, **2** *C*, **3** *A*
3 **1** *B*, **2** *B*, **3** *C*

transcript

Projets d'avenir

1 Après les examens

– Lucie, qu'est-ce que tu vas faire après les examens?
– Je vais essayer de trouver un job.
– Qu'est-ce que tu as l'intention de faire après l'école?
– Je voudrais voyager un peu d'abord.
– Qu'est-ce que tu voudrais faire comme métier?
– Franchement, je ne sais pas encore.

2 Les petits emplois

– Daniel, est-ce que tu as un petit job?
– Oui, je travaille pendant les vacances.
– Qu'est-ce que tu fais avec ton argent de poche ou avec l'argent que tu gagnes?
– Normalement, je me paie des sorties. J'aime sortir le week-end avec mes copains.
– Est-ce que tes amis travaillent?
– Mon meilleur ami travaille au supermarché.

3 Un stage en entreprise

– Dis-moi, Rebecca, où as-tu fait ton stage en entreprise?
– Je l'ai fait en France.
– Qu'est-ce que tu as fait?
– J'ai travaillé dans un bureau.
– Comment as-tu trouvé le stage?
– Je l'ai trouvé excellent et c'était très utile pour mon français.

Tricolore Total 4 Teacher's Book 247

Unité 9 Consolidation and assessment

Épreuves: Unité 9

These worksheets can be used for an informal test of listening and reading or for extra practice, as required. For general notes on administering the *Épreuves*, see TB 12.

9/9　　8, tr 7–10

Épreuve 9: Écouter – Partie A

1 Quel métier? F

Students identify the jobs by entering the letters in the appropriate box.

Solution: 1 *H*, 2 *C*, 3 *G*, 4 *D*, 5 *F*　　[5 marks]

transcript

Quel métier?
Exemple:
– Que faites-vous dans la vie?
– Je suis mécanicien.
– Ah oui, vous êtes mécanicien.

1 – Que faites-vous dans la vie?
– Je travaille dans une banque. Alors, je suis employée de banque.

2 – Que faites-vous dans la vie, madame?
– Moi, je suis coiffeuse.
– Coiffeuse, c'est bien.

3 – Alors, monsieur, vous êtes facteur?
– Oui, c'est ça. Je travaille pour la Poste. Je suis facteur.

4 – Et vous, monsieur, que faites-vous dans la vie?
– Je suis chauffeur de camion.
– Vous êtes chauffeur de camion. Alors vous voyagez beaucoup.

5 – Et vous, mademoiselle, vous avez un métier essentiel. Vous êtes infirmière, non?
– Oui. Je travaille à l'hôpital. Je suis infirmière.

2 Sondage: votre argent de poche F

Students listen to some young people talking about their pocket money. They then complete the grid by ticking the appropriate columns.

Solution:

	going out	snacks	clothes	music
1 Raphaël		✓		✓
2 Caroline	✓	✓	✓	

[5 marks]

transcript

Sondage: votre argent de poche
– Éric, qu'est-ce que tu as fait avec ton argent de poche, cette semaine?
– Euh, d'abord je suis allé au cinéma. Puis, j'ai acheté un CD … un cadeau d'anniversaire pour ma petite amie.
– Merci, Éric.
– Et toi, Raphaël. Est-ce que tu as dépensé ton argent de poche cette semaine?
– Bien sûr. J'ai téléchargé un album de mon groupe favori … puis j'ai acheté des snacks – j'adore le chocolat, donc j'achète une tablette de chocolat presque tous les jours.
– Merci, Raphaël.
– Et toi, Caroline, tu as reçu de l'argent de poche cette semaine?
– Oui, j'en ai reçu de mes parents et aussi de mes grands-parents.
– Et qu'est-ce que tu as acheté avec ça?
– Voyons … quelques petits vêtements – un collant et une paire de gants. Puis des chips – j'achète trop de snacks. Et en plus, une sortie – je suis sortie en boîte avec des amis … Pas mal non?

3 Je fais mon stage en entreprise F/H

Students listen to some young people discussing their work experience and, for each one, note down a positive opinion and a less favourable one.

	name	placement	positive	negative
1	Karima	école maternelle	**Ex.** loves children	tiring
2	Fabien	bureau	likes using computer	boring (especially filing)
3	Ahmed	boulangerie	interesting/ bread smells good	doesn't always understand

[5 marks]

transcript

Je fais mon stage en entreprise

1 Karima
– Je fais mon stage dans une école maternelle et c'est vraiment bien. J'adore les enfants et c'est très amusant de jouer avec eux.
– Est-ce qu'il y a quelque chose que tu n'aimes pas?
– Pas vraiment. Le seul inconvénient, c'est que je suis souvent très fatiguée à la fin de la journée.

2 Fabien
– Moi, je travaille dans un bureau et je trouve cela un peu ennuyeux, surtout quand je dois faire du classement.
– Tu n'aimes pas du tout le travail de bureau, alors?
– Si, si. J'aime beaucoup utiliser l'ordinateur. Quand je fais ça, le temps passe vite!

3 Ahmed
– Je fais mon stage dans une boulangerie.
– Ah bon. Comment trouves-tu cela, Ahmed?
– J'aime bien travailler au rayon boulangerie. C'est intéressant de voir tous les pains différents et ça sent bon, le pain!
– Et est-ce que tu travailles aussi à la caisse?
– Oui, mais ça, je n'aime pas tellement. C'est parce que, quand on me parle en français, je ne comprends pas toujours.

248　Tricolore Total 4 Teacher's Book

Unité 9 Consolidation and assessment

4 **Mon métier** F/H

Students listen to the interview with Claire Dunoir and complete the sentences in English.

Solution:
1 *7 am – 5 pm (17h00)* (1 mark)
2 Any two of: *lots of variety/likes talking to customers/can read the books and magazines* (2 marks)
3 *getting up early/working on Saturday* (2 marks)
[5 marks]

transcript

Mon métier
– Dites-moi, Claire, vous travaillez comme vendeuse, non?
– Oui, c'est ça. Je suis vendeuse dans une librairie-papeterie au centre ville.
– Et quels sont vos horaires?
– Je commence mon travail très tôt, à sept heures du matin – il faut préparer les journaux et les magazines, etc. Mais je rentre chez moi à cinq heures du soir.
– Ça vous plaît, ce travail? Quels sont les avantages?
– Il y a beaucoup de variété, j'aime parler aux clients. Et en plus, si je veux, je peux lire tous les magazines.
– Il y a quand même des inconvénients, non?
– Bien sûr! D'abord, il faut se lever de très bonne heure et il faut travailler le samedi – je n'aime pas ça. [Total for Part A: 20 marks]

9/10   8, tr 11–13

Épreuve 9: Écouter – Partie B

1 **On parle de l'avenir** F/H

Students listen to several young people talking about their future plans and write down what they would like to do and why.

Solution:

	would like to ...	reason
Céline	**Ex.** be an actress	likes classical plays
Marc	study foreign languages at university	one of: likes travelling/languages are useful for finding a job
Alice	work/earn money	wants to visit lots of countries
Guillaume	do sport (especially swimming)	wants to swim in Olympic Games

[7 marks]

transcript

On parle de l'avenir
– Bonjour. Je m'appelle Céline et j'ai toujours voulu devenir actrice et travailler dans le théâtre. J'aime surtout les pièces classiques.
– Je suis Marc. J'espère étudier les langues vivantes à l'université. J'aime beaucoup voyager à l'étranger et puis les langues, c'est utile pour trouver un emploi.
– Bonjour. Je suis Alice. Après les examens, j'ai l'intention de travailler tout de suite pour gagner de l'argent, parce que mon rêve est surtout de visiter beaucoup de pays différents.
– Salut! Je suis Guillaume et je suis fana de sport. À l'avenir, le sport, c'est ce que je voudrais faire, surtout la natation – j'adore ça! Mon rêve est de participer aux Jeux Olympiques.

2 **Des problèmes** H

Students listen to someone talking about his problems in finding a job, etc. and tick the correct box.

Solution: 1 *a*, 2 *c*, 3 *b*, 4 *c*, 5 *a*   [5 marks]

transcript

Des problèmes
Pour moi, la vie est difficile en ce moment ... très difficile. Récemment, j'ai eu pas mal de problèmes. Pour commencer, j'ai perdu mon emploi à l'agence de voyages parce qu'on l'a fermée et ... euh ... depuis ce temps-là, comme je n'ai pas pu trouver du travail ... eh ben ... donc, je suis au chômage.

Ma femme ne comprend pas pourquoi je ne trouve pas de travail. Mais ce n'est vraiment pas de ma faute. Et alors, comme ça, je suis de plus en plus énervé et ... ma femme et moi ... on se dispute de plus en plus.

Alors, ben, en effet, je ne sais pas quoi faire.

3 **Que feriez-vous si ... ?** H

Students listen to teenagers talking about imaginary situations and answer questions in English.

Solution: 1 Any one of: *meet stars/earn a lot of money*, 2 *an old house with a garden*, 3 *a cats' home*, 4 *the exam system*, 5 *the bac*, 6 *ongoing tests*, 7 Any one of: *loves sun and beach/had a nice holiday there/wants to do more sport*, 8 *under-water diving*   [8 marks]

[Total for Part B: 25 marks]

transcript

Que feriez-vous si ...?
Alex
Si je pouvais choisir n'importe quel métier, je serais chanteur dans un groupe de musique pop. J'adore chanter et danser et j'aimerais rencontrer toutes les autres stars. En plus, bien sûr, je voudrais gagner de grosses sommes d'argent.

Khéna
Moi, j'adore les chats, donc, si je gagnais au loto, j'achèterais une vieille maison avec un grand jardin sauvage et j'adopterais beaucoup de chats abandonnés. Comme ça, ils pourraient vivre en grand confort dans la maison ou aller à la chasse aux souris dans le jardin.

Laurent
Si j'étais président de la France, je changerais

Tricolore Total 4 Teacher's Book   249

Unité 9 Consolidation and assessment

complètement le système des examens et surtout, j'abolirais le bac. À mon avis, c'est ridicule d'avoir un seul examen si important – ça donne trop de stress et si on n'est pas en forme le jour de l'examen, c'est un vrai désastre! Ça serait mieux d'attacher plus d'importance aux épreuves ou aux contrôles qu'on fait au cours de l'année et moins d'importance au dernier examen.

Mélanie

Si je pouvais vivre n'importe où dans le monde, je choisirais la Guadeloupe parce que j'aime le soleil et la plage et aussi parce que j'y ai passé des vacances absolument fantastiques l'année dernière. En plus, je pourrais pratiquer beaucoup de sports nautiques et apprendre à faire de la plongée sous-marine.

9/11

Épreuve 9: Lire – Partie A (1)

1 Le bon métier F

Students match the pictures to the names of common jobs.

Solution: 1 *F*, **2** *C*, **3** *B*, **4** *I*, **5** *H*   [5 marks]

2 Projets d'avenir F

Students tick the five things (other than the example) mentioned in the email.

Solution: ticks next to: a, c, d, f, g   [5 marks]

9/12

Épreuve 9: Lire – Partie A (2)

3 On cherche des employés F/H

Students read the holiday centre job advert and complete the details in English and in figures.

Solution: (accept similar correct answers)
1 *in a holiday centre*, **2** *from 2nd July (2/7) to 1st September (1/9)*, **3** *36 (hours)*, **4** *English or French*, **5** *can stay for 2 mon*ths   [5 marks]

4 Le succès à vingt ans F/H

Students read the article and complete the summary with the words in the box.

Solution: 1 d *d'emploi*, **2** g *le chômage*, **3** e *difficile*, **4** c *acheter*, **5** i *entreprise*   [5 marks]

[Total for Part A: 20 marks]

9/13

Épreuve 9: Lire – Partie B (1)

1 Un e-mail à Nathalie F/H

Students read the email and choose the correct options.

Solution: 1 *c*, **2** *b*, **3** *c*, **4** *a*, **5** *b*, **6** *c*   [6 marks]

2 Sept conseils H

Students read the advice for finding a job and choose the statements that best reflect that advice.

Solution: 2 *k*, **3** *i*, **4** *h*, **5** *a*, **6** *e*, **7** *f*   [6 marks]

9/14

Épreuve 9: Lire – Partie B (2)

3 Un job pour les vacances H

Students read the article and answer the questions in English.

Solution: 1 *increased*, **2** *two thirds*, **3** *Any two of: helping with holiday centres, etc./fruit picking/selling ices, etc./on the beach* (2 marks), **4** *unemployed people competing for work*, **5** *get State aid for employing them*, **6** *helps with their career/looks good on CV*, **7** *their parents*

[8 marks]

[Total for Part B: 20 marks]

Tricolore Total 4
Unité 10 Notre planète pages 190–209

Aims and objectives	Grammar and skills	Vocabulary
10A Un monde divers pages 190–191		
• find out some general facts about the world • revise names of countries	Revise comparative and superlative Words and expressions linked to *le monde* Percentages and decimals	Our world Countries and continents
10B Les problèmes du monde pages 192–193		
• discuss some world problems	Revise different tenses *on devrait/on pourrait* + infinitive	Global problems
10C Le changement climatique pages 194–195		
• understand news reports • discuss climate change and natural disasters	The passive	The environment Climate and nature
10D La circulation et la pollution pages 196–197		
• discuss car travel and traffic problems • talk about pollution in towns and cities	Words linked to *la route*	Traffic and transport
10E Le transport pages 198–199		
• discuss transport and its environmental impact • describe public transport in your area	*il (ne) faut (pas)* + infinitive Revise adjectives (ending in *-l*, position)	Public transport (see also Unit 3)
10F Consommez mieux, jetez moins pages 200–201		
• discuss everyday behaviour and the environment • revise some irregular present tenses	Fractions (half, third, quarter, three-quarters)	The problem of rubbish Everyday life
10G Le défi pour les villes pages 202–203		
• discuss local problems and solutions • describe what has changed	Revision of tenses	Life (and problems) in town
10H À nous d'agir pages 204–205		
• discuss what can be done about global problems • find out about the Red Cross and Red Crescent • talk about charitable organisations		Charities and volunteer work
10I Consolidation and assessment pages 206–207		
• practise exam assessment techniques • find out what you have learnt		
Sommaire pages 208–209		

Resources:

Student's Book 190–209

CD 8, Student CD 2

Copymasters
10/1 Le monde
10/2 Trois acrostiches
10/3 Le journal: Faits divers
10/4 En route en France
10/5 Des jeux de vocabulaire
10/6 Un plan pour les transports
10/7 Mots croisés – l'environnement
10/8 Tu comprends?
10/9 Épreuve 10 Écouter – Partie A
10/10 Épreuve 10 Écouter – Partie B
10/11 Épreuve 10 Lire – Partie A
10/12 Épreuve 10 Lire – Partie B (1)
10/13 Épreuve 10 Lire – Partie B (2)

Au choix SB 228–229
1 Le Tsunami de 2004
2 Sur la route – point info
3 Infos routières
4 'On a tous le transport en commun'
5 Protégeons la nature

Examination Grammar in Action 72–73
Understanding the passive
Using some irregular verbs

Kerboodle!
Haïti, mon pays d'origine (Présentation)
Un séjour au Rwanda (Activité – L)
L'environnement en questions (Activité – L)
On est tombés en panne (Activité – É)
Les transports (Activité – P)
Des adjectifs (Activité – G)
Des verbes (Activité – G)
L'environnement et moi (Activité – P)
Attentat à la bombe (Activité – É)
Un stage au Rwanda (Présentation)
Vocabulaire – Unité 10 (Activité)
Quiz – Unité 10 (Activité)

É = Écouter, L = Lire, P = Parler,
G = Grammaire

10A Un monde divers

10A Un monde divers   pages 190–191

Aims and objectives	Grammar and skills	Resources
• find out some general facts about the world • revise names of countries • talk about differences in the world	Revise comparative and superlative Words and expressions linked to *le monde* Percentages and decimals	**Key language:** see SB 208 **Online resource:** *Présentation* **Copymasters:** 10/1 **CD:** 8/14–15

If time is short, teachers should pick and choose from this unit to ensure that they've covered the relevant vocabulary for examination requirements. They can then use other items later, after the examination.

SB 190

Start with some oral work based on the photos (and map), e.g.

– *Voici une photo prise par Yann Arthus Bertrand. Qui est-ce? C'est un photographe français qui s'intéresse beaucoup à l'écologie et à l'environnement. On voit souvent des livres, des calendriers et des agendas avec ses photos dans des magasins, comme Oxfam, etc.*

SB 190   8, tr 14

1 Foire aux questions (FAQ)

Similar information and content is practised on CM 10/1 (see below).

a Students note down their answers and listen to the recording to check them. The statistics are based on information available in 2009; students could check current statistics by doing their own online research.

> **Solution:**
> 1 **b**, 2 **c** (according to UN sources quoted in 2007 http://www.un.org/News/Press/docs//2007/pop952.doc.htm)
> 3 **c** and **e**
> 4 **e** *(plus grand)* and **b**
> 5 **a** – *Tokyo-Yokohama, au Japon (33,200,000)*
>   **b** – *New York, aux États-Unis (17,800,000)*
>   **c** – *Sao Paulo, au Brésil (17,700,000)*
> 6 **a** – *La tour Eiffel en France*

transcript

Foire aux questions

Nous habitons un monde divers avec une population qui augmente de plus en plus vite.

En 1950, la population du monde était de 2,5 milliards, mais quelle est la population du monde aujourd'hui? La population du monde aujourd'hui est d'environ sept milliards de personnes.

Et quelle sera la population du monde en 2050?

Selon les experts de l'ONU, on estime que la population du monde sera d'environ neuf milliards en 2050.

Il y a deux pays qui ont une population de plus d'un milliard d'habitants. Lesquels? C'est la Chine et l'Inde. Ces deux pays ont le plus grand nombre d'habitants du monde.

Mais les deux pays qui sont les plus grands par leur superficie sont différents. Ce sont d'abord la Russie, et en deuxième place, le Canada.

Passons maintenant aux villes. La moitié de la population habite dans les villes et les trois villes les plus peuplées sont:

a – Tokyo-Yokohama au Japon
b – New York aux États-Unis
c – Sao Paulo au Brésil.

Maintenant on passe aux merveilles du monde. Dans le monde antique il y avait sept merveilles du monde. Hélas, toutes ces merveilles antiques ont été détruites, sauf la grande pyramide en Égypte.

Mais on a fait une liste de sept nouvelles merveilles du monde. On a choisi beaucoup de beaux monuments, mais la tour Eiffel en France ne fait pas partie de cette liste. Alors la tour Eiffel n'est pas une nouvelle merveille du monde.

b Students find in the text the French for the English phrases listed, to use in their own work. Links with other words could be discussed e.g. *peuplé, le peuple, surpeuplé, une merveille, merveilleux,* etc.

> **Solution:** 1 *l'ONU (l'Organisation des Nations Unies)*, 2 *des pays en développement*, 3 *un milliard*, 4 *peuplé*, 5 *une merveille du monde*

SB 191 Stratégies

Students work out the meanings of expressions using *monde* or *mondial*.

> **Solution:** 1 World Cup, 2 it was busy in town, 3 the First World War, 4 everyone, 5 world tour, 6 in the whole world

SB 191

2 Les langues

Students give or guess the first three languages spoken by the largest number of people.

> **Solution:** 1 *le mandarin* (la première langue la plus parlée est le mandarin, parlé par environ 900 million d'habitants en Chine), 2 *l'espagnol*, 3 *l'anglais*, 4 *l'arabe*, 5 *le hindi*, 6 *le portugais*, 7 *le bengali*, 8 *le russe*, 9 *le japonais*, 10 *l'allemand*

Tricolore Total 4 Teacher's Book

10A Un monde divers

Remind students that the word for the language of a country is often the same as the adjective (with no initial capital) or as the name of a national of the country (spelt with an initial capital letter).

191 Stratégies

This summarises how percentages and decimals are given. Explain that *la virgule* means 'comma'. For further practice, students could work in pairs to dictate and write down percentages or numbers with decimals.

191 7/7 8, tr 15

3 Les habitants du monde

a Students listen to part a and write down the percentages given for continent populations.

> **Solution:** **1** 61%, **2** 14%, **3** 11%, **4** 5%, **5** 8%, **6** moins de 1%

b They then listen to part b and write down the percentages given for religions of the world.

> **Solution:** **1** 33%, **2** 18%, **3** 14%, **4** 6%, **5** 13%, **6** 16%

transcript

Les habitants du monde

a Les continents

On estime que la population du monde est de sept milliards d'habitants. Où habitent-ils? Quels continents sont les plus peuplés? Selon les statistiques, la plupart des habitants habitent en Asie où il y a 61% de la population globale.

Puis c'est l'Afrique. Environ 14% de la population habitent en Afrique. L'Europe est un continent avec beaucoup de pays différents: environ 11% de la population du monde habitent ici. Ensuite, il y a l'Amérique du Nord, qui comprend les États-Unis et le Canada, avec 8% de la population mondiale.

L'Amérique du Sud et les Caraïbes sont moins peuplées avec environ 5% de la population totale. Et le plus petit pourcentage de la population du monde habite en Australie et en Océanie, où il y a moins de 1% de la population du monde.

b Les religions

Il y a beaucoup de religions qui sont pratiquées dans le monde. On estime que 33% de la population sont chrétiens, 18% sont musulmans et 14% sont hindous. On estime que 6% de la population sont bouddhistes et 13% pratiquent d'autres religions. Seize pour cent de la population disent qu'ils ne pratiquent aucune religion.

Follow-up activity:
Students could look at the Miniature Earth website, http://www.miniature-earth.com, for more information about the world population.

191

4 Quelle définition?

Students find the appropriate definition for each word.

> **Solution:** **1** *d*, **2** *a*, **3** *b*, **4** *c*, **5** *e*, **6** *g*, **7** *f*

10/1

Le monde

This provides a reference map of the world showing main continents, etc.

1 Les habitants du monde

Students read the clues (*des indices*) or refer to any notes they may have made earlier in order to complete the sentences about population distribution.

> **Solution:** **1** *Asie*, **2** *Afrique*, **3** *Europe*, **4** *Amérique du Nord*, **5** *Amérique du Sud et aux Caraïbes*, **6** *Australie et Océanie*

2 Les langues principales

They then complete a list of the main languages spoken in the world.

> **Solution:** **2** *l'espagnol*, **3** *l'anglais*, **8** *le russe*, **9** *le japonais*, **10** *l'allemand*

3 Les pays du monde

Students choose any appropriate country that meets the criteria.

Présentation

Haïti, mon pays d'origine

This PowerPoint presentation is based on the life of a Haitian refugee, who recalls life in Haïti before she left as a child.

For further information about the world and individual countries, students could consult the CIA world factbook website:

https://www.cia.gov/library/publications/the-world-factbook/index.html

10B Les problèmes du monde

10B Les problèmes du monde		pages 192–193
Aims and objectives	**Grammar and skills**	**Resources**
• discuss some world problems	Revise different tenses *on devrait/on pourrait* + infinitive	**Key language:** see SB 208 **Online resource:** *Activité (lire)* **Copymasters:** 10/2 **CD:** 8/16–17

sb 192

1 Trouvez les paires

Students match the French phrases with their English equivalents to provide some useful vocabulary for their own work on this topic.

Solution: 1 c, **2** d, **3** a, **4** f, **5** b, **6** g, **7** e

sb 192

2 Être orphelin en Afrique

The text is based on information from the Unicef website: www.unicef.org.

a Students read the article and answer questions in English.

Solution:
1 because many parents die of Aids
2 to earn money to support their families or because they cannot afford the school fees
3 14 years old
4 a brother (10 years old) and sister (9 years old)
5 to find enough to eat
6 transporting food products for tradespeople

b They then find in the text the phrases that have the same meaning as those listed.

Solution: **1** *vit*, **2** *morts*, **3** *de quoi manger/des produits alimentaires*, **4** *se nourrir*

sb 192

3 L'éducation des filles

Students read the text and then complete all or part of the résumé using verbs in different tenses. This could first be prepared orally.

Solution:
A à l'imparfait: **1** *n'allait pas*, **2** *elle devait*, **3** *elle voulait*, **4** *elle était*, **5** *(elles) allaient*

B au present: **1** *(elles) ne vont pas*, **2** *elles ne savent (pas)*, **3** *ils veulent*, **4** *elles gagnent*, **5** *(il) va*

C au passé composé: **1** *Manju a pu*, **2** *elle a continué*, **3** *il est allé*, **4** *il a menacé*

D au futur ou au conditionnel: **1** *je voudrais*, **2** *ça m'aidera*, **3** *mon frère verra*, **4** *je ne devrais*

sb 193 8, tr 16

4 L'avis des jeunes

Students listen to young people talking about different problems.

a They first answer questions in English.

Solution:

Lucas
1 anti-personnel mines/landmines
2 no, the war finished some time ago
3 landmines
4 because they play in the countryside
5 the mines should be defused to make the countryside safe
6 because there are no records of where the mines were dropped

Karima
7 that some girls don't automatically go to primary school
8 that parents think that education for girls is less important; they often have to work to support their family

Théo
9 famine/hunger, international aid arrives too late
10 international organisations should work to find long-term solutions

b They then match up the correct two parts of sentences used in the recording.

Solution: **1** f, **2** c, **3** d, **4** b, **5** a, **6** e, **7** g

c Finally, they find in the text the French for some useful phrases.

Solution: **1** *je ne savais pas grand-chose sur ...*, **2** *depuis longtemps*, **3** *on devrait faire plus d'effort*, **4** *j'ai été choqué d'apprendre*, **5** *il me semble*, **6** *des solutions à long terme*

transcript

L'avis des jeunes

1 Lucas

L'année dernière, je suis allé au Laos en Asie du Sud. Avant d'y aller, je ne savais pas grand-chose sur le problème des mines-antipersonnelles.

Mais pendant ma visite, j'ai découvert que ce pays a souffert énormément à cause des bombardements

10B Les problèmes du monde

pendant la guerre. La guerre est finie depuis longtemps, mais on a laissé un grand nombre de mines-antipersonnelles. C'est un problème très grave parce qu'on ne sait pas exactement où se trouvent ces mines. Ce sont souvent les enfants qui trouvent les mines en jouant à la campagne, et ça peut avoir des conséquences affreuses.

On devrait faire plus d'effort pour désamorcer les mines-antipersonnelles et pour rendre la campagne moins dangereuse. Mais la difficulté est qu'on ne sait pas exactement où se trouvent les mines. On n'a pas documenté précisément les sites qui ont été touchés par des mines et des bombes déclenchées par des avions en temps de guerre.

2 Karima

À mon avis, l'éducation pour tous est essentielle. J'ai été choquée d'apprendre que dans certains pays les filles ne vont pas automatiquement à l'école primaire. Les familles pensent que l'éducation des filles est moins importante que l'éducation des garçons. Quelquefois les filles doivent travailler, quand elles sont encore très jeunes, pour soutenir la famille.

3 Théo

Je ne comprends pas pourquoi il y a souvent des famines en Afrique. Il me semble que l'aide arrive souvent trop tard pour sauver les gens qui meurent de faim. Les organisations internationales devraient travailler ensemble pour trouver des solutions à long terme.

10/2

Trois acrostiches

The three acrostics give practice of some general vocabulary (questions, expressions of time, linking phrases, etc.) that is particularly appropriate, when students have fully revised all tenses. Encourage them to use these expressions regularly in their spoken and written work.

Solutions:

1 Sept questions et deux réponses

verticalement: **1** *pourquoi;* horizontalement: **1** *peut-être,* **2** *comment,* **3** *quand,* **4** *parce que,* **5** *qui,* **6** *lequel,* **7** *où,* **8** *combien*

2 Quand?

verticalement: **1** *l'année prochaine;* horizontalement: **1** *l'avenir,* **2** *autrefois,* **3** *demain,* **4** *dernier,* **5** *récemment,* **6** *hier,* **7** *plus tard,* **8** *après-demain,* **9** *une fois,* **10** *en ce moment,* **11** *avant-hier,* **12** *ce matin,* **13** *bientôt,* **14** *le lendemain,* **15** *maintenant*

3 Des mots utiles

verticalement: **1** *malheureusement;* horizontalement: **1** *mais,* **2** *d'abord,* **3** *quelquefois,* **4** *d'habitude,* **5** *cependant,* **6** *toujours,* **7** *après,* **8** *enfin,* **9** *soudain,* **10** *ensuite,* **11** *avec,* **12** *seulement,* **13** *souvent,* **14** *pendant,* **15** *partout*

SB 193   8, tr 17

5 Médecins Sans Frontières

This gives information about the international humanitarian organisation, *Médecins Sans Frontières*. Students find the correct answer to each question. Able students could check their answers by listening to the recording, which gives the same information but has different text.

Solution: **1** *d,* **2** *a,* **3** *c,* **4** *e,* **5** *b,* **6** *f*

transcript

Médecins Sans Frontières

L'organisation humanitaire Médecins Sans Frontières a été fondée par un groupe de médecins et de journalistes en 1971. Quelquefois, après un tremblement de terre, une famine ou dans une situation de guerre, on entend parler de cette organisation à la télé et à la radio. Qui sont-ils? Où vont-ils? Qu'est ce qu'ils font?

L'organisation

Médecins Sans Frontières apporte de l'aide médicale aux victimes de guerre, d'épidémies, de famines ou de catastrophes naturelles, comme les tremblements de terre, la sécheresse, une inondation, etc.

– Qui sont les Médecins Sans Frontières?
– Ce sont surtout des volontaires qui s'engagent pour une période minimum de six mois.
– Est-ce que ce sont uniquement des médecins qui travaillent pour l'organisation?
– Non. La plupart sont des médecins et des infirmiers, mais on recrute aussi des professionnels non-médicaux, par exemple, des administrateurs. En plus de leurs qualifications professionnelles, les volontaires doivent parler une langue étrangère, comme l'anglais, l'espagnol ou le portugais. En effet, environ 140 volontaires britanniques partent en mission chaque année.
– Et où vont les MSF?
– Actuellement, il y a près de 2000 volontaires dans plus de 80 pays du monde – des pays comme l'Afghanistan, la Côte d'Ivoire, le Malawi, la République Démocratique du Congo.
– Et en quoi consiste votre travail?
– Le travail est très varié selon les missions. Dans une situation de guerre, on installe des dispensaires et on soigne les blessés. Il y a aussi des programmes de vaccination et de nutrition. Au Niger, par exemple, il y a eu une campagne de vaccination massive contre la méningite et la rougeole. On a vacciné 600 000 enfants de moins de cinq ans contre la méningite. Puis il y a le travail sur l'environnement, surtout en ce qui concerne l'eau. Les camps de réfugiés et les hôpitaux ont besoin de grandes quantités d'eau potable.
– Et vous vous occupez de l'aide médicale à long terme aussi?
– Oui, en Afrique on a réhabilité des hôpitaux et on forme des infirmiers, du personnel local.

Follow-up activity:

Interested students could look at the MSF website and find out about some current projects. http://www.msf.org/

10C Le changement climatique

sb 193

6 À vous!

Students work individually or in pairs to make up sentences about some actions that could be taken. To encourage students to think of the language without reference to the phrases, they could first look through the list, then close their books and write down suggestions from memory or design a poster urging action.

Activité (lire)

Un séjour au Rwanda

This online reading activity provides information about the country of Rwanda, in central Africa.

10C Le changement climatique   pages 194–195

Aims and objectives	Grammar and skills	Resources
• understand news reports • discuss climate change and natural disasters	The passive	**Key language:** see SB 208 **Online resource:** Activité (lire) **Copymasters:** 10/3 **CD:** 8/18 **GiA:** 72

sb 194

1 Tuvalu

The information about Tuvalu presents a real and tangible example of the dangers of climate change on a small island nation in the Pacific.

Students read the text and answer the questions in English.

> **Solution:** **1** *in the Pacific Ocean, east of Australia,* **2** *higher waves and tides, rising sea level, salt water penetrating soil,* **3** *crops fail, trees are falling* **4** *they are no longer protecting the island from wind erosion,* **5** *to save his country*

sb 194

2 Le réchauffement de la planète

a Students match the French phrases with their English equivalents to provide some useful vocabulary on the topic of the environment.

> **Solution:** **1** *e,* **2** *g,* **3** *f,* **4** *b,* **5** *j,* **6** *i,* **7** *h,* **8** *d,* **9** *c,* **10** *a*

b The diagram and text provide an explanation of the greenhouse effect. Students refer to the annotated diagram to complete the sentences about the consequences of the greenhouse effect.

> **Solution:** **1** *devient,* **2** *est,* **3** *voit,* **4** *sont,* **5** *fondent,* **6** *monte*

Students could do further research on the internet, consulting different websites, such as www.goodplanet.org

Activité (lire)

L'environnement en questions

This online reading activity provides further practice of the vocabulary related to the environment and global warming.

sb 195   8, tr 18

3 Des catastrophes naturelles

Students listen to the recorded bulletins and note the missing words. The texts vary in difficulty and the missing words are given for A and B but not for C and D.

> **Solution:**
>
> **A** Tremblement de terre en Chine: **1** e *terre,* **2** a *7,8,* **3** b *400 000,* **4** c *détruit,* **5** d *sans abri*
>
> **B** Ouragans en Haïti: **1** j *tempête,* **2** g *pays,* **3** h *ponts,* **4** e *isolées,* **5** f *ouragan,* **6** c *début,* **7** a *200 000,* **8** i *rentrée,* **9** d *dégâts,* **10** b *un milliard*
>
> **C** Inondations au Sénégal: **1** *pluies,* **2** *banlieue,* **3** *150 000*
>
> **D** Sécheresse au Kenya: **1** *nombreuses,* **2** *faim,* **3** *saisons,* **4** *risquent*

transcript

A   Tremblement de terre en Chine

Le 12 mai 2008, un tremblement de terre a frappé la province du Sichuan en Chine. Un puissant séisme, d'une magnitude de 7,8 sur l'échelle de Richter a fait plus de 88 000 morts ou disparus et près de 400 000 blessés. Il a aussi endommagé ou détruit des millions de maisons, laissant cinq millions de personnes sans abri.

B   Ouragans en Haïti

En août et en septembre, la tempête tropicale Fay, puis les ouragans Gustav, Hanna et Ike ont successivement frappé le petit pays de Haïti. Après trois ouragans successifs, l'accès aux zones touchées a été difficile, des ponts sont tombés, des routes ont été emportées et des communautés ont été isolées. Les habitants commençaient à se remettre du premier ouragan, alors que le deuxième, puis le troisième, sont arrivés.

Tricolore Total 4 Teacher's Book

10C Le changement climatique

Les ouragans sont passés juste au début de l'année scolaire. Près de 1 000 écoles ont été détruites, touchant 200 000 enfants d'âge scolaire et on a repoussé la date de la rentrée (du 2 septembre au 6 octobre). Le bilan a été de 700 morts et les dégâts sont estimés à près d'un milliard de dollars US.

C Inondations au Sénégal

Depuis le mois de juillet, des pluies torrentielles, répétitives et persistantes s'abattent sur le Sénégal.

Beaucoup de maisons dans la banlieue de Dakar ont été complètement inondées. D'après la Croix-Rouge Sénégalaise, plus de 150 000 personnes sont maintenant affectées.

D Sécheresse au Kenya

La sécheresse s'aggrave dans de nombreuses parties du Kenya: les gens ont faim et la malnutrition touche de plus en plus de jeunes enfants, le bétail meurt.

De nombreuses parties du pays ont connu quatre saisons de pluies consécutives qui n'ont pas donné les précipitations normales et les conditions risquent de s'aggraver au cours des prochains mois.

b Students reread the texts and find in them the French for some key vocabulary on this topic.

> **Solution:** **1** *un tremblement de terre*, **2** *disparus*, **3** *blessées*, **4** *détruit*, **5** *sans abri*, **6** *les ouragans*, **7** *des routes ont été emportées*, **8** *le bilan*, **9** *les dégâts*, **10** *les inondations*, **11** *la sécheresse s'aggrave*, **12** *le bétail meurt*

195 Dossier-langue

This explains the use of the passive. Students are asked to find examples and to translate some sentences using the passive in different tenses.

Refer students as necessary to the *Grammaire* (SB 252).

> **Solution:**
> (des) écoles ont été détruites
> beaucoup de maisons ... ont été complètement inondées
> L'année dernière, le village a été inondé.
> Dans dix ans, la forêt sera détruite.
> Après l'ouragan, les arbres seront emportés.

195

4 Les infos

Students complete two weather bulletins using verbs in the passive. Check that students know the gender (2, 4, 5, 6) and explain that the plural should be used for 1 and 6 as the implication is plural.

> **Solution:**
> **A** **1** *environ cent habitations ont été évacuées*, **2** *cinq maisons ont été détruites*, **3** *un cinéma a été endommagé*
> **B** **4** *des forêts ont été dévastées*, **5** *des toits de maisons ont été arrachés*, **6** *environ 30% des foyers ont été privés d'électricité*, **7** *une partie de la route nationale a été fermée*

Follow-up activity:

Students could look online to find other current examples of natural disasters.

228 Au choix

[1] Le Tsunami de 2004

This gapped reading text recounts the devastating effects of the tsunami in 2004. Again students could look online for more accounts of this and the subsequent recovery of the countries affected.

> **Solution:**
> **a** **1** i *un tremblement de terre*, **2** f *le monde*, **3** e *en tout*, **4** j *une moindre mesure*, **5** c *des vagues*, **6** d *durement*, **7** b *a été projeté*, **8** h *les éléphants*, **9** g *les collines*, **10** a *des dégâts*
> **b** *une échelle* also means a ladder

10/3

Le journal: Faits divers

This presents some short general news items for reading practice.

a Students read the extracts and the titles and match them up.

> **Solution:** **a** 8, **b** 1, **c** 5, **d** 4, **e** 3, **f** 7, **g** 6, **h** 9, **i** 10, **j** 2

b Students find in the text the French for the English phrases listed.

> **Solution:** **1** *des embouteillages*, **2** *seront perturbés*, **3** *en grève*, **4** *ont été transportés*, **5** *un vol a eu lieu*, **6** *a été détruite*, **7** *un incendie*, **8** *l'inondation*, **9** *ont dû évacuer*, **10** *tremblement de terre*, **11** *blessés*, **12** *s'est effondré*

c Students reply to questions in English.

> **Solution:** **1** because of bad weather, **2** 24 hours, **3** a tree, **4** bags of postage stamps of unknown value, **5** heavy rainfall, **6** 10 dead, about 30 injured

Examination grammar in action 72

Understanding the passive

This provides further practice in using the passive, if required.

Unité 10

Tricolore Total 4 Teacher's Book   257

10D La circulation et la pollution

10D La circulation et la pollution		pages 196–197
Aims and objectives	**Grammar and skills**	**Resources**
• discuss car travel and traffic problems • talk about pollution in towns and cities	Words linked with *la route*	**Key language:** see SB 208 **Online resource:** *Activité (écouter)* **Copymasters:** 10/4, 10/5 **CD:** 8/19

This spread introduces the topic of road transport and its impact on the environment.

196 Stratégies

Students work out the meanings of some vocabulary linked to *la route*.

> **Solution:** *le code de la route* – highway code, *Bonne route!* – Have a good journey!, *une autoroute* – a motorway, *une route nationale* – major road, *se mettre en route* – to set off, *le transport routier* – road transport, *la sécurité routière* – road safety

They also find out the French for petrol (*l'essence*) and diesel (*le gazole*)

196

1 Lexique

Students complete the word list, which revises vocabulary, some of which was covered in Unit 2.

> **Solution:** *un(e) automobiliste* – motorist, *la circulation* – traffic, *l'essence (f)* – petrol, *les heures de pointe (f pl)* – rush hour, *stationner* – to park, *une voiture* – car

196

2 On prend la voiture, oui ou non?

This revises some of the arguments discussed in Unit 2 and students could refer back to the work in that unit (SB 24).

a Students match the correct two parts of sentences.

> **Solution:** **1** g, **2** c, **3** a, **4** e, **5** h, **6** f, **7** b, **8** d

b They then list some arguments for and against car travel.

196

3 En ville sans voiture

Students choose words to complete a short text about the car-free day, which often takes place in September and is supported by many towns and cities in Europe.

> **Solution:** **1** *pollution*, **2** *voiture*, **3** *autre*, **4** *diminué*, **5** *augmenté*, **6** *pied*, **7** *skate*

197

4 Pour réduire la pollution en ville

Mention that in Hanoi, Vietnam, there were about 6 million inhabitants and 2 million motorbikes in 2008.

a Students read through the list of actions and find the French for some key vocabulary.

> **Solution:** **1** *les camions*, **2** *des couloirs de bus*, **3** *moins de bruit*, **4** *des prix abordables*, **5** *la semaine de travail*, **6** *les poids lourds*, **7** *les clubs de l'autopartage*, **8** *quand on en a besoin*

b Students comment on what measures are taken locally and which they think are most important. The *Vélib* scheme is covered more fully in spread 10E.

197

5 À vous!

Students discuss road transport in pairs and write their own answers to the questions.

Activité (écouter)

On est tombés en panne

This online listening activity provides practice in understanding an account of a difficult car journey.

Additional activities

The following optional items provide information and practice of vocabulary linked to driving in France (not related to environmental issues), for those who wish to cover this theme.

228 Au choix

[2] Sur la route – point-info

Students pair up two parts of sentences, which give information about driving in France.

> **Solution:**
> **1** d *En France, il faut avoir 18 ans … pour conduire.*
> **2** a *Si vous conduisez, vous devez garder votre permis de conduire … et votre assurance sur vous ou dans votre voiture.*
> **3** c *N'oubliez pas qu'en France … on roule à droite.*
> **4** e *Il faut souvent payer pour … prendre les autoroutes.*

Tricolore Total 4 Teacher's Book

10D La circulation et la pollution

5 f *Pendant les jours fériés la circulation est … souvent très dense avec de longs bouchons.*

6 b *Le dimanche, les camions sont … interdits sur les autoroutes.*

10/4

En route en France

This covers similar information about driving in France and could be used as an alternative.

Students read a leaflet about driving in France and reply to questions in English.

> Solution: **1** *18,* **2** *driving licence, insurance certificate,* **3** *you drive on right,* **4** *at crossroads and at roundabouts,* **5** *take regular breaks,* **6** *by listening to Bison Futé on radio or TV*

b Students complete the *Lexique* by finding the missing words in the leaflet

> Solution: **1** *un carrefour,* **2** *conduire,* **3** *un automobiliste,* **4** *un permis de conduire,* **5** *une assurance,* **6** *une autoroute,* **7** *rouler,* **8** *à droite,* **9** *un rond-point,* **10** *une aire de repos,* **11** *la vitesse,* **12** *la circulation*

2 L'examen de conduite

a Students complete the conversation by putting the verbs in the imperfect tense.

> Solution: **1** *c'était,* **2** *j'étais,* **3** *j'avais,* **4** *j'essayais,* **5** *ce n'était pas,* **6** *mon pied tremblait,* **7** *il commençait,* **8** *je ne pouvais pas,* **9** *l'inspecteur était*

b Students then correct the mistakes in the sentences that follow.

> Solution:
> **1** *Martine a obtenu son permis aujourd'hui.*
> **2** *Au début du test, elle avait peur.*
> **3** *Son pied tremblait sur la pédale.*
> **4** *Il commençait à pleuvoir.*
> **5** *Elle ne pouvait pas trouver la commande des essuie-glaces.*
> **6** *L'inspecteur était sympathique.*
> **7** *Finalement, elle a pu se calmer.*

228 Au choix   8, tr 19

[3] Infos routières

Students can either read the text and guess the answers first before listening to the recording, or listen first and then complete the text.

> Solution: **1** *du nord,* **2** *huit,* **3** *cinq,* **4** *du sud,* **5** *facile,* **6** *embouteillage,* **7** *neige,* **8** *autoroute*

transcript

Infos routières

Et maintenant, voici les dernières informations pour ceux qui rentrent des Alpes après les vacances d'hiver.

Dans les Alpes du nord, il y a un embouteillage de huit kilomètres à Albertville, sur la Nationale 90. Ensuite, sur la route Chamonix–Genève, cinq kilomètres d'attente près de Cluses.

Dans les Alpes du sud, pour ceux qui rentrent à Marseille, ce n'est pas plus facile: sept kilomètres d'embouteillage sur la Nationale 96, près d'Aix-en-Provence.

Enfin, dernière difficulté de cette soirée, mais cette fois en raison de la neige: on roule très, très mal dans la région de Nancy. Et, vers dix-huit heures, on a dû totalement fermer l'autoroute A33.

10/5

Des jeux de vocabulaire

This gives further practice in vocabulary related to road travel.

1 Mots croisés

> Solution:

¹c		²r	c	u	l	a	t	i	³o	n		⁴p
a		o							o			n
r		n		⁵a	u	t	o	r	o	u	t	e
r		d		i					s			u
e			⁶p	e	r	⁷m	i	s		⁸b		
f			o			a			⁹e	a	u	¹⁰c
o			i		¹¹p			¹²r		n		o
u			n		a		¹³b	o	u	c	h	o
r				¹⁴t	o	n		u				d
					n			t			¹⁵t	u
¹⁶r					¹⁷e	s	s	e	n	c	e	i
u					a							r
¹⁸e	m	b	o	u	t	e	i	l	l	a	g	e

2 Trouvez le mots

Students complete the sentences with the missing words.

> Solution: **1** *sens,* **2** *aire, repos,* **3** *droite,* **4** *automobiliste/chauffeur,* **5** *vite,* **6** *vitesse,* **7** *sortie,* **8** *feux*

10E Le transport

10E Le transport pages 198–199

Aims and objectives	Grammar and skills	Resources
• discuss transport and its environmental impact • describe public transport in your area	Use *il (ne) faut (pas)* + infinitive Revise adjectives (ending in *-l*, position)	**Key language:** see SB 208 **Online resource:** *Activités (parler, grammaire)* **Copymasters:** 10/6 **CD:** 8/20–22

Introduction
Start with a quick discussion about different means of transport in town and those that are frequently used by students, e.g. *Comment peut-on se déplacer en ville? Qu'est-ce qu'il y a comme transports en commun ici à …? Comment allez-vous en ville normalement?* etc.

sb 198

1 Se déplacer en ville
Students complete the information by choosing the correct word for each gap.

> **Solution: 1** *trajet*, **2** *à pied*, **3** *piétons*, **4** *vélo*, **5** *pistes cyclables*, **6** *le skate*, **7** *trottoirs*, **8** *en commun*, **9** *tramway*, **10** *moyen*, **11** *covoiturage*

sb 198

2 Pour faire trois kilomètres en ville
Students consult the table to answer the questions comparing journey times.

> **Solution: 1** *le bus et la voiture*, **2** *le vélo*, **3** *la marche à pied*

sb 198

Point-info
This is a short note about the reintroduction of the tram in several European cities. It could be used as a *dictée* or to practise reading aloud. Students could find out which towns in their own country offer a tram service.

sb 198

3 Vélib'
Students read the advert and find the answers to the questions. Interested students could find out more details on the website or find out details of bike schemes in other towns, such as Marseille, Lyon, La Rochelle, etc.

> **Solution: 1** *pick up a bike in one place and leave it in another, simple to use, available 24/7*, **2** *aged 14, height 1,50m*, **3** *thousands of bikes*, **4** *hundreds of bike stations*

sb 199 8, tr 20

4 L'avis des jeunes
Students listen to the recording and do the tasks.

A Pour aller au collège
Students listen to find out who said each phrase.

> **Solution: a** *Cécile*, **b** *Suliman*, **c** *Marc*, **d** *Cécile*

transcript

A Pour aller au collège
Suliman
Moi, je vais au collège en voiture. Je sais que ce n'est pas bien pour l'environnement mais on est trois personnes dans la voiture: mon frère et moi et ma mère qui conduit. C'est quand même plus rapide que d'y aller à pied et c'est mieux quand il fait mauvais.

Cécile
Avant j'allais à l'école en voiture, mais maintenant je prends le bus. Ça marche bien et ça me permet d'être plus indépendante. On n'a pas besoin de compter sur les autres.

Marc
Pour aller au collège je prends le métro. Ça va et ce n'est pas cher, mais il y a toujours trop de monde et en plus en été il fait très chaud.

B Le week-end
They then listen to three more young people and note in each case the means of transport mentioned and the speaker's opinion.

> **Solution:**
> **1 a** *le roller*, **b** *amusant, rapide, écologique*
> **2 a** *le vélo*, **b** *propre, ne fait pas de bruit, ne prend pas beaucoup de place, bon pour la forme, peut être dangereux*
> **3 a** *la marche à pied, le métro, la voiture;* **b** *le métro: pratique, pas cher; la voiture: idiot de la prendre pour de petites distances*

transcript

B Le week-end
1 Je circule souvent à Paris à roller. Je trouve que c'est un mode de déplacement amusant et rapide et, en plus, écologique. Des rollers avec des roues démontables nous permettent de combiner le roller avec le bus ou le métro. C'est très pratique, ça.

2 Quand il fait beau, le moyen de transport que je préfère, c'est le vélo. En France on l'appelle 'la petite reine'. C'est propre, ça ne fait pas de bruit, ça ne prend pas beaucoup de place et, en plus, c'est bon pour la forme. Mais quelquefois, ça

10E Le transport

peut être dangereux. Pas seulement à cause des voitures – les cyclistes, eux-mêmes, sont parfois indisciplinés: ils grillent les feux et ils passent souvent au rouge! Ce qui est bien, c'est que dans notre ville, il y a des pistes cyclables et ça c'est moins dangereux.

3 Je me déplace à pied ou en métro tous les jours. Je trouve le métro pratique et pas cher. À mon avis, c'est idiot de se déplacer en voiture pour de petites distances.

C Pendant les vacances

Students listen and decide whether the statements are true or false, and then correct the false statements.

Solution:
1 F – *Pour de longs voyages, Léonie préfère le train.*
2 F – *En général, elle dort pendant le voyage.*
3 F – *Ahmed aime prendre l'avion quand il va à l'étranger.*
4 V
5 F – *Il savait que voyager en avion était très polluant.*
6 V

transcript

C Pendant les vacances

Léonie
Pour un long voyage, j'aime prendre le train. On peut se déplacer, on peut aller au bar. On peut lire, on peut regarder par la fenêtre. Mais normalement, moi je dors pendant le voyage!

Ahmed
Moi, quand je vais en vacances à l'étranger, j'aime prendre l'avion. C'est vrai que c'est un peu cher, mais il y a souvent des prix promotionnels. Et je sais que ce n'est pas bien pour l'environnement, mais à mon avis, c'est le moyen de transport le plus facile pour de longs voyages. L'avion, c'est très sûr et on arrive vite à sa destination. En plus, je souffre du mal de mer, donc je n'aime pas prendre le bateau.

Activité (parler)

Les transports

This online audio activity provides further speaking practice for talking about transport.

199

5 Que faut-il faire?

a Students choose the correct infinitive to complete the sentences.

Solution: 1 *améliorer*, 2 *augmenter*, 3 *construire*, 4 *offrir*, 5 *organiser*, 6 *limiter*

b Students decide whether *il faut* or *il ne faut pas* should be added to each sentence.

Solution: 1 *il faut*, 2 *il ne faut pas*, 3 *il faut*, 4 *il ne faut pas*, 5 *il faut*, 6 *il ne faut pas*

c Students then choose three sentences and translate them into English.

199 Dossier-langue

This explains the pattern of adjectives which end in -*l*; other examples include *principal*, *total*, etc. The explanation also covers the different meanings of adjectives like *propre* and *ancien*, according to their position before or after the noun. Refer students as necessary to the *Grammaire* (SB 236).

Activité (grammaire)

Des adjectifs

This online activity provides more practice of adjectives ending in -*l*, -*er* and -*eux*.

199

6 Êtes-vous un éco-citoyen?

Les transports

This is the first of a series of *jeu-tests*, which also provide vocabulary and expressions for a wider discussion of environmental matters. Scores can be totalled and analysed at the end (SB 229). The statements are also intended as models for what students may wish to say when talking about their own attitudes and behaviour.

199

7 À vous!

Students work in pairs to discuss travel patterns and local transport facilities, then write their replies to the questions.

229 Au choix

[4] 'On a tous le transport en commun'

Students choose the correct word to complete the rap.

Solution: 1 *la Terre*, 2 *l'air*, 3 *faire*, 4 *respirer*, 5 *polluant*, 6 *voiture*, 7 *choix*, 8 *tranquille*, 9 *solution*

10/6 8, tr 21–22

Un plan pour les transports

1 La crise de la circulation

a Students could either listen and complete the text or read the text first and guess where the missing words go, then listen to the recording to check their answers.

Solution: 1 *circulation*, 2 *lentement*, 3 *stationner*, 4 *trottoir*, 5 *c'était*, 6 *voitures*, 7 *difficile*, 8 *embouteillages*, 9 *l'autobus*, 10 *fréquent*

transcript

La crise de la circulation

– On avait de graves difficultés de circulation à Strasbourg. C'était affreux.
– Pouvez-vous nous les décrire?
– Bon, alors en centre-ville, il y avait toujours des embouteillages: on roulait très lentement et ce n'était pas uniquement aux heures de pointe, c'était pendant toute la journée. Puis on ne

Tricolore Total 4 Teacher's Book

10F Consommez mieux, jetez moins

trouvait pas de place pour stationner. Donc, on était obligé de stationner sur le trottoir ou sur les voies piétonnes, n'importe où, quoi.
- Et pour les piétons, c'était dangereux?
- Bien sûr, traverser la rue avec toutes ces voitures, eh bien … c'était dangereux. Puis l'air était pollué par le gaz d'échappement des voitures. Même respirer était difficile.
- Et les automobilistes, comment se sentaient-ils?
- Eh bien, ils étaient énervés, ils étaient stressés. Ils voyaient qu'ils perdaient leur temps dans des embouteillages incessants.
- Il y avait quand même des transports en commun. Est-ce qu'on les prenait?
- Non. On a constaté, en effet, que très peu de gens prenaient l'autobus. D'abord, parce que le service n'était pas très fréquent et en plus parce que les autobus aussi étaient souvent bloqués dans des embouteillages. Donc on s'est rendu compte qu'il fallait faire quelque chose.

b Students find in the text the French for the English phrases listed, to use in their own work.

> **Solution:** **1** *c'était affreux*, **2** *aux heures de pointe*, **3** *les piétons*, **4** *le gaz d'échappement*, **5** *comment se sentaient-ils*, **6** *ils perdaient leur temps*, **7** *quand même*, **8** *d'abord*, **9** *on s'est rendu compte*, **10** *il fallait faire quelque chose*

2 On change de sens à Strasbourg

Students should first read the list of measures that were taken to improve the situation. Check that the following vocabulary is understood: *le réseau d'autobus, une ligne plus étendue, un boulevard périphérique*.

a Then students listen to the recording and note the order in which the measures are mentioned.

> **Solution:** f, c, e, g, a, d, b

b Students summarise the transport plan in English.

transcript

On change de sens à Strasbourg
- Vous avez voulu trouver une solution à long terme, alors qu'est-ce que vous avez fait?
- Bon, on a pris plusieurs mesures. On a constaté qu'il y avait beaucoup de voitures qui traversaient le centre-ville pour aller dans un secteur de la ville et qui ne s'arrêtaient pas dans le centre-ville même. C'était des véhicules de transit. Donc, on a créé des boulevards périphériques. Alors, si on veut traverser la ville, il faut prendre les boulevards ou l'autoroute pour contourner la ville.
- Alors, les automobilistes doivent faire un trajet plus long?
- Oui, peut-être que leur trajet est plus long, mais il est sûrement plus rapide.
- Alors, est-ce que le centre-ville est totalement interdit aux automobilistes?
- Non, mais on ne peut pas le traverser. On peut aller près du centre, mais on a aussi élargi la zone piétonne.
- Et pour les difficultés de stationnement, qu'est-ce que vous avez fait?
- On a construit de nouveaux parkings.
- Est-ce que vous avez encouragé les gens à voyager en transport en commun?
- On essaie de le faire. On a créé une ligne de tramway et on a amélioré le réseau d'autobus avec des lignes plus étendues et un service plus fréquent.
- Et pour les cyclistes?
- Pour les cyclistes, on a créé de nouvelles pistes cyclables. Et on voit de plus en plus de gens qui circulent en vélo. C'est bien, ça.
- Et après toutes ces mesures, quel en est le résultat?
- Eh bien, tout le monde bénéficie d'une meilleure qualité de vie. L'ambiance en centre-ville est moins stressée, les gens sont moins pressés. On a le temps de se promener, de respirer et d'apprécier la ville.

10F Consommez mieux, jetez moins   pages 200–201

Aims and objectives	Grammar and skills	Resources
• discuss everyday behaviour and the environment • revise some irregular present tenses	Use fractions (half, third, quarter, three-quarters)	**Key language:** see SB 208 **Online resource:** *Activités (grammaire, parler)* **Copymasters:** 10/7 **CD:** 8/23 **GiA:** 73

sb 200

1 Les poubelles débordent

This presents information about the problem of waste management in western society.

a Students read the article and answer questions in English.

Solution:

1 *glass, metals, paper, cardboard, some plastics*

2 *a third*

3 *large items, like furniture, electric appliances, garden waste, dangerous waste*

4 *dangerous waste, like batteries, paint, low energy lightbulbs, solvents, pesticides, etc.*

10F Consommez mieux, jetez moins

5 *cost of collection, incineration, storage; it's difficult to create new incineration and landfill centres*

6 *everyone is responsible for reducing their rubbish*

b Students find in the text the French for the English phrases listed, to use in their own work.

Solution: 1 *les déchets*, 2 *augmente*, 3 *des ordures ménagères*, 4 *trier*, 5 *le verre*, 6 *une déchèterie*, 7 *la poubelle*, 8 *les piles*, 9 *les lampes à basse consommation*, 10 *l'emballage*, 11 *brûler*, 12 *une usine*

sb 200   8, tr 23

2 Le recyclage dans ma ville

Students listen to the recording and then do the tasks.

a They reply to questions in English.

Solution:

1 one week, paper, cardboard and plastic bottles are collected, the following week, garden waste is collected
2 old clothes, old furniture or a computer
3 hairdryer, television set
4 batteries, low energy lightbulbs
5 food waste, tea bags, vegetable peelings
6 too much packaging

b They then note the order in which the questions are asked in the recorded interview.

Solution: d, c, b, e, a

transcript

Le recyclage dans ma ville

– Est-ce qu'on fait une collecte sélective dans ta ville?
– Oui, toutes les semaines on collecte des déchets recyclables ainsi que les ordures ménagères. Une semaine on prend les papiers, le carton et les bouteilles en plastique. La semaine suivante on prend les déchets du jardin.
– Est-ce que quelqu'un dans ta famille va à la déchèterie de temps en temps?
– Oui, c'est surtout ma mère qui y va avec les vieux vêtements à recycler. Quelquefois j'y vais avec mon père si nous avons des meubles ou un vieil ordinateur à recycler.
– Qu'est-ce qu'on peut porter à la déchèterie?
– On peut y porter beaucoup de choses dont on n'a plus besoin, comme des meubles et des objets électriques, par exemple un séchoir ou un poste de télévision. On y apporte aussi des piles et des ampoules de basse consommation, parce qu'il est dangereux pour l'environnement de les mettre dans la poubelle à la maison.
– Est-ce que vous faites du compostage chez vous?
– Oui, nous avons un composteur et on y met les déchets organiques, comme les restes de cuisine, les sachets de thé, les épluchures de légumes, etc.
– Pourquoi penses-tu qu'il est important de réduire les déchets?

– J'ai lu dans un magazine qu'en Europe nous produisons beaucoup de déchets et que ça a un grand impact sur l'environnement. À mon avis, on utilise trop d'emballages pour les produits et je trouve que souvent ce n'est pas du tout nécessaire.

sb 200

3 Êtes-vous un éco-citoyen?
Les déchets

Students note their score for this section of the eco-quiz, which focuses on rubbish and recycling.

sb 201

4 Acheter et consommer mieux

The cartoon picture and captions introduce the topic of shopping, with an understanding of the environmental impact of purchasing choice. Students find the missing words to complete the text.

Solution: 1 *recyclé*, 2 *consomme*, 3 *locaux*, 4 **a** *fabriqués*, **b** *besoin*, 5 *emballage*, 6 *d'énergie*

sb 201

5 Êtes-vous un éco-citoyen?
Aux magasins/À la maison/À la cantine

a Students note their score for shopping habits, saving energy and avoiding the use of disposable cutlery/crockery, etc.

b Students find in the statements the French for the English phrases listed, to use in their own work.

Solution:

1 *si j'ai le choix,*
2 *qui ont moins d'emballage*
3 *j'essaie d'acheter des produits issus du commerce équitable*
4 *hors-saison*
5 *mettre en veille*
6 *je baisse le chauffage*
7 *je ferme le robinet*
8 *pour ne pas gaspiller d'eau/pour économiser de l'eau*

sb 201 Stratégies

This explains the structure *pour ne pas* + infinitive – 'in order not to …'.

Solution: *pour ne pas gaspiller d'énergie, pour ne pas arriver en retard, pour ne pas perdre de temps*

sb 201 Dossier-langue

This covers the irregular present tense and the passé composé of *produire* (to produce), *construire* (to construct), *détruire* (to destroy), *éteindre* (to switch off). Refer students as necessary to the *Grammaire* (SB 254).

10G Le défi pour les villes

Examination grammar in action 73

Using some irregular verbs
This provides further practice of different verbs and tenses, if required.

Activité (grammaire)

Des verbes
This online activity provides more practice of irregular verbs in the present and perfect tenses.

229 Au choix

[5] Protégeons la nature
This reading text, in three parts, covers information about tropical forests, water and threatened species. Each part is followed by questions in English.

> **Solution:**
> **A 1** to make furniture, to clear the land for agriculture
> **2** destroying the habitat of many animals and insects and the balance of the eco-system
> **B 1** because it's salty water
> **2** because it's in the form of glaciers
> **3** turn off the tap when cleaning teeth; water fields and the garden at night because water evaporates more slowly then
> **C 1** elephants, rhinos
> **2** because of their horns, which are made of ivory
> **3** killing whales for commercial purposes

10/7

Mots croisés – l'environnement
Students complete a crossword to practise environmental vocabulary.

Activité (parler)

L'environnement et moi
This online audio activity provides further speaking practice for talking about actions affecting the environment.

201

6 À vous!
Students work in pairs to discuss environmental actions at home and at school, then write their replies to the questions.

10G Le défi pour les villes   pages 202–203

Aims and objectives	Grammar and skills	Resources
• discuss local problems and solutions • describe what has changed	Revision of tenses	**Key language:** see SB 208 **Online resource:** *Activité (écouter)* **CD:** 8/24–25

202   8, tr 24

1 Des problèmes dans les villes

a Students find the pairs of sentences, which describe some of the problems in city life, and then listen to check their answers.

Solution: 1 *c*, **2** *a*, **3** *d*, **4** *g*, **5** *b*, **6** *e*, **7** *f*

transcript

Des problèmes dans les villes

1 Le quartier n'est pas propre et il y a du vandalisme. On voit des graffiti sur les murs un peu partout et il y a des déchets par terre.

2 Il n'y a pas d'espaces verts, donc les enfants ne peuvent pas jouer en sécurité. Ils jouent dans la rue ou restent à l'intérieur.

3 Dans ce quartier, le niveau de la criminalité est assez élevé et il y a parfois de la violence dans les rues. Les gens se sentent menacés et ils ont peur de sortir, surtout la nuit.

10G Le défi pour les villes

4 Il n'y a pas beaucoup d'emplois et beaucoup de personnes sont au chômage. Les gens sont pauvres et ils n'ont rien à faire pendant la journée. On voit des sans-abris qui dorment dans la rue parce qu'ils n'ont pas de logement.

5 On trouve de grandes cités avec des immeubles à plusieurs étages où habitent beaucoup de familles. Ce sont souvent des HLM (habitations à loyer modéré) pour les personnes qui n'ont pas les moyens d'acheter leur propre appartement. Quelquefois les ascenseurs ne marchent pas et les escaliers sont sales. La pauvreté et le surpeuplement contribuent au racisme et aux tensions sociales.

6 Il y a beaucoup de voitures et de camions au centre-ville et souvent des embouteillages. L'air est très pollué et ça provoque des problèmes respiratoires.

7 Les transports en commun sont chers et pas fréquents. Il n'y a pas de bus le soir et le dimanche, alors il est difficile de circuler si on n'a pas de voiture.

b Students find in the text the French for the English phrases listed, to use in their own work.

Solution: **1** *propre,* **2** *des espaces verts,* **3** *la criminalité,* **4** *au chômage,* **5** *des cités,* **6** *des HLM,* **7** *le loyer,* **8** *les moyens,* **9** *sale,* **10** *le surpeuplement,* **11** *circuler,* **12** *des sans-abris*

sb 202

2 Ça peut changer
There could be a brainstorming session with students suggesting some solutions before they look at the ideas listed here, or students could look at the list, then close their books and say or write down some suggested solutions.

sb 203   8, tr 25

3 Dans mon quartier
a Students listen and complete the text with the missing words.

Solution:
Rachid: 1 *immeuble,* **2** *banlieue,* **3** *déchets,* **4** *espaces verts,* **5** *circulation*
Jasmine: 1 *avant,* **2** *stationner,* **3** *gaz,* **4** *respirer,* **5** *aéroport*

b They then find in the text words and expressions that are similar to those listed.

Solution: 1 *pas propre,* **2** *moins bien,* **3** *sans cesse,* **4** *il y a un an,* **5** *des voitures et des camions,* **6** *épouvantable,* **7** *pas loin de,* **8** *fermées*

c They find in the texts the French for the English phrases listed:

Solution: 1 *autrefois,* **2** *un peu partout,* **3** *cependant,* **4** *tandis qu'ici,* **5** *nous avons déménagé,* **6** *épouvantable,* **7** *une maison jumelle,* **8** *des double-vitrages*

d Finally, they list some of the disadvantages of former and current dwellings mentioned by each speaker

Solution:
Rachid: Autrefois: *le quartier n'était pas propre, il y avait des déchets et des graffiti un peu partout;* Maintenant: *il y a très peu d'espaces verts, le bruit – on entend sans cesse le bruit généré par la circulation*
Jasmine: Autrefois: *il n'y avait pas assez de place, c'était toujours difficile de stationner, l'air était très pollué;* Maintenant: *on entend continuellement le bruit des avions*

transcript

Dans mon quartier
Rachid
J'habite dans une HLM au centre-ville. L'immeuble est moderne et pas trop grand. C'est bien ici. Autrefois, nous habitions dans une grande cité dans la banlieue de Paris. Je n'aimais pas beaucoup l'autre quartier, parce que ce n'était pas propre et qu'il y avait des déchets et des graffiti un peu partout. Cependant il y avait un parc tout près, tandis qu'ici, au centre-ville, il y a très peu d'espaces verts. Ce qui est moins bien aussi, c'est le bruit. On entend sans cesse le bruit généré par la circulation. On devrait créer une zone piétonne, comme ça on serait plus tranquille.

Jasmine
Nous avons déménagé il y a un an. Avant nous habitions un petit appartement au centre-ville. C'était bien, mais il n'y avait pas assez de place et il était toujours difficile de stationner. En plus, l'air était très pollué à cause des gaz d'échappement des voitures et des camions. En été la pollution était vraiment épouvantable. On ne pouvait pas respirer. Maintenant on habite une maison jumelle dans la banlieue. C'est mieux parce qu'on a plus de place et un petit jardin. Mais on n'est pas loin de l'aéroport alors on entend souvent le bruit des avions. Nous avons des doubles-vitrages et ça aide, si les fenêtres sont fermées. Mais en été, ce n'est pas facile et on entend continuellement les avions.

sb 203

4 À vous!
Students work in pairs to discuss local problems and changes and write some of their responses.

Activité (écouter)

Attentat à la bombe
This online listening activity provides practice in understanding details of a bomb attack in the centre of town.

10H À nous d'agir

10H À nous d'agir   pages 204–205

Aims and objectives	Grammar and skills	Resources
• discuss what can be done about global problems • find out about the Red Cross and Red Crescent • talk about charitable organisations		Key language: see SB 208 Online resource: *Présentation* CD: 8/26

204

1 Éliminer la pauvreté

First, find out what students know about the Millennium Development Goals from work in other subjects. Then go through the list checking that students understand what they mean.

Students then read the list of goals and answer the questions in English.

> **Solution: 1** 2015, **2** *reducing extreme poverty and hunger*, **3** *making primary education available for all*, **4** *goals 4, 5, 6*

For further information, students could look at the UN website: www.un.org/fr/milleniumgoals

204   8, tr 26

2 La parole aux jeunes

Students read and listen to some young people describing what they do to help others and note the missing words.

> **Solution: 1 a** *un magasin*, **b** *réutilisé*, **2 a** *trie*, **b** *être*, **3 a** *cartes*, **b** *mieux*, **4 a** *course*, **b** *efforts*, **5 a** *prochain*, **b** *argent*, **6 a** *fois*, **b** *dessin*

transcript

La parole aux jeunes

Est-ce que vous faites de temps en temps un geste pour aider les autres?

1 – Oui, par exemple quand je change de portable, je donne mon ancien portable à un magasin à but caritatif, comme Oxfam. Comme ça, le portable est réutilisé par une personne qui habite dans un pays en développement.

2 – Et moi, de temps en temps, je trie mes vêtements et je donne les vêtements que je ne porte plus à un magasin à but caritatif. Les vêtements peuvent être utilisés par quelqu'un d'autre et l'organisme bénéficie du revenu.

3 – À Noël j'achète des cartes qui soutiennent des organisations humanitaires, comme l'Unicef. On dit que c'est mieux d'acheter ces cartes directement à l'organisme, comme ça la plus grande partie du revenu va directement à l'organisation.

4 – L'année dernière j'ai fait une course de six kilomètres avec ma sœur. Nous avons demandé à la famille et à nos amis de soutenir nos efforts en faisant un don à la Croix Rouge.

5 – Le mois prochain on va organiser une vente de livres, de CD et de DVD au collège pour *Médecins Sans Frontières*. Espérons qu'on va collecter beaucoup d'argent.

6 – Je travaille comme bénévole dans un club d'enfants une fois par semaine. J'y vais après l'école, le jeudi, et nous faisons des jeux et des activités comme le dessin et la peinture. C'est amusant.

Follow up activity:

Students could then make notes in English about what each person does.

> **Solution:**
> 1 gives old mobile to charity shop for recycling
> 2 gives old clothes to charity
> 3 buys charity Christmas cards
> 4 did a sponsored run (of 6K)
> 5 will help organise a sale of books, CDs and DVDs for *Médecins Sans Frontières*
> 6 works in a children's club once a week

For practice in understanding tenses, ask which person describes: regular actions (1,2, 3, 6), a past action (4), a future action (5).

205

3 La Croix-Rouge

This gives some information about the history and main principles of the Red Cross. For further information students could look at the website: http://www.redcross.int/

a Students read through the text and reply to the questions in English.

> **Solution: 1** *seeing 40 000 injured or dead soldiers at the battle of Solferino and no one to help*, **2** *birthday of Henri Dunant, Red Cross day*, **3** *red cross, red crescent, red crystal*

b Students find in the text the French for the English phrases listed.

> **Solution: 1** *le plus grand du monde*, **2** *en voyage d'affaires*, **3** *sur le champ de bataille*, **4** *en droit international*, **5** *sur fond blanc*, **6** *l'inverse du drapeau suisse*

If appropriate, explain the different meanings of *le droit*: *le droit* (law), *les droits* (rights). '*La Déclaration des droits de l'homme et du citoyen*' was one of the fundamental texts of the French Revolution in 1789.

Unité 10 Consolidation and assessment

📖 204 Point-info

Explain the term, *une organisation caritative*, meaning charitable organisation. Interested students could find out more about one of these or another charity of their choice.

Le mouvement Emmaüs (started by L'abbé Pierre):

http://www.emmaus-international.org/

Les restos du cœur (linked to the French actor, Claude Lelouche, nicknamed Coluche):

http://www.restosducoeur.org/index.php

📖 205

4 À vous!

Students practise asking and answering questions about charities and how to support them, and then write their replies to the questions.

The concept of charity shops, as they exist in many UK high streets, does not really exist in France.

Présentation

Un stage au Rwanda

This online PowerPoint presentation describes a visit to Rwanda by a British student to support reconstruction work in villages.

10I Consolidation and assessment pages 206–207

Aims and objectives	Grammar and skills	Resources
• practise exam assessment techniques • find out what you have learnt		**Key language:** see SB 208 **Online resource:** *Activités (Vocabulaire, Quiz)* **Copymasters:** 10/8; *Épreuves:* 10/9–10/13 **CD:** 8/27–37, SCD2/26–30

This spread provides assessment tasks that follow the style of assessment for speaking and writing offered by some awarding bodies. Teachers should adapt the tasks as necessary to suit the needs of their students. Board-specific examination practice, written by experienced examiners, is provided online.

📖 206 Contrôle oral

A Un sondage

This provides an outline for an assessed interview about the environment. First work through the requirements and build up some suggestions on the board for each point.

Préparation

Students could think about the questions that might be asked, perhaps looking back through the unit for ideas.

📖 206 8, tr 27 SCD2, tr 26

Un sondage sur l'environnement

The example (in three parts) and related activities should provide ideas and support for the task.

A Students listen to Part A and write down the missing words. These should all be familiar and are not listed in the Student's Book, but could be written on the board in jumbled order, if necessary.

> **Solution:** 1 *avis*, 2 *climatique*, 3 *Afrique*, 4 *tempêtes*, 5 *inondations*, 6 *consommation*, 7 *forêt*, 8 *économiser*

transcript

Un sondage sur l'environnement: Partie A

– À votre avis, quels sont les principaux problèmes de l'environnement?

– À mon avis, c'est le changement climatique et le réchauffement de la planète. On voit des conséquences un peu partout, par exemple, en Afrique il y a de longues périodes de sécheresse; ailleurs, il y a des tempêtes et des ouragans plus intenses.

– Est-ce que vous avez remarqué des conséquences dans votre région?

– Oui, chez nous, dans le nord de l'Angleterre il y a eu des inondations très graves, il y a quelques années.

– Quelles sont les causes du changement climatique?

– D'après les spécialistes, une cause importante est la consommation de l'énergie obtenue du charbon et du pétrole. Une autre cause est le déboisement de la forêt tropicale en Amazonie.

– Qu'est-ce qu'on peut faire pour améliorer la situation?

– Tout le monde doit économiser de l'énergie – alors utiliser moins sa voiture, éteindre la lumière et les appareils électriques quand on ne les utilise pas, etc.

B In Part B, students note which questions are asked and as many details as they can from the replies.

> **Solution:**
> Questions asked: a, c, e

Tricolore Total 4 Teacher's Book 267

Unité 10 Consolidation and assessment

Details:
1 We recycle by sorting rubbish and putting cardboard, paper and newspapers in one container, plastic bottles and metal cans in another.
2 Yes, but we have to take glass to a special container in town.
3 I always take a shopping bag with me and I decline plastic supermarket bags. I try to choose products which don't have much packaging, but it's not always easy.

transcript

Partie B

– Qu'est-ce qu'on fait chez vous, à la maison, pour protéger l'environnement?
– Nous faisons du recyclage. Dans notre ville, il y a une collecte sélective pour encourager le recyclage. Alors, nous trions nos déchets et nous mettons le carton, les papiers et les journaux dans un bac et les bouteilles en plastique et les boîtes en métal dans un autre bac.
– Vous recyclez aussi le verre?
– Oui, mais pour le verre il faut le transporter en ville où il y a des conteneurs spéciaux. Normalement mes parents portent les bouteilles à recycler quand ils font les courses au supermarché parce qu'il y a un conteneur spécial dans le parking.
– Vous pensez à l'environnement quand vous faites des achats?
– Oui, j'emporte toujours un sac et je refuse les sacs en plastique. J'essaie de choisir des choses qui n'ont pas trop d'emballage, mais ce n'est pas toujours facile.

C In Part C, students choose the correct answer(s) in each case.

Solution: 1 c, e, **2** a, **3** a, d, **4** b, c

transcript

Partie C

– Qu'est-ce que vous faites, personnellement?
– Si je fais des petits trajets en ville, j'y vais à pied ou à vélo au lieu de demander à mes parents de m'emmener en voiture. J'essaie aussi d'économiser de l'énergie à la maison, par exemple j'éteins la télé quand je ne la regarde plus, au lieu de la laisser en veille.
– Est-ce que vous avez fait quelque chose récemment?
– Oui, le week-end dernier on a organisé un pique-nique et j'ai mis ma boisson dans une bouteille réutilisable, au lieu de prendre une boisson en canette ou en bouteille en plastique.
– Qu'est-ce que les gouvernements devraient faire, à votre avis?
– On devrait améliorer les transports en commun pour encourager les gens à prendre le bus et le train. En plus, on devrait favoriser la production de l'énergie verte, par exemple de l'énergie solaire.
– Que pensez-vous faire à l'avenir pour l'environnement?

– À l'avenir, je continuerai à circuler à vélo et à pied, mais si j'achète une voiture, je choisirai une voiture électrique ou hybride.
– Vous pensez que les problèmes vont s'aggraver à l'avenir?
– Oui, j'ai peur que oui. Alors il est très important d'agir maintenant.

Students then prepare their own answers for a conversation about the environment with a partner or with you. This could be recorded and used for self- or peer assessment.

207 Contrôle écrit

Les problèmes de l'environnement dans ma région

This provides an outline for a written assessment of 200–300 words based on material in the unit.

Students read the sample article and then do the tasks, which help extract key vocabulary for their own work. Stress that this is just one example and should not dictate what they themselves write.

1 Students find in the text the French for the English phases listed.

Solution: 1 c'était encore pire, **2** pas uniquement aux heures de pointe, **3** on y voit moins de voitures privées, **4** on a amélioré le service des bus, **5** les tarifs ne sont pas trop élevés, **6** à se rendre au bureau à vélo, **7** tout cela aide à améliorer la situation, **8** ce serait bien si on pouvait, **9** il y a tellement de passagers/voyageurs, **10** il n'y a pas de climatisation, **11** Il y a maintenant des clubs d'autopartage, **12** on en a vraiment besoin

2 They then find examples of verbs in different tenses.

Solution:

1 Any 4 of: *c'était, il y avait, on roulait, on (ne) trouvait, (les gens) prenaient, (les bus) étaient, on pouvait*
2 Any 3 of: *a décidé, on a introduit, on a amélioré, on a encouragé, on a créé*
3 Any 2 of: *ce serait, on devrait, (les villes) devraient*
4 *je prendrai*

Students write their own article on the topic of environmental problems in their local area.

208–09 Sommaire

This is a summary of the main grammar and vocabulary of the unit.

Activité

Vocabulaire – Unité 10

This game provides practice of the vocabulary of the unit.

Activité

Quiz – Unité 10

An online quiz which tests the language and content of Unit 10.

Unité 10 Consolidation and assessment

10/8 — **8, tr 28–31** — **SCD2, tr 27–30**

Tu comprends?

1 À quelle heure?
This provides practice of time linked to travel arrangements.

Solution: **1** 15h20, **2** midi/12h00, **3** dix heures du soir/22h00, **4** 9h30, **5** 17h25, **6** 19h45, **7** 20h50

transcript

À quelle heure?
Exemple:
– Le prochain train pour Bordeaux part à quelle heure, s'il vous plaît?
– À quatorze heures trente.
– Alors, c'est à quatorze heures trente. Merci.

1 – Le prochain train pour Strasbourg part à quelle heure, s'il vous plaît?
– À quinze heures vingt.
– Quinze heures vingt, bon, merci.

2 – Tu comptes arriver à quelle heure à la maison, Sébastien?
– S'il n'y a pas trop de circulation, j'espère arriver vers midi.

3 – Bonjour, Jean et Émilie. Vous êtes rentrés tard hier soir, non?
– Oui, il y avait des embouteillages sur les routes et nous ne sommes rentrés qu'à dix heures du soir.

4 – Tu vas à Lyon en car, Lucie?
– Oui, je vais prendre le car de neuf heures trente.

5 – Le prochain bateau part à quelle heure, s'il vous plaît?
– Le prochain bateau? À dix-sept heures vingt-cinq.

6 – Daniel et Luc, vous allez prendre le train de quelle heure, pour Londres?
– Nous allons prendre le train de dix-neuf heures quarante-cinq.

7 – Est-ce que le vol de Cardiff est déjà arrivé?
– Oui, il est arrivé à vingt heures cinquante.

2 Ma vie au Sénégal
Students listen to the recording and complete the sentences in French.

Solution: **1** ouest, **2** octobre, **3** Dakar, **4** français, **5** mosquée, **6** 50, **7** 70

transcript

Ma vie au Sénégal
L'année dernière, nous avons déménagé au Sénégal à cause du travail de mon père. Le Sénégal se trouve en Afrique de l'ouest. Il fait très chaud ici. Il y a deux saisons: la saison des pluies (de juin à octobre) et la saison sèche (de novembre à mai). Nous habitons à Dakar, la capitale du pays. Au Sénégal, la langue officielle est le français, mais on parle aussi d'autres langues. Beaucoup de personnes sont musulmanes et vont à la mosquée le vendredi, mais il y a aussi une église catholique ici.

J'ai été surprise d'apprendre que moins de 50% de filles vont à l'école, mais qu'environ 70% de garçons y vont. J'espère que ça va changer à l'avenir.

3 Trois questions sur l'environnement
Students listen to the recording and write down the missing words to complete the text.

Solution: **1** voiture, **2** énergie, **3** pollue, **4** jardin, **5** pièce, **6** radio, **7** journaux, **8** boîtes, **9** pistes, **10** vélo

transcript

Trois questions sur l'environnement
– Qu'est-ce qu'on peut faire pour protéger l'environnement?
– On peut faire du recyclage, par exemple, on peut mettre les bouteilles en verre dans des containers de recyclage. On peut réduire la pollution en laissant sa voiture à la maison et on peut économiser de l'énergie.
– Qu'est-ce que tu fais pour protéger l'environnement?
– Moi, je suis contre la voiture. Ça pollue et on peut prendre d'autres moyens de transport.
– Chez moi, on met tout ce qui peut être recyclé, comme les épluchures de légumes, dans le jardin. On fait du compost.
– Moi, quand je sors d'une pièce, j'éteins la lumière, la télévision et la radio.
– Qu'est-ce qu'on fait dans ta ville?
– Dans notre ville, on organise une collecte sélective. Alors, il faut trier ses déchets. On doit mettre les journaux et les magazines dans un bac, les bouteilles en plastique et les boîtes de conserve dans un bac différent, etc. Comme ça, une partie des déchets est recyclable.
– Oui, et dans notre ville, on a créé des pistes cyclables pour encourager les gens à sortir à vélo au lieu de prendre la voiture. C'est une bonne idée, à mon avis.

4 Les transports en commun
Students listen to the discussion and then do the tasks.

a They choose the correct answer.

Solution: **1** c, **2** b, **3** c, **4** b

b They then answer questions in English.

Solution:

1 Any two of: *don't need to depend on/disturb others, don't have problem of parking, not expensive*

2 Any two of: *service not very frequent, not practical if you have a lot of shopping, if you don't live near the bus stop*

Tricolore Total 4 Teacher's Book 269

Unité 10 Consolidation and assessment

transcript

Les transports en commun

– Qu'est-ce qu'il y a comme transports en commun dans ta ville?
– En ville, on a le bus, ce qui est très pratique. Il y a maintenant un nouveau circuit qui est plus rapide. Pour aller de chez moi au centre-ville, je mets trente minutes, maximum.
– Ça coûte cher?
– Non, ce n'est pas cher. Il y a des tarifs étudiants et on peut aussi acheter des cartes. Une carte de transport est valable pour dix trajets. On peut l'acheter dans un bureau de tabac ou à la gare routière.
– Quels sont les avantages du bus?
– À mon avis, c'est bien, parce que tu n'as pas besoin de déranger d'autres personnes.
– Hmm … Et puis, il n'y a pas le problème de se garer, de trouver un parking.
– Ça ne coûte pas cher, et si tu fais un aller-retour en une heure, tu as un trajet gratuit. C'est bien.
– Et quels en sont les inconvénients?
– Bien sûr, quelquefois, il faut attendre le bus un bon moment. Le service n'est pas toujours très fréquent. Puis le soir, après vingt heures, il n'y a pas de bus.
– Et si on veut faire beaucoup d'achats, si on veut aller au supermarché, par exemple, bon, alors le bus n'est pas très pratique, surtout si l'arrêt d'autobus n'est pas tout près de la maison.

Épreuves: Unité 10

These worksheets can be used for an informal test of listening and reading or for extra practice, as required. For general notes on administering the *Épreuves*, see TB 12.

10/9   8, tr 32–35

Épreuve 10: Écouter – Partie A

1   Les transports   F

Students listen to the speakers and write the correct letter.

■ Solution: **1** *E*, **2** *D*, **3** *F*, **4** *H*   [4 marks]

transcript

1 Les transports

Exemple:
Moi, je vais au collège en voiture. Normalement, nous sommes quatre personnes dans la voiture et c'est pratique.

1 Pour aller au collège, je prends le bus. J'aime bien ça parce que beaucoup de mes copains prennent le bus aussi.

2 En été, quand il fait beau je prends mon vélo pour aller au collège. Le vélo c'est un très bon moyen de transport quand il ne pleut pas, et dans notre ville, il y a des pistes cyclables.

3 Pour aller en Angleterre l'année dernière j'ai pris le bateau. Mais il faisait mauvais et j'ai été malade pendant la traversée alors la prochaine fois je ne vais pas prendre le bateau.

4 Pour de longs voyages à l'étranger, il est nécessaire de prendre l'avion. L'avion, c'est très sûr et on arrive vite à sa destination.

2   Les pays et les continents   F

Students listen to the speakers talking about the countries or continents they would like to visit and write the correct letter.

■ Solution: **1** *k*, **2** *a*, **3** *g*, **4** *c*, **5** *d*   [5 marks]

transcript

Les pays et les continents

Exemple:
Je voudrais aller en Russie. La Russie est un des pays les plus grands du monde donc il y a beaucoup de choses différentes à y voir.

1 Je voudrais voyager en Amérique du sud. Dans beaucoup de pays d'Amérique du sud on parle espagnol, et l'espagnol c'est ma matière préférée.

2 Moi, j'ai toujours voulu aller en Afrique. J'aime la nature et les animaux sauvages, alors pour moi, un safari en Afrique, ça serait mon rêve.

3 Je voudrais visiter l'Inde. J'aimerais voir le Taj Mahal en Inde parce que c'est une merveille du monde.

4 Mon rêve est de visiter la Chine. Je sais que la Chine est un pays qui se développe très rapidement. En plus je voudrais marcher sur la Grande Muraille de Chine.

5 Moi, je préfère rester en Europe. Je n'aime pas de longs voyages en avion. Mon rêve est de faire le tour de l'Europe en train.

3   Le journal   F/H

Students listen to the news bulletin and answer the questions in English.

■ Solution: **1** *floods*, **2** *roads closed (because of debris)*, **3** *cold/bad weather*, **4** *half of the population without electricity/heating; electricity cuts, no heating*, **5** *Any one of: two bridges, part of the metro*   [5 marks]

transcript

Le journal

L'Algérie:
En Algérie, des pluies torrentielles accompagnées d'un vent violent ont provoqué des inondations désastreuses sur la côte. Les inondations ont fait des dégâts immenses. On a dû fermer les routes dans la région à cause de tout le débris.

Montréal au Québec:
Une vague de mauvais temps, de froid et de neige, a paralysé le pays. Hier, la moitié de la population était sans électricité et sans chauffage. Pour la première fois de son histoire, le centre-ville de Montréal était dans le noir. Les deux principaux ponts de la ville ont été fermés, ainsi qu'une partie du métro.

4   Pour protéger l'environnement   F/H

Students listen to a group of people saying what they do to protect the environment and complete the grid.

Unité 10 Consolidation and assessment

Example: Djamel	c
1 Syra	a
2 Thomas	g
3 Élodie	h
4 Rachid	b
5 Hélène	f
6 Mathieu	j

[6 marks]

transcript

Pour protéger l'environnement
Exemple:
- Djamel, qu'est-ce qu'on fait chez toi pour protéger l'environnement?
- À la maison, nous faisons du compost avec les épluchures de légumes. Ça marche bien parce qu'il y a moins de déchets chaque semaine et le compost, c'est utile dans le jardin.
1. - Et toi, Syra, qu'est-ce qu'on fait dans ta famille?
   - Dans ma famille, nous recyclons le verre – on rince les bouteilles et les bocaux vides et on les porte au supermarché pour les mettre dans les conteneurs de verre.
2. - Thomas, tu fais quelque chose?
   - Oui, je pense qu'il est important de conserver de l'énergie. Alors j'éteins la lumière quand je sors d'une pièce.
3. - Élodie, tu fais quelque chose pour l'environnement?
   - Oui, moi aussi je pense qu'il est important de ne pas gaspiller de l'énergie, alors j'éteins la télé et l'ordinateur quand je ne les utilise pas. Je ne les mets pas en veille.
4. - Et toi, Rachid, tu fais quelque chose aussi?
   - Oui, chez moi, nous trions nos déchets et nous recyclons le carton et le papier, surtout les journaux et les magazines. Nous les mettons dans le conteneur pour les journaux.
5. - Hélène, est-ce que tu penses souvent à l'environnement?
   - Oui je pense surtout à l'impact des transports sur l'environnement. J'aime marcher alors je vais partout à pied, quand c'est possible. Marcher à pied c'est aussi bon pour la santé.
6. - Et Mathieu, qu'est-ce que tu fais pour l'environnement?
   - Je trouve que les gens utilisent trop de sacs en plastique. Il n'est pas difficile d'apporter son propre sac quand on fait du shopping. Alors, moi j'ai toujours un sac sur moi quand je fais les courses. [Total for Partie A: 20 marks]

10/10   8, tr 36–37

Épreuve 10: Écouter – Partie B

1 Tu voyages comment? F/H

Students listen to the discussion between Nicolas and Céline and answer the questions in English.

Solution: 1 by bike, 2 not far/costs nothing, 3 too slow/has too much to carry, 4 car, 5 her Mum lends her the car, 6 parking/traffic jams, 7 you are independent/can travel when you want/go right to your destination, 8 on foot/walking, 9 can listen to his personal stereo

[9 marks]

transcript

Tu voyages comment?
- Ah, te voilà Daniel. Tu as pris le bus?
- Non, je suis venu à vélo. Pour aller en ville, j'aime bien prendre mon vélo, parce que ce n'est pas loin et ça ne coûte rien.
- D'accord, mais pour moi, c'est un peu lent et j'ai toujours trop de paquets si je fais des courses en ville. Je préfère circuler en voiture, si possible.
- Tu as de la chance, parce que ta mère te prête sa voiture. Mais il y a quand même les problèmes du parking et le matin et le soir, il y a tant d'embouteillages en ville.
- C'est vrai, mais il y a des avantages. Par exemple, en voiture, on est indépendant, on peut voyager quand on veut et on va directement à sa destination.
- D'accord, il y a des avantages, mais pour moi, pour de petites distances, je préfère aller à pied. Comme ça, je peux écouter mon baladeur en marchant.

2 Des problèmes et des solutions H

Students listen to some people talking about problems in today's world. They give brief details in English about the problem they mention and the solutions suggested.

Solution:

	problem	solution suggested
Ex:	natural disasters occurring more often and help getting there late	humanitarian organisations need to work closely together to get help there quickly
1	Aids (which leaves many children orphaned)	1 improve medical services (1 mark) 2 make medication free for people suffering from Aids (1 mark)
2	traffic and pollution	1 improve public transport and reduce fares (1 mark) 2 increase price of petrol and car tax (1 mark)
3	climate change/rising sea levels	1 everyone should consume less energy (1 mark) 2 everyone should reduce waste (1 mark)
4	inner-city problems – vandalism, graffiti, crime	organise clubs and sports activities for young people (1 mark)

[11 marks]

Tricolore Total 4 Teacher's Book

Unité 10 Consolidation and assessment

transcript

Des problèmes et des solutions

Exemple: Il me semble que les catastrophes naturelles, comme les ouragans et les tremblements de terre, ont lieu plus souvent de nos jours et quelquefois l'aide aux victimes arrive tard. Les organisations humanitaires devraient travailler ensemble pour aller au secours des victimes le plus vite possible.

1 En Afrique, le sida est une maladie qui touche beaucoup de personnes. Beaucoup d'enfants sont orphelins parce que leurs parents sont morts du sida.

On devrait améliorer les services médicaux dans les pays pauvres et fournir gratuitement des médicaments aux gens qui souffrent du sida.

2 Dans les grandes villes, la circulation devient impossible. Il y a des embouteillages et l'air est pollué à cause de toutes les voitures.

À mon avis, on devrait améliorer les transports en commun en réduisant les tarifs. On devrait aussi augmenter le prix de l'essence et les taxes sur les routes.

3 Le changement climatique est un des plus grands problèmes du monde de notre temps. Il y a des îles dans l'océan Pacifique qui risquent d'être submergées parce que le niveau de la mer monte. Tout le monde doit faire attention à protéger l'environnement. Ça veut dire consommer moins d'énergie et réduire les déchets.

4 Il y a des quartiers au centre des grandes villes où les conditions sont très difficiles. Il y a du vandalisme et des graffiti et parfois de la criminalité dans les rues. On pourrait peut-être organiser des clubs et des activités sportives, surtout pour les jeunes.

[Total for Partie B: 20 marks]

10/11

Épreuve 10: Lire – Partie A

1 L'environnement F

Students find the English meaning for each French word and write the letter by it.

Solution: **1** *f,* **2** *h,* **3** *g,* **4** *k,* **5** *b,* **6** *j*   [6 marks]

2 On parle des voyages F/H

Students read the four opinions about travelling and identify each writer.

Solution: **1** *Luc,* **2** *Claire,* **3** *Mathieu,* **4** *Claire,* **5** *Alice et Mathieu*   [6 marks]

3 Des problèmes dans le monde F/H

Students write the letter by the correct word to fill each gap.

Solution: **1** *c,* **2** *d,* **3** *j,* **4** *i,* **5** *a,* **6** *k,* **7** *b,* **8** *e*

[8 marks]

[Total for Part A: 20 marks]

10/12

Épreuve 10: Lire – Partie B (1)

1 Les jeunes du monde F/H

Students read the notes about young people in the world and answer the questions in English.

Solution: **1** *poor,* **2** *illiterate,* **3** *South-East Asia,* **4** *health*   [4 marks]

2 Médecins Sans Frontières H

Students read the article and write in the letter by the missing word.

Solution: **1** *a,* **2** *i,* **3** *e,* **4** *h,* **5** *l,* **6** *g,* **7** *d,* **8** *k*

[8 marks]

10/13

Épreuve 10: Lire – Partie B (2)

3 Le tremblement de terre en Haïti H

Students read the article about the earthquake in Haïti and answer the questions in English.

Solution: **1** Any two of: *government buildings, national palace, parliament, UN mission, cathedral, churches, hospitals, hotels, schools, prison,* **2** *via the internet,* **3** *a (huge) refugee camp,* **4** *because it has also suffered from major earthquakes,* **5** Any two of: *firefighters, rescue workers, dogs,* (2 marks) **6** *inflatable, had 100 beds* (½ mark each) **7** *to coordinate help*

[8 marks]

[Total for Part B: 20 marks]

Tricolore Total 4 Teacher's Book